荀子选集

[战国] 荀子 ◎ 著

栗亚强 ◎ 译注

江苏人民出版社

图书在版编目（CIP）数据

荀子选集 /（战国）荀子著；栗亚强译注 . — 南京：
江苏人民出版社，2023.5
ISBN 978-7-214-26583-8

Ⅰ.①荀… Ⅱ.①荀… ②栗… Ⅲ.①儒家 Ⅳ.
①B222.61

中国版本图书馆 CIP 数据核字（2021）第 194534 号

书　　　　名	荀子选集
著　　　　者	[战国]荀子
译　　　　注	栗亚强
责 任 编 辑	胡海弘
装 帧 设 计	凤凰含章
出 版 发 行	江苏人民出版社
地　　　　址	南京市湖南路 1 号 A 楼，邮编：210009
印　　　　刷	文畅阁印刷有限公司
开　　　　本	710 mm×1 000 mm　1/16
印　　　　张	23
插　　　　页	4
字　　　　数	487 000
版　　　　次	2023 年 5 月第 1 版
印　　　　次	2023 年 5 月第 1 次印刷
标 准 书 号	ISBN 978-7-214-26583-8
定　　　　价	49.80 元

（江苏人民出版社图书凡印装错误可向承印厂调换）

在中国文化思想史上，春秋战国无疑是一个空前绝后的时代。

春秋战国是中国封建文化的发祥期，这一时期的思想文化奠定了两千多年封建社会的基础。尤其是在思想、文化领域产生的诸子百家学说，对中华民族几千年灿烂文化有着极其深远的影响，为千秋万代留下了极其宝贵的财富，为人类文化做出了极其巨大的贡献。

春秋战国是我国古代社会大动荡、大变革、风云变幻的时期。社会经济、政治、思想文化都在激烈而又复杂的阶级斗争中发生了很大的变化。在剧烈的社会变革中，各诸侯国的阶级关系不断出现新变化，不同的阶级与阶层的代表人物，对社会变革发表不同主张，于是"诸子百家"便应运而生。

荀子是战国晚期儒家的代表人物，也是继孔子和孟子后最伟大的儒学人物。荀子名况，又称孙卿、孙卿子，被时人尊称为荀卿。荀子是战国晚期的赵国人，他的生卒年实难确定，大约生于公元前 313 年，卒于公元前 238 年前后。荀子生活于战国分裂混乱局面即将结束、大一统的封建王朝即将建立的前夕。当时的齐国比较兴盛，统治者也励精图治，极力笼络知识分子，聘请了许多有名气的人到齐国都城临淄讲学，其中就包括孟子、邹衍、鲁仲连等。

荀子五十岁的时候也到齐国来游说讲学。邹衍的学说曲折夸大而多空洞的论辩；邹奭的文章完备周密但难以实行；而淳于髡，若与他相处日久，时常能学到一些精辟的言论。所以齐国人称颂他们说："高谈阔论的是邹衍，精雕细刻的是邹奭，智多善辩、议论不绝的是淳于髡。"田骈等人在齐襄王时都已死去，此时荀卿是年龄最长、资历最深的宗师。

当时齐国仍在补充列大夫的缺额，荀卿曾先后三次以宗师的身份担任稷下学宫的祭酒。后来，齐国有人毁谤荀卿，荀卿就到了楚国，春申君让他担任兰陵令。春申君死后，荀卿被罢官，便在兰陵安了家。李斯曾是他的学生，后来在秦朝任丞相。

荀卿憎恶乱世的黑暗政治，昏乱的君主接连不断地出现，他们不通晓常理正道，却被装神弄鬼的巫祝所迷惑，信奉求神赐福祛灾，庸俗鄙陋的儒生拘泥于琐碎礼节，再加上庄周等人狡猾多辩，败坏风俗，于是荀卿推究儒家、墨家、道家活动的种种过往，著述了几万字的文章便辞世了，死后葬于兰陵。

《荀子》一书汇集了荀子一生的思想精华，全书共有三十二篇，内容可谓博大精深，涉及哲学思想、政治理论、治学方法、立身处世、学术论辩、经济军事等诸多方面，反映了荀子的思想体系。我们从书中选取了具有代表性的二十二篇，包括《劝学》《解蔽》《非十二子》《王制》《议兵》等篇。

《劝学》是《荀子》一书中最著名的篇章，着重阐明学习的重要性，并详细讲解了学习的态度、方法、意义、效用及有关教育的一系列问题，勉励人们勤奋学习，像其中的"青，取之于蓝，而青于蓝；冰，水为之，而寒于水""骐骥一跃，不能十步；驽马十驾，功在不舍。锲而舍之，朽木不折；锲而不舍，金石可镂"等，早就成为传唱千古的名句，尤其是文章中比喻的形象性和感染力，使之成为古代哲理文中少有的佳作。

荀子强调人有认识客观事物的能力，而客观事物本身又是可以被认识的，但是人们必须防止犯片面性的错误，用"虚一而静"的方法正确地认识规律与治国之道。荀子的这种哲学观点集中于书中《解蔽》等篇。《解蔽》是探讨政治上成败得失的论文。文中荀子把矛头指向那些"乱国之君"和"乱家之人"的唯心主义谬论，他认为人们思想上的主观臆断和迷信鬼神导致了人们在思想上容易犯片面性的错误，所以提出"解蔽"一词。此篇结构严谨，中心突出，全文有力地突出了批判片面性、主张全面性的观点。

在《王制》中，荀子阐述了奉行王道而成就帝王大业的圣王制度，论及王者的政治纲领、策略措施、用人方针、听政方法、管理制度等。《议兵》则是对军事理论做了系统探讨，并详细论述了统一战争中的战略和战术。另外，《成相》《赋》也开创了我国说唱文学和赋这两种文学体裁的先河，在中国文学史的发展中占有非常重要的地位。

荀子是一位朴素唯物主义者，他认为"天行有常"，不以人的意志为转移，但他又提出"人定胜天"的观点，认为人类可以"制天命而为之"，这种观点是前人从来不曾提及的。荀子作为一名学者，既注重个人修养，又传道授业，是当时有名的文学家和教育家。同时，荀子还是一位伟大的哲学家和富有创造精神的散文家。他作为新兴地主阶级的思想家，在我国古代哲学史上起到了承前启后的作用。对于先秦各家各派的学术思想，荀子都提出了自己独到的看法，并进行了批判与总结。他的思想对唯物主义的发展起到了巨大的推动作用。他的散文也被后人认为是战国诸子中成就最高的，不仅说理周密，而且讲究文采，两千多年来能被称为优秀的政论文和学术论文无一不继承和发扬了荀子文章的这些优良传统。

"前继孔孟之余绪，后开儒家之新风"，荀子的思想开创了儒学的一片新天地，荀子也是中国传统文化的主要奠基人之一，在令后人受益匪浅的这本著作中，我们定能觅得古代先贤文化的精华所在。

历代学者对《荀子》一书颇多歧说谬解，其书中难懂的字词过多是重要原因之一，特别是古音通假和连绵重叠的字词短语，如"礼""义""分""君子""小人"及"皇皇""信信""填填然""瞒瞒然"等，如果不借助一些古典名著集解之类的辅助工具，确实让人难以通晓原文。

编者在译注此书时就参考了研究古典文学的不少中外学者的集解注释，对诸本中字词的不同诠释做了仔细的甄选与勘校。在斟酌词语的过程中颇费周折，务求勘误纠谬、注译互补，以免贻误读者。

在章节的选择方面，我们也是去伪存真、去粗取精，选取的皆是在中国文学史上具有特殊价值的篇章，力求将文字优美、体例完整、能代表荀子写作方法和风格的作品呈现给读者。希望读者能够从中领悟荀子丰富而深刻的思想，从而对我国古代光辉灿烂的文化有更多的了解。

目录

劝 学

一

君子曰：学不可以已。青，取之于蓝①，而青于蓝；冰，水为之，而寒于水。木直中绳，輮②以为轮，其曲中③规，虽有槁暴④，不复挺者，輮使之然也。故木受绳则直，金就砺则利，君子博学而日参省乎己，则知明而行无过矣。

注释

①蓝：即蓼蓝，一年生草本植物，其叶发酵后可提制深蓝色的有机染料靛蓝。②輮：通"煣"，用火熏使木材弯曲以造车轮等物。③中：符合，适合。④暴：通"曝"，晒。

译文

君子说：学习是不可以停止的。染料靛青是从蓼蓝中提取出来的，但是它比蓼蓝

还要青；冰，是由水凝固而成的，但比水还要冷。木材挺直而符合木工的墨线，然而用火烤过使之弯曲做成车轮，它的曲度能拿圆规来衡量，即使再经过烘烤日晒，都不能够重新挺直，这是由于经过了火烤。所以木材经过墨斗划线加工才能变直，金属经过磨刀石磨过之后才锋利。君子广泛学习并且每天反省自己，就明白道理，行为上也不会有什么过错了。

故不登高山，不知天之高也；不临深溪，不知地之厚也；不闻先王之遗言，不知学问之大也。干、越、夷、貉之子，生而同声，长而异俗，教使之然也。诗曰："嗟尔君子，无恒安息。靖①共②尔位，好是正直。神之听之，介尔景福。"神莫大于化道，福莫长于无祸。

注释

①靖：恭敬。②共：通"供"。

译文

所以不登上高山，就不会知道天的高度；不走近深溪，就不知道地的厚度；不聆听先王的遗言，就不知道学问的渊博。干国、越国、夷族、貉族的孩子，生下来的时候哭声都是相同的，长大以后，他们的生活习俗就不同了，这是教育的不同引起的。《诗经》上说："君子啊，不要总是贪图安逸。要认真对待你的本职，爱好正直的德行。天上的神在听着呢，将会赐福给你的。"所以说精神上最好的境界就是"道"，最大的福分就是没有灾祸了。

吾尝终日而思矣，不如须臾之所学也。吾尝跂跂①而望矣，不如登高之博见也。登高而招，臂非加长也，而见者远；顺风而呼，声非加疾也，而闻者彰。假②舆马者，非利足也，而致千里；假舟楫者，非能水也，而绝③江河。君子生非异也，善假于物也。

注释

①跂：通"企"，踮起脚后跟。②假：凭借，借助。③绝：横渡，横穿。

译文

我曾经整天思考，但是不如学习一会儿所得的教益。我曾经踮起脚去远望，但是不如登到高处看得远。登上高处招手，手臂没有加长，但是能被很远的人看见；顺着风向呼喊，声音没有加大，但是使人听得更清楚。乘坐车马的人，并没有一双善于行走的脚，却能达到千里之外；乘坐船只的人，并不会游泳，却能横渡江河。君子的本性与别人并没有什么不同，只是善于借助别的事物而已。

四

南方有鸟焉，名曰蒙鸠，以羽为巢，而编之以发，系之苇苕，风至苕折，卵破子死。巢非不完也，所系者然也。西方有木焉，名曰射干①，茎长四寸，生于高山之上，而临百仞之渊。木茎非能长也，所立者然也。蓬生麻中，不扶而直；白沙在涅②，与之俱黑。兰槐之根是为芷，其渐③之滫④，君子不近，庶人不服。其质非不美也，所渐者然也。故君子居必择乡，游⑤必就士，所以防邪辟而近中正也。

注释

①射（yè）干：一种草药，根可入药。②涅：一种矿物，古代用作黑色染料。③渐：浸。④滫：溺，尿。⑤游：交际，交往。

译文

南方有一种鸟，名字是蒙鸠，用羽毛做巢，然后用毛发编在一起，系到苇子上。偶尔有风吹过，芦苇折了，鸟卵就会摔破，蒙鸠也就失去了自己的孩子。巢不能说不完善，是由于所系的地方不对。西方有一种木材，叫作射干，茎长四寸，生长在高山之上，下临百仞的深渊。木茎没有加长，是由于它所生长的地方很高。蓬若是生长在蓠麻之中，不用什么扶持就是挺直的；白色的沙子混合到黑泥里，就会和它一样黑。兰槐的根有香气，若是浸在尿中，君子不靠近它，就是庶人也不会佩戴它。它的香气不可谓不美，只是它周围的环境不好。所以君子居住一定要选择邻居，交往的人一定要是有道德的，以此来防止自己走上邪路而保证内心平和。

五

　　物类之起，必有所始。荣辱之来，必象其德。肉腐出虫，鱼枯生蠹。怠慢忘身，祸灾乃作。强自取柱^①，柔自取束。邪秽在身，怨之所构。施薪若一，火就燥也；平地若一，水就湿也。草木畴^②生，禽兽群焉，物各从其类也。是故质的^③张而弓矢至焉，林木茂而斧斤^④至焉，树成荫而众鸟息焉，醯^⑤酸而蚋^⑥聚焉。故言有召祸也，行有招辱也，君子慎其所立乎。

注释

　　①柱：通"祝"，折断。②畴：通"俦"，同类，类别。③质：箭靶。的：箭靶的中心。④斤：斧子。⑤醯（xī）：醋。⑥蚋（ruì）：蚊子一类的昆虫。

译文

　　事物的发生，一定有其原因。荣辱的降临，一定是内心品德的表现。肉生了蛆就说明它已经腐烂，鱼干枯了才会生出虫子。人若是怠慢而骄傲了，灾祸就会发生。刚强的东西容易折断，柔弱的东西容易受约束。自己行为邪恶肮脏，就会造成人们对你的怨恨。把干、湿两种不同的木材放在一起，火苗就会朝着干燥的一边烧去；地面平整得一样，水就会朝着潮湿的一边流淌。野草和树木总是共生，飞禽和走兽也是成群地居住，这是万物随着自己的同类聚集。因此，箭靶张开了，箭也就向这边射来；森林茂盛了，斧子就跟着来了；树木长大成荫了，许多鸟类就在那里开始生活了；醋发酸了，蚊蝇就飞来了。所以说话有时会招来祸患，行事有时会招致耻辱，君子应该谨慎地立身处世。

六

　　积土成山，风雨兴焉；积水成渊，蛟龙生焉；积善成德而神明自得，圣心备焉。故不积跬^①步，无以致千里；不积小流，无以成江海。骐骥一跃，不能十步；驽马十驾^②，功在不舍。锲而舍之，朽木不折；锲而不舍，金石可镂。蚓无爪牙之利，筋骨之强，上食埃土，下饮黄泉，用心一也；蟹八跪^③而二螯，非蛇蟮之穴无可寄托者，用心躁也。是故无冥冥之志者，无昭昭之明；无惛惛之事者，无赫赫之功。行衢道者不至，事

荀子选集

两君者不容。目不能两视而明，耳不能两听而聪。螣蛇无足而飞，鼫鼠五技而穷。诗曰："尸鸠在桑，其子七兮。淑人君子，其仪一兮。其仪一兮，心如结兮。"故君子结于一也。

注释

①跬：行走时两脚间的距离，等于现在的一步。古人所说步，指左右脚都向前迈一次的距离，相当于现在的两步。②驾：古代马拉车时，早晨套上车，晚上卸去。套车叫驾，所以这里用"驾"指代马车一天的行程。十驾：指十天的行程。此指千里的路程。③跪：脚。

译文

土堆积起来成为山陵，风雨就在这里兴起；水汇集起来成为深渊，蛟龙就在这里生长起来；不断地做好事养成高尚的品德，就会通于神明，就具备了圣人的思想境界。所以没有一步一步的积累，就不会有千里的路程；没有小溪小河的凝聚，就不会有江河湖海的浩瀚。千里马一跃，不会超过十步；驽马跑十天也可以达到千里，成功的原因就在于不放弃。雕刻东西若是放弃了，就是一根朽木也不能刻断；雕刻东西一直坚持，就是金属石头也可以刻透。蚯蚓没有锋利的爪牙和强壮的筋骨，但是它能在地上吃泥土，地下喝泉水，这是由于用心专一。螃蟹有八只脚和两只螯，但是若没有蛇和黄鳝的洞穴，就没有容身之处，这是因为它性情浮躁。没有精诚专一的志向，就不会有显著成就；没有埋头苦干的行为，就不会有赫赫的功绩。在歧路上徘徊的人是不会到达目的地的，侍奉两个君主的人不为世所容。眼睛不能同时看两样东西还能看明白，耳朵不能听两种声音还能听清楚。螣蛇没有脚却能够飞翔，鼫鼠有五种技艺却还是陷于困顿。《诗经·曹风·尸鸠》上说："布谷鸟住在桑树上，它有七只幼鸟。善人君子们，行为要专一不偏邪。行为专一不偏邪，意志才会如磐石一样坚硬。"所以君子的意志坚定专一。

昔者瓠巴①鼓瑟而沉鱼出听，伯牙鼓琴而六马②仰秣。故声无小而不闻，行无隐而不形。玉在山而草木润，渊生珠而崖不枯。为善不积邪，安有闻者乎？

学恶③乎始？恶乎终？曰：其数则始乎诵经，终乎读礼；其义则始乎为士，终乎为圣人。真积力久则入，学至乎没而后止也。故学数有终，若其义则不可须臾舍也。为之，人也；舍之，禽兽也。故《书》

者，政事之纪也；《诗》者，中声之所止也；《礼》者，法之大分④，类之纲纪也。故学至乎《礼》而止矣。夫是之谓道德之极。《礼》之敬文⑤也，《乐》之中⑥和也，《诗》《书》之博也，《春秋》之微也，在天地之间者毕矣。

注释

①瓠（hù）巴：楚国人，善于弹瑟。②六马：古代天子之车驾用六匹马拉，此指拉车之马。③恶（wū）：疑问代词，哪里，怎么。④大分：要领，总纲。⑤文：文采，花纹，引申指表现礼仪制度，如表示等级制度的车制、旗章、服饰，以及各种礼节、仪式等。⑥中（zhōng）：不高不低，中等。

译文

从前，春秋时期的瓠巴在鼓瑟的时候，沉在水里的游鱼也会浮出水面倾听；伯牙在弹琴的时候，正在吃草的马也会停下来仰头而听。所以声音无论怎么细小，都会被听到；行为不论多么隐蔽，都会有人知道。山中若是藏有宝玉，草木就会显得润泽；深渊中生有珍珠，四周崖岸就不会干枯。是没有坚持积累做善事吧？否则哪里会有不闻名于世的？

学习从哪里开始？在哪里结束？君子说：学习的程序，是从诵读经文开始，到《礼》终结；做学问的意义，从做一个读书人开始，到成为圣人结束。只有真心真意，日积月累地力行而能持久，才能够入门而有所成就，学习要坚持到死，然后才停止。所以学习的程序是有终点的，若是从学习的意义上说，就一刻也不能停止。这样做的就是堂堂正正的人，不这样做的就和禽兽一样。所以说《尚书》是记载古代政事的，《诗经》辑录了符合乐章标准的诗歌，《礼记》是礼法的总纲，也是各种条例的纲要，学习一定要达到《礼》的要求才算到了终点。这就叫作具备了道德的最高境界。《礼》有敬重礼仪的规则，《乐》使人能够中正和悦，《诗经》《尚书》的内容广博，《春秋》包含微言大义的道理，这些典籍把天地间的一切事物都囊括殆尽了。

八

君子之学也，入乎耳，箸①乎心，布乎四体，形乎动静。端而言，蝡而动，一可以为法则。小人之学也，入乎耳，出乎口。口耳之间，则四寸耳，曷②足以美七尺之躯哉！古之学者为己，今之学者为人。君子之学也，以美其身；小人之学也，以为禽犊③。故不问而告谓之傲，问一而告二谓之囋④。傲，非也；囋，非也；君子如向⑤矣。

注释

①箸：通"著"，明显，显著。②曷：何。③犊：小牛犊。④囋（zá）：啰嗦。⑤向：通"响"，回声。

译文

君子的学习，要把学到的听到耳朵里，记在心里，融会贯通到整个身心，表现在一举一动上面，即使是极细小的言行，都可以作为别人效法的榜样。小人的学习，把学到的听到耳朵里，又从嘴巴里说出来。嘴巴和耳朵之间，只有四寸的距离，怎么能使自己七尺之躯的品德得到提高而完美呢？古时候的学者，学习是为了自己进德修业；当今的学者学习，是为了向人炫耀。君子的学习，是用来完善自己的身心；小人的学习，是为了将学问当作家禽、小牛之类的礼物去讨好别人。所以别人不问却告诉他，这是急躁。别人问一却答二，就是啰嗦。急躁是不对的，啰嗦也不正确。君子问一答一，就像回声一样。

劝学

九

　　学莫便乎近其人。《礼》《乐》法而不说①，《诗》《书》故②而不切，《春秋》约而不速。方③其人之习君子之说，则尊以遍矣，周于世矣。故曰：学莫便乎近其人。

　　学之经④莫速乎好其人，隆礼次之。上不能好其人，下不能隆礼，安特⑤将学杂识志，顺《诗》《书》而已耳。则末世穷年，不免为陋儒而已。将原⑥先王，本仁义，则礼正其经纬蹊径也。若挈裘领，诎五指而顿之，顺者不可胜数也。不道礼、宪，以《诗》《书》为之，譬之犹以指测河也，以戈舂黍也，以锥飡壶也⑦，不可以得之矣。故隆礼，虽未明，法士也；不隆礼，虽察辩，散儒也。

注释

　　①说：解说。②故：事，故事。③方：通"仿"，仿效。④经：通"径"。⑤特：只是。⑥原：追究根源。⑦飡（cān）：同"餐"。壶：古代盛放食物的器具。

译文

　　学习的途径没有比接近良师益友更便捷的了。《礼》《乐》记载了法度典章，但没有详尽地阐述其义理；《诗经》《尚书》记载了古代的掌故，但不切合现实；《春秋》简约晦涩，难于使人迅速理解。只有效仿良师益友而学习君子的学说，才能培养崇高的品德，知识渊博，通达世事。所以说，学习没有比接近良师益友更好的了。

　　学习的途径没有比向良师益友请教更快速的了，其次是尊崇礼法。既不能请教良师益友，又不能尊崇礼法，则只能学些杂说，读通《诗经》《尚书》罢了，那么即使到了老年，也只不过是一个知识浅陋的读书人。如果想从古代圣王那里追源溯流，寻找仁义的根本，那么学习礼法就像纵横交错的经纬线一样，是一条正确的途径。就像提起衣服的领子，五指弯曲去抖动它，被理顺的绒毛就不可胜数了。如果做事不遵守礼法，只空谈《诗经》《尚书》，就像是用手指去测量河水的深度，用戈矛去舂米，用锥子代替筷子吃饭一样，是不能达到目的的。所以尊崇礼法虽然不能明白事理，但仍然可以称作是遵循礼法的读书人；不尊崇礼法，即使能够明察善辩，也不过是一个散漫的儒生。

荀子选集

十

　　问楛^①者，勿告也；告楛者，勿问也；说楛者，勿听也；有争气者，勿与辩也。故必由其道至，然后接之；非其道则避之。故礼恭，而后可与言道之方；辞顺，而后可与言道之理；色从，而后可与言道之致。故未可与言而言，谓之傲；可与言而不言，谓之隐；不观气色而言，谓之瞽^②。故君子不傲、不隐、不瞽，谨顺其身。诗曰："匪^③交^④匪舒，天子所予^⑤。"此之谓也。

注释

　　①楛（kǔ）：粗略，不合礼法。②瞽：目盲。③匪：同"非"，不。④交：通"绞"，急。⑤予：通"与"，赞许。

译文

　　别人问了不合礼法的事情，不要告诉他；别人说了不合礼法的事情，不要去追问；谈论不合礼法的事情，不要去听；态度蛮横、不讲道理的人，不要和他争辩。所以必须是按照礼仪之道前来请教的人，才接待；不按照礼仪之法前来请教的人，就避而不答。来者恭敬有礼，然后可以同他谈论大道的方向；看他的言辞比较恭顺的，才可以和他谈论大道的原理；见他乐意听从，才和他谈论大道的奥妙。所以对于那些不可以交谈的人，却偏要与之交谈，这叫作浮躁；对于那些可以与他交谈的人而又不与他谈论，这叫作隐瞒；不看对方的表情而与之谈论，这叫作盲目。所以君子不浮躁、不隐瞒、不盲目，而是谨慎地对待前来请教的人。《诗经》上说："浮躁、不怠慢的人，是天子所赞许的。"说的就是这个意思。

十一

　　百发失一，不足谓善射；千里跬步不至，不足谓善御；伦类不通，仁义不一，不足谓善学。学也者，固学一之也。一出焉，一入焉，涂巷之人也；其善者少，不善者多，桀、纣、盗跖也；全之尽之，然后学者也。

　　君子知夫不全不粹之不足以为美也，故诵数以贯之，思索以通之，为其人以处之，除其害者以持养之。使目非是无欲见也，使耳非是无欲

闻也，使口非是无欲言也，使心非是无欲虑也。及至其致好之也，目好之五色，耳好之五声，口好之五味，心利之有天下。是故权利不能倾也，群众不能移也，天下不能荡也。生乎由是，死乎由是，夫是之谓德操。德操然后能定，能定然后能应。能定能应，夫是之谓成人。天见其明，地见其光，君子贵其全也。

译文

射箭一百次其中有一次没有中的，就不能称为善于射箭；驾车行走千里，只要半步不到，就不能叫作善于驾车；对于天下各种事物不能融会贯通，对于仁义不能一以贯之，就不能称作善于学习。学习，就是应该一心一意地坚持到底。一会儿不学，一会儿学，这只是街头巷尾的普通人；好的行为少，而坏的行为多，就是桀、纣、盗跖一样的人；能够全面彻底地把握所学的知识，又尽力去实行，才算得上是个学者。

君子懂得做学问不完备、不纯正，是不能够被看作是完美的，所以要不断地诵读诗书，用心思索来融会贯通，把良师益友作为自己的榜样，设身处地去做，除掉有害的东西，培养有益的学识。对于无关的事物，眼睛不去看，耳朵不去听，嘴里不去说，内心不去考虑。等到极其爱好学习时，就像眼睛爱看五色，耳朵喜欢听五声，嘴巴喜欢吃五味，心里追求占有天下那样。因此，这样的人，权力不会压制他，人多势众也不能改变他，天下的任何事物都不能动摇他。活着是这样，死后也是这样，这就叫作有好的品德和操守了。具备了这样品德的人才能坚定不移；能够坚定不移，才能够应付自如。既能坚定不移，又能应付自如，可以称得上是完美的人了。天空显现它的光明，大地显露它的广阔，君子最要紧的是人格的完美与纯正。

读解

子曰："学而时习之，不亦说乎？有朋自远方来，不亦乐乎？人不知而不愠，不亦君子乎？"学习是君子修身养性的第一要事，所以孔子在《论语》的开章第一句就要求自己的弟子好好学习。荀子自认为是继承孔子的学说，因此在第一篇中谈的也是学习方面的事情。

《劝学》用蓼蓝提取靛青、水寒成冰、木材变车轮等一系列生活中常见的例子，阐述了人为什么要学习。又从登山、临溪、驾车等浅近的道理中进一步地阐述人学习之后的好处，这就是"修身、养性、远离祸患"。还从自身的一些体会中揭示学习要集中精神、专心致志的道理。

综观全篇，荀子所讲的学习的目的是自身达到"天见其明，地见其光"的君子的境界，而学习的内容更是一些封建理论和礼仪，这些对于今天的我们来说可取之处不多。但是他所提出的对待学习的谨慎态度、认真求学的精神，以及孜孜以求的学习方法非常有用。

"玉不琢，不成器。人不学，不知道。"三国时的吕蒙当年追随孙权打仗的时候，还是一个只知道将兵夺旗的粗陋壮士，孙权劝他读书，他却推辞说自己繁忙没有时间，孙权就拿自己做例子，给他上了意义深刻的一课。他就此开始发奋读书，直到鲁肃对他再三惊叹他再不是当年的"吴下阿蒙"了。吕蒙也非常文雅地说："士别三日，当刮目相待。"看来，人还是要多读书，才能知道什么是修养风雅啊！

吕蒙读书

起初，孙权对吕蒙说："你现在担任要职，执掌权力，不能不学习。"吕蒙推辞说军中事务多，没有时间学习。孙权说："我难道是要你研究儒家经典，去做博士吗？我只是要你去浏览书籍，了解过去发生过的事情。你说事多，但谁会像我这样忙？我经常读书，自己认为得到了很多好处。"于是吕蒙开始读书。

等到鲁肃经过寻阳时，与吕蒙谈话，大吃一惊，说："你今天的才干谋略，再不是当年吴郡的阿蒙了！"吕蒙说："士别三日，就应当刮目相看，大哥为什么现在才明白这个道理呢！"鲁肃就去拜见吕蒙的母亲，与吕蒙结为好友以后才分手。

"言有召祸，行有招辱。"这句话的意思是：言语不当会招来祸患，行为有失就会招致侮辱，所以一个人的言行一定要非常谨慎。历史上有许多人就是由于自己的言行不够谨慎，招来了杀身之祸，晋孝武帝就是其中之一。

戏言夺命

晋孝武帝非常喜欢喝酒，他经常在内殿里流连迷醉，头脑清醒的时间少了，宫外的人很难也很少能被允许进见。张贵人是后宫里最受宠幸的妃子，后宫人人都怕她。

有一次，孝武帝和后宫的嫔妃们一起宴饮，美女和乐队也都立在一旁侍候。这时张贵人年纪将近三十，孝武帝故意调笑她说："如果按照年龄来说，你也应该被废黜了，我更喜欢年轻的。"张贵人心中暗自气愤。

到了晚上，孝武帝大醉，在清暑殿就寝。张贵人则拿酒赏赐所有的宦官，打发他们走开，然后，让贴身的服侍婢女用被子蒙住孝武帝的脸，弑杀了孝武帝，又用重金贿赂左右的侍从，声称是"睡梦中惊悸窒息而猝逝"。当时太子司马德宗愚昧懦弱，会稽王司马道子也昏庸荒淫，均未对此追究查问。

修身

一

　　见善，修然①必以自存②也；见不善，愀然③必以自省也。善在身，介然必以自好也；不善在身，菑④然必以自恶也。故非我而当者，吾师也；是我而当者，吾友也；谄谀我者，吾贼⑤也。故君子隆师而亲友，以致恶其贼。好善无厌，受谏而能诫，虽欲无进，得乎哉？小人反是，致乱，而恶人之非己也；致不肖，而欲人之贤己也；心如虎狼，行如禽兽，而又恶人之贼己也。谄谀者亲，谏争者疏，修正为笑，至忠为贼，虽欲无灭亡，得乎哉？《诗》曰："噏噏呰呰⑥，亦孔之哀。谋之其臧，则具是违；谋之不臧，则具是依。"此之谓也。

注释

　　①修然：整饬的样子。②存：省问。③愀（qiǎo）然：忧惧的样子。④菑（zī）：通"灾"，祸害，灾害。⑤贼：害人的人。⑥噏噏（xī）：同"吸吸"，吸取。呰呰（zǐ）：通"訾訾"，诋毁。

译文

　　看到好的品行，一定要认真地省察自己有没有这样的好品行；看到不好的品行，一定要怀着忧惧的心情反省自己。自己若是有了好的品行，一定要坚定不移地加以珍视；自己有了错误，一定要像受到灾害一样厌恶自己。所以批评我而又中肯的人就是我的老师；肯定我而又恰当的人就是我的朋友；对我阿谀奉迎的人，是陷害我的贼人。所以君子敬重自己的老师而亲近自己的朋友，而极度憎恶贼人。对好的品行非常喜欢而没有尽头，能接受别人的建议和教训，即使自己没有想着要进步，怎么可能不进步呢？小人却不是这么做的，胡作非为，还厌恶别人责备自己；已经够不好了，却想让他人说自己是个贤者；心思和虎狼一样残暴，所作所为又和禽兽一样凶残，又憎恨别人说自己坏话。

亲近那些阿谀奉迎的人，疏远那些敢于直言面谏的人，把帮助自己改正错误看作讥笑，把对自己忠心耿耿的人当作陷害自己的人，即使他不想走向灭亡，又怎么能够不灭亡呢?《诗经》上说："既相附和，又相互诋毁，这就是一种悲哀啊! 计划本来很完美，都不去照办; 计划本来并不好，都照着做。"说的就是这个道理啊!

扁①善之度: 以治气养生，则身后彭祖②; 以修身自强，则名配尧、禹。宜于时通，利以处穷，礼信是也。凡用血气、志意、知虑，由礼则治通，不由礼则勃③乱提僈④; 食饮、衣服、居处、动静，由礼则和节，不由礼则触陷生疾; 容貌、态度、进退、趋行，由礼则雅，不由礼则夷固僻违，庸众而野。故人无礼则不生，事无礼则不成，国家无礼则不宁。《诗》曰: "礼仪卒度，笑语卒获。"此之谓也。

注释

①扁: 通"遍"，全面。②彭祖: 传说他活了八百岁。③勃: 通"悖"。④提: 通"偍"，舒缓。僈: 通"漫"。

译文

使人无往而不善的法则是: 用调理血气的方法养生，就能像彭祖那样长寿; 用修身的方法洁身自好，就会像尧和大禹一样名垂千古。既适应顺境，又善于度过逆境，就是靠礼法和信义。凡是运用血气、意志、智慧和思虑去处理问题，又遵循礼法的，就会事事办得通; 不遵循礼法，就会悖乱松懈; 凡是饮食、穿衣、居处、行动遵循礼法的就能和谐有节奏; 不遵循礼法就犯忌而生病; 凡是容貌、态度、进退、走路，遵从礼法的就文雅，不遵从的就傲慢孤僻、庸俗粗野。所以做人没有礼法就不能生存，做事没有礼法事情就办不成; 国家没有礼法就国无宁日了。《诗经》上说: "礼仪恰如其分，言笑恰到时候。"就是说的这种情况。

以善先人者谓之教，以善和人者谓之顺; 以不善先人者谓之谄，以

不善和人者谓之谀。是是、非非谓之知，非是、是非谓之愚。伤良曰谗，害良曰贼。是谓是，非谓非曰直。窃货曰盗，匿行曰诈，易言曰诞。趣①舍无定谓之无常，保利弃义谓之至贼。多闻曰博，少闻曰浅。多见曰闲，少见曰陋。难进曰偍，易忘曰漏。少而理曰治，多而乱曰秏②。

注释

①趣：赴，前往。②秏：通"眊"，昏昧，糊涂。

译文

用好的言行来教导别人就叫作"教"，用好的言行去附和别人就叫作"顺"；用不好的言行去教导别人就叫作"谄"，用不好的言行去附和别人就叫作"谀"。对于正确的言行加以肯定，对于不正确的言行加以否定，这就是智慧；对正确的言行加以否定，对错误的言行加以肯定，就叫作愚蠢。中伤那些善良的叫作"谗言"，陷害善良的叫作"贼害"。正确的就说正确，错误的就说错误，这是正直。偷别人的东西叫作"盗取"，隐匿行为叫作"诈取"，信口开河叫作"荒诞"。进退没有一定的标准叫作"无常"，见利忘义叫作"大贼"。广识多闻叫作"博大"，孤陋寡闻叫作"浅薄"，见识多叫作"广博"，见识少叫作"浅陋"，难于进取叫作"迟缓"，健忘叫作"遗漏"。事情少又条理分明叫作"治辨"，事情多而又杂乱无章叫作"昏聩"。

治气、养心之术：血气刚强，则柔之以调和；知虑渐①深，则一之以易良；勇毅猛戾，则辅之以道顺；齐给便利，则节之以动止；狭隘褊小，则廓之以广大；卑湿重迟贪利，则抗之以高志；庸众驽散，则劫之以师友；怠慢僄弃，则炤②之以祸灾；愚款端悫③，则合之以礼乐，通之以思索。凡治气、养心之术，莫径由礼，莫要得师，莫神一好。夫是之谓治气、养心之术也。

注释

①知：通"智"。②炤：通"昭"，使明白。③悫（què）：忠厚。

译文

调理血气、修养身心的方法：血气方刚的人，用平静的方法来柔化他；思想深沉的人，用平易温良的方法来改造他；勇猛凶暴的人，就用训导来辅助他；行为轻率的人，就用动静有法来教育他；心地狭隘的人，就用宽宏大度来开导他；卑微迟钝贪婪的人，就激发他有昂扬的意志；庸庸碌碌的人，就用良师益友来改造他；懒散放荡的人，就晓之以祸害，使他警醒；愚笨朴实的人，使他行为符合礼乐，启发他深思熟虑。凡是实行了调理性情的方法，没有不是通过礼法的，其要领没有不是得到良师的，其精诚没有不是用心专一的。这就叫作调理血气、修身养性的方法。

志意修则骄富贵，道义重则轻王公；内省而外物轻矣。传曰："君子役物，小人役于物。"此之谓矣。身劳而心安，为之；利少而义多，为之；事乱君而通，不如事穷君而顺焉。故良农不为水旱不耕，良贾不为折阅①不市②，士君子不为贫穷怠乎道。

注释

①折（shé）阅：亏损。②市：做买卖。

译文

　　志向高远的人就会鄙视富贵的人，以道义为重就会藐视王公贵族，这是由于从内心能够省察自己，就觉得外物轻微了。古书上说："君子支配外界事物，小人则被外界事物所支配。"说的就是这个道理。即使身体劳苦，但内心能够安定，就去做；虽然利益很少，但意义重大，就去做；侍奉一个暴君而通达显赫，还不如侍奉身处逆境的君主而顺从道义。所以一个好的农民不因为水、旱灾就放弃耕种，一个好的商人不会因为一时的亏损就放弃经营，士人君子不会因为贫穷就松懈操守。

六

　　体恭敬而心忠信，术礼义而情爱人，横行天下，虽困四夷，人莫不贵；劳苦之事则争先，饶乐之事则能让，端悫诚信，拘守而详，横行天下，虽困四夷，人莫不任。体倨固而心势诈，术顺墨①而精杂污，横行天下，虽达四方，人莫不贱；劳苦之事则偷儒②转脱，饶乐之事则佞兑③而不曲④，辟⑤违而不悫，程役⑥而不录，横行天下，虽达四方，人莫不弃。

　　行而供⑦冀⑧，非渍淖也；行而俯项，非击戾⑨也；偶视而先俯，非恐惧也。然夫士欲独修其身，不以得罪于比俗之人也。

注释

　　①术：通"述"，遵循。顺：当作"慎"，指慎到，战国中期赵国人，主张法治、势治，是一个由黄老学派演变而来的早期法家人物。墨：指墨翟。②儒：通"懦"，指怕事。偷儒：苟且偷安，懒惰。③佞：口齿伶俐。此指施展口才不顾一切地争抢。《庄子·渔父》："莫之顾而进之谓之佞。"兑：通"锐"，锐利，也指口齿伶俐。④不曲：不转弯。指毫不谦让地直取之。⑤辟（pì）：偏僻，邪僻。⑥程役：通"逞欲"。⑦供：通"恭"。⑧冀：当作"翼"，敬。⑨击戾：抵触。

译文

　　外表恭敬而且心里忠信，以礼仪为法度而且性情友爱，这样的人走遍天下，即使穷困潦倒在遥远的地方，别人没有不尊重他的；有了劳苦的事情就争先去做，有了享乐的事情就能让给别人，端正诚信，谨守法度而又明察事理，这样的人走遍天下，即使困在遥远的地方，别人没有不信任他的。态度骄傲，心术险恶，以慎到和墨子的学说为法度，而又精于异端邪说，这样的人走遍天下，即使显赫四方，别人没有不轻贱他的；有了劳苦的事情就偷懒畏惧，有了享乐的事情就用巧言令色取悦于人，毫不谦让地进行争夺，邪僻恶劣又不忠厚，轻贱而不善良，这样的人即使显赫四方，别人没有不摈弃他的。

走路的时候小心谨慎，并不是怕陷于路上的泥淖；走路的时候低着头，不是害怕碰撞着东西；与人对视的时候先低下头，并不是由于害怕。这是由于士人要独善其身，修养自己的品性，不想因为这得罪普通人而已。

七

夫骥一日而千里，驽马十驾则亦及之矣。将以穷无穷，逐无极与？其折骨、绝筋终身不可以相及也；将有所止之，则千里虽远，亦或迟、或速、或先、或后，胡为乎其不可以相及也？不识步道者将以穷无穷，逐无极与？意①亦有所止之与？夫"坚白""同异""有厚无厚"②之察，非不察也，然而君子不辩，止之也；倚魁③之行，非不难也，然而君子不行，止之也。故学曰："迟彼止而待我，我行而就之，则亦或迟、或速、或先、或后，胡为乎其不可以同至也？"故跬步而不休，跛鳖千里；累土而不辍，丘山崇④成；厌⑤其源，开其渎，江河可竭；一进一退，一左一右，六骥不致。彼人之才性之相县⑥也，岂若跛鳖之与六骥足哉？然而跛鳖致之，六骥不致，是无他故焉，或为之或不为尔！道虽迩，不行不至；事虽小，不为不成。其为人也多暇日者，其出入不远矣。

注释

①意：通"抑"，选择连词，还是。②"坚白"：即"离坚白"，是战国时名家公孙龙的一个命题。公孙龙曾以石头为例，论证坚硬和白色两种属性是各自独立的，不能同时存在于石头上，以此说明共性和个性的区别。"同异""有厚无厚"：这是战国时名家惠施的命题。"同异"又称"合同异"，惠施认为事物的同异是相对的，具体事物有同异之分，但万物则既可说是"毕同"，也可说"毕异"。惠施讲"无厚不积也，其大千里"，讲的是空间上的无限问题。③倚魁：通"奇傀"，奇怪。④崇：通"终"。⑤厌：同"压"，堵塞。⑥县：通"悬"，距离远，悬殊。

译文

千里马一天能行走千里，劣马十天的行程也可以达到。难道可以追求无穷尽的旅途吗？那么即使断了骨头、筋肉断绝，毕生也不能到达。如果行程是有目的地的，那么即使有千里之遥，也将会或迟、或快、或先、或后地到达，怎么会说不能达到呢？不知道走路的人，是应该用有限的力量去追求无穷的、没有止境的目呢，还是应该有一定的范围和止境呢？对所谓"坚白""同异""有厚无厚"等学说的理解，并不是不能理解的，然而君子不跟他们辩解，因为命题有一定的范围限度。那些不合常规的行为，并不是不难做到，但君子不去做，因为行为有一定的范围限度。所以说："他慢慢停下来等待我，我加快脚步跟上了他，而或慢、或快、或先、或后，为什么不能一同达到目的地呢？"所以只要半步半步不停地走，即使跛脚的甲鱼也能行走千里；只要不停地堆土，高山终能累积而成；堵塞水源，开通沟渠，即使广深的长江、黄河，也可能枯竭。一会儿前进一会儿后退，一会儿向左一会儿向右，即使六匹骏马拉车，也不能到达终点。难道人的性格才情的差别能比跛脚的甲鱼和六匹好马的差别更大吗？然而跛脚的甲鱼能够到达的地方，六匹骏马却不能到达，这没有别的原因，一个去做一个不做的缘故。道路虽然很近，但不走是永远都不会到达目的地的；事情虽然很小，不去做是不可能会成功的。那种闲暇时间多的人，他的成就也不会超过常人很多。

八

好法而行，士也；笃志而体，君子也；齐①明而不竭，圣人也。人无法则伥伥然，有法而无志其义则渠渠②然，依乎法而又深其类，然后温温然。

礼者，所以③正身也；师者，所以正礼也。无礼，何以正身？无师，吾安知礼之为是也？礼然而然，则是情安礼也；师云而云，则是知若师也。情安礼，知若师，则是圣人也。故非礼，是无法也；非师，是无师也。不是师法，而好自用，譬之是犹以盲辨色，以聋辨声也，舍乱妄无为也。故学也者，礼法也。夫师以身为正仪，而贵自安者也。《诗》云："不识不知，顺帝之则。"此之谓也。

注释

①齐：敏捷。②渠：通"遽"，匆忙。③所以：用来……的东西。

译文

爱好礼法且能坚持按照礼法来办事的，是读书人；有坚定的意志而又身体力行的，是君子；思虑敏捷而又永不枯竭的，是圣人。一个人不遵守礼法，将无所适从；有了礼法但不理解它的含义，就会局促不安；依照礼法而又深知它的准则，就会得心应手。

礼法，是用来端正自己的行为的；老师，是为了正确解释礼法的。没有礼法，拿什么来端正自己的行为呢？没有老师，我怎么知道礼法是什么样子呢？礼法如何规定就如何去做，这就是性情习惯于遵礼而行；老师说什么就认同什么，那么智慧就如同老师。性情安于礼法，智慧如同老师，就是圣人了。所以违背礼法，就没有法度；违背老师，就是心中没有老师。不遵从老师和礼法，喜欢自以为是，就像是一个盲人来辨别颜色，一个聋子来辨别声音一样，除了胡作非为，再也不会有什么作为了。所以学习的宗旨就是学习礼法。那些老师就是要以身作则，而且重要的是自己心安理得地遵礼去做。《诗经》上说："不知不觉，顺应上天的法则。"说的就是这个。

九

　　君子之求利也略，其远害也早，其避辱也惧，其行道理也勇。君子贫穷而志广，富贵而体恭，安燕①而血气不惰，劳倦而容貌不枯，怒不过夺，喜不过予。君子贫穷而志广，隆仁也；富贵而体恭，杀势也；安燕而血气不惰，柬理也；劳倦而容貌不枯，好交②也；怒不过夺，喜不过予，是法胜私也。《书》曰："无③有作好，遵王之道；无有作恶，遵王之路。"此言君子之能以公义胜私欲也。

注释

　　①燕：通"宴"，安逸。②交：当作"文"（王念孙说）。③无：通"毋"，不。

译文

　　君子对于求取利益是淡泊的，对于避开祸害是有预见的，对于避免耻辱是谨慎的，对于奉行道义是勇敢的。君子贫穷而志向远大，身处富贵而态度恭敬，安逸而不懈怠，劳悴而容貌庄重，在盛怒的时候也不对别人惩罚过重，在喜悦的时候也不对别人赏赐过多。君子贫穷而志向远大，这是由于推崇仁爱的缘故；身处富贵而态度恭敬，这是由于不以权势作威作福；安逸而精神不懈怠，这是他明通事理；在劳累疲倦的时候容貌庄重，是由于注重礼节；在盛怒的时候能够惩罚不过重，在喜悦的时候能够赏赐不过多，这是由于礼法战胜了私欲。《尚书》说："没有个人的喜好，只有遵循古代圣王之道；没有个人的憎恶，只有遵循古代先王之路。"这说的就是君子为什么能够用公理正义战胜私欲。

读解

　　正如题目所说的那样，本篇《修身》论述了一系列修养身心，即提高自己的品德修养之术，而其根本的一点在于遵循礼义，其中也阐述了一些关于教育的方法。

　　"君子"是儒家学派极力推崇的知识分子，那么什么样的人才能称为"君子"呢？对上忠于君主、尊敬父母长辈，对于和自己地位相等的兄弟、朋友、同僚等也敬重，对下有一颗仁爱之心，这些是表面的礼仪；在内心深处，要认定封建等级制度的合理性以及永恒性，努力学习文化知识和礼仪知识，并在适当的时候用这些来为整个封建国家服务；精神品德高尚，没有私心，爱护人民等。这样的人才能称得上是君子。至于"修身"，其实可以看作是一个普通人如何转变为"君子"的"修炼"过程。这种"君子"剔除了封建残渣之后，也是有很多东西值得我们学习的。"志意修则骄富贵，道义重则轻王公"，意思是：志向高远的人就会鄙视富贵的人，以道义为重就会藐视王公贵族。这是一种大无畏的精神，就像孟子说的："吾善养吾浩然之气。"这种"浩然之气"就是对王侯将相的蔑视，对荣华富贵的不屑。子曰："饭疏食饮水，曲肱而枕之，乐亦在其中矣！不义而富且贵，于我如浮云。"为什么君子会有这么高傲的态度呢？荀子解释君子"内省而外物轻"，也就是自己的内心有所坚持，有了高尚的信仰，对于外界的一切就毫不在意了。所以"君子之求利也略，其远害也早，其避辱也惧，其行道理也勇"。

　　"事乱君而通，不如事穷君而顺"，但是不是每一个人都会幸运地遇到一位乱世明君，像唐朝的颜真卿既身处乱世，又遇到一个有叛逆之心的李希烈，他能够做的恐怕就是以死明志吧！

颜真卿直面生死

　　李希烈有了叛逆的野心，唐德宗向卢杞征询计策，卢杞说："李希烈是一名年轻骁将，凭借自己的军功，骄横傲慢，他的部将没有谁敢劝阻他。假如能派一位有儒雅风度

21

的朝廷重臣前去宣示圣上的恩泽，并向李希烈讲清叛逆朝廷将招来灾祸、归顺朝廷将得到幸福的道理，李希烈必定会洗心革面，幡然悔悟，这样可以不动刀兵就使他归顺。颜真卿是玄宗、肃宗、代宗三朝旧臣，为人忠诚直率，刚毅果决，名闻海内，人人信服，他是出使的最合适人选。"唐德宗认为他说得对，就命令颜真卿到许州去宣示圣旨，安抚李希烈。

诏书颁发后，朝廷官员大惊失色。颜真卿带着诏书，乘驿车来到东都洛阳，郑叔则说："您如果前去许州，一定不会幸免，最好在此停留，等待命令。"颜真卿说："这是皇上的命令啊，我怎么能躲避呢！"便启程了。李勉给唐德宗上表说："失去一位元老，这是朝廷的耻辱，请把颜真卿留下来。"李勉又派人去阻拦颜真卿，但去的人没有追上。

颜真卿来到许州后，准备宣读圣旨，李希烈让他的一千多养子围着颜真卿谩骂，还拔出刀剑做出要杀死他的样子。颜真卿寸步不移，脸色不变，巍然挺立。李希烈见此情形，赶忙用身体遮挡住他，挥手命令众人退下。几天之后，李希烈准备放颜真卿回去，当时正好李元平在座，颜真卿责备他。李元平面带愧色，起身离去，又用密信向李希烈建议。于是李希烈改变主意，把颜真卿留在许州，不让他回朝。

朱滔、王武俊、田悦、李纳分别派遣使者来到许州，向李希烈上表称臣，劝他称帝。使者们在李希烈前行拜舞礼，劝李希烈说："朝廷诛杀功臣，失信天下。都统英明勇武，得自天授，功勋盖世，已经遭到朝廷的猜忌，将招来韩信、白起被杀的灾祸。臣等希望都统早日登基称帝，使天下臣民有所归附。"李希烈派人把颜真卿叫来，让他看看四镇使者，并说："现在冀、魏、赵、齐四王派使者来叫我称帝，不谋而合，大师观看这情势，难道我只是被朝廷猜忌而无地自容吗？"颜真卿说："这是四凶，怎么叫四王？你不肯珍惜赫赫战功，做朝廷的忠臣，却与乱臣贼子为伍，难道要与他们一块覆灭吗？"李希烈听后很不高兴。

过了一天，颜真卿与四镇的使者一同参加李希烈举办的宴会。四镇使者对颜真卿说："久闻太师德高望重，现在都统就要称帝了，而太师恰在此，这是上天赐给都统宰相啊！"颜真卿怒斥道："什么宰相！难道你们不知道有个痛骂安禄山而死的颜杲卿吗？他就是我的哥哥。我今年已八十岁了，只知道遵守臣节而死，岂能被你们诱骗胁从！"四镇使者听后，不敢再说什么。于是李希烈派十个甲士在馆舍看守颜真卿，在庭院中挖了一个土坑，说是准备活埋颜真卿。颜真卿知道后，神色怡然，去见李希烈说："既然我的生死已经决定，何必玩弄花招，赶快一剑刺死我，难道这样不会使你痛快吗？"李希烈赶快向他道歉。

一天，李希烈派人向颜真卿询问有关皇帝登基的礼仪，颜真卿说："我曾任掌管礼仪的官员，所记着的只有诸侯拜见皇帝的礼仪而已！"李希烈后来自称皇帝，国号大楚，改年号为武成。他设置百官，任命其党羽郑贲为侍中，孙广为中书令，李缓、李元平为同平章事。他将汴州称作大梁府，把境内地盘分为四节度，分别设置节度使。李希烈派他的将领辛景臻对颜真卿说："你不愿失气节，就该自焚！"他便命人在颜真卿居住的院中堆积柴薪，在柴薪上浇上油。颜真卿立即走向火堆，辛景臻见吓不倒他，便赶忙把他制止住。

李希烈听说弟弟李希倩被杀，非常恼怒，派遣中使去蔡州杀颜真卿。中使见到颜真卿后说："有敕书。"颜真卿拜了两拜。中使又说："今天赐你死。"颜真卿说："老臣办事无结果，应当处死。不知使者何时从长安出发的？"使者说："我是从大梁来的，不是从长安来。"颜真卿说："这么说来，你们不过是一帮叛贼，怎么能叫作敕书呢！"于是，颜真卿被勒死。

事例二

鲁仲连是春秋战国时期的一位侠士，解救天下于倒悬，却毫不受禄，飘然而去，受到后来许多士人的敬仰。

鲁仲连

赵孝成王时，秦王派白起在长平前后击溃赵国四十万军队，于是，秦国的军队向东挺进，围困了邯郸。赵王很害怕，各国的救兵也没有谁敢攻击秦军。魏王派客籍将军新垣衍从隐蔽的小路进入邯郸，通过平原君的关系见赵王说："秦军所以急于围攻赵国，是因为以前和齐湣王争强称帝，不久又取消了帝号；如今齐国已然更加削弱，当今只有秦国称雄天下，这次围城并不是贪图邯郸，秦王的意图是要重新称帝。赵国果真能派遣使臣尊奉秦王为帝，秦王一定很高兴，就会撤兵离去。"平原君犹豫不能决断。

这时，鲁仲连客游赵国，就去晋见平原君说："这件事怎么办？"平原君说："我哪里还敢谈论这样的大事！前不久，在国外损失了四十万大军，而今，秦军围困邯郸，又不能使之退兵。魏王派客籍将军新垣衍让赵国尊奉秦昭王称帝，眼下，那个人还在这儿。我哪里还敢谈论这样的大事！"鲁仲连说："以前我认为您是贤明的公子，今天我才知道您并不是贤明的公子。魏国的客人新垣衍在哪儿？我替您去责问他并且让他回去。"平原君说："我愿为您介绍，让他跟先生相见。"于是平原君见新垣衍说："齐国有位鲁仲连先生，如今他就在这儿，我愿替您介绍，跟将军认识认识。"新垣衍说："我听说鲁仲连先生是齐国志行高尚的人。我是魏王的臣子，奉命出使，身负职责，我不愿见鲁仲连先生。"平原君说："我已经把您在这儿的消息透露了。"新垣衍只好应允了。

鲁仲连见到新垣衍却一言不发。新垣衍说："我看留在这座围城中的，都是有求于平原君的人；而今，我看先生的尊容，不像是有求于平原君的人，为什么还长久地留在这围城之中而不离去呢？"鲁仲连说："世人认为鲍焦没有博大的胸怀而死去，这种看法都错了。一般人不了解他耻居浊世的心意，认为他是为个人打算。那秦国是个抛弃礼仪而只崇尚战功的国家，用权诈之术对待士卒，像对待奴隶一样役使百姓。如果让秦王无所忌惮地恣意称帝，进而统治天下，那么我只有跳进东海去死，我不忍心做秦国的顺民，我所以来见将军，是打算帮助赵国啊！"

新垣衍说："先生怎么帮助赵国呢？"鲁仲连说："我要请魏国和燕国帮助它，齐、楚两国本来就帮助赵国了。"新垣衍说："燕国嘛，我相信会听从您的；至于魏国，我

就是魏国人，先生怎么能让魏国帮助赵国呢？"鲁仲连说："魏国是因为没看清秦王称帝的祸患，才没帮助赵国。让魏国看清秦国称帝的祸患后，就一定会帮助赵国。"

鲁仲连说："如今，秦国是拥有万辆战车的国家，魏国也是拥有万辆战车的国家。都是万乘大国，又各有称王的名分，只看它打了一次胜仗，就要顺从地拥护秦王称帝，这就使得三晋的大臣比不上邹、鲁的奴婢、姬妾了。如果秦王贪心不足，最终称帝，那么就会更换诸侯的大臣。他将要罢免他认为不肖的、换上他认为贤能的人，罢免他憎恶的、换上他所喜爱的人。还要让他的儿女和搬弄是非的姬妾嫁给诸侯做妃姬，住在魏国的宫廷里，魏王怎么能够安安定定地生活呢？而将军您又怎么能够得到原先的宠信呢？"

于是，新垣衍站起来，向鲁仲连连拜两次谢罪说："当初认为先生是个普通的人，我今天才知道先生是天下杰出的高士。我将离开赵国，再不敢谈秦王称帝的事了。"秦军主将听到这个消息，为此把军队后撤了五十里。恰好魏公子无忌夺了晋鄙的军权率领军队来援救赵国，攻击秦军，秦军也就撤离邯郸回去了。

平原君要封赏鲁仲连，鲁仲连再三辞让，最终也不肯接受。平原君就设宴招待他，喝到酒酣耳热时，平原君起身向前，献上千金酬谢鲁仲连。鲁仲连笑着说："杰出之士所以被天下人崇尚，是因为他们能替人排除祸患，消释灾难，解决纠纷而不取报酬。如果收取酬劳，那就成了生意人的行为，我鲁仲连是不能接受那样做的。"于是鲁仲连辞别平原君走了，终身不再相见。

不苟

一

　　君子行不贵苟难，说不贵苟察，名不贵苟传，唯其当之为贵。故怀负石而赴河，是行之难为者也，而申徒狄①能之；然而君子不贵者，非礼义之中也。山渊平，天地比②，齐、秦袭③，入乎耳，出乎口，钩有须④，卵有毛，是说之难持者也，而惠施、邓析⑤能之；然而君子不贵者，非礼义之中也。盗跖吟口，名声若日月，与舜、禹俱传而不息；然而君子不贵者，非礼义之中也。故曰：君子行不贵苟难，说不贵苟察，名不贵苟传，唯其当之为贵。《诗》曰："物其有矣，惟其时矣。"此之谓也。

注释

　　①申徒狄：殷朝末年人，因恨道不行而抱石跳河自杀。②比：相等。③袭：合。④钩：通"姁"，妇女。钩有须：妇女生出来的儿子长胡须，说明她体内也有产生胡须的基因，所以说妇女有胡须。⑤惠施：战国中期宋国人，曾任魏相，名家的代表人物之一。邓析：春秋时郑国人，刑名学家。

译文

　　君子的行为，不以做了不合乎礼仪的难事为可贵；君子的学说，不以不合乎礼仪的明察为可贵；君子的名声，不以不合乎礼仪的流传为可贵。君子的所作所为一切只以符合礼仪为可贵。所以怀抱石头投河自杀，这是一般人所难以做到的事情，但是殷末的申徒狄能够做到；可是君子并不这么做，因为这是不符合礼仪的。高山和深渊是相平的，天和地是一样高，齐国和秦国是相连的，这种话听到耳朵里，从口中说出来。妇女长有胡须，蛋上生有羽毛，这些都是难以把握的辩说，然而惠施和邓析却加以辩论；然而君子不这么认为，是因为它不符合礼仪。盗跖为民间所传颂，名声好比日月，与舜、禹齐名，万世流芳；然而君子不看重这样的名声，因为它不符合礼仪。所以说，君子的行为，不以做了不合乎礼仪的难事为可贵；君子的学说，不以不合乎礼仪的明察为可贵；

君子的名声，不以不合乎礼仪的流传为可贵；只有以符合礼仪为贵。《诗经》上说："虽有其物，但须合时宜。"就是说的这种道理。

君子易知而难狎①，易惧而难胁，畏患而不避义死，欲利而不为所非，交亲而不比②，言辩而不辞。荡荡乎！其有以殊于世也。

君子能亦好，不能亦好；小人能亦丑，不能亦丑。君子能则宽容易直以开道③人，不能则恭敬缚④绌⑤以畏事人；小人能则倨傲僻违以骄溢人，不能则妒嫉怨诽以倾覆人。故曰：君子能则人荣学焉，不能则人乐告之；小人能则人贱学焉，不能则人羞告之。是君子、小人之分也。

注释

①狎：亲近而不庄重。②比：勾结。③道：通"导"。④缚：通"搏"，抑制。⑤绌：减损，贬低，使不足。

译文

君子容易结交却不可亵渎，容易恐惧却不可胁迫，害怕患难却甘愿为仁义去死，追求利益而不为非作歹，和亲人接近但不狼狈为奸，言语富有哲理而不华丽。坦坦荡荡啊！君子就是由于这样遗世独立，与世人有所不同。

君子有才能了很好，没有才能也是好的；小人有才能了是丑陋的，没有才能也是丑陋的。君子有才能就可宽容平和地教导别人，没有才能的也可恭敬地尊重侍奉他人；小人有才能的桀骜不驯，对人骄横无礼，没有才能就嫉妒埋怨排挤他人。所以说，君子有才能的，别人就会以向他学习为荣，没有才能的别人也乐于教导他；小人有才能的，别人会以向他学习为耻，没有才能的别人也羞于告诉他。这是君子、小人的区别。

君子崇人之德，扬人之美，非谄谀也；正义①直指，举人之过，非毁疵也；言己之光美，拟于舜、禹，参于天地，非夸诞也；与时屈伸，柔从若蒲苇，非慑怯也；刚强猛毅，靡所不信，非骄暴也。以义变应，知

当曲直故也。《诗》曰："左之左之，君子宜之；右之右之，君子有之。"此言君子能以义屈信[②]，变应故也。

注释

①义：通"议"，议论。②信：通"伸"，伸展。

译文

君子崇尚别人的美德，宣扬他人的优点，这不是谄媚；公平地议论，直率地指出他人的过错，这不是毁谤。说起自己的道德高尚，可以和舜、禹相比拟，和天地相衬，这不是过于夸大。随着形势的变化能屈能伸，柔顺得好像芦苇蒲草一样，这不是胆小怯懦。刚强猛毅，从不向人屈服，这不是骄横狂暴。这些都是君子根据道义来随机应变，懂得因时或伸或屈的缘故。《诗经》上说："该在左就在左，君子在左无不可；该在右就在右，君子在右也常有。"这就是说君子能根据道义来屈伸进退、随机应变。

君子，小人之反[①]也。君子大心则敬天而道，小心则畏义而节；知则明通而类，愚则端悫而法；见由则恭而止，见闭则敬而齐；喜则和而理，忧则静而理；通则文而明，穷则约而详。小人则不然，大心则慢而暴，小心则淫而倾；知则攫盗而渐，愚则毒贼而乱；见由则兑[②]而倨，见闭则怨而险。喜则轻而翾，忧则挫而慑；通则骄而偏，穷则弃而儑。传曰："君子两进，小人两废。"此之谓也。

注释

①反：与"对"相对。②兑：通"悦"。

译文

君子和小人是相反的。君子往大的方面用心，就会敬奉自然而遵循规律，小的方面用心，就会敬畏礼义而有所节制；有智慧的明白事理而触类旁通，愚笨的端正诚信而遵纪守法；如果被起用，就会恭敬而不放纵；如果不见用，就会戒慎而整治自己；如果高兴，就会平和地去治理；如果忧愁，就会冷静地去处理；如果显贵，就会文雅而明智；如果穷困，就会自我约束而明察事理。小人就不是这样，如果心往大的方面用，就会傲慢而粗暴；如果心往小的方面用，就会邪恶而倾轧别人；如果聪明，就会巧取豪夺而用尽心机；如果愚钝，就会狠毒残忍而作乱；如果被起用，就会高兴而傲慢；如果不见用，就会怨恨而险恶；如果高兴了，就会轻浮而急躁；如果忧愁了，就会垂头丧气而心惊胆战；如果显贵，就会骄横而不公正；如果穷困，就会自暴自弃而志趣卑下。古书上说："君子在相对的两种情况下都在进步，小人在相对的两种情况下都在堕落。"说的就是这种情况。

五

君子治①治，非治乱也。曷谓邪？曰：礼义之谓治，非礼义之谓乱也。故君子者，治礼义者也，非治非礼义者也。然则国乱将弗治与？曰：国乱而治之者，非案②乱而治之之谓也。去乱而被之以治。人污而修之者，非案污而修之之谓也，去污而易之以修。故去乱而非治乱也，去污而非修污也。治之为名，犹曰君子为治而不为乱，为修而不为污也。

注释

①治：治理，管理。②案：通"按"，依据。

译文

　　君子治理安定的国家，不治理混乱的国家。这是什么意思呢？这是说：符合礼义叫作安定，违背礼义叫作混乱。所以君子治理符合礼义的国家，而不治理违背礼义的国家。既然这样，那么国家混乱了就不进行治理了吗？回答说：国家混乱而去整治它，并不是说在那混乱的基础上去整治它，而是要除去混乱，再给它加上秩序。就像人的外表或思想肮脏了而去整治他一样，并不是说在原有肮脏的基础上去整治他，而是要除去肮脏而换上美好的外表或思想。除去混乱并不等于整治混乱，除去肮脏并不等于整治肮脏。整治作为一个概念，就等于说，君子只治理安定的国家而不治理混乱的国家，只做美好的事而不做污秽的事。

　　君子养心莫善于诚，致诚则无他事矣，唯仁之为守，唯义之为行。诚心守仁则形，形则神，神则能化矣。诚心行义则理，理则明，明则能变矣。变化代兴，谓之天德[①]。天不言而人推高焉，地不言而人推厚焉，四时不言而百姓期焉，夫此有常，以至其诚者也。君子至德，嘿[②]然而喻。未施而亲，不怒而威。夫此顺命，以慎其独者也。善之为道者，不诚则不独，不独则不形，不形则虽作于心，见于色，出于言，民犹若[③]未从也，虽从必疑。天地为大矣，不诚则不能化万物；圣人为知矣，不诚则不能化万民；父子为亲矣，不诚则疏；君上为尊矣，不诚则卑。夫诚者，君子之所守也，而政事之本也，唯所居，以其类至[④]。操之则得之，舍之则失之。操而得之则轻，轻则独行，独行而不舍则济矣。济而材尽，长迁而不反其初，则化矣。

注释

　　①天德：合乎自然规律的德行。改革旧质叫作"变"，引诱向善叫作"化"，这种除旧布新的德行交相为用，就像天道阴阳更替一般，所以称为"天德"。②嘿：同"默"。③若：然。④唯所居，以其类至：指天地诚则能化万物，圣人诚则能化万民，父子诚则亲，君上诚则尊。

译文

　　君子修养身心莫过于诚信了，诚信的极致就没有其他事情了，只要保持一颗仁爱之心，行为符合道义就行了。真心实意地坚持仁德，仁德就会在行为上表现出来，仁德在行为上表现出来，就显得神明，显得神明，就能感化别人了。真心实意地奉行道义，就会变得理智，理智了，就能明察事理，明察事理，就能改造别人了。改造感化轮流起作用，这叫作天德。上天不说话而人们都推崇它高远，大地不说话而人们都推崇它深厚，四季不说话而百姓都知道春、夏、秋、冬变换的时期，这些都是有了各自的规律，因而达到真诚的。君子有了极高的德行，虽沉默不言，人们也都明白。没有施舍，人们却亲近他；不用发怒，就很威严。这是顺从了天道，因而能在独自一人时也谨慎不苟的人。君子之道是这样改造感化人的，如果不真诚，就不能慎独；不能慎独，道义就不能在日常行动中表现出来；道义不能在日常行动中表现出来，那么即使发自内心，表现在脸色上，发表在言论中，人们仍然不会顺从他；即使顺从他，也一定迟疑不决。天地算大的了，不真诚就不能化育万物；圣人算聪明的了，不真诚就不能感化万民；父子之间算亲密的了，不真诚就会疏远；君主算尊贵的了，不真诚就会受到鄙视。真诚，是君子的操守，也是政事的根本，只要真诚，同类就会聚拢来了。保持真诚，会获得同类；丢掉真诚，会失去同类。保持真诚而获得了同类，那么感化他们就容易了；感化他们容易了，那么慎独的作风就能流行了；慎独的作风流行了再紧抓不放，那么人们的真诚就养成了。人们的真诚养成了，他们的才能就会完全发挥出来，使人们永远地趋向于真诚而不回返到他们邪恶的本性上，那么人们就完全被教化了。

君子位尊而志恭，心小而道大，所听视者近，而所闻见者远。是何邪？则操术然也。故千人万人之情，一人之情是也；天地始者，今日是也；百王之道，后王是也。君子审后王之道，而论于百王之前，若端拱而议。推礼义之统，分是非之分，总天下之要，治海内之众，若使一人。故操弥约，而事弥大。五寸之矩，尽天下之方也。故君子不下室堂，而海内之情举积此者，则操术然也。

译文

　　君子的地位尊贵而内心恭敬，心虽小，但理想却很远大，能听到、能看到的很近，但却见多识广。这是为什么呢？这是由于君子掌握了一定的方法。所以那成千上万人的心情，和一个人的心情是一样的；天地开辟时的情况，和今天是一样的；上百代帝王的统治之道，和后代帝王是一样的。君子考察了当代帝王的统治方法，从而再去评论上百代帝王之前的政治措施，就像端正身体拱着手来议论一样，从容不迫。推究礼义的纲领，分清是非，总揽天下的要领，用来治理天下的民众，就像役使一个人一样。所以掌握的方法越简约，能办成的事业就越大。就像拿着五寸长的曲尺，能够画出天下所有的

方形一样。所以君子不用走出厅堂，而天下的情况就都聚集在他这里了，这是因为他掌握了一定的方法。

八

有通士者，有公士者，有直士者，有悫士者，有小人者。上则能尊君，下则能爱民，物至而应，事起而辨^①，若是则可谓通士矣。不下比以暗上，不上同以疾下，分争于中，不以私害之，若是则可谓公士矣。身之所长，上虽不知，不以悖^②君；身之所短，上虽不知，不以取赏；长短不饰，以情自竭，若是则可谓直士矣。庸言必信之，庸行必慎之，畏法流俗，而不敢以^③其所独甚^④，若是则可谓悫士矣。言无常信，行无常贞，唯利所在，无所不倾，若是则可谓小人矣。

注释

①辨：治理。②悖：怨。③以：为。④甚：当为"是"字。

译文

有通达事理的人，有公正无私的人，有耿直爽快的人，有拘谨老实的人，还有小人。上能尊敬君主，下能爱抚民众，事情来了能应付，事件发生了能够处理，像这样的就可以称为通达事理的人了。不在下面互相勾结去愚弄君主，不向上迎合君主去残害臣民，有了分歧争执，不因为个人的利益去损害他人，像这样的就可以称为公正无私的人了。本身的长处，君主即使不知道，也不因此怨恨君主；本身的短处，君主即使不知道，也不靠它骗取奖赏；长处短处都不加掩饰，将真实的情况主动说出来，像这样的就可以称为耿直爽快的人了。说一句平常的话也一定诚实可信，做一件平常的事也一定小心谨慎，不敢效法流行的习俗，也不敢自以为是，像这样的就可以称为忠厚的人了。说话经常不讲信用，行为经常不忠贞，唯利是图，无所不作，像这样就可以称为小人了。

九

公生明，偏生暗，端悫生通^①，诈伪生塞，诚信生神，夸诞生惑：此六生者，君子慎之，而禹、桀所以分也。

欲恶取舍之权：见其可欲也，则必前后虑其可恶也者；见其可利也，

不 苟

则必前后虑其可害也者；而兼权之，孰^②计之，然后定其欲恶取舍，如是则常不失陷矣。凡人之患，偏伤之也。见其可欲也，则不虑其可恶也者；见其可利也，则不虑其可害也者。是以动则必陷，为则必辱，是偏伤之患也。

注释

①通：通达。②孰：同"熟"，周密，详细。

译文

公正会耳聪目明，偏私会昏暗愚昧，端正谨慎会产生通达，欺诈虚伪会产生闭塞，真诚老实会产生神明，虚夸妄诞会产生糊涂。这六种情况，君子要谨慎对待，也是禹和桀不同的地方。

衡量喜爱和厌恶、获取和舍弃的标准：看见自己喜欢的东西，就必须前前后后考虑一下它令人厌恶的一面；看到那有利益的东西，就必须前前后后考虑一下它的危害性；权衡两方面的利害，仔细考虑一下，然后决定是喜还是厌恶、是获取还是舍弃，像这样往往就不会失误了。大多人的祸患，往往是片面性害了他们。看见那喜欢的东西，就不考虑它令人厌恶的一面；看到那可以得利的东西，就不去考虑一下它可能造成的危害。因此行动起来就必然出错，做事就必然受辱，这是片面性造成的祸患。

人之所恶者，吾亦恶之。夫富贵者，则类^①傲之；夫贫贱者，则求^②柔之。是非仁人之情也，是奸人将以盗名于晻^③世者也，险莫大焉。故曰：盗名不如盗货。田仲、史鳅^④不如盗也。

注释

①类：皆，都。②求：尽，都。③晻：同"暗"。④田仲：又叫陈仲子，战国时齐国人，其兄在齐国做官，他认为兄之禄为不义之禄，兄之室为不义之室，便离兄独居，不食兄禄，故以廉洁清高著称。史鳅（qiú）：字子鱼，故又叫史鱼，春秋时卫国大夫，曾劝说卫灵公罢免弥子瑕，临死时，叫儿子不要入殓，以尸谏灵公来尽忠，孔子称颂他正直。

译文

他人厌恶的，我也厌恶。对那富贵的人一律傲视，对那贫贱的人一味屈就。这并不是仁人的性情，这只是奸邪的人用来在黑暗的社会里盗取名誉的做法，用心最险恶了。所以说："欺世盗名的不如偷窃财物的。"田仲、史鰌还不如个贼。

读解

本篇阐述立身行事不能苟且，必须遵循礼义，所论与上篇类似。《修身》主要论述怎样成为一个君子，而《不苟》进一步阐述了君子的一些做法。有通达事理的人，有公正无私的人，有耿直爽快的人，有拘谨老实的人，还有小人。荀子最欣赏的当数通达事理的人，他们上能尊敬君主，下能爱抚民众，事情来了能应付，事件发生了能够处理，这样的人处于治世就是治国能才，即使遇到乱世不能发挥自己的才能，也会独善其身。

孔子说："笃信好学，守死善道。危邦不入，乱邦不居。天下有道则见，无道则隐。邦有道，贫且贱焉，耻也；邦无道，富且贵焉，耻也。"意思是：一个人应该要坚定且诚信地去求学，宁愿为守善道而死。当一个国家情势危急时不要进去；当国家的行政纪纲紊乱时不要停留。天下治平时可以出来做官，混乱的时候就该归隐。当国家安定的时候，如果仍然贫贱，那是一种羞耻；在国家衰乱的时候，如果还能得到富贵，那也是一种羞耻。但是他又说："君子疾没世而名不称。"所以在那个动荡不安的时代中，他四处奔波，到处游说，希望有人能够推行自己的学说。荀子生活在比春秋时代更加混乱的

战国，到处是征战厮杀，国与国之间没有了春秋时候的道义和诚信可谈，天下甚至没有一片地方可供荀子来归隐，于是只能靠著书立说、培养弟子来实现自己的愿望。即使这样，他仍然坚持一位君子的操守，不屑于用离经叛道的行为来使自己名声大振，所以他批评了田仲和史鲋的行为。

事例一

荀子既要求法先王，又要求法后王。先王指的就是尧、舜、禹以及周公，而后王就是他想象中的一位明君。儒家学派从孔子开始，就一直非常推崇尧、舜、禹和商汤、文王、武王、周公，孔子曾经大力赞扬大禹，说："巍巍乎，舜禹之有天下也而不与焉！"儒家树立反面例子是桀、纣，他们是残暴君主的代表，在后代的儒生中代代流传。辕固生是西汉初期有名的儒家学派的代表人，他继承了孔孟学说思想，坚持仁政，具有一定的思想意义。

辕固刺猪

清河王刘承的太傅辕固生是齐国人，因为研究《诗经》，孝景帝时拜为博士。他和黄生在景帝面前争论。

黄生说："汤王、武王并不是秉承天命继位天子，而是弑君篡位。"辕固生反驳说："不对。那夏桀、殷纣暴虐昏乱，天下人的心都归顺商汤、周武，商汤、周武顺从天下人的心愿而杀死桀、纣，桀、纣的百姓不肯为他们效命而心向汤、武，汤、武迫不得已才立为天子，这不是秉承天命又是什么？"

黄生说："帽子虽然破旧，但是一定戴在头上；鞋虽然新，但是必定穿在脚下。为什么呢？这正是上下有别的道理。桀、纣虽然无道，但是身为君主而在上位；汤、武虽然圣明，却是身为臣子而居下位。君主有了过错，臣子不能直言劝谏纠正它来保持天子的尊严，反而借其有过而诛杀君主，取代他自登南面称王之位，这不是弑君篡位又是什么？"

辕固生答道："如果非按你的说法来断是非，那么这高皇帝取代秦朝即天子之位，也不对吗？"

于是景帝说："吃肉不吃马肝，不算不知肉的美味；谈学问的人不谈汤、武是否受天命继位，不算愚笨。"于是争论止息。此后学者再无人胆敢争辩汤、武是受天命而立还是放逐桀纣篡夺君权的问题了。

窦太后喜欢《老子》这本书，召来辕固生问他读此书的体会。辕固生说："这不过是普通人的言论罢了。"窦太后恼怒，于是让辕固入兽圈刺杀野猪。景帝知道太后发怒了而辕固直言并无罪过，就借给他锋利的兵器。他下到兽圈内去刺杀野猪，正中其心一刺，野猪便被刺倒地。太后无语，没理由再治他的罪，只得作罢。过不久，景帝认为辕固廉洁正直，拜他为清河王刘承的太傅。很久之后，他因病免官。

好名声是每一个人都希望得到的，孔子、孟子、荀子也不例外。但是他们又与一般人期望由名声获得财富、地位的出发点不同。孔子和孟子虽然非常希望自己的名声远扬，却只是为了推行自己的学说。荀子和他们有些不同，他更讲究利益一些。这就是他对孔孟思想发挥的一点。杨朱比荀子走得更远，他肯定人对财富的欲望，甚至鼓励人们去追求财富。

杨朱论名声

杨朱到鲁国游览，住在孟氏家中。

孟氏问他："做人就是了，为什么要名声呢？"杨朱回答说："要以名声去发财。"

孟氏又问："已经富了，为什么还不停止呢？"杨朱说："为做官。"

孟氏又问："已经做官了，为什么还不停止呢？"杨朱说："为了死后丧事的荣耀。"

孟氏又问："已经死了，还为什么呢？"杨朱说："为子孙。"

孟氏又问："名声对子孙有什么好处？"杨朱说："名声是身体辛苦、心念焦虑才能得到的。伴随着名声而来的，好处可以及于宗族，利益可以遍施乡里，又何况子孙呢？"

孟氏说："凡是追求名声的人必须廉洁，廉洁就会贫穷；凡是追求名声的人必须谦让，谦让就会低贱。"

杨朱说："管仲当齐国宰相的时候，国君淫乱，他也淫乱；国君奢侈，他也奢侈。意志与国君相合，言论被国君听从，治国之道顺利实行，齐国在诸侯中成为霸主。死了以后，管仲还是管仲。田氏当齐国宰相的时候，国君富有，他便贫苦；国君搜刮，他便施舍。老百姓都归向于他，他因而占有了齐国，子子孙孙享受，至今没有断绝。像这样，真实的名声会贫穷，虚假的名声会富贵。"

杨朱又说："有实事的没有名声，有名声的没有实事。名声这东西，实际上是虚伪的。过去尧舜虚伪地把天下让给许由、善卷，而实际上并没有失去天下，享受帝位达百年之久。伯夷、叔齐真实地把孤竹国君位让了出来而终于失掉了国家，饿死在首阳山上。真实与虚伪的区别，就像这样明白。"

荣 辱

——一——

　　憍^①泄^②者，人之殃也；恭俭者，偋^③五兵也，虽有戈矛之刺，不如恭俭之利也。故与人善言，暖于布帛^④；伤人之言，深于矛戟。故薄薄^⑤之地，不得履之，非地不安也，危足^⑥无所履者，凡在言也。巨涂^⑦则让，小涂则殆，虽欲不谨，若云不使^⑧。

注释

①憍（jiāo）：自高自大，后世都写作"骄"。②泄：通"媟"（xiè），轻慢，不庄重。③屏：同"屏"，却。五兵：五种兵器，古代所指不一，或指刀、剑、矛、戟、箭，或指矛、戟、钺、盾、弓箭，这里泛指兵器。屏五兵：指免除杀身之祸。④布帛：麻布和丝织品，此指衣服。⑤薄薄：同"溥博""磅礴"，广大无边的样子。⑥危足：侧足。⑦涂：通"途"。⑧云：有。此句承上句，"不使"下省去"不谨"两字。

译文

骄傲轻慢，这是人的祸患；恭敬谦逊，可以免除杀身之祸，即使有戈矛的尖锐，也不如恭敬谦逊的锋利。所以和别人说好话，比给他穿件衣服还温暖；用恶语伤人，比矛戟刺得还深。所以磅礴宽广的大地，却不能踩在它上面，并不是因为地面不安稳，侧着脚没有地方可以立足的原因，就在于说话伤了人。大路很拥挤，小路又危险，即使不想谨慎，也好像有什么迫使他要谨慎似的。

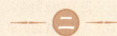

　　快快而亡者，怒也；察察而残者，忮①也；博而穷者，訾也；清之而俞浊者，口也；豢之而俞②瘠者，交③也；辩而不说④者，争也；直立而不见知者，胜也；廉而不见贵者，刿也；勇而不见惮⑤者，贪也；信而不见敬者，好专行也。此小人之所务，而君子之所不为也。

注释

①忮（zhì）：嫉恨。②俞：同"愈"。③交：跟别人往来。④说：通"悦"。⑤惮：害怕。

译文

逞一时的痛快却导致灭亡的，是愤怒招致的；明察一切却遭到残害的，是嫉妒招致的；知识渊博而处境困厄的，是毁谤招致的；想要好的名声却名声更坏，是口舌招致的；款待别人而交情越来越淡薄，是待人接物不当招致的；能言善辩而不被人喜欢，是争执招致的；立身正直而不被人理解，是好胜招致的；行为正直而不受人尊重，是尖刻伤人招致的；勇猛无比而不受人敬畏，是贪婪招致的；恪守信用而不受人尊敬，是独断专行招致的。这些都是小人所干的，而君子不做的事情。

斗者，忘其身者也，忘其亲者也，忘其君者也。行其少顷之怒，而丧终身之躯，然且为之，是忘其身也。室家立残，亲戚不免乎刑戮，然且为之，是忘其亲也。君上之所恶也，刑法之所大禁也，然且为之，是忘其君也。忧忘其身，内忘其亲，上忘其君，是刑法之所不舍也，圣王之所不畜也。乳彘触虎，乳狗不远游，不忘其亲也。人也，忧忘其身，内忘其亲，上忘其君，则是人也，而曾狗彘之不若也。

译文

斗殴的人，忘记了自己的身体，忘记了自己的亲人，忘记了自己的君主。发泄了自己的一时愤怒，然而丧失了自己的生命，这么做就是忘记了自己的身体。家庭破裂，亲人不免被杀害，然而还是去做，这是忘记了自己的亲人。斗殴是君主厌恶的，也是刑法所不允的，这么做就是忘了自己的君主。就可忧虑的事来说，是忘记了自身；从家庭内部来说，是忘记了亲人；对上来说，是忘记了君主；这种人是刑法所不能放过的，也是圣明的帝王所不容的。哺乳的母猪不去触犯老虎，喂奶的母狗不到远处游逛，这是因为它们没忘记自己的亲骨肉。作为一个人，忧患忘记了自身；从家庭来说，忘记了亲人；对上来说，忘记了君主；这种人就连猪狗也不如了。

凡斗者，必自以为是而以人为非也。己诚是也，人诚非也，则是己君子而人小人也；以君子与小人相贼害也，忧以忘其身，内以忘其亲，上以忘其君，岂不过甚矣哉！是人也，所谓以狐父①之戈钃②牛矢也。将以为智邪？则愚莫大焉。将以为利邪？则害莫大焉。将以为荣邪？则辱莫大焉。将以为安邪？则危莫大焉。人之有斗，何哉？我欲属之狂惑疾病邪。则不可，圣王又诛之。我欲属之鸟鼠禽兽邪。则不可，其形体又人，而好恶多同。人之有斗，何哉？我甚丑之。

注释

①狐父：古代地名，以出产优质的戈著名。②钃（zhú）：刺。

译文

凡是争斗的人，一定认为自己是对的而别人是错的。自己的确是对的，别人的确是错的，那么自己就是君子而别人就是小人了。这是以君子的身份去和小人互相残害，就可忧虑的事来说，是忘记了自身；从家庭来说，是忘记了自己的亲人；对上来说，是忘记了自己的君主；这难道不是错得太厉害了吗？这种人，就是平常所说的用狐父出产的利戈来刺牛屎。能说他聪明吗？其实没有比这更愚蠢的了；能说他有好处吗？其实没有比这更有害的了；能说很光荣吗？其实没有比这更耻辱的了；能说安全吗？其实没有比这更危险的了。人们互相争斗，到底为了什么呢？我想把这种行为归于疯狂、惑乱等精神病吧，但又不可以，因为圣明的帝王还是要处罚这种行为的。我想把这些人归到鸟鼠禽兽中去吧，但也不可以，因为他们的形体还是人，而且爱憎也和别人大多相同。那人们争斗究竟是为了什么呢？我很鄙视这种行为。

有狗彘之勇者，有贾盗之勇者，有小人之勇者，有士君子[1]之勇者。争饮食，无廉耻，不知是非，不辟[2]死伤，不畏众强，恅恅然[3]唯利饮食之见，是狗彘之勇也。为事利，争货财，无辞让，果敢而振，猛贪而戾，恅恅然惟利之见，是贾盗之勇也。轻死而暴，是小人之勇也。义之所在，不倾于权，不顾其利，举国而与之不为改视，重死、持义而不桡，是士君子之勇也。

注释

①士君子：有高尚品德和学问的人。②辟：通"避"。③恅恅然：非常贪婪的样子。

译文

有狗、猪的勇敢，有商人、盗贼的勇敢，有小人的勇敢，有士君子的勇敢。争喝抢吃，没有廉耻，不懂是非，不顾死伤，不怕众人的强大，贪婪得只看到吃喝，这是狗、猪的勇敢。做事为了利益，争夺财物，没有推让，行动果断大胆而狠毒，心肠凶猛、贪婪而暴戾，贪婪得只看见钱财利益，这是商人、盗贼的勇敢。不在乎死亡而行为暴躁，是小人的勇敢。合乎道义的地方，就不屈服于权势，不顾自己的利益，把整个国家都给他，他也不改变观点，虽然看重生命，但坚持正义而不屈不挠，这是士君子的勇敢。

六

材性知①能，君子、小人一也。好荣恶辱，好利恶害，是君子、小人之所同也，若其所以求之之道则异矣。小人也者，疾为诞而欲人之信己也，疾为诈而欲人之亲己也，禽兽之行而欲人之善己也。虑之难知也，行之难安也，持之难立也，成②则必不得其所好，必遇其所恶焉。故君子者，信矣，而亦欲人之信己也；忠矣，而亦欲人之亲己也；修正治辨矣，而亦欲人之善己也。虑之易知也，行之易安也，持之易立也，成则必得其所好，必不遇其所恶焉。是故穷则不隐，通则大明，身死而名弥白。小人莫不延颈举踵而愿曰："知虑材性，固有以贤③人矣。"夫不知其与己无以异也，则君子注④错之当，而小人注错之过也。故孰⑤察小人之知能，足以知其有余，可以为君子之所为也。譬之越人安越，楚人安楚，君子安雅⑥，是非知能材性然也，是注错习俗之节异也。

注释

①知：通"智"。②成：终。③贤：胜过。④注错：措置，安排处理。⑤孰：同"熟"。知：通"智"。⑥雅：通"夏"，华夏，指中原地区。

译文

资质、本性、智慧、才能，君子和小人这四个方面是一样的。喜欢光荣而厌恶耻辱，爱好利益而憎恶祸害，这是君子和小人所相同的，至于他们用来求取光荣、利益的途径就不同了。小人做事荒谬却还要别人相信自己，尽力欺诈却还要别人亲近自己，所作所为如禽兽一般却还要别人赞美自己。他们考虑事情不明事理，做起事来不稳妥，坚持的主张难以站住脚，结果就一定不能得到光荣和利益，而必然会遭受耻辱和祸害。至于君子，以诚待人，也希望别人相信自己；对别人忠诚，也希望别人亲近自己；善良正直而处理事务合宜，也希望别人赞美自己。他们考虑问题明智，办事稳妥，坚持的主张容易成立，结果就一定能得到光荣和利益，一定不会遭受耻辱和祸害。所以他们穷困时名声也不会被埋没，而通达时名声就会十分显赫，死了以后名声会更加辉煌。小人无不伸长了脖子踮起了脚跟而羡慕地说："这些人的智慧、思想、资质、本性，肯定有超过别人的地方啊。"其实，他们不知道君子的资质才能与自己并没有什么不同，只是君子措置得当，而小人措置错了。所以仔细地考察一下小人的智慧、才能，就能够知道他们是绰绰有余地可以做君子所做的一切的。这好像越国人习惯于越国，楚国人习惯于楚国，君子习惯于华夏，这并不是智慧、才能、资质、本性造成的，这是由于对其资质才能的措置以及习俗节制的不同所造成的。

七

　　仁义德行，常安之术也，然而未必不危也；污僈^①突盗，常危之术也，然而未必不安也。故君子道其常，而小人道其怪。

　　凡人有所一同：饥而欲食，寒而欲暖，劳而欲息，好利而恶害，是人之所生而有也，是无待而然者也，是禹、桀之所同也。目辨白黑美恶，耳辨音声^②清浊，口辨酸咸甘苦，鼻辨芬芳腥臊，骨体肤理^③辨寒暑疾养^④，是又人之所常生而有也，是无待而然者也，是禹、桀之所同也。可以为尧、禹，可以为桀、跖，可以为工匠，可以为农贾，在势注错习俗之所积耳。为尧、禹则常安荣，为桀、跖则常危辱；为尧、禹则常愉佚，为工匠、农贾则常烦劳。然而人力为此而寡为彼，何也？曰：陋也。尧、禹者，非生而具者也，夫起于变故，成乎修修之为，待尽而后备者也。

注释

　　①僈：通"漫"，污。污僈，也作"污漫"，污秽卑鄙的意思。②音声：《礼记·乐记》郑玄注："宫、商、角、徵、羽，杂比曰音，单出曰声。"③理：皮肤上的纹理。④养：通"痒"。

荣　辱

译文

　　仁义和德行，这是能经常保持安全的方法，然而不一定就不发生危险；污浊卑鄙、强取豪夺，这是经常遭受危险的方法，但是不一定就得不到安全。君子遵循那正常的途径，而小人遵循那怪僻的途径。

　　人们都有一致的地方：饿了就想吃，冷了就想暖和些，劳累了就想休息，喜欢获利而厌恶受害，这是人生来就有的本性，是不需要依靠什么就会这样的，也是禹、桀所相同的。眼睛能辨别白与黑、美与丑，耳朵能辨别声音的清浊，口舌能辨别酸咸甜苦的滋味，鼻子能辨别芳香腥臭，身体皮肤能辨别冷热痛痒，这也是人生下来就有的本性，它是不必依靠什么就会这样的，也是禹、桀所相同的。人们可以做尧、禹那样的贤君，可以做桀、跖那样的坏人，可以做工匠，可以做农夫、商人，这都在于各人行为习俗的积累而成的。做尧、禹那样的人就会常常安全而光荣，做桀、跖那样的人常常危险而耻辱；做尧、禹那样的人常常愉悦而安逸，做工匠、农夫、商人常常麻烦而劳累。既然这样，那么人们尽力做这种危辱烦劳的事而很少去做那种光荣愉悦的事，这是为什么呢？回答是：这是由于浅陋无知。像尧、禹这种人，并不是生下来就具备了圣贤品德，而是历经各种磨难，加上长期的身心修养才成功的，等到把原有的恶劣本性都除去了后才具备圣人品德的。

　　人之生固小人，无师、无法，则唯利之见耳。人之生固小人，又以遇乱世，得乱俗，是以小重小也，以乱得乱也。君子非得势以临之，则无由得开内①焉。今是人之口腹，安知礼义？安知辞让？安知廉耻、隅积？亦呍呍②而嚘③，乡乡④而饱已矣。人无师、无法，则其心正其口腹也。今使人生而未尝睹刍豢⑤稻粱也，唯菽藿糟糠之为睹，则以至足为在此也，俄而粲然有秉刍豢稻粱而至者，则瞜然⑥视之曰："此何怪也！"彼臭⑦之而嗛⑧于鼻，尝之而甘于口，食之而安于体，则莫不弃此而取彼矣。今以夫先王之道，仁义之统，以相⑨群居，以相持养，以相藩饰，以相安固耶？以夫桀、跖之道，是其为相县也，几直夫刍豢稻粱之县糟糠尔哉！然而人力为此而寡为彼，何也？曰：陋也。陋也者，天下之公患也，人之大殃大害也。故曰：仁者好告示人。告之示之、靡之儇之、鈆之重之，则夫塞者俄且通也，陋者俄且儇也，愚者俄且知也。是若不行，则汤、武在上曷益？桀、纣在上曷损？汤、武存，则天下从而治；桀、纣存，则天下从而乱。如是者，岂非人之情固可与如此，可与如彼也哉？

注释

①内（nà）：同"纳"。②呻呻：咀嚼的样子。③噍（jiào）：嚼。④乡：通"芗"，谷类的香气。⑤刍豢：吃草料的牛羊之类称为"刍"，吃粮食的猪狗之类叫作"豢"。"刍豢"泛指食用的家畜，这里指肉食。⑥瞲（xuè）然：惊奇的样子。⑦臭（xiù）：同"嗅"。⑧嗛（qiàn）：快，满足。⑨相：辅助，帮助。

译文

人的本性，本来就是性恶的小人，假如没有老师教导、没有法度约束，就只会看到利益。人的本性，本来就是性恶的小人，又因为生在乱世，沾染了恶俗，这样，就在卑鄙的本性上又加上卑鄙，使恶劣的资质又染上了恶劣的习俗。君子如果不能得到权势来统治他们，那就没有办法打开他们的心智来领导他们向善了。现在人们只知道喂饱嘴巴和肠胃，哪里懂得什么礼节道义？哪里懂得什么推辞谦让？哪里懂得什么廉耻、局部和整体的道理呢？不过是知道慢吞吞地嚼东西、香喷喷地吃个饱罢了。人若没有老师教导、没有法度约束，那么他的心灵也就完全和他们的嘴巴肠胃一样只知吃喝了。假如人生下来后从来没有看见过牛、羊、猪、狗等肉食和稻米、谷子等细粮，只见过豆叶之类的蔬菜和糟糠之类的粗食，那就会认为最满意的食物就是这些东西了；偶尔忽然有个拿着肉食和细粮的人来到跟前，他就会瞪着眼惊奇地说："这东西多奇怪呀！"他闻闻它，鼻子里闻到好的味道；尝尝它，感到香甜可口；吃了它，身体感到很舒服；那就没有谁不抛弃这豆叶、糟糠之类而求取那肉食、细粮了。现在是用那古代帝王的办法和仁义的纲领，使人们相互群居在一起，互相保养，互相文饰，帮助人们得到安定团结呢，还是用那桀、跖的办法？这两种办法是悬殊的，它们岂是吃肉和细粮与糟糠的不同？然而人们竭力来运用桀、跖的方法而很少去运用古代帝王的办法，这是为什么呢？回答：这是浅陋无知的原因。浅陋无知，是天下人的通病，是人们的大灾难。所以说：仁德的人喜欢把道理告诉给别人、做榜样给别人看。把道理告诉给人们，做榜样给他们看，使他们顺从，使他们明智，使他们遵循仁义之道，向他们反复重申，那么那些闭塞的人很快就会开窍，见识浅陋的人很快就会眼界开阔，愚蠢的人很快就会聪明了。如果不这样做，那商汤、武王即使处在君位又有什么好处？夏桀、商纣王这样的暴君处在君位又有什么损害？商汤、武王在，那么天下随之而安定；夏桀、商纣王在，那么天下就混乱。出现像这样的情况，难道不是因为人们的性情原来就可以像这样，也可以那样的吗？

人之情，食欲有刍豢，衣欲有文绣，行欲有舆马，又欲夫余财蓄积之富也，然而穷年累世不知足，是人之情也。今人之生也，方知畜鸡狗猪彘，又蓄牛羊，然而食不敢有酒肉；余刀布，有囷窌①，然而衣不敢有丝帛；约者有筐箧之藏，然而行不敢有舆马。是何也？非不欲也，几不长虑顾后而恐无以继之故也。于是又节用御欲、收敛蓄藏以继之也，是于己长虑顾后，几不甚善矣哉？今夫偷生浅知之属，曾此而不知也。粮食大侈，不顾其后，俄则屈②安③穷矣。是其所以不免于冻饿，操瓢囊为沟壑中瘠④者也。况夫先王之道，仁义之统，《诗》《书》《礼》《乐》之分⑤乎！彼固天下之大虑也，将为天下生民之属，长虑顾后而保万世也。其流长矣，其温⑥厚矣，其功盛姚⑦远矣，非孰⑧修⑨为之君子，莫之能知也。故曰：短绠不可以汲深井之泉，知不几⑩者不可与及圣人之言。夫《诗》《书》《礼》《乐》之分，固非庸人之所知也。故曰：一之而可再也，有之而可久也，广之而可通也，虑之而可安也，反鈆察之而俞可好也。以治情则利，以为名则荣，以群则和，以独则足，乐意者其是邪？

注释

①囷（qūn）：圆形的谷仓。窌（jiào）：地窖。②屈：竭尽。③安：语助词。④瘠（zì）：通"胔"，未腐烂的尸体。⑤分：义，道理。⑥温：通"蕴"。⑦姚：通"遥"。⑧孰：同"熟"，熟悉，精通。⑨修：学习研究。⑩几：尽。

译文

人之常情，吃东西希望有美味佳肴，穿衣服希望有绣着彩色花纹的绸缎，出行希望有车马，又希望富裕得拥有绰绰有余的财产积蓄，然而即使这样，他们一年到头、世世代代都不满足，这就是人之常情。现在人们活着，知道畜养鸡狗猪，又畜养牛羊，但是吃饭时却不敢有酒肉；钱币有余，又有粮仓地窖，但是穿衣却不敢穿绸缎；节约的人拥有一箱箱的积蓄，但是出行却不敢用车马。这是为什么呢？这并不是他不想那么做，而是从长远打算害怕没有什么东西来继续维持生活的缘故。于是他们又节约费用、抑制欲望、收聚财物、贮藏粮食以便继续维持以后的生活，这种为了自己的长远打算，顾及今后生活，岂不是很好的吗？今天那些苟且偷生、浅陋无知的人，竟连这种道理都不懂。他们过分地浪费粮食，不顾自己以后的生活，不久就消费得精光而陷于困境了。这就是他们不免受冻挨饿的原因，最后只好拿着讨饭的瓢儿、背着布袋沿街乞食，最终成为山沟中的饿死鬼。他们连这都不懂，更何况是那些古代圣王的思想、仁义的纲领、《诗》《书》《礼》

《乐》的道理呢！那些原则、纲领之类本来就是治理天下的重大谋略，是要为天下所有的人民从长考虑、照顾到以后的生计从而永保长治久安的。它源远流长，蕴积丰富，它的丰功伟绩无穷，如果不是那些谨慎、精通、学习它的君子，是不能够理解它的。所以说：短绳不可以用来汲取深井中的泉水，知识达不到的人就不能和他论及圣人的言论。那《诗》《书》《礼》《乐》的道理，本来就不是平庸的人所能理解的。所以说：精通了其一，就可以精通其二；掌握了它，就可以长期运用；将它推而广之，就可以触类旁通；经常思考它，就可以平安无事；反复遵循它、观察它，就会更喜欢它。用它来调理性情，就能得到好处；用它来成就名声，就会荣耀；用它来和众人相处，就能和睦融洽；即使用它们来独善其身，也能心情愉快。大概就是这样的吧！

　　夫贵为天子，富有天下，是人情之所同欲也。然则从人之欲，则势不能容①，物不能赡②也。故先王案为之制礼义以分之，使有贵贱之等，长幼之差，知愚，能不能之分，皆使人载其事而各得其宜。然后使悫禄多少厚薄之称，是夫群居和一之道也。

　　故仁人在上，则农以力尽田，贾以察尽财，百工以巧尽械器，士大夫以上至于公侯莫不以仁厚知能尽官职，夫是之谓至平。故或禄天下，而不自以为多，或监门、御旅、抱关、击柝③而不自以为寡。故曰："斩④而齐⑤，枉⑥而顺⑦，不同⑧而一。"夫是之谓人伦。《诗》曰："受小共⑨大共，为下国骏蒙。"此之谓也。

注释

　　①因为天子只能有一个，所以说"势不能容"。②因为只有天子才能拥有天下，所以说"物不能赡"。③柝（tuò）：巡夜打更用的梆子。击柝：打更。④斩：通"儳"（chán），不整齐，指有等级差别。⑤齐：指有条不紊的社会秩序。⑥枉：曲，委曲，指人们受到礼义的约束。⑦顺：《臣道篇》："从命而利君谓之顺。"⑧不同：指职分不同。⑨共：法，字也作"拱"。

译文

　　高贵得做天子，富裕得拥有天下财富，这是人心所共同追求的。但如果顺从人们的欲望，那么从客观形势上来说是不能容许的，从物质上来说是不能满足的。所以古代圣明的帝王给人们制定了礼义来区别他们，使他们有高贵与低贱的等级，有年长与年幼的差别，有聪明与愚蠢、贤能与无能的分别，使他们每人都承担自己的工作而各得其所。然后使俸禄的多少厚薄与他们的地位和工作相称，这就是使整个社会和谐一致的办法。

所以仁德的人处在统治者的地位，而农民就把自己的力量全部用在种地上，商人就把自己的精明全都用在理财上，各种工匠就把自己的技巧全都用在制造器械上，士大夫以上直到公爵、侯爵没有不将自己的仁慈宽厚聪明才能都用在履行公职上的，这就叫作公平。所以有的人富有天下，也不认为自己拥有的多；有的人看管城门、招待旅客、守卫关卡、巡逻打更，也不认为自己所得的少。所以说："有了参差才能达到整齐，有了枉曲才能归于顺，有了不同才能统于一。"这就叫作人的伦常关系。《诗经》上说："接受小法与大法，庇护各诸侯国安天下。"说的就是这个道理。

读解

本篇论述了一系列有关光荣与耻辱的问题，其大旨则是《劝学篇》所说的"荣辱之来，必象其德"，以及本篇所说的"先义而后利者荣，先利而后义者辱"。

关于取求荣辱的表现，荀子一一列举了骄傲轻薄，以言招祸，以及由于愤怒、忌恨、诽谤、口舌是非、交友不当、争强好胜、尖刻寡情、贪图私利、独断专行而招致耻辱的事例。还特别指出，为了泄私愤而勇于私斗，随便与人斗殴的人，是"忘其身、忘其亲、忘其君"的人，这种人是刑法、国家都不能容许的，是连猪狗也不如的。

荀子说："斗者，必自以为是而以人为非也"，私斗的人总是认为自己是正确的，而别人是错误的，但是即使自己真对别人真错，也用不着动不动就去打斗，做出"忘身、忘亲、忘君"的过激行为。这样做，是"愚莫大焉、害莫大焉、辱莫大焉、危莫大焉"。

出了事，把斗殴行为归之于疯狂惑乱的精神病，是不可以的，归之于鸟兽禽鼠，也是不可能的，所以打斗行为，是非常令人鄙视的。这些话对于我们今天社会上一些"勇于私斗，怯于公战"的人来说，不也很有教育意义吗？

从"打斗"出发，荀子进一步分析了四种不同的"勇敢"，即狗彘之勇、贾盗之勇、小人之勇、士君子之勇。"争饮食，无廉耻，不知是非，不避死伤，不畏众强，恈恈然唯饮食之见，是狗彘之勇也；为事利，争货财，无辞让，果敢而狠，猛贪而戾，恈恈然唯利之见，是贾盗之勇也；轻死而暴，是小人之勇也；义之所在，不倾于权，不顾其利，举国而与之不为改视，重死持义而不挠，是士君子之勇也。"显然，荀子特别赞颂的是"士君子之勇"。这种勇敢，是一种急公好义，不为重权厚利所左右，为坚持真理和正义即使牺牲生命也不屈不挠的大勇敢，这是我们今天也应大力倡导并须身体力行的，应以有这种勇敢为荣，无这种勇敢为耻为辱。我们现在许多地方不是大力提倡见义勇为吗？荀子的"士君子之勇"无疑应是其中应有之意。

事例一

勇士有很多种，为君主报仇的豫让，一去不复返的荆轲，还有力能扛鼎的项羽，这些都是历史上有名的勇士，也是鲁迅先生所赞扬的"中国的脊梁"。

项羽勇冠三军

项羽早晨去参见上将军宋义，就在军帐中斩下了他的头，出来向军中发令说："宋义和齐国同谋反楚，楚王密令我处死他。"这时候，将领们都畏服项羽，没有谁敢抗拒，都说："首先把楚国扶立起来的，是项将军家。如今又是将军诛灭了叛乱之臣。"于是大家一起立项羽为代理上将军。项羽派人去追赶宋义的儿子，追到齐国境内，把他杀了。项羽又派桓楚去向怀王报告。楚怀王无奈，让项羽作了上将军，当阳君、蒲将军都归属项羽。

项羽诛杀了卿子冠军，威震楚国，名扬诸侯。他首先派遣当阳君、蒲将军率领二万人渡过漳河，援救钜鹿。战争只有一些小的胜利，陈余又来请求增援。项羽就率领全部军队渡过漳河，把船只全部弄沉，把锅碗全部砸破，把军营全部烧毁，只带上三天的干粮，以此向士卒表示一定要决死战斗，毫无退还之心。部队抵达前线，就包围了王离，与秦军遭遇，交战多次，阻断了秦军所筑甬道，大败秦军，杀了苏角，俘虏了王离。涉间拒不降楚，自焚而死。这时，楚军强大居诸侯之首，前来援救钜鹿的诸侯各军筑有十几座营垒，没有一个敢发兵出战。到楚军攻击秦军时，他们都只在营垒中观望。楚军战士无不一以当十，士兵们杀声震天，诸侯军人人战栗胆寒。项羽在打败秦军以后，召见诸侯将领，当他们进入军门时，一个个都跪着用膝盖向前走，没有谁敢抬头仰视。自此，项羽真正成了诸侯的上将军，各路诸侯都隶属于他。

事例二

君子有所为有所不为，当年若是韩信没有忍受那胯下之辱，一怒之下将那泼皮杀了，怎么会有后来的封侯拜将的荣耀呢？

胯下之辱

淮阴侯韩信，是淮阴人。当初为平民百姓时，贫穷，没有好品行，不能够被推选去做官，又不能做买卖维持生活，经常寄居在别人家吃闲饭，人们大多厌恶他。曾经多次前往下乡南昌亭亭长处吃闲饭，接连数月，亭长的妻子嫌恶他，就提前做好早饭，端到内室床上去吃。开饭的时候，韩信去了，却不给他准备饭食。韩信也明白他们的用意。一怒之下，居然离去不再回来。

韩信在城下钓鱼，有几位老大娘漂洗涤丝绵，其中一位大娘看见韩信饿了，就拿出饭给韩信吃。几十天都如此，直到漂洗完毕。韩信很高兴，对那位大娘说："我一定重重地报答老人家。"大娘生气地说："大丈夫不能养活自己，我是可怜你这位公子才给你饭吃，难道是希望你报答吗？"

淮阴屠户中有个年轻人侮辱韩信说："你虽然长得高大，喜欢带刀佩剑，其实是个胆小鬼罢了。"又当众侮辱他说："你要不怕死，就拿剑刺我；如果怕死，就从我胯下爬过去。"于是韩信仔细地打量了他一番，低下身去，趴在地上，从他的胯下爬了过去。满街的人都笑话韩信，认为他胆小。

后来韩信当上了楚王，到了下邳，召见曾经分给他饭吃的那位漂母，赐给她黄金千斤；赐给下乡南昌亭亭长百钱，说"您，是小人，做好事有始无终。"召见曾经侮辱过自己、让自己从他胯下爬过去的年轻人，任用他做了中尉，并告诉将相们说："这是位壮士。当年侮辱我的时候，我难道不能杀死他吗？杀掉他没有意义，所以我忍受了一时的侮辱而成就了今天的功业。"

荀子选集

非相

相人，古之人无有也，学者不道也。古者有姑布子卿^①，今之世，梁^②有唐举^③，相人之形状颜色而知其吉凶妖祥，世俗称之。古之人无有也，学者不道也。

注释

①姑布子卿：春秋时郑国人，曾看过孔丘和赵襄子的相。②梁：即魏国。公元前361年，魏惠王迁都大梁（今河南开封），从此魏也称为梁。③唐举：战国时看相的人，曾看过李兑、蔡泽的相。

译文

以人的体形、容貌来判断人的命运，古代是没有的，有学问的人也不谈论这种事情。古代有个叫姑布子卿的人，现在魏国有个叫唐举的人，看人的体形、容貌就知道此人的祸福凶吉，世人都称道他们的相术。古代的人没有这种事，有学问的人也不谈论这种事。

故相形不如论^①心，论心不如择^②术。形不胜心，心不胜术^③。术正而心顺之，则形相虽恶而心术善，无害为君子也。形相虽善而心术恶，无害为小人也。君子之谓吉，小人之谓凶。故长短，小大，善恶形相，非吉凶也。古之人无有也，学者不道也。

注释

①论：察。②择：区别，引申为鉴别。③心不胜术：荀子认为人性本恶，必须经常用礼义之道（"术"）来改造思想（"心"），所以说"心不胜术"。

译文

所以观察一个人的相貌不如考察他的思想，考察他的思想不如鉴别他立身处世的方法。相貌不如思想重要，思想不如立身处世方法重要。立身处世方法正确而思想又顺应了他，形体相貌即使丑陋而思想和立身处世方法是好的，不会妨碍他成为君子。形体相貌即使好看而思想与立身处世方法不正确，也不妨碍他成为小人。君子可以说是吉，小人可以说是凶。所以高矮、大小、美丑等形体相貌上的特点，并不是吉凶的标志。古代的人没有这种事，有学问的人也不谈论这种事。

　　盖帝尧长，帝舜短；文王①长，周公②短；仲尼③长，子弓④短。昔者，卫灵公⑤有臣曰公孙吕，身长七尺，面长三尺，焉⑥广三寸，鼻、目、耳具，而名动天下。楚之孙叔敖⑦，期思⑧之鄙人也，突秃长左，轩较⑨之下，而以楚霸。叶公子高⑩，微小短瘠，行若将不胜其衣然，白公之乱也，令尹子西、司马子期皆死焉，叶公子高入据楚，诛白公，定楚国，如反手尔，仁义功名善于后世。故事不揣长，不揳⑪大，不权轻重，亦将志乎尔。长短、大小、美恶形相，岂论也哉？

注释

①文王：周文王，姓姬，名昌，商朝时周部落的领袖，周武王之父，以贤明著称。②周公：周文王之子，武王之弟，姓姬，名旦，因采邑在周（今陕西岐山县东北），故称周公。他曾辅助武王灭商，有功而受封于鲁，但他来到封地而留佐成王执政，是著名的贤臣。③仲尼：即儒家学派的创始者孔子，他名丘，字仲尼。④子弓：孔子的弟子，姓冉，名雍，字仲弓。⑤卫灵公：名元，春秋时卫国国君。⑥焉：通"颜"，额。⑦孙叔敖：春秋时楚庄王的令尹（宰相），辅助楚庄王建成了霸业。⑧期思：地名，在今河南省淮滨县东南。⑨轩：卿、大夫乘坐的车子。较：车厢两旁的横木，跨于轼（车旁人所倚之木）上者。⑩叶公子高：姓沈，名诸梁，字子高，春秋时楚国大夫，封地在叶（在今河南叶县南），楚国大夫僭称公，故称叶公。⑪揳（xiē）：同"契"，度量，估计。

译文

　　据说帝尧个子高，帝舜个子矮；周文王个子高，周公旦个子矮；孔子个子高，冉雍

个子矮。从前，卫灵公有个臣子叫公孙吕，身高七尺，脸长三尺，额宽三寸，但鼻子、眼睛、耳朵都具备，而他却名动天下。楚国的孙叔敖，是期思地方的乡下人，头发短而秃顶，左手长，坐在轩车上还没有车前的横木高，但他却使楚国称霸诸侯。叶公子高，弱小矮瘦，走路时好像还撑不住自己的衣服似的，但是白公作乱的时候，令尹子西、司马子期都死在白公手中，叶公子高却领兵入楚，杀掉白公，安定楚国，就像把手掌翻过来一样容易，他的仁义功名被后人所赞美。所以对于士人，不是去看个子的高矮，不是看他的胖瘦，不是去称量身体的轻重，而只能看他的志向。高矮、大小、美丑等形体相貌方面，哪能用来评判人呢？

四

　　且徐偃王①之状，目可瞻焉②；仲尼之状，面如蒙倛③；周公之状，身如断菑④；皋陶⑤之状，色如削瓜；闳夭⑥之状，面无见肤；傅说⑦之状，身如植鳍⑧；伊尹⑨之状，面无须麋。禹跳，汤偏，尧、舜参眸子。从者将论志意、比类文学邪？直将差长短，辨美恶，而相欺傲邪？

注释

①徐：诸侯国名，地处今安徽泗县一带。徐偃王：周代徐国君主，其年代古籍上记载不尽相同，或以为是周穆王时人，或以为是楚文王时人。他以仁义著称，又自称为王，所以周王让楚国消灭了他。②颜：通"颜"，额。③蒙：蒙上，戴上。④菑（zì）：通"椔"，立着的枯树。⑤皋陶：一作咎繇，传说是东夷族的首领，曾被舜任为掌管刑法的官。后助禹有功，被禹选为继承人，因早死，未继位。⑥闳（hóng）夭：周文王的臣子。文王被纣囚于羑里时，他曾设法解救。⑦傅说（yuè）：商王武丁的相。⑧植：立。⑨伊尹：商汤的相。他辅助汤消灭了夏朝。

译文

而且徐偃王的相貌奇特，眼睛可以向上看到前额；孔子的脸好像蒙上了一个丑恶难看的驱邪鬼面具；周公旦的身体好像一棵折断的枯树；皋陶的脸色就像削去了皮的瓜那样呈青绿色；闳夭的相貌，鬓须多得看不见皮肤；傅说的身体好像立起来的鱼鳍；伊尹的脸上没有胡须眉毛。禹瘸着腿走路，汤半身偏枯，尧和舜的眼睛里有两个并列的瞳仁。学者是考察他们的志向思想、比较他们的学问呢？还是区别他们的高矮、分辨他们的美丑来互相欺骗、互相傲视呢？

五

古者，桀、纣长巨姣美，天下之杰也；筋力越劲，百人之敌也。然而身死国亡，为天下大僇①，后世言恶，则必稽②焉。是非容貌之患也，闻见之不众，论议之卑尔。

今世俗之乱君，乡曲之儇③子，莫不美丽、姚冶、奇衣、妇饰，血气、态度拟于女子。妇人莫不愿得以为夫，处女莫不愿得以为士，弃其亲家而欲奔之者，比肩并起。然而中君羞以为臣，中父羞以为子，中兄羞以为弟，中人羞以为友，俄则束乎有司而戮乎大市，莫不呼天啼哭，苦伤其今而后悔其始。是非容貌之患也，闻见之不众，论议之卑尔。然则从者将孰可也？

注释

①僇（lù）：同"戮"，耻辱。②稽：考，引证。③儇（xuān）：轻薄巧慧。

译文

古时候，夏桀、商纣魁梧英俊，是天下相貌出众的人；他们的体魄强壮，足可对抗上百人。但是他们被人杀死，国家也灭亡了，为天下人耻笑，后世说到坏人，就一定会

拿他们作例证。这显然不是容貌造成的祸患，而是见识浅陋、认识卑下所致。

现在世上犯上作乱的人，乡里的轻薄少年，没有不是长得美丽妖艳的，他们穿着奇装异服，像妇女那样装饰打扮自己，神情态度都和女人相似。妇女没有谁不想得到这样的人做丈夫，姑娘没有谁不想得到这样的人做未婚夫，甚至抛弃了自己的亲人、家庭而想与他们私奔的女人比比皆是。但是一般的国君都羞于把这种人作为臣子，一般的父亲都羞于把这种人当作儿子，一般的哥哥都羞于把这种人当作弟弟，一般的人都羞于把这种人当作朋友，不久这种人就会被官吏绑了去在大街闹市中杀头，追随他们的妇女无不呼天喊地号啕大哭，都痛心自己今天的下场而后悔自己当初的行为。这并不是容貌造成的祸患啊，而是见识浅陋、认识卑下所致。那么在以相貌论人与以思想论人两者之间将选择哪一种呢？

人有三不祥：幼而不肯事长，贱而不肯事贵，不肖而不肯事贤，是人之三不祥也。人有三必穷：为上则不能爱下，为下则好非其上，是人之一必穷也；乡①则不若②，偝则谩之，是人之二必穷也；知行浅薄，曲直有③以相县④矣，然而仁人不能推，知⑤士不能明⑥，是人之三必穷也。人有此三数行者，以为上则必危，为下则必灭。《诗》曰："雨⑦雪瀌瀌⑧，宴⑨然聿⑩消。莫肯下隧，式居娄骄。"此之谓也。

注释

①乡：通"向"，面对面。②若：顺。③有：通"又"。④县：同"悬"。⑤知：通"智"。⑥明：尊。⑦雨：动词，下。⑧瀌瀌（biāo）：雪大的样子。⑨宴：通"曣"，天晴日出。⑩聿（yù）：语助词。

译文

人有三种不吉利的事：年幼的不肯侍奉年长的，卑贱的不肯侍奉尊贵的，没有德才的不肯侍奉贤能的，这是人的三种不祥。人有三种必然会陷于穷困的事：做了君主却不能爱护臣民，做了臣民却喜欢非议君主，这是人们使自己必然陷于穷困的第一种情况；当面不顺从，背后又毁谤，这是人使自己必然陷于穷困的第二种情况；知识浅陋，德行不厚，辨别是非曲直的能力又与别人相差很大，但对仁爱之人却不能推崇，对明智之士却不能尊重，这是人们使自己必然陷于穷困的第三种情况。人有了这三不祥、三必穷的行为，当君主就必然危险，做臣民就必然灭亡。《诗经》上说："下雪纷纷满天飘，太阳一出来便融消。人却不肯自引退，在位经常要骄傲。"说的就是这种情况。

七

人之所以为人者，何已^①也？曰：以其有辨也。饥而欲食，寒而欲暖，劳而欲息，好利而恶害，是人之所生而有也，是无待而然者也，是禹、桀之所同也。然则人之所以为人者，非特以二足而无毛也，以其有辨也。今夫狌狌^②形笑^③亦二足而无毛也，然而君子啜其羹^④，食其胾。故人之所以为人者，非特以其二足而无毛也，以其有辨也。夫禽兽有父子，而无父子之亲；有牝牡^⑤，而无男女之别。故人道莫不有辨。

注释

①已：同"以"。②狌狌：即猩猩。③笑：通"肖"，似。④胾（zì）：大块的肉。⑤牝牡（pìn mǔ）：雌雄。

译文

人之所以成为人，是因为什么呢？回答：这是因为人有区别事物的能力。饿了就想吃饭，冷了就想取暖，累了就想休息，喜欢得利而厌恶受害，这是人生来就有的本性，它是无须依靠学习就会这样的，它是禹与桀所相同的方面。然而人之所以成为人，并不只是因为他有两只脚、身上没有毛，而是因为有区别事物的能力。现在那猩猩的形状与人相似，也是两只脚、身上没有毛，可是人们却尝它的肉羹，吃它的肉。所以人之所以成为人，并不只是因为他们两只脚、身上没有毛，而是因为他们有区别事物的能力。禽兽有父有子，但没有父子之间的亲情；有雌有雄，但没有男女的分别。而为人之道就在于对事物有所区别。

八

辨莫大于分^①，分莫大于礼，礼莫大于圣王。圣王有百，吾孰法焉？故^②曰：文^③久而息，节族^④久而绝，守法数之有司极礼^⑤而褫^⑥。故曰：欲观圣王之迹，则于其粲然者矣，后王是也。彼后王者，天下之君也。舍后王而道上古，譬之是犹舍己之君而事人之君也。故曰：欲观千岁，则数今日；欲知亿万，则审一二；欲知上世，则审周道；欲知周道，则审其人所贵君子。故曰：以近知远，以一知万，以微知明，此之谓也。

注释

①分：名分，指各种和人或物的名称所相应的职分、地位、等级、权利、身份、亲疏关系、所属关系等，也就是人或物的一种规定性。②故：则。③文：文采、花纹，引申指表现义的礼仪制度，如表示等级制度的车制、旗章、服饰、各种礼节仪式等。④族（zòu）：通"奏"。⑤极：远。极礼：远于礼。⑥褫（chǐ）：废弛。

译文

人们之间的区别没有比等级名分更重要的了，等级名分没有比礼法更重要的了，礼法没有比圣明的帝王更重要的了。圣明的帝王有上百个，我们效法哪一个呢？所以说：礼仪制度因为年代久远而湮没了，音乐的节奏因为年代久远而失传了，掌管礼法条文的有关官吏也因与制定礼法的年代相距久远而使礼法有所废弛了。所以说：想要考察圣明帝王的事迹，就得观察其中清楚明白的人物，就是后代的帝王。所谓后代的帝王，就是现在统治天下的君王舍弃了后代的帝王而去称道上古的帝王，这就好像舍弃了自己的君主去侍奉别国的君主。所以说：要想考察千年的往事，那就要仔细审视现在；要想知道各种各样的事物，那就要弄清楚一两件事物；要想知道上古的社会情况，那就要审察现在周王朝的治国之道；要想知道周王朝的治国之道，那就要审察他们所尊重的君子。所以说：根据近在眼前的事情可以知道遥远的事情，从一件事物可以了解上万件事物，由隐微的东西可以了解明显的东西，说的就是这个意思。

非相

夫妄人曰："古今异情，其①所以治乱者异道。"而众人惑焉。彼众人者，愚而无说，陋而无度者也。其所见焉，犹可欺也，而况于千世之传也！妄人者，门庭之间，犹诬欺也，而况于千世之上乎！

圣人何以不欺？曰：圣人者，以己度者也。故以人度人，以情度情，以类度类，以说度功，以道观尽，古今一度②也。类不悖，虽久同理，故乡③乎邪曲而不迷，观乎杂物而不惑，以此度之。五帝④之外无传人，非无贤人也，久故也；五帝之中无传政，非无善政也，久故也；禹、汤有传政而不若周之察也，非无善政也，久故也。传者久则论略，近则论详。略则举大，详则举小。愚者闻其略而不知其详，闻其详⑤而不知其大也。是以文久而灭，节族久而绝。

注释

①其：指代"古今"。妄人之言，旨在是古非今，反对"法后王"，故荀子非之。②度：当为衍文。③乡：通"向"。④五帝：古代的典籍中所谓五帝所指不一，这里当指伏羲（太皞）、神农（炎帝）、黄帝、尧、舜。⑤详：疑当为"小"（王念孙说）。

译文

那些狂妄无知的人说："古今情况不同，用来治乱的方法也不同。"于是一般人就糊涂了。一般人愚昧而说不出道理，见识浅陋而不会判断是非。他们亲眼看见的东西，尚且可以欺骗他们，更何况是那些几千年前的传闻呢！那些狂妄无知而胡言乱语的人，就是近在大门与庭院之间的事，尚且可以欺骗人，更何况是几千年之前的事情呢！

圣人为什么不能被欺骗呢？回答：圣人，是根据自己的切身体验来推断事物的。所以他根据当今人的情况去推断古代的人，根据现代的人情去推断古代的人情，根据当今的某一类事物去推断古代同类的事物，根据流传下来的言论去推断古人的功业，根据事物的普遍规律去推断一切事物，这些不管是在古代还是现代，情况是一样的。只要是同类而不互相违背的事物，那么即使隔隔很久，它们的基本性质还是相同的，所以圣人面对着邪说歪理也不会被迷惑，观察复杂的事物也不会糊涂，这是因为他能按照这种道理去衡量它们。在伏羲、神农、黄帝、尧、舜这五位帝王之前没有流传到后世的人和事，并不是那时没有贤能的人，而是因为时间太久的缘故；在这五位帝王之中没有流传到后世的政治措施，并不是他们没有好的政治措施，而是因为时间太久的缘故；夏禹、商汤虽然有流传到后世的政治措施，但不及周代的清楚，并不是他们没有好的政治措施，而是因为时间太久的缘故。流传的东西时间一长，谈起来就简略了；近代的事情，谈起来

才详尽。简略的，就只能列举它的大概；详尽的，才能列举它的细节。愚蠢的人听到了那简略的论述不知道那详尽的情况，听到了那详尽的细节不知道它的大概情况。因此礼仪制度便由于年代久远而湮没了，音乐的节奏也由于年代久远而失传了。

　　凡言不合先王，不顺礼义，谓之奸言，虽辩，君子不听。法先王，顺礼义，党学者，然而不好言，不乐言，则必非诚士也。故君子之于言也，志好之，行安之，乐言之。故君子必辩。凡人莫不好言其所善，而君子为甚。故赠人以言，重于金石、珠玉；观①人以言，美于黼黻文章②；听人以言，乐于钟鼓琴瑟。故君子之于言无厌。鄙夫反是，好其实不恤其文，是以终身不免埤③污、佣④俗。故《易》曰："括⑤囊，无咎无誉。"腐儒之谓也。

注释

　　①观：使动用法，使……看。②黼（fǔ）黻（fú）文章：古代礼服上的彩色花纹，黑白相间的叫黼，青黑相间的叫黻，青赤相间的叫文，赤白相间的叫章。③埤：通"卑"，低下。④佣：通"庸"。⑤括：结扎。

译文

　　只要说的话不符合古代圣王的道德原则、不遵循礼义的，就叫作邪说，即使说得动听有理，君子也不会听从。效法古代圣王，遵循礼义，亲近有学识的人，但是不喜欢谈论，不乐意谈论，那也一定不是个真诚的学士。所以君子对于正确的学说，心里喜欢它，行动上一心遵循它，乐意谈论它。所以君子一定是能言善辩的。人们没有不喜欢谈论自己认为是好的东西，而君子更是这样。所以君子把善言赠送给别人，觉得比赠送金石珠玉还要贵重；以善言勉励别人，觉得比让人观看礼服上的彩色花纹还要华美；把道理讲给别人听，觉得比让人听钟鼓琴瑟还要快乐。所以君子对于道理的谈论永不厌倦。鄙陋的小人与此相反，他们只注重实惠，而不顾及文采，因此一辈子也免不了卑陋庸俗。所以《周易》说："就像扎住了口的袋子，既没有责怪，也没有赞誉。"说的就是这种迂腐的儒生。

凡说之难：以至高遇至卑，以至治接至乱。未可直至也，远举则病缪①，近世则病佣。善者于是闲也，亦必远举而不缪，近世而不佣。与时迁徙，与世偃仰，缓急、赢绌②，府③然。若渠堰、隰栝④之于己也，曲得所谓焉，然而不折伤。

故君子之度⑤己则以绳，接人则用抴⑥。度己以绳，故足以为天下法则矣；接人用抴，故能宽容，因众以成天下之大事矣。故君子贤而能容罢⑦，知而能容愚，博而能容浅，粹而能容杂，夫是之谓兼术。《诗》曰："徐方⑧既同，天子之功。"此之谓也。

注释

①缪：通"谬"。②赢：通"赢"，盈余。绌：不足。③府：通"俯"。④隰栝：矫正曲木的工具。⑤度：法度，规范。此用作动词。⑥抴：通"枻"（yì），短桨，这里指船。⑦罢：通"疲"，疲弱无能。⑧徐方：徐国，诸侯国名，地处今安徽泗县一带。

译文

劝说的难处：用最高深的思想去劝说那些最卑鄙的人，用最理想的治世的道理去改变最混乱的局面，这是不能直截了当达到目的的。举远古的事例容易荒谬且毫无根据，举近代的事例容易流于庸俗。善于劝说的人在这时，一定会做到举远古的事例而不荒谬，举近代的事例又不显得庸俗。随着时代的发展而变动，随着世俗的变化而变化，缓与急，多与寡，都能应付自如。像阻拦流水的渠坝、矫正竹木的工具那样控制自己，婉转得当，把所要说的话都说给了对方听，但是又不挫伤对方。

所以君子律己像木工用墨线来取直一样，待人用心引导，像梢公用舟船来接客一样。用墨线似的准则来律己，所以能够使自己成为天下人效法的榜样；用舟船似的胸怀待人，所以能够对他人宽容，也就能依靠他人来成就治理天下的大业了。君子贤能而容纳无能的人，聪明而能容纳愚昧的人，知识丰富而容纳孤陋寡闻的人，道德纯洁而容纳品行驳杂的人，这叫作兼容并蓄。《诗经》上说："徐方国已经来归顺，这是天子的大功。"说的就是这种道理。

荀子选集

十二

　　谈说之术：矜庄以莅之，端诚以处之，坚强以持之，分别以喻之，譬称以明之，欣驩、芬芗①以送之，宝之，珍之，贵之，神之。如是则说②常无不受，虽不说人，人莫不贵。夫是之谓为能贵其所贵。传曰："唯君子为能贵其所贵。"此之谓也。

　　君子必辩。凡人莫不好言其所善，而君子为甚焉。是以小人辩言险，而君子辩言仁也。言而非仁之中也，则其言不若其默也，其辩不若其呐③也。言而仁之中也，则好言者上矣，不好言者下也。故仁言大矣。起于上所以道于下，正令④是也；起于下所以忠于上，谏救是也。故君子之行仁也无厌。志好之，行安之，乐言之，故言君子必辩。小辩不如见⑤端，见端不如见本分。小辩而察，见端而明，本分而理，圣人、士君子之分⑥具矣。

注释

　　①芗（xiāng）：通"香"。芬芗：芳香，引申指和气。②说：通"悦"，使……喜悦。③呐：同"讷"，不善于讲话，言语迟钝。④正令：政令。⑤见：同"现"，显示。⑥分：名分，此指身份、资格、地位。

译文

　　谈话劝说的方法：以矜持庄重的态度去面对他，以端正真诚的心地去对待他，以坚定刚强的信心去扶持他，用浅近比喻的方法来使他通晓，用条分缕析的方法来使他明晓，热情、和气地向他灌输，使自己的话显得宝贵、珍奇、重要、神妙。像这样劝说他人，那么就往往不会不被接受，即使不去讨好别人，别人也没有不尊重的。这叫作能使别人珍重自己珍重的东西。古书上说："只有君子才能使自己所珍重的东西得到珍重。"说的就是这种情况。

　　君子一定是能说会道的。人们没有不喜欢谈论自己认为是好的东西，而君子更胜过一般人。小人能说会道，是宣扬险恶之术；而君子能说会道，是宣扬仁爱之道。说起话来如果不符合仁爱之道，那么开口说话还不如沉默不语，能说会道还不如笨嘴拙舌。说起话来如果符合仁爱之道，那么喜欢谈说的人就是上等的了，而不喜欢谈说的人就是下等的。所以合乎仁爱之道的言谈是伟大的。这种言论产生于君主而用来指导臣民的，就是政策与命令；产生于臣民而用来效忠于君主的，就是建议与劝阻。所以君子奉行仁爱之道从不厌倦，心里喜欢它，行动上遵循它，乐意谈论它，所以说君子一定是能说会道的。辩论细节不如揭示头绪，揭示头绪不如揭示固有的名分。辩论细节能发现问题，揭示头绪能说明问题，根据固有的本分能够做到有条理，那么圣人、士君子的名分就具备了。

十三

有小人之辩者，有士君子之辩者，有圣人之辩者。不先虑，不早谋，发之而当，成①文而类，居错②迁徙③，应变不穷，是圣人之辩者也。先虑之，早谋之，斯须之言而足听，文而致④实，博而党⑤正，是士君子之辩者也。听其言则辞辩而无统，用其身则多诈而无功，上不足以顺明王，下不足以和齐百姓，然而口舌之均，噡唯则节⑥，足以为奇伟偃却⑦之属，夫是之谓奸人之雄。圣王起，所以先诛也，然后盗贼次之。盗贼得变，此不得变也。

注释

①成：通"盛"。②居错：通"举措"，举起与安置，即采取措施。此指措辞。③迁徙：变

动。④致：同"緻"，细密。⑤党：通"谠"，正直的话。⑥噡：同"谵""詹"，多言。唯：唯诺，少言。节：有节制，适度。⑦偃却：同"偃蹇"，高耸，骄傲。

译文

　　有小人式的辩说，有士君子式的辩说，有圣人式的辩说。不预先考虑，不早做谋划，一发言就很得当，既富有文采，又合乎礼法，措辞和改换话题，都能随机应变而不会穷于应答，这是圣人式的辩说。预先考虑好，及早谋划好，言语简短而动听，既有文采又细密实在，既渊博又雅正，这是士君子式的辩说。听他说话则夸夸其谈而没有系统，任用他做事则诡诈多端而没有功效，上不能顺从英明的帝王，下不能团结百姓，但是他讲话很有分寸，或夸夸其谈，或唯唯诺诺，调节得宜，这类人足以靠口才而自夸自傲，可称为坏人中的奸雄。圣明的帝王一上台，这种人是首先要杀掉的，镇压盗贼还在其次。因为盗贼还能够转变，而这种人是不可能悔过自新的。

读解

　　本篇批判、否定了相面术，认为"相形不如论心，论心不如择术"。此外，还论述了道德修养、"法后王"以及有关辩说的问题。

　　本文开篇，荀子道了三次"古之人无有也，学者不道也"，旗帜鲜明地反对了当时比较流行的相术。荀子认为：看一个人的长相，不如看他的内心；看他的内心，不如看他是怎么说话做事的。"故相形不如论心，论心不如择术；形不胜心，心不胜术"，也就是说，观察一个人的相貌不如考察他的思想，考察他的思想不如鉴别他立身处世的方法。相貌不如思想重要，思想不如立身处世方法重要。

　　还列举了尧、舜、文王、武王、周公、公子吕等人的例子，进一步说，徐偃王的相貌奇特，眼睛可以向上看到前额；孔子的脸好像蒙上了一个丑恶难看的驱邪鬼面具；周公旦的身体好像一棵折断的枯树；皋陶的脸色就像削去了皮的瓜那样呈青绿色；闳夭的鬓须多得看不见皮肤；傅说的身体好像竖着的柱子；伊尹的脸上没有胡须眉毛。禹瘸着腿走路，汤半身偏枯，舜的眼睛里有两个并列的瞳仁。他们的相貌非常奇特，甚至可以说是难看。但是这些人都是人人称道的贤士。还列举了夏桀、商纣的相貌非常优美却身败国亡的反面例子，十分鲜明地证实了相术的不可信。

　　荀子认为人的长相没有吉凶，人的思想以及由此表现出来的行为才会给人带来吉凶并明确指出人有三种不吉祥的事情，即"幼而不肯事长，贱而不肯事贵，不肖而不肯事贤"。

事例一

司马季主

　　司马季主乃是得道高人，他所说的话绝非是虚无缥缈的，而卜筮之术更是由来已久。因龟有长寿之名，所以操持国家大事者常常把自己的命运寄托在神龟身上，这也是常有之事。

相传在宋元王二年，有人献给宋元王一只龟，大家建议元王杀掉龟，元王不忍，派人将其放入江河之中。一日夜里，元王做了一个梦，梦里有人对宋元王说："我被放进河里，一路顺流而下，至泉阳时，被打鱼之人豫且给网了上来。我现在身陷危难之中，无计可施。想来想去，还是大王宅心仁厚，所以只得来求助于大王，希望大王能够帮一帮我。"

元王醒来觉得非常奇怪，就召来博士卫平，希望能够为他解梦。

卫平听了元王的叙述后，起身步出庭外，对天象和周围景物详加观察，又拿出卜卦的器具，进行推算。沉思良久后对宋元王说："大王梦中所见，乃是前日被放逐的神龟，至于进一步的说法，我想还是等到证实之后，再下结论。"元王认为卫平的建议不错，于是派使者急速赶往泉阳。

使者对泉阳县令说："不知泉阳有多少专门靠捕鱼为生的人，其中是否有个叫豫且的？大王在梦里梦见一位叫豫且的人捕得一只神龟，希望你能迅速查明此事。"

泉阳县令立即派人查访，治所有五十五户渔人，而在河的上游，果真有一人名叫豫且。

泉阳县令和元王的使者立即骑马直奔豫且家中，问豫且："你近日可曾捕了什么东西？"

豫且答："前日半夜时，网得一只龟，还被我装在笼子里。"

使者和阳泉县令去看过了龟，向豫且讲述了元王做梦的情由，豫且不敢有违，把龟交给了元王使者。使者带着龟，马不停蹄地赶回都城，将龟献给元王。

元王接过龟，刚把它放在地上，龟便伸长了脖子，向元王走出三步，突然止步不前，缩回了脖子。就在人们都莫名其妙时，龟又照着先前的样子，重复做了几遍，仿佛有灵性一般。

宋元王惊诧不已，就问卫平："这只龟看见我后，伸长了脖子向前走，这是什么意思呢？它继而又止步缩颈，又如何解释？"

卫平回答说："这龟被人捉住后，心知性命不保，幸蒙大王所救，伸颈向前，表示感激大王。后又缩脖而回，是想向大王告辞了。"

元王大喜，说："一只龟，居然有如此灵性。我们千万别让它失望，这就放它走吧！"

卫平却说："此龟生在很深很深的水里，长于黄土之上，至今已有三千多岁的高龄，能知天地万物之道，明察上下千年之事。有人说，龟乃天下之至宝，得龟之人，必然攻无不克、战无不胜，最终贵为天子。请大王不要放走了它。只要诸侯知道大王得此神龟，必定会臣服于大王！"

元王说："神龟既然为灵性之物，降之于上天，深藏于大海。它在患难之时，认为我仁厚忠信，这才来向我求助。假如我辜负了它，那么，就和一般的渔人没什么两样了。渔人贪其肉，寡人贪其力。他们的行为是不仁，我的行为就是无德，又哪里能有福

气可言呢？我是不忍心留下这只龟的，还是快叫人放了它吧！"

卫平又说："微臣听说，品德至高之人，行事是不图回报的，上天降给您的重任，也不应推托。上苍既然给了人们机会，若不能珍惜，很快就会失去。现在，这只神龟周游天下，哪里都不去，偏偏在宋国出现，正是大王您的福气，也是宋国民众的福分。如果大王拒绝接受，还将其放回江河之中，明显是违背了上天的旨意。如果真是这样而触怒天意，给宋国带来什么损害的话，大王就会后悔莫及了。"

宋元王说："损人利己、取人之物而据以为宝，都是强暴行为。有如此行为的人，都不会有好下场。过去的夏桀和商纣，都应验了这个道理。我绝不愿重蹈他们的覆辙，你还是不要再劝了。"

卫平又说："其实不然，大王不必过于担心。凡事都应顺其自然，不可勉强。这只神龟并非大王强自索求而来。它自己撞上渔人的渔网，又托梦予大王，终为大王所得，应视它为宋之国宝，大王取之无咎，又何必患得患失呢？"

元王得神龟的消息不胫而走，诸侯闻风而往来相投者越来越多。偶有人不服，而又有意挑衅的，元王就派兵讨伐，皆战无不胜、攻无不克。宋国终于成为最强盛的诸侯。但不知是否真是神龟相助之功。

事例二

迷信是对世界错误的认识，在科技不发达的时代，统治者往往会利用人们的迷信，来达到他们不可告人的目的。西门豹就曾用此将计就计地铲除了这样的一撮人。

西门豹治邺

魏文侯时，任命西门豹为邺县县令。他一到任上，便请来该县为众人所尊敬的长者，向他们询问邺县的情况，了解百姓的生活状态。

长老们见西门豹态度诚恳，就异口同声地说："近些年来，邺县因河神娶妻之事，已经害苦了百姓。"

西门豹赶紧追问具体情形，长老们又说："邺县的长官、属吏无端加重老百姓的赋税，所得超过数百万之多。他们用从老百姓那里搜刮来的二三十万钱给河神娶媳妇，其余的民脂民膏，就被这些官吏和主持仪式的巫婆一起瓜分了。"

西门豹对类似的事情闻所未闻，又问长老们给河神娶妻的经过。

长老们说："当钱财搜刮来后，官府就叫巫婆四处寻访，只要看到一般老百姓谁家有长得美貌的女孩子，就说应该做河神的老婆，随即下礼聘娶。

"该女子被选中后，即被他们接来，替其洗浴身体，为她做一些好的衣服，然后令她单独居住。

"继而，人们在河上建造一间漂亮小巧的房子，把女孩安置在小屋内，四周用丝绸围起来，有美酒佳肴供其食用。

"这样过了十多天，大家又将该女子精心打扮一番，就像是打扮新嫁娘一般。然后，他们为女孩准备一张精美的床，床上铺设美丽的睡席。他们就这样让女孩端坐在床席上，顺着水流往下漂。刚开始的时候，床席和女子尚漂浮在河面上，但行出不远，便渐渐地被河水淹没了。"

西门豹越往后听，眉头锁得越厉害，不料众长老又接着说："此后，只要是家中有女儿的人家，唯恐女儿被负责给河神娶妻的巫师首领看中，于是就用重金贿赂巫师。而家里没有钱的人家，万般无奈之下，只得带着女儿远远地逃离家园。所以慢慢地，邺县变得穷困，人烟也愈加稀少了。"

西门豹表面上不动声色，只是对众长老说："到给河神娶媳妇的那天，请邺县的长官、属吏、巫师一同到河岸上相送。到时也别忘了通知我一声，我也前去相送。"众长老不知新来的县令葫芦里卖的是什么药，只得答应了西门豹的要求，然后告辞离开。

到了那一天，西门豹如约赶往河岸边，前来相送的除了邺县所有的官吏、富豪、长老之外，还有争相来看热闹的数千百姓。

西门豹在人群里，发现了主持仪式的巫师。站在前面的是一位七十多岁的老妇人，在她身后，站着十来个穿着特异服装的女弟子。

西门豹对属下说："请将河神的媳妇带来让我看一下，到底长得如何。"

人们从帷幕里牵出那位即将被送到河里的年轻女子，西门豹凑上去仔细看了一会儿，转头对一旁的官吏、巫师及长老们说："这个女子长得也太丑了些，怎么能献给河神为妻呢？麻烦大巫师去跟河神说一声，就说此女太丑，待寻访到长得漂亮的女子后，马上给他老人家送去。"

西门豹的属下立即过来，将大巫师抬起，投入滚滚的河水之中。

过了一会儿，河面上没有任何动静，西门豹又大声说："大巫师怎么去了这么久都没有回来呢？让一个弟子去看一下吧！"

属下随即将一名巫师弟子投入河水中。

又过了一会儿，河面上仍无反应。西门豹说："这师徒二人的行动怎么这样缓慢，再叫一个弟子去催促一下吧！"

又有一名弟子被投入河中。

如此这般，一共投下了数名巫师弟子，但情形依旧。西门豹又说："也许是大巫师和弟子都是女人的缘故，不能把事情对河神讲清楚。"于是回头对三位官吏说："还是麻烦你们走一趟吧。"

三位官吏被投入到河里之后，西门豹从后背抽出扇子，打开扇子遮于耳旁，俯身倾听河里动静，神情极为肃穆。站在一旁的其他人，早已是胆战心惊，汗如雨下。

又过了许久，西门豹正身肃立，神情庄重地说："所有下去的人都不上来，这如何是好呢？我看还是从你们之中推选一人出来，到下面去看一下吧！"

所有的官吏和长者都吓得面如死灰，随即全跪倒在西门豹面前。他们已经吓得说不出话来，只顾着连连叩头，很多人甚至磕头磕得头破血流。

西门豹说："不然这样吧，我们姑且再等一会儿。"

伏在地上的人，心中七上八下，仍磕头不止。

又过了一会儿，西门豹转身说："好了，大家都起来吧，看今天的情形，恐怕是河神设下酒宴款待他们，他们喝醉酒后回不来了。我们大家暂且回去等候河神的答复吧。"

为河神娶妻的闹剧草草收场，但自此以后，再也没有人敢提为河神娶妻的事情了。

西门豹借此大加整治邺县，美名为天下人争相传诵。

非相

非十二子

假今之世①，饰邪说，文奸言，以枭②乱天下，譎宇嵬琐③，使天下混然不知是非治乱之所存者有人矣。

注释

①假：如。假今之世：如今之世，指战国时代。②枭：通"挠"，扰。③譎：同"谲"，诡诈。宇：夸大。嵬：险诈。琐：卑微。

译文

如今这个时代，以粉饰邪恶的说法、美化奸诈的言论来搞乱天下，用那些诡诈、夸大、怪异、卑琐的言论，使天下人混混沌沌地不知道是与非的标准、治与乱的原因，有很多这样的人。

纵情性，安恣睢，禽兽行。不足以合文通治，然而其持之有故，其言之成理，足以欺惑愚众。是它嚣①、魏牟②也。

注释

①它嚣：人名，生平无考。②魏牟：即战国时魏国的公子牟，《汉书·艺文志》将他归入道家，著录有《公子牟》四篇。

译文

放纵性情，恣肆放荡，行为像禽兽一样。既不合于礼文，也不顺应法治，但是他们立论时却有根有据，解说论点时又头头是道，足以欺骗蒙蔽愚昧的民众。它嚣、魏牟就是这种人。

忍情性，綦谿利跂^①，苟^②以分异人^③为高，不足以合大众，明大分^④；然而其持之有故，其言之成理，足以欺惑愚众。是陈仲、史鳅也。

注释

①綦（qí）：即一只腿瘸了而踮着脚走路。谿：通"蹊"，小路。綦谿：指在人生的道路上节制自己而只在小路上行走。利：通"离"，跂：通"企"，踮起脚跟。利跂：指背离世俗而独行。②苟：苟且，不正当，指不合礼义。③分异人：即"分于人、异于人"，与别人区别、与别人不同。④大分：这里指忠孝的大义。

译文

抑制本性人情，偏离大道，离世独行，不循礼法，追求标新立异，不能和广大民众打成一片，不能彰明忠孝的大义；但是他们立论时却有根有据，解说论点时又有条有理，足以欺骗蒙蔽愚昧的民众。陈仲、史鳅就是这种人。

不知壹天下、建国家之权称^①，上^②功用、大^③俭约，而僈差等，曾不足以容辨异、县君臣；然而其持之有故，其言之成理，足以欺惑愚众。是墨翟、宋钘^④也。

注释

①权：秤锤。称：同"秤"。权称：等于说"权衡"，即秤，喻指法度。②上：同"尚"。③大：重。僈：轻慢。④墨翟（dí）：战国初鲁国人，一说宋国人，墨家学派的创始人，主张"节用""节葬"，反对礼乐，主张兼爱、平等。宋钘（jiān）：他书又称宋荣子，战国时宋国

人，主张"禁欲"，认为人的本性是少欲的。

译文

不懂得统一天下、建立国家的法度，崇尚功利实用，重视节俭而轻慢等级差别，甚至不容许人与人之间有分别和差异的存在，也不让君臣之间有上下的悬殊；但是他们立论时却有根有据，解说论点时又头头是道，足够用来欺骗蒙蔽愚昧的民众。墨翟、宋钘就是这种人。

尚法而无法，下修而好作，上则取听于上，下则取从于俗，终日言成文典，反紃察①之，则偶然②无所归宿，不可以经国定分；然而其持之有故，其言之成理，足以欺惑愚众。是慎到、田骈③也。

注释

①紃：通"循"。紃察：循省考察。②偶然：远离的样子，此形容迂阔而远离实际。③田骈：战国时齐国人，与慎到同一学派。

译文

推崇法治但又没有法度，不遵循古人而喜欢另搞一套，上则听从君主，下则依从世俗，整天谈论制定礼义法典，但反复考察这些典制，就会发现它们遥远得没有一个最终的归宿，不能用来治理国家、确定名分；但是他们立论时却有根有据，解说论点时又头头是道，足够用来欺骗蒙蔽愚昧的民众。慎到、田骈就是这种人。

不法先王，不是礼义，而好治怪说，玩琦辞①，甚察而不惠②，辩而无用，多事而寡功，不可以为治纲纪。然而其持之有故，其言之成理，足以欺惑愚众。是惠施、邓析也。

注释

①琦：通"奇"。②惠：恩惠，好处。

译文

不效法古代圣明的帝王，不赞成礼义，然而喜欢钻研奇谈怪论，玩弄奇异的词语，非常精辟但毫无用处，雄辩动听但不切实际，做了很多事但功效却很少，不可以作为治国的纲领。但是他们立论时却有根有据，解说论点时又头头是道，足够用来欺骗蒙蔽愚昧的民众。惠施、邓析就是这种人。

略法先王而不知其统，犹然而材剧①志大，闻见杂博。案②往旧造说，谓之五行③，其僻违而无类，幽隐而无说，闭约而无解，案④饰其辞，而祗⑤敬之曰："此真先君子之言也。"子思⑥唱⑦之，孟轲⑧和之，世俗之沟犹瞀⑨儒、嚾嚾然⑩不知其所非也，遂受而传之，以为仲尼、子弓为兹厚于后世。是则子思、孟轲之罪也。

注释

①材：通"才"。剧：繁多。②案：通"按"。③五行：即五常，指仁、义、礼、智、信。④案：语助词。⑤祗（zhī）：恭敬。⑥子思：战国时鲁国人，姓孔，名伋，孔子的孙子，儒家的代表人物之一。⑦唱：同"倡"。⑧孟轲：战国中期邹国人，字子舆，是子思的学生，他是孔子之后最有影响的儒家代表人物，过去一直被尊为"亚圣"。⑨沟瞀（mào）：通"恂愗"，愚昧。犹：语助词。⑩嚾（huān）嚾然：喧嚣的样子。

译文

大致上能够效法古代圣明的帝王，然而不知道他们的要领，还自以为才气横溢、志向远大、见闻丰富广博。根据往古旧学说来创建新说，把它称为"五行"，非常乖僻悖理而不合礼法，幽深隐微而难以讲说，晦涩难懂而无从解释，却还粉饰他们的言论而郑重其事地说："这真正是先师孔子的言论啊。"子思倡导，孟轲附和，社会上那些愚昧无知的儒生七嘴八舌地不知道他们的错误，于是就接受了这种学说而传授它，以为是孔子、子弓立此学说来嘉惠于后世。这就是子思、孟轲的罪过了。

若夫总方略，齐言行，壹统类，而群天下之英杰，而告之以大古，教之以至顺①。奥窔②之间，簟③席之上，敛然圣王之文章具焉，佛④然平世⑤之俗起焉。六说者不能入也，十二子者不能亲也。无置锥之地，而王公不能与之争名。在一大夫之位，则一君不能独畜⑥，一国不能独容，成⑦名况⑧乎诸侯，莫不愿以为臣。是圣人之不得执者也，仲尼、子弓是也。

注释

①顺：理。②奥：房间的西南角。窔（yào）：房间的东南角。③簟（diàn）：竹席。④佛：通"勃"。⑤平世：政治清明的时代。⑥畜：养，任用。君主任用臣子，便用俸禄来养活臣子，所以"畜"即指任用人。一君不能独畜：这种圣人应该是天子的辅佐。⑦成：通"盛"。⑧况：比。

译文

至于总括治国的方针策略，统一人们的言行，统一治国的纲纪法度，从而汇聚天下的英雄豪杰，把上古帝王的业绩告诉给他们，教导他们最高的治国道理。在室堂之内、竹席之上，那圣明帝王的礼义制度集中地具备于此，那太平时代的风俗蓬勃地兴起也在

此处。上述六种学说是不能进入这讲堂的，那十二个人是不能接近这讲席的。这样的人虽然没有立锥之地，但天子诸侯不能与之竞争名望。他们虽然只是处在一个大夫的职位上，但不是一个诸侯国的国君所能单独任用的，不是一个诸侯国所能单独容纳的，他们的盛名超过诸侯，各国诸侯无不愿意让他们来当自己的臣子。这是圣人中没有得到权势的人，孔子、子弓就是这种人。

九

一天下，财①万物，长养人民，兼利天下，通达之属莫不从服，六说者立息，十二子者迁化，则圣人之得执者。舜、禹是也。

今夫仁人也，将何务哉？上则法舜、禹之制，下则法仲尼、子弓之义，以务息十二子之说。如是则天下之害除，仁人之事毕，圣王之迹著②矣。

注释

①财：成。②著：彰显。

译文

统一天下，管理万物，养育人民，使天下人都得到好处；凡能到达的地方，没有人不服从，上述六种学说立刻销声匿迹，那十二个人也弃邪从正，那就是圣人中得到了权势的人。舜、禹就是这种人。

当今仁德的人该怎么做呢？上应师法舜、禹的政治制度，下应师法仲尼、子弓的道义，以求消除上述十二个人的学说。这样一来，那么天下的祸害除去了，仁德的人的任务就完成了，圣明帝王的事迹也就彰显了。

十

信信、信也；疑疑、亦信也。贵贤、仁也；贱不肖，亦仁也。言而当，知也；默而当，亦知也。故知默犹知言也。故①多言而类，圣人也；少言而法，君子也；多言无法，而流湎然，虽辩，小人也。故劳力而不当民务，谓之奸事；劳知而不律先王，谓之奸心；辩说譬谕，齐给便利，

非十二子

71

而不顺礼义，谓之奸说。此三奸者，圣王之所禁也。知而险，贼而神，为②诈而巧，言无用而辩，辩不急而察，治之大殃也。行辟③而坚，饰非而好，玩奸而泽，言辩而逆，古之大禁也。知而无法，勇而无惮，察辩而操僻④，淫⑤大⑥而用乏，好奸而与众，利足而迷，负石而坠，是天下之所弃也。

注释

①故：犹“夫”，发语词。②为：通“伪”，诡诈。③辟：通“僻”，邪僻，邪恶。④操僻：指上文所说的“治怪说，玩琦辞”。⑤淫：过分、放荡。⑥大：同“汰”，过分，骄奢。

译文

相信可信的东西，是诚实；怀疑可疑的东西，也是诚实。尊重贤能的人，是仁爱；鄙视不贤的人，也是仁爱。说话说得恰当，是明智；沉默得恰当，也是明智。所以懂得在什么场合下沉默等于懂得说话。话说得多且合乎法度，就是圣人；话说得少且合乎法度，就是君子；话说得多且不合乎法度，即使能言善辩，也是个小人。所以用尽力气而不合民众的需求，就叫作奸邪的政务；费尽心思而不以古代圣王的法度为准则，就叫作奸邪的心机；辩说比喻起来迅速敏捷而不遵循礼义，就叫作奸邪的辩说。这三种奸邪的东西，是圣明的帝王所禁止的。生性聪明而险恶，手段狠毒而高明，行为诡诈而巧妙，言论不切实际而雄辩动听，辩说毫无用处而明察入微，这些是政治方面的大祸害。为非作歹而又坚决，文过饰非而似完美，玩弄奸计而圆滑，能言善辩而违反常理，这些是古代特别加以禁止的。聪明而不守法度，勇敢而肆无忌惮，明察善辩而所持论点怪僻不经，荒淫骄奢而刚愎自用，喜欢搞阴谋诡计而同党众多，这就像善于奔走而误入迷途、背着石头而失足往下掉，这些都是天下人所厌弃的行为。

兼服天下之心：高上尊贵不以骄人；聪明圣知不以穷人；齐给速通，不争先人；刚毅勇敢，不以伤人；不知则问，不能则学，虽能必让，然后为德。遇君则修臣下之义，遇乡则修长幼之义，遇长则修子弟之义，遇友则修礼节辞让之义，遇贱而少者则修告导宽容之义。无不爱也，无不敬也，无与人争也，恢然①如天地之苞②万物。如是则贤者贵之，不肖者亲之。如是而不服者，则可谓訞③怪狡猾之人矣，虽则子弟之中，刑及

之而宜。《诗》云："匪上帝不时，殷④不用旧。虽无老成人⑤，尚有典刑。曾是莫听，大命⑥以倾⑦。"此之谓也。

注释

①恢然：广大的样子。②苞：同"包"。③訞：通"妖"，怪异邪恶。④殷：商，此指商纣王。⑤老成人：经历多、做事稳重之臣，像伊尹（商汤的相）之类。⑥大命：指国家的命运，政权。⑦倾：倾覆。

译文

使天下人对自己心悦诚服的办法：身居高位、身份尊贵，但不因此而傲视别人；聪明睿智、通达事理，但不因此而使人难堪；才思敏捷、迅速领悟，但不在别人面前抢先逞能；刚强坚毅、勇敢大胆，但不因此而伤害别人。不懂就请教，不会就学习，即使能干也一定谦让，这样才算有德行。面对君主就奉行做臣子的道义，面对乡亲就讲求长幼之间的道德标准，面对父母兄长就遵行子弟的规矩，面对朋友就讲求礼节谦让的行为规范，面对地位卑贱而年纪又小的人就实行教导宽容的原则。无所不爱，无所不敬，从不与人争执，心胸宽广得就像天地包容万物那样。像这样的话，那么贤能的人就会尊重你，不贤的人也会亲近你。如果这样还不对你心悦诚服的，那就可以称之为怪异奸诈的人了，即使他在你的亲属子弟之中，刑罚加到他身上也是应该的。《诗经》上说："并非上天不善良，是纣王不用旧典章。虽然没有老成之臣，还有法典可依循。竟连这个也不听，王朝因此而断送。"说的就是这个道理。

古之所谓士仕①者，厚敦者也，合群者也，乐富贵②者也，乐分施者也，远罪过者也，务事理者也，羞独富者也。今之所谓士仕者，污漫者也，贼乱者也，恣睢者也，贪利者也，触抵者也，无礼义而唯权势之嗜者也。

古之所谓处士者，德盛者也，能静者也，修正者也，知命者也，箸③是者也。今之所谓处士者，无能而云能者也，无知而云知者也，利心无足而佯无欲者也，行伪④险秽而强高言谨悫者也，以不俗为俗，离纵⑤而跂訾者也。

注释

①士仕：与下"处士"对应，当作"仕士"。②乐富贵：荀子赞成当官者应享受富贵。③箸：通"著"，明显。④伪：通"为"。⑤纵：通"踪"，踪迹，指一般人的生活习惯。訾：通"跐"，走路。一说"纵"是放纵的意思，"訾"是诋毁的意思，那么"离纵而跂訾"可译为"背离世俗而放任自己，高人独行而诋毁别人"。

译文

古代所说的当官的，都是朴实厚道的人，是和群众打成一片的人，是乐于富贵的人，是乐意施舍的人，是远离罪过的人，是做事有条理的人，是以独自富裕为羞耻的人。现在所说的当官的，都是污秽卑鄙的人，是破坏捣乱的人，是恣肆放荡的人，是贪图私利的人，是触犯法令的人，是不顾礼义而只贪求权势的人。

古代所说的隐士，是品德高尚的人，是能恬淡安分的人，是善良正派的人，是乐天安命的人，是宣扬正义的人。现在所说的隐士，是没有才能而自吹自擂的人，是没有智慧而自吹有智慧的人，是贪得之心永不能满足而又假装清心寡欲的人，是行为阴险肮脏而又硬要吹嘘自己谨慎老实的人，是把不同于世俗作为自己的习俗、背离世俗而自命清高的人。

士君子之所能不能为：君子能为可贵，不能使人必贵己；能为可信，不能使人必信己；能为可用，不能使人必用己。故君子耻不修，不耻见污；耻不信，不耻不见信；耻不能，不耻不见用。是以不诱于誉，不恐于诽，率道而行，端然正己，不为物倾侧，夫是之谓诚君子。《诗》云："温温恭人，维德之基。"此之谓也。

译文

士君子所能做到的和不能做到的：君子能够做到品德高尚而可以被人尊重，但不能使别人一定来尊重自己；能够做到诚信老实而可以被人相信，但不能使别人一定相信自己；能够做到多才多艺而可以被人任用，但不能使别人一定任用自己。所以君子把自己的品行不好看作耻辱，而不把被人污蔑看作耻辱；把自己不讲信用看作耻辱，而不把不被信任看作耻辱；把自己无能看作耻辱，而不把不被任用看作耻辱。因此，君子不被荣誉所诱惑，也不被诽谤所吓退，遵循道义来做事，严肃地端正自己，不为外界事物动摇，这才是真正的君子。《诗经》上说："温柔谦恭的人们，是以道德为根本的。"说的就是这种人。

十四

　　士君子之容：其冠进^①，其衣逢，其容良，俨然，壮然，祺然，蕼然，恢恢然，广广然，昭昭然，荡荡然，是父兄之容也。其冠进，其衣逢，其容悫，俭然，恀然^②，辅然，端然，訾^③然，洞然，缀缀然，瞀瞀然，是子弟之容也。

注释

　　①进：高耸。②恀然：依顺的样子。③訾（zī）：同"孳"，柔弱貌。而"孳"通"孜"，又有勤勉意。

译文

　　士君子的仪容：帽子戴得高高的，衣服宽宽大大的，面容和蔼可亲，庄重、伟岸、安泰、洒脱、宽宏、开阔、明朗、坦荡，这是做父兄的仪容。那些人帽子高高竖起，衣服宽宽大大，面容谨慎诚恳、谦虚、温顺、亲热、端正、勤勉、恭敬，追随左右而不敢正视，这是做子弟该有的仪容。

十五

　　吾语汝学者之嵬容：其冠絻^①，其缨禁^②缓，其容简连；填填然，狄

狄[3]然，莫莫然，瞡瞡然，瞿瞿然，尽尽然，盱盱然，酒食声色之中则瞒瞒然，瞑瞑然，礼节之中则疾疾然，訾訾然，劳苦事业之中则儢儢然离离然，偷儒而罔[4]，无廉耻而忍謑詢[5]。是学者之嵬也。

注释

①绕："俛"字之误，"俛"同"俯"。②禁：同"衿"，腰带。③狄：通"趯"，跳跃。④罔：不怕别人议论。⑤謑詢：辱骂。詢：同"诟"，骂。

译文

我来告诉你那些学者的模样：他的帽子向前而低俯，帽带和腰带束得很松；他的面容傲慢自大，得意洋洋，时而跳来跳去，时而一言不发，或眯起眼睛东张西望，或睁大眼睛盯着不放，似乎要一览无余的样子。在饮食声色之中，就神情迷乱，沉溺其中；在行礼节的时候，就面有怨色，口出怨言；在劳苦的工作之中，就懒懒散散，躲躲闪闪，苟且偷安而无所顾忌，没有廉耻之心而能忍受污辱谩骂。这就是那些学者的怪样。

十六

弟佗[1]其冠，神禫[2]其辞，禹行而舜趋[3]，是子张氏[4]之贱儒也。正其衣冠，齐其颜色，嗛然而终日不言，是子夏氏[5]之贱儒也。偷儒惮事，无廉耻而耆[6]饮食，必曰君子固不用力，是子游氏[7]之贱儒也。

注释

①弟佗：颓唐，形容帽子歪斜。②神禫：通"冲淡"，平淡。③禹行而舜趋：传说禹治水时，腿瘸了，只能踮着脚走路。据说舜在父母前总是低头而趋（礼貌地小步快走），以表示恭敬。这里指子张氏之贱儒仿效禹、舜走路，故作圣人之态。④子张：姓颛孙，名师，春秋时陈国人，孔子的学生。⑤子夏：即卜商，春秋时卫国人，孔子的学生。⑥耆：同"嗜"。⑦子游：即言偃，春秋时吴国人，孔子的学生。

译文

帽子戴得歪歪斜斜，话说得平淡无味，学习大禹的跛行和舜的低头快走，这是子张一派的贱儒。衣冠整齐，表情严肃，口里像含着什么东西似的整天不说话，这是子夏一派的贱儒。苟且懦弱怕事，没有廉耻之心而热衷于吃喝，总是说"君子本来就不用从事

体力劳动"，这是子游一派的贱儒。

十七

彼君子则不然。佚①而不惰，劳而不僈②，宗原应变，曲得其宜，如是然后圣人也。

注释

①佚：同"逸"。②僈：懈怠。

译文

那些君子就不是这样。他们虽然安逸却不懒惰，即使劳苦也不懈怠，尊奉那根本的原则来应付各种事变，各方面处理得都很恰当，像这样才可以成为圣人。

读解

荀子所处的战国时代，群雄并起，百家争鸣，各种各样的学说层出不穷。本篇荀子主要列举了六种学说、十二个代表人物，逐一对其进行了评论和批判；同时也兼及其他一些学说与人物，表明了作者的观点。它实是一篇全面总结春秋战国时代各家学说的文章，在中国思想史上具有十分重要的价值。

战国时期的各家学说在我们看来，都各有其合理的成分，与当时的社会联系非常密切。但是荀子作为继孟子之后儒家学派的代表人物，自然是不能忍受这种混杂的状况的。在他看来，这些人的学说背离了人的本性，背离了道义。荀子甚至认为，当时社会的混乱就在于这些人的学说混淆人们的耳目，使人们无所适从。所以在本篇的开头，荀子就讲"假今之世，饰邪说，文奸言，以枭乱天下，矞宇嵬琐，使天下混然不知是非治乱之所存者有人矣"。既然这些人的学说是不可能正确的，那么，现在的君主应该怎么做呢？

对于这个问题，荀子回答"上则法舜、禹之制，下则法仲尼、子弓之义，以务息十二子之说"。意思是要制止这十二个人的学说，使天下都归入儒家的系统之中，然后"一天下，财万物，长养人民，兼利天下"，这样才能真正实现孔子心目中的"大同世界"。这就是荀子给后代的君主指出的一条由乱到治的道路。从后来的历史发展来看，秦始皇在荀子的弟子李斯和韩非的辅助下，统一了六国，结束了天下纷乱的局面。说明荀子的这种道路确实是可行的。在这一点上，荀子的学说比孔子空谈的"仁政"要实用得多。

事例一

　　墨子是墨家学派的创始人，他主张兼爱、非攻、节用，反对陪葬等贵族的奢侈行为。作为一位小手工业者的代表，他的言论中有一些和儒家的遵礼、贬低体力劳动者等方面有冲突之处，而儒家学派一直贬斥的也正是他学说中的这一部分。但是，我们不能不看到他的学说的有利之处。

墨子说楚王

　　公输般为楚国制造攻城用的云梯，预备用来攻打宋国。墨子听到这件事，步行万里，脚底磨出了厚茧，赶着去见公输般，对他说道："我在宋国就听说了先生的大名。我想借助您的力量去杀一个人。"公输般说："我是讲道义的，决不杀人。"墨子说："听说您在造云梯，用来攻打宋国，宋国有什么罪？你口口声声说讲道义，不杀人，如今攻打宋国，这分明是不杀少数人而杀多数人呀！请问你攻打宋国是什么道义呢？"公输般被说服了，墨子请他为自己引见楚王。

　　墨子见到楚王，说道："假如这儿有一个人，放着自己华美的彩车不坐，却想去偷邻居家的一辆破车；放着自己锦绣织成的衣服不穿，却想去偷邻居的粗布短衫；放着自己家里的好饭好菜不吃，却去偷邻居的酒糟和糠皮。这是个什么样的人呢？"楚王说："一定是有偷东西的癖好。"墨子接着说："楚国土地纵横五千里，而宋国才不过五百里，这就如同用华美的彩车和破车相比。楚国有云梦泽、犀牛和麋鹿充斥其中，长江和汉水的鱼鳖、大鼋和鳄鱼为天下最多，而宋国却是连野鸡、兔子、鲫鱼都不产的地方，这就如同用精美的饭菜和糟糠相比。楚国有高大的松树，带花纹的梓树，以及楠树、豫樟树等名贵树种，而在宋国大树找不到一棵，这就如同用锦绣和粗布短衫相比。因此我认为大王去攻打宋国，与有盗窃癖差不多。"楚王说："说得好！我不去攻打宋国了。"

事例二

　　孔子的弟子众多，非常有名的是七十二贤人。子张和子夏也位列其中。

子夏子张

　　卜商，字子夏，比孔子小四十四岁。

　　子夏问道："'姣美的笑容妩媚动人啊，明澈的眼珠流动生辉啊，信佛洁白的生绡染上了绚烂的文采'，这三句诗是什么意思？"孔子回答说："绘画要先有洁白的底子，然后再彩饰图画。"子夏说："是不是礼乐的产生在仁义之后呢？"孔子说："卜商啊，现在可以和你讨论《诗经》了。"

子贡问道："颛孙师和卜商哪一位更强些？"孔子说："师么，有些过分；商么，有些赶不上。"子贡说："那么颛孙师好一些吗？"孔子说："过分和赶不上同样是不完美的。"

孔子对子夏说："你要立志成为一个有才德的读书人，不要作浅薄不正派的读书人。"

孔子逝世后，子夏定居河西教授学生，成了魏文侯的教师。

颛孙师，陈国人，字子张，比孔子小四十八岁。

子张向孔子学习求取官职俸禄的方法。孔子说："多听人家说，对疑难未解的，不要妄加评论，其余有把握的要谨慎地说出，能少犯错误；多看人家行事，对疑难未解的，不要妄加行动，其余有把握的要谨慎地行动，能减少懊悔。说话的错误少、行动的懊悔少，你要求取的官职俸禄就在里面了。"

有一天子张跟随孔子被围困在陈国和蔡国之间，子张问怎样才能处处行得通。孔子说："说话要忠诚信实，行为要真诚恭敬，即使在南蛮北狄也行得通；说话不忠诚信实，行为不真诚恭敬，即使是在本乡本土，能行得通吗？站着的时候，就像'忠信笃敬'几个字呈现在眼前；坐在车上，就像'忠信笃敬'几个字挂在车前的横木上，做到这种地步之后，就到处行得通了。"子张就把这些话写在束腰的大带子上。

仲尼弟子

子张问："读书人怎样做才可以叫通达了呢？"孔子说："你所说的通达，是指的什么呢？"子张回答说："在诸侯的邦国中一定要有声望，在卿大夫家里也一定要有声誉。"孔子说："这是声望，不是通达。所谓通达，应当是立身正直而好义，审度别人的言论，观察别人的表情，时常想着谦恭退让，这样，在诸侯的邦国和卿大夫的封地一定能够通达。所说的声望，外表上好像追求仁德的样子，而实际行动上却违背仁德。自己要安然处之，毫不怀疑，这样的人在诸侯的邦国和卿大夫的封地一定能取得名望。"

仲尼

一

仲尼之门人，五尺①之竖子，言羞称乎五伯。是何也？曰：然！彼诚可羞称也。齐桓②、五伯之盛者也，前事则③杀兄而争国；内行则姑姊妹之不嫁者七人，闺门之内，般④乐奢汰，以齐之分奉之而不足；外事则诈邾，袭莒⑤，并国三十五。其事行也若是其险污、淫汰也，彼固曷足称乎大君子之门哉！

注释

①尺：战国时一尺合今0.231米。②齐桓：齐桓公，姜姓，名小白，齐国国君，他任用管仲为相，实行改革，使齐国国富兵强，成为春秋时期第一个霸主。③则：表示对比的连词。杀兄而争国：公元前686年，齐将乱，管仲、召忽奉公子纠出奔鲁国，鲍叔牙奉公子小白出奔莒国，齐襄公被杀。次年，小白先入齐国立为桓公，大败鲁军，并命令鲁国杀死哥哥公子纠。④般（pán）乐：过度玩乐。⑤邾（zhū）：古国名，即"邹"，在今山东邹县一带。莒（jǔ）：古国名，在今山东莒县一带。

译文

仲尼的门下，即使五尺高的童子，说起话来都以称道五霸为耻。这是为什么呢？回答：是的！因为那五霸的确不值得称道。齐桓公，是五霸中最负盛名的，但他没有继位前，杀了他的哥哥来争夺国家的政权；在家庭之内，姑姑、姐姐、妹妹中没出嫁的有七个；在宫门之内，他纵情作乐、奢侈放纵，用齐国税收的一半供养他还不够；对外，他欺骗邾国、袭击莒国，吞并的国家有三十五个。他的所作所为如此险恶肮脏、放荡奢侈，他怎么有资格被孔子的门下所称道呢！

　　若是而不亡，乃霸，何也？曰：於乎①！夫齐桓公有天下之大节焉，夫孰能亡之？俄然②见管仲③之能足以托国也。是天下之大知也。安忘其怒，出忘其雠④，遂立以为仲父，是天下之大决也。立以为仲父，而贵戚莫之敢妒也；与之高、国⑤之位，而本朝⑥之臣莫之敢恶也；与之书社⑦三百，而富人莫之敢距⑧也；贵贱长少，秩秩焉，莫不从桓公而贵敬之，是天下之大节也。诸侯有一节如是，则莫之能亡也；桓公兼此数节者而尽有之，夫又何可亡也！其霸也，宜哉！非幸也，数也。

注释

　　①於乎：同"呜呼"。②俄（tán）然：形容安然不疑。③管仲：名夷吾，字仲，是春秋初期具有法家思想的政治家。他开始侍奉公子纠出奔鲁国，公子纠争位失败被杀后，他由鲍叔牙推荐当了齐桓公的相，他辅助桓公成就了霸业，桓公尊他为"仲父"。④忘其雠：公元前686年齐襄公被杀后，小白（齐桓公）于次年自莒回国，鲁国也派兵送公子纠回国争位，并派管仲带兵去拦击小白，管仲射中小白的带钩，小白假装死去而逃脱回国，但小白立为桓公后不记此仇，仍任用管仲为相。⑤高、国：高氏、国氏，是齐国两大贵族，世代都是齐国的上卿，地位十分尊贵。⑥本朝：朝廷。朝廷是立国之本，故称"本朝"。⑦书社：古代二十五家为一个里，每个里分别立社。把社内人口登录在簿册上，称为"书社"，因而"书社"指按社登记入册的人口与土地。⑧距：通"拒"。

译文

　　像他这样却没灭亡，竟然还称霸天下，这是为什么呢？回答：哎呀！那齐桓公掌握了治理天下的关键，谁还能灭掉他呢？一见到管仲，就坚定不移地相信他的才能，足以把整个国家托付给他，这是天下最大的智慧。安定后忘了自己危急时的愤怒，逃出险境后就忘掉了自己对管仲的仇恨，最终把管仲尊称为仲父，这是天下最英明的决断。把管仲尊称为仲父，而国君的内外亲族没有人敢嫉妒他；给他高氏、国氏那样的尊贵地位，而朝廷上的大臣没有谁敢怨恨他；给他三百社的封地，而富有的人没有谁敢抗拒的；高贵的、卑贱的、年长的、年轻的，都秩序井然，没有谁不顺从桓公去尊敬他；这些都是治理天下的关键。诸侯只要掌握了像这样的一个关键，就没有人能灭掉他；桓公全部掌握了这几个关键，又怎么可能被灭掉呢？他称霸诸侯，是理所当然的啊！并不是由于幸运，而是必然的。

荀子选集

三

　　然而仲尼之门人，五尺之竖子，言羞称乎五伯，是何也？曰：然。彼非本政教也，非致隆高也，非綦①文理②也，非服人之心也。乡③方略，审劳佚④，畜⑤积、修斗而能颠倒其敌者也。诈心以胜矣。彼以让饰争，依乎仁而蹈利者也，小人之杰也，彼固曷足称乎大君子之门哉！

注释

　　①綦（qí）：极。②文理：区别等级的礼仪制度。③乡：通"向"，趋向，追求。④佚：通"逸"。⑤畜：通"蓄"。

译文

　　然而仲尼的门下，五尺高的童子都以谈论五霸为羞耻。这是为什么呢？回答：是的。因为五霸没有把政治教化作为立国之本，没有把礼仪推崇到应有的高度，没有使礼仪制度井井有条，没有使人心悦诚服；他们只是注重方法策略，注意使民众有劳有逸、积蓄财物、加强战备，因而能颠覆、打败敌人，是依靠诡诈的心计来取胜的。他们以谦让来掩饰争夺，依靠仁爱之名来追求实利，可以算是小人中的佼佼者，他们怎么能够被孔子的门人称道呢？

四

　　彼王者则不然。致贤而能以救不肖，致强而能以宽弱，战必能殆之而羞与之斗，委然①成文以示之天下，而暴国安②自化矣。有灾缪③者然后诛之。故圣王之诛也，綦省矣。文王诛四④，武王诛二⑤，周公卒业⑥，至于成王⑦，则安以无诛矣。故道岂不行矣哉？文王载⑧之，百里地而天下一；桀纣舍之，厚于有天下之势而不得以匹夫老。故善用之，则百里之国足以独立矣；不善用之，则楚六千里而为雠人⑨役。故人主不务得道而广有其势，是其所以危也。

注释

　　①委然：安详的样子。②安：语助词。③缪：通"谬"。④文王诛四：文王曾讨伐犬戎、密须国、耆国、雠国、崇国。本文中的"诛四"可能不包括犬戎。⑤武王诛二：周武王灭掉商王

朝后斩纣头、杀妲己。⑥业：指王业，即平定天下而称王的大业。周公卒业：周公辅佐武王灭商后，又平定了三监的反叛，讨伐了淮夷、商奄，巩固了周王朝的统治。⑦成王：周武王的儿子，姓姬，名诵。武王死时，他年幼，由叔父周公旦摄政，后来成王年长，周公归政于他。⑧载：行。⑨雠人：仇敌，此指秦国。楚怀王困死于秦，其子楚顷襄王又受制于秦国，因此楚以秦为仇人。

译文

　　那些称王于天下的人就不是这样。他们最贤能却能够去救助不贤的人；自己最强大却能够宽容弱者；打起仗来一定能战胜对方，而耻于诉诸武力；制定了完备的礼仪制度并把它们昭示于天下，而暴虐的国家就自然感化了；如果还有犯上作乱、行为乖戾的，然后再去诛灭他。所以圣明帝王诛杀乱党是极少的。周文王只讨伐了四个国家，周武王只诛杀了两个人，周公旦完成了称王天下的大业，到了周成王的时候就没有杀伐了。那礼义之道难道就不能实行了吗？文王实行了礼义之道，虽然只占有百里见方的国土，但天下被他统一了；夏桀、商纣王抛弃了礼义之道，虽然掌握了统治天下的权力，却不能像平民百姓那样活到寿终。所以若是善于利用治国之道，那么百里见方的国家完全可以

荀子选集

独自生存下去了；而不善于利用礼义之道，那么就是像楚国那样有了六千多里的国土，也还是被仇敌所役使。所以君主不致力于掌握治国之道而只求扩展他的势力，这就是他招致灭亡的原因。

五

持宠、处位、终身不厌之术：主尊贵之，则恭敬而傅[1]；主信爱之，则谨慎而嗛[2]；主专任之，则拘守而详；主安近之，则慎[3]比而不邪；主疏远之，则全一而不倍；主损绌[4]之，则恐惧而不怨。贵而不为夸，信而不处谦[5]，任重而不敢专；财利至则善而不及也，必将尽辞让之义，然后受；福事至则和而理，祸事至则静而理，富则施广，贫则用节。可贵可贱也，可富可贫也，可杀而不可使为奸也：是恃宠、处位、终身不厌之术也。虽在贫穷徒处之势，亦取象于是矣。夫是之谓吉人[6]。《诗》云："媚兹一人，应侯顺德，永言孝思，昭哉嗣服[7]。"此之谓也。

注释

①傅：谦让。②嗛：同"谦"。③慎：通"顺"。④损：贬损，指降职。绌：通"黜"，罢免。⑤谦：通"嫌"。⑥吉人：指道德高尚而有地位的君子。⑦服：事，指文王伐纣的事业。

译文

保持尊宠、守住官位、终身不被人厌弃的方法：君主重视你，你就恭敬而谦让；君主信任喜爱你，你就谨慎而谦虚；君主把大权交托给你，你就谨慎守职并详明法度；君主亲近你，你就小心地依顺而不搞歪门邪道；君主疏远你，你就忠心耿耿而不背叛；君主贬损罢免你，你就戒慎恐惧而不埋怨。地位高贵时，不奢侈过度；得到君主信任时，不忘记回避嫌疑；担负重任时，不能独断专行；财物利益来临时，若是自己的善行还不足以得到它，就一定要尽到推让的礼节；有福之事来临时就平和地去对待它，灾祸之事来临时就冷静地去处理它；富裕了就广泛施舍，贫穷了就节约费用。能上、能下，可富、可贫，可以杀身成仁却不可以被迫使做奸邪的事；这些就是保持尊崇、守住官位、终身不被人厌弃的方法。即使处在贫穷孤立的境况，也要按照这种方法来立身处世，那就可称为吉祥之人。《诗经》上说："受众人爱戴的武王，顺应祖先的德行，永远想着要孝敬，继承父业多贤明！"说的就是这种人。

求善处大重①、理②任大事、擅宠于万乘之国，必无后患之术：莫若好同之，援贤博施，除怨而无妨害人。能耐③任之，则慎行此道也；能而不耐任，且恐失宠，则莫若早同之，推贤让能，而安随其后。如是，有宠则必荣，失宠则必无罪。是事君者之宝，而必无后患之术也。故知者之举事也，满则虑嗛，平则虑险，安则虑危，曲重其豫，犹恐及其祸，是以百举而不陷。孔子曰："巧而好度，必节④；勇而好同，必胜；知而好谦，必贤。"此之谓也。愚者反是：处重擅权，则好专事而妒贤能，抑有功而挤有罪，志骄盈而轻旧怨；以忝啬而不行施，道乎上，为重招权于下以妨害人；虽欲无危，得乎哉？是以位尊则必危，任重则必废，擅宠则必辱，可立而待也，可炊而傹⑤也。是何也？则堕⑥之者众而持之者寡矣。

注释

①重：权，此指重要的官位。②理：顺。③耐：通"能"，能够。④节：适当、适度的意思。⑤傹：通"竟"，完毕。⑥堕（huī）：同"隳"，毁。

译文

寻求妥善地身居要位、顺利地担任要职、在万乘大国独自拥有君主的恩宠、绝不会有后患的方法：最好的办法莫过于和君主同心协力，引进贤能的人，广泛地施舍，消除对别人的怨恨，不去想办法妨害别人。若是自己的能力能够担负起的职务，那就小心谨慎地奉行这种方法；若是自己的能力不能够胜任职务，并且害怕因此失去君主对自己的宠爱，那就不如及早和君主同心同德，推荐贤能的人，把职务让给他，而自己则心甘情愿地追随在后面。像这样做，拥有了君主的恩宠就必定会荣耀，失去了君主的宠爱也一定没有罪过。这是侍奉君主的法宝，也是绝没有后患的方法。所以聪明人办事，圆满时考虑不足，顺利时考虑艰难，安全时考虑危险，周到地从多方面加以防范，仍然怕遭到祸害，所以办了上百件事也不会失误。孔子说："灵巧而又遵循法度，就一定能做得恰到好处；勇敢而又善于和别人合作，就一定能胜利；聪明而又比较谦虚，就一定会有贤德。"说的就是这个道理。愚蠢的人正好与此相反：他们身居要职、独揽大权的时候，就独断跋扈、嫉贤妒能，压制有功的人，排挤打击有罪过的人，内心骄傲自满，歧视与自己有旧怨的人，吝啬而不施舍，独揽大权，以致妨害了别人。这种人即使希望平安无事，可能吗？所以他们身居高位却必然危险，权力大了就必定被废，独受宠幸却一定会遭受耻辱，这种情景稍立片刻就可以等到。这是为什

荀子选集

么呢？就是因为毁害他的人多而扶持他的人少。

七

　　天下之行术，以事君则必通，以为仁^①则必圣，立隆而勿贰也。然后恭敬以先之，忠信以统之，慎谨以行之，端悫^②以守之，顿穷则从之疾力以申重之。君虽不知，无怨疾之心；功虽甚大，无伐德之色；省求多功，爱敬不倦。如是则常无不顺矣。以事君则必通，以为仁则必圣，夫是之谓天下之行术。

注释

①仁：通"人"。②端悫（què）：端正诚实。

译文

　　走遍天下都能行得通，用它来侍奉君主就一定会通达，用它来做人就必定会圣明，确立礼义作为崇高的标准而不动摇。这样以后，用恭敬的态度来引导，以忠信来统率，小心谨慎地实行，端正诚实地捍卫，即使困厄的时候也尽力反复强调它。君主即使不了解，也没有怨恨的心；功劳即使很大，也没有夸耀的表情；要求少而功劳多，敬爱君主永不厌倦。像这样，那就永远没有不顺利的时候了。用它来侍奉君主就一定会通达，用它来做人就一定会圣明，这就是走遍天下都能行得通的办法。

八

　　少事长，贱事贵，不肖事贤，是天下之通义也。有人也，势不在人上，而羞为人下，是奸人之心也。志不免乎奸心，行不免乎奸道，而求有君子、圣人之名，辟^①之是犹伏而咶^②天，救经而引其足也，说必不行矣，俞^③务而俞远。故君子时诎则诎，时伸则伸也。

注释

①辟：通"譬"，譬喻。②咶（shì）：通"舐"。③俞：通"愈"。

译文

年轻的侍奉年长的，卑贱的侍奉高贵的，不贤的侍奉贤能的，这是天下的普遍原则。而有的人，地位不在别人之上，却羞于处在人下，这是奸邪的人的想法。心理上没有除掉邪念，行动上没有离开邪道，却想要求有君子、圣人的名声，就好像是趴在地上去舔天、挽救上吊的人却拉他的脚一样，一定行不通的，越是用力从事，就离目标越远。所以君子在形势需要自己屈从忍耐时就屈从忍耐，在时势容许自己施展抱负时才施展抱负。

读解

本篇取文章开头两字为篇名，与全文内容无关。篇中首先以问答的形式贬损了霸道，赞扬了王道，接着又论述了君主立身处世的原则。

孔子的治国理想是君主实行"仁政"，以仁爱之心来治理天下。这是由于孔子处于春秋时期，当时的社会情况还算比较安定，齐、楚、燕、韩、赵、魏、秦等国相对实力均衡，没有出现什么大的纷争，各国在这种情况下，对周王朝都还存有尊敬之心，礼教还没有彻底败坏。

"霸道"是孟子提出的，意思是用武力来征服天下。这是在春秋战国那个战乱纷纷的年代特有的现象，许多大国都是欺凌弱小的国家，大国之间又相互阴谋夺得他国的领土，在这样的状况下，只有武力强大的国家才能生存下去，那些弱小的国家，甚至周王朝都在齐、秦、楚等大国的欺凌下苟且偷生。

针对孔子的"仁政"和孟子的"霸道"，荀子提出了自己的"王道"。那么实行"王道"的君主是怎么样的呢？荀子说，他们"致贤而能以救不肖，致强而能以宽弱，战必能殆之而羞与之斗，委然成文以示之天下，而暴国安自化矣。有灾缪者然后诛之"。和孔子一味地"仁"不同，荀子的"王道"首先主张推崇礼仪教化，然后对于那些顽固不化的分子给予严厉打击，甚至可以诛灭。

事例一

管仲辅佐公子纠与小白争位，后来小白得到帝位成为齐桓公，管仲不但没有像召忽那样追随公子纠自杀，反而辅佐齐桓公称霸天下。管仲的这种做法用当时的礼仪标准来讲，是不正确的，孔子却说"微管仲，吾其被发左衽矣"。

齐桓公不计前嫌任用管仲

公元前 685 年春，齐君公孙无知到雍林游玩。雍林人怨恨他，偷袭杀死他。齐国大夫商议立新君。

公孙无知本是弑襄公篡位。当初，襄公将鲁桓公灌醉杀死，与鲁夫人通奸，还屡屡杀罚不当，沉迷女色，多次欺侮大臣。他的弟弟纠害怕被牵连逃亡鲁国，管仲、召忽辅佐他。次弟小白逃亡莒国，鲍叔辅佐他。小白母亲是卫国之女，很得齐釐公宠幸。

小白从小与大夫高傒交好。雍林人杀死无知后，商议立君之事，高氏、国氏抢先暗中从莒国召回小白。鲁国闻知无知已死，也派兵护送公子纠返齐，并命管仲另带军队遏阻莒国通道，管仲射中小白衣带钩。小白假装死了，管仲派人飞报鲁国。鲁国护送公子纠的部队速度就放慢了，六天才至齐国，而小白已先入齐国，高傒立其为君，就是桓公。

　　桓公当时被射中衣带勾之后，装死以迷惑管仲，然后藏在温车中飞速行进，也因为有高氏、国氏两大家族为内应，所以能够先入齐国即位，派兵抵御鲁军。秋天，齐兵与鲁兵在乾时作战，鲁兵败逃，齐兵又切断鲁兵的退路。齐国写信给鲁国说："子纠是我兄弟，不忍亲手杀他，请鲁国将他杀死。召忽、管仲是我仇敌，我要求活着交给我，让我把他们剁成肉酱才甘心。不然，齐兵要围攻鲁国。"鲁人害怕，就在笙渎杀死子纠。召忽自杀而死，管仲被囚禁。桓公即位时，派兵攻鲁，本欲杀死管仲。鲍叔牙说："我有幸跟从您，您最终成为国君。您的尊贵地位，我已无法再帮助您提高。您如果只想治理齐国，有高傒和我也就够了。您如果想成就霸王之业，没有管夷吾不行。夷吾所居之国，其国必强，不能失去这个人才。"于是桓公听从此言。就假装召回管仲以报仇雪恨，实际是想任用他辅政。管仲心里明白，所以要求返齐。鲍叔牙迎接管仲，一到

齐国境内的堂阜就给管仲除去桎梏，让他斋戒沐浴而见桓公。桓公赏以厚礼任管仲为大夫，主持政务。

事例二

什么才是真正的忠心？对君主百依百顺，想方设法地讨好的大臣，一定不是忠心的。反倒是那些与君主常常"作对"的大臣，才真是国家的栋梁。

忠臣不和

汉光武帝刘秀任命睢阳县令任延当武威太守。刘秀亲自召见，告诫他说："好好侍奉长官，不要糟蹋好名声。"任延回答："我听说忠诚的臣子不随声附和，随声附和的臣子不忠诚。履行正道，奉公守法，是臣子的节操。如果下级对上级的话人云亦云，那不是陛下的福分。陛下说要好好侍奉长官，我不敢奉此诏令。"刘秀感叹地说："你说得对呀！"

刘秀在军旅中的时间很长，他厌倦了战争，而且知道天下百姓疲惫困乏，渴望放下沉重的负担休养生息。自从陇、蜀平定之后，除非有危险紧急的情况，刘秀不曾再谈论军事。皇太子曾向他请教打仗的事，刘秀说："从前卫灵公请教战争的事，孔子不肯答复。这不是你应该问的。"邓禹、贾复知道刘秀决定放下武器，用礼乐教化进行统治，不愿功臣们身在洛阳而拥有重兵，于是二人交出军权，潜心研究儒家经典。刘秀也考虑到功臣们今后的去向，想保全他们的爵位和封地，不让他们因为职务而有过失，于是撤销左将军、右将军的官职。耿弇等也交出大将军、将军的印信绶带，全都以侯爵的身份离开朝廷，回到自己的宅第。他们被加以特进之衔，定期参加朝会。

韩歆性格刚直，说话不隐讳，刘秀往往不能容忍。韩歆在刘秀面前有凭有据地说天下将有严重的饥馑荒年出现，并指天画地，言辞非常激烈，因此被免职，回归故里。韩歆走后，刘秀仍然不能消气，又派使者宣读诏书责备他。韩歆和儿子韩婴全都自杀。韩歆平素名气很大，无罪被逼死，令很多人心中不服。刘秀于是追赠财物，并以隆重礼仪安葬他。

荀子选集

儒效

一

　　大儒之效：武王崩[1]，成王幼，周公屏[2]成王而及[3]武王以属[4]天下，恶[5]天下之倍[6]周也。履[7]天子之籍[8]，听天下之断，偃然如固有之，而天下不称贪焉；杀管叔[9]，虚殷国[10]，而天下不称戾焉；兼制天下，立七十一国，姬姓独居五十三人，而天下不称偏焉。教诲开导成王，使谕于道，而能掩迹于文、武。周公归周[11]，反籍于成王，而天下不辍事周，然而周公北面而朝之。天子也者，不可以少当也，不可以假摄为也。能则天下归之，不能则天下去之。是以周公屏成王而及武王以属天下，恶天下之离周也。成王冠，成人，周公归周，反籍焉，明不灭主之义也。周公无天下矣。乡有天下，今无天下，非擅也；成王乡无天下，今有天下，非夺也；变势次序节然也。故以枝代主而非越也，以弟诛兄而非暴也；君臣易位而非不顺也。因天下之和，遂文武之业，明枝主之义，抑亦变化矣，天下厌然犹一也。非圣人莫之能为。夫是之谓大儒之效。

注释

　　①崩：古代天子死叫"崩"。②屏（bǐng）：庇护。③及：继承。④属：使……归属，统制。⑤恶：等于说"患"，担心。⑥倍：通"背"。⑦履：践。⑧籍：通"阼"，帝位。⑨管叔：指周武王之弟叔鲜，他被封于管（位于今河南郑州市），故史称管叔。⑩虚：同"墟"。国：国都。杀管叔，虚殷国：武王灭商（殷）诛纣后，封纣的儿子武庚于殷以统管殷的遗民，使管叔、蔡叔、霍叔监督殷民，叫作"三监"。武王死后，周公摄政，三监不服，与武庚一起背叛周王朝。于是周公东征平叛，杀了管叔、武庚，将殷民迁到洛邑，使殷都成了废墟。⑪周：指周家的天下，周王朝的统治权。

译文

大儒的作用：周武王驾崩的时候，继位的成王还年幼，周公旦庇护成王而继承武王之位来统辖天下，是因为他担心天下人要背叛周家王朝。他登上了天子之位，裁断天下的事务，心安理得地就像他本来就拥有这样的权力似的，而天下人并不说他贪婪；他杀了管叔，使殷国国都成了废墟，但天下人并不说他残暴；他全面控制了天下，设置了七十一个诸侯国，其中姬姓诸侯就占了五十三个，但天下人并不说他偏私。他教诲、开导成王，使成王明白礼义之道，从而能继承文王、武王的事业。周公把周家的天下和王位归还给成王，而天下人并没有停止事奉周王朝，然后周公才回到臣位上，向北面朝拜成王。天子之位不可以让年幼的人掌管，也不可以由别人代理行使。能负担起这个重任，天下人就会归顺他；不能，天下人就会背离他。因此周公庇护成王而继承武王之位来统辖天下，是怕天下人背叛周王朝。成王行了冠礼，已经成人，周公便把周家的天下和王位归还给成王，以此来表明他不灭掉嫡长子的道义。于是周公就没有统治天下的权力了。他过去拥有天下，现在没有天下，这并不是禅让；成王过去没有天下，现在拥有了天下，这并不是篡夺；这是君权更替的法定次序，受礼法节制而正应如此。所以周公以旁支的身份来代替嫡长子执政并不算超越本分，以弟弟的身份诛杀兄长管叔也不算残暴，君与臣变换了位置也不算不顺。周公凭借天下人的同心协力，完成了文王、武王的事业，彰明了旁支和君权的大义，虽然有了这样的变化，但天下却依然安稳。除了圣人没有人能够做到这一点，这就是大儒所起的作用。

先王之道，仁之隆也，比①中②而行之。曷谓中？曰：礼义是也。道者，非天之道，非地之道，人之所以道③也，君子之所道也。

君子之所谓贤者，非能遍能人之所能之谓也；君子之所谓知④者，非能遍知人之所知之谓也；君子之所谓辩者，非能遍辩人之所辩之谓也；君子之所谓察者，非能遍察人之所察之谓也：有所止矣。相高下，视墝⑤肥，序五种⑥，君子不如农人；通货财，相美恶，辩贵贱，君子不如贾人；设⑦规矩，陈绳墨，便备用，君子不如工人；不恤是非、然不然之情，以相荐⑧撙，以相耻怍，君子不若惠施、邓析。若夫谪⑨德而定次，量能而授官，使贤不肖皆得其位，能不能皆得其官，万物得其宜，事变得其应，慎、墨不得进其谈，惠施、邓析不敢窜⑩其察。言必当理，事必当务，是然后君子之所长也。

注释

①比：顺。②中：正，不偏不倚，无过无不及。③道：遵行。④知：通"智"。⑤垗（qiāo）：土地贫瘠。⑥序：次序，指合理安排，不失农时。五种：即"五谷"，指黍、稷、豆、麦、稻，一说指黍、稷、豆、麦、麻，此泛指各种庄稼。⑦设：措置，此指使用。⑧荐：通"践"。⑨谪：同"商"，计量，估量。⑩窜：使……得到容纳。

译文

古代圣明帝王的治国之道，是仁德的最高体现，因为他们是顺着中正之道来实行它的。什么叫中正之道呢？回答：礼义就是中正之道。这里所说的道，不是指上天的运动规律，也不是指大地的变化规律，而是指人类所要遵行的准则，是君子所遵循的原则。

君子所说的贤能的人，并不是能够全部做到别人所能做到的一切；君子所谓的智慧，并不是能够知道别人所知道的一切；君子所谓的善辩，并不是能够明辨别人所辩论的一切；君子所谓的明察，并不是能够详察到别人所观察的一切。其实，君子的能力也是有一定限度的。观察地势的高低，识别土质的贫瘠与肥沃，安排各种庄稼的种植季节，这个方面君子不如农民；使财物流通，鉴别货物的好坏，区别货物的价值，君子在这个方面不如商人；使用圆规和矩尺，划墨线，熟练运用各种器具，君子在这个方面不如工匠。不顾是与非、对与不对的实际情况，互相贬抑，互相污辱，君子实在不如能说会道的惠施、邓析。至于评估德行来确定等级，衡量才能来授予官职，使有德与无德的人都得到应有的地位，有才能与没有才能的人都得到应有的职分，使各

种事物都各归其位，妥善处理各种突发事件，使慎到、墨翟不能宣传他们的言论，惠施、邓析貌似明察的诡辩没有立足之地，说话必定合理，做事符合要求，这些才是君子所擅长的方面。

　　凡事行，有益于理者立之，无益于理者废之，夫是之谓中事。凡知说，有益于理者为之，无益于理者舍之，夫是之谓中说。事行失中谓之奸事；知说失中谓之奸道。奸事、奸道，治世之所弃，而乱世之所从服也。若夫充虚之相施①易也，"坚白""同异"之分隔也，是聪耳之所不能听也，明目之所不能见也，辩士之所不能言也，虽有圣人之知，未能偻②指也。不知，无害为君子；知之，无损为小人。工匠不知，无害为巧；君子不知，无害为治。王公好之则乱法，百姓好之则乱事。而狂惑、戆陋③之人，乃始率其群徒，辩其谈说，明其辟称，老身长子，不知恶也。夫是之谓上愚，曾不如相鸡狗之可以为名也。《诗》曰："为鬼为蜮④？则不可得。有靦⑤面目，视⑥人罔极⑦。作此好歌，以极反侧。"此之谓也。

注释

　　①施：通"移"。②偻指：屈指可数。③戆（zhuàng）：纯朴而愚蠢。陋：见闻少，知识浅薄。④蜮（yù）：短狐，传说中一种能含沙射人的动物。⑤靦（tiǎn）：姡，面貌丑恶狡猾的样子。⑥视：通"示"，给人看。⑦罔：无。极：尽，指看穿。

译义

　　所有的事情和行为，有益于理的就做它，无益于理的就不做它，这叫作正确地处理事情。所有的知识和学说，有益于理的就实行它，无益于理的就废除它，这叫作正确地对待学说。事情和行为不得当，就叫作奸邪的事情；知识和学说不得当，就叫作奸邪的学说。奸邪的事情和奸邪的学说，是太平盛世所废弃不用的，却是混乱的社会所依从的。至于天地间盈和虚的互相转化，"坚白""同异"的分辨，这是耳朵灵敏的人也不能听懂的，眼睛明亮的人也不能看清楚的，能言善辩的学者也不能说明白的，即使有了圣人的智慧，也不能很快地将它们理解清楚。但是，不知道这些学说，君子还是君子；懂了这些学说，小人还是小人。工匠不了解这些，不妨碍成为巧匠；君子不懂得这些，不妨碍治理国家。帝王、诸侯爱好这些学说，就会乱了法度；百姓喜欢这些学说，就会把各项事情搞乱。但是那些狂妄糊涂、愚蠢浅陋的人，却率领着他们的一伙门徒，辩护他们的主张学说，阐明他们的比喻引证，一直到老，儿子都长大了，还不知道放弃那一

荀子选集

套。这就是最愚蠢的人，还不如鉴别鸡狗的人倒可以出名。《诗经》上说："你是鬼还是短狐？让人无法看清楚。你的面目这样丑陋，我终将会将你看透。作此好歌唱一唱，用来揭穿你的反复无常。"说的就是这种人。

四

我欲贱而贵，愚而智，贫而富，可乎？曰：其唯学乎。彼学者，行之，曰士也；敦慕焉，君子也；知之，圣人也。上为圣人，下为士君子，孰禁我哉！乡也，混然涂之人也，俄而并乎尧、禹，岂不贱而贵矣哉！乡也，效门室之辨，混然曾不能决也，俄而原仁义，分是非，图回天下于掌上而辩白黑，岂不愚而知矣哉！乡也，胥靡①之人，俄而治天下之大器举在此，岂不贫而富矣哉！今有人于此，屑然藏千溢②之宝，虽行貣③而食，人谓之富矣。彼宝也者：衣之，不可衣也；食之，不可食也；卖之，不可偻售也，然而人谓之富，何也？岂不大富之器诚在此也？是杆杆亦富人已，岂不贫而富矣哉！

<small>儒效</small>

注释

①胥：疏，空。靡：无。胥靡：空无所有。②溢：同"镒"，古代重量单位，先秦以黄金二十两或二十四两为一镒。③貣（tè）：乞讨。

译文

我想由下贱变成高贵，由愚昧变得聪明，由贫穷变得富裕，可以吗？回答：那就只有学习了。那些学习的人，能将学到的东西付诸实践，就可称为士人；能勤奋努力的，就是君子；能将学到的东西融会贯通，就是圣人。最高可以成为圣人，至少也可以成为士人、君子，谁还能阻止我呢？过去一个路上的无知之人，一会儿就可以和尧、禹这样的贤君并列在一起，这难道不是由下贱变得高贵了吗？过去考察对门外和室内的礼节有什么分别，他还茫然不能判断，一会儿就能追溯仁义的本源，分辨是非，运转天下事于手掌之中就像辨别黑与白一样容易，这难道不是由愚昧变得聪明了吗？过去只是个一无所有的人，一会儿治理天下的大权都在他手中了，这难道不是由贫穷变得富裕了吗？现在如果在这儿有这么一个人，他收藏着价值千金的珍宝，那么即使他靠外出乞讨来糊口，人们也还是说他富有。那些珍宝，穿它又不能穿，吃它又不能吃，卖它又不能很快地出售，但是人们却说他富有，为什么呢？难道不是因为最值钱的珠宝确实在他这儿吗？这样看来，那知识广博的学者也就是富有了，这岂不是由贫穷变得富有了吗？

故君子无爵而贵，无禄而富，不言而信，不怒而威，穷处而荣，独居而乐，岂不至尊、至富、至重、至严之情举积此哉？故曰：贵名不可以比周争也，不可以夸诞有也，不可以势重胁也，必将诚此然后就也。争之则失，让之则至，遵道则积，夸诞则虚。故君子务修其内，而让之于外；务积德于身，而处之以遵道。如是，则贵名起如日月，天下应之如雷霆。故曰：君子隐而显，微而明，辞让而胜。《诗》曰："鹤鸣于九皋①，声闻于天。"此之谓也。

鄙夫反是：比周而誉②俞少；鄙争而名俞辱，烦劳以求安利其身俞危。《诗》曰："民之无良，相怨一方，受爵不让，至于己斯亡。"此之谓也。

注释

①皋：沼泽。②誉：通"与"，党与。

译文

所以君子即使没有爵位也地位尊贵，没有俸禄也很富裕，不用言语也让人信任，不怒而威，处境穷困也荣耀，孤独地住着也快乐，难道不是因为那最尊贵、最富裕、最庄重、最威严的东西都聚集在这种学习之中了吗？所以说：尊贵的名声，不可能靠结党营私来争得，不可能靠自吹自擂来拥有，不可能靠权势地位来胁迫得到，一定要真正地在学习上下了功夫，然后才能得到。争夺名誉就会丧失名誉，谦让才会得到，谦虚就能积累，夸耀吹牛就会落个一场空。所以君子致力于自己内在的思想修养，在外表和行动上要谦让；致力于在自身德行的修养，谦虚来处世。这样，那么尊贵的名声就会有如日月悬空，天下人就会像雷霆那样轰轰烈烈地响应他。所以说：君子即使隐居也显赫，即使地位卑微也荣耀，即使退让也会胜过别人。《诗经》上说："鹤在九曲沼泽叫，声音直传到云霄。"说的就是这种情况。

鄙陋的人与此相反，他们结党营私求取名誉，但是名誉更差；用卑鄙的手段争夺名誉，但名声更加受污；挖空心思去追求安逸与利益，自身却更加危险。《诗经》上说："一个人存心不良，只知埋怨对方，接受爵禄丝毫不谦让，事关私利就忘记礼仪。"说的就是这种情况。

六

故能小而事大，辟①之是犹力之少而任重也，舍粹②折无适也。身不肖而诬贤，是犹伛伸而好升高也，指其顶者愈众。故明主谲③德而序位，所以为不乱也；忠臣诚能然后敢受职，所以为不穷也。分不乱于上，能不穷于下，治辩④之极也。《诗》曰："平平⑤左右，亦是率从。"是言上下之交不相乱也。

注释

①辟：通"譬"。②粹：通"碎"。③谲：通"决"，决断。④辩：通"辦"（办），治理。⑤平平：长于口才、办事能干的样子，此处指治理有序。

译文

所以能力小而去做大事，就好像是力气小而担子重，除了伤筋断骨，也就没有别的下场了。自己不贤却妄称贤能，这就好像是驼背却喜欢升高一样，指着他的头而笑话他的人就会更多。所以英明的君主评定各人的德行来安排官职，是为了防止混乱；忠诚的臣子确实有能力胜任，然后才敢接受官职，是为了不使自己陷入困境。君主安排的职分不混乱，大臣才会有能力胜任而不至于陷入困境，这是治国的最高境界了。《诗经》上说："左右臣子很公正，人民遵从君命不违反。"这是说君上和臣下的关系不互相错乱。

七

以从俗为善，以货财为宝，以养生为己至道，是民德也。行法至坚，不以私欲乱所闻，如是，则可谓劲士矣。行法至坚，好修正其所闻，以矫饰①其情性；其言多当矣，而未谕也；其行多当矣，而未安也；其知虑多当矣，而未周密也；上则能大其所隆，下则能开道②不己若者；如是，则可谓笃厚君子矣。修百王之法，若辨白黑；应当时之变，若数一二；行礼要③节而安之，若生④四枝⑤；要时立功之巧，若诏四时；平正⑥和民之善，亿万之众而抟⑦若一人；如是，则可谓圣人矣。

儒效

注释

①饬：通"饬"，整治。②道：通"导"。③要（yāo）：会，迎合。④生：通"伸"。
⑤枝：通"肢"。⑥平：治理。正：通"政"。⑦抟（tuán）：聚集。

译文

把顺从习俗看作美德，把货物钱财看作宝贝，把保养长生作为自己最高的行为准则，这是老百姓的德行。行为合乎法度，意志坚定，不因为个人的私欲而歪曲所学的东西，如果是这样，就可以称为正直的士人了。行为合乎法度，意志坚定，喜欢修正自己所学到的东西，来矫正自己的性情；所说过的话多半是恰当的，但还没有完全揭示道理；行为多半是恰当的，但还没有完全妥当；智慧和思考多半是恰当的，但还不够周密；上能发扬自己所推崇的道义，下能开导不如自己的人；如果是这样，就可以称为忠诚厚道的君子了。遵循历代帝王的法度，就像分辨黑白一样清楚；应付时局的变化，就像数一二那样容易；行动符合礼法而习以为常，就像平时伸展四肢一样自如；善于适时地抓住机会建立功勋，就像预告四季的到来一样准确；处理政事、协调百姓的善政，使亿万群众团结得像一个人一样；如果是这样，就可以称为圣人了。

八

井井兮其有理也。严严兮其能敬己①也。分分②兮其有终始也。猒猒③兮其能长久④也。乐乐兮其执道不殆⑤也。炤炤⑥兮其用知⑦之明也。修修兮其用统类⑧之行也。绥绥兮其有文章⑨也。熙熙兮其乐人之臧也。隐隐兮其恐人之不当也。如是，则可谓圣人矣，此其道出乎一。

注释

①敬己：使自己受尊敬，指别人不能用不礼貌的态度去侵犯他。②分分：是"介介"之误。③猒猒（yàn）：通"愿愿"，或作"厌厌"，也作"恬恬"，安静的样子。④长久：心满意足而与世无争，就会平安无事，所以能长久地立足于社会。⑤殆：通"怠"。⑥炤（zhào）：同"照"，照射，明白地照见。⑦知：通"智"。⑧统类：纲纪法度，即指礼法。⑨文章：指礼义制度。

译文

多么井井有条啊，做事有条不紊。威风凛凛啊，使自己受人尊敬。坚定不移啊，始终如一。安安静静啊，长久不息。高高兴兴啊，执行原则毫不怠慢。洞察一切啊，运用智慧是那样英明。端端正正啊，严格执行法度。从从容容啊，行为是那样合乎礼仪。呵呵乐乐啊，那样喜欢别人的善言善行。忧心忡忡啊，担心别人行为不当。如果是这样，就可以称为圣人了，因为他的道产生于专一。

九

曷谓一？曰：执神而固。曷谓神？曰：尽善挟①治之谓神。曷谓固？万物莫足以倾之之谓固。神固之谓圣人。圣人也者，道②之管③也。天下之道管④是矣，百王之道一是矣，故《诗》《书》《礼》《乐》之归是⑤矣。《诗》言是，其志也；《书》言是，其志也；《礼》言是，其行也；《乐》言是，其和也；《春秋》言是，其微也。故《风》之所以为不逐⑥者，取是以节之也；《小雅》⑦之所以为"小雅"者，取是而文之也；《大雅》之所以为"大雅"者，取是而光之也；《颂》⑧之所以为至者，取是而通之也。天下之道毕是矣。乡⑨是者臧，倍是者亡。乡是如不臧，倍是如⑩不亡者，自古及今，未尝有也。

注释

①挟（jiā）：通"浃"，周遍，通，透。②道：在文中指根本性的政治原则与思想学说。③管：枢纽，关键，使事物相互联系的中心环节。④管：用作动词，是集中的意思。⑤是：在文中指儒家的学说。⑥逐：追赶，在文中指赶时髦而追随歪风邪气。⑦小雅：《诗经》中朝廷的正声雅乐名为《雅》，其中再分为《小雅》和《大雅》。"雅"是"正"的意思。⑧颂：是《诗经》中的一部分，它是宗庙祭祀的舞曲。⑨乡：通"向"，迎合。⑩如：通"而"。

译文

什么叫作"专一"？答案是：保持神明与稳固。什么叫作"神"？答案是：用最好的方法全面地治理国家叫作"神"。什么叫作"固"？世间的一切都不能够使他倾覆叫作"固"。做到了"神"与"固"就叫作圣人。所谓的圣人，就是大道的中心。天下的大道都集中在他这里了，历代圣王的大道也统一在他这里了，所以《诗》《书》《礼》《乐》也都归属到他这里了。《诗》说的是圣人的思想意志；《书》说的是圣人的政事；《礼》说的是圣人的行为；《乐》说的是圣人的和谐；《春秋》说的是圣人微妙的语言和精辟的道义。因此，《国风》之所以是没有歪风邪气的作品，是因为它所选取的诗篇是有节制的；《小雅》之所以为小雅，是因为它所选取的文章文采斑斓；《大雅》之所以为大雅，是因为它所选取的诗篇是待人推广的；《颂》之所以成为登峰造极的作品，是因为它所选取的诗篇能贯穿人的精神。天下的大道全在这里了。顺从它的就会有好结果，背离它的就会灭亡。顺从它而没有得到好结果、违背它而不灭亡的，从古到今，还不曾有过。

客有道曰：孔子曰："周公其盛乎！身贵而愈恭，家富而愈俭，胜敌而愈戒。"应之曰：是殆非周公之行，非孔子之言也。武王崩，成王幼，周公屏成王而及武王，履天子之籍，负扆①而立，诸侯趋走堂下。当是时也，夫又谁为恭矣哉？兼制天下，立七十一国，姬姓独居五十三人焉；周之子孙，苟不狂惑者，莫不为天下之显诸侯。孰谓周公俭哉？武王之诛纣也，行之日以兵忌②，东面而迎太岁③，至汜④而泛，至怀⑤而坏，至共头⑥而山隧⑦。霍叔⑧惧曰："出三日而五灾至，无乃不可乎！"周公曰："刳比干⑨而囚箕子⑩，飞廉、恶来知政，夫又恶有不可焉？"遂选马而进，朝食于戚，暮宿于百泉，厌旦于牧之野。鼓之而纣卒易乡，遂乘殷人而诛纣。盖杀者非周人，因殷人也。故无首虏之获，无蹈难之赏，反

而定三革，偃五兵，合天下，立声乐，于是《武》《象》起而《韶》《濩》废矣。四海之内，莫不变心易虑以化顺之。故外阖不闭，跨天下而无蕲。当是时也，夫又谁为戒矣哉！

注释

①扆（yǐ）：宫殿中门和窗之间的屏风。天子接见诸侯时，背靠这屏风而面向南。②兵忌：古代迷信，出兵要选择吉日，认为忌日出师则不利。③迎：逆。太岁：即木星，又名岁星。古代占星家认为岁星是吉星，它运行到某一星宿，则地上与这一星宿相对应的国家就吉利。谁如果冲犯了它所在的方位，就会遭殃。④汜（sì）：汜水，在今河南汜水。⑤怀：地名，在黄河附近。⑥共（gōng）头：山名，在今河南辉县。⑦隧：通"坠"。⑧霍叔：周文王之子，武王同母弟，姓姬，名处，一说名武，封于霍（在今山西霍州西南），故史称霍叔。⑨刳（kū）：剖开挖空。比干，商纣王的叔父，商王文丁（太丁）的儿子，故又称王子比干。他因劝说纣王而被剖腹挖心。⑩箕子：纣王的叔父，为太师，封于箕（在今山西太谷东北）。他曾劝谏纣王而被囚禁，周武王灭商后获释。

译文

有个人说："孔子说：'周公可以算得上是圣人了！他身份高贵而更加谦逊有礼，家里富裕而更加节约俭朴，战胜了敌人而更加戒备警惕。'"荀子回答："这大概不是周公的行为，也不是孔子的话。武王驾崩时，成王还很年幼，周公庇护成王而继承武王，登上了天子之位，背靠屏风而立，诸侯在堂下有礼貌地小步快跑前来朝见。在这个时候，他又对谁谦逊有礼了呢？他全面控制了天下，设置了七十一个诸侯国，其中姬姓诸侯就独占了五十三个；周族的子孙，只要不是发疯糊涂的人，无不成为天下显贵的诸侯。谁说周公节俭呢？武王讨伐纣王的时候，出发的那天是兵家禁忌的日子，向东进军，冲犯了太岁，到达汜水时河水泛滥，到达怀城时城墙倒塌，到达共头山时山岩崩落。霍叔恐惧地说：'出兵三天已遇到了五次灾害，恐怕不行吧？'周公说：'纣王将比干剖腹挖心，还囚禁了箕子，奸臣飞廉、恶来当政，又有什么不可以呢？'于是挑选了良马继续前进，早晨在戚地吃饭，晚上在百泉宿营，第二天黎明来到牧地的郊野。战鼓一响，纣王的士兵就掉转方向倒戈了，于是就凭借殷人的力量而诛杀了纣王。可见杀纣王的并不是周国的人，而是依靠了殷人，所以周国的将士没有斩获的首级和俘虏的缴获，也没有因为冲锋陷阵而得到的奖赏。周国的军队回去以后不再动用铠甲、头盔与盾牌，放下了各种兵器，统一天下，创作了乐曲，从此《武》《象》兴起而《韶》《濩》被废弃了。四海之内，无不转变思想，因为这种教化而归顺周王朝。因此，国门不闭，走遍天下也没有什么边界。在这个时候，他又戒备谁呢？"

儒效

造父①者，天下之善御者也，无舆马则无所见②其能。羿③者，天下之善射者也，无弓矢则无所见其巧。大儒者，善调一天下者也，无百里之地则无所见其功。舆固马选矣，而不能以至远、一日而千里，则非造父也。弓调矢直矣，而不能以射远、中微，则非羿也。用百里之地而不能以调一天下、制强暴，则非大儒也。

注释

①造父：周穆王的车夫，善于驾驭车马。②见：同"现"。③羿（yì）：夏代东夷族有穷氏（居于今山东德州市南）的部落首领，故又称夷羿、后羿，善于射箭。

译文

造父，是天下善于驾驭车马的人，如果没有车马就没法表现他的才能。后羿，是天

下善于射箭的人，如果没有弓箭就没法表现他的技巧。大儒，是善于整治协调天下的人，如果没有百里见方的国土就没有办法显示他的功用。如果车子坚固、马匹又是精选的，却不能用它来到达远方，日行千里，那就不是造父了。弓调好了，箭笔直了，却不能用它来射到远处的东西、命中微小的目标，那就不是后羿了。统辖百里见方的领土，却不能靠它来整治一统天下、制服强暴，那就不是大儒了。

十二

　　彼大儒者，虽隐于穷阎漏屋，无置锥之地，而王公不能与之争名；在一大夫之位，则一君不能独畜，一国不能独容，成名况乎诸侯，莫不愿得以为臣；用百里之地，而千里之国莫能与之争胜；答箠[①]暴国，齐一天下，而莫能倾也——是大儒之征也。其言有类，其行有礼，其举事无悔，其持险、应变曲当；与时迁徙，与世偃仰，千举万变，其道一也——是大儒之稽也。其穷也，俗儒笑之；其通也，英杰化之，嵬琐逃之，邪说畏之，众人愧之。通则一天下，穷则独立贵名。天不能死，地不能埋，桀、跖之世不能污，非大儒莫之能立，仲尼、子弓是也。

儒效

注释

　　①答（chī）：用鞭子、竹板抽打。箠：用木棍打。

译文

　　那些大儒，即使隐居在偏僻的里巷与简陋的房子里，贫困得无立锥之地，但天子诸侯也没有能力和他竞争名望；即使只处在一个大夫的职位，但一国的国君不能独自奉养他，一国也无法独自容纳他，他的盛名能与诸侯相比，没有哪个诸侯国不想让他来做臣子；他统辖的虽然只是百里见方的封地，那千里见方的诸侯国没有哪一个能与他争胜；他鞭挞强暴的国家，统一天下，也没有谁能推翻他——这就是伟大的儒者所具有的特征。他说话符合法度，他行动符合礼义，他做事没有因失误而引起的悔恨，他处理危机、应付突发的事变处处都恰当；他顺应时世，因时制宜，即使采取上千种措施，不管外界千变万化，但他奉行的原则始终如一——这是大儒的标准。在他穷困失意的时候，庸俗的儒者讥笑他；在他显达得志的时候，英雄豪杰都受到他的感化，怪诞鄙陋的人都逃避他，持异端邪说的人都害怕他，一般民众都愧对他。他通达时就协调天下，不得志就卓然独处而博得高贵的名声。上天不能使他死亡，大地不能把他埋葬，桀、跖的时代不能污染他，不是大儒就没有谁能这样立身处世，仲尼、子弓就是这样的人。

十三

故有俗人者，有俗儒者，有雅①儒者，有大儒者。不学问，无正义，以富利为隆，是俗人者也。逢衣浅带②，解果③其冠，略法先王，而足乱世术；缪④学杂举，不知法后王而一制度，不知隆礼义，而杀⑤《诗》《书》；其衣冠行伪⑥已同于世俗矣，然而不知恶者⑦；其言议谈说已无以异于墨子矣，然而明不能别；呼先王以欺愚者而求衣食焉，得委积足以掩其口，则扬扬如也；随其长子，事其便辟⑧，举其上客，偡然⑨若终身之虏而不敢有他志——是俗儒者也。法后王，一制度，隆礼义而杀《诗》《书》；其言行已有大法矣，然而明不能齐⑩法教⑪之所不及，闻见之所未至，则知不能类也；知之曰知之，不知曰不知，内不自以诬，外不自以欺，以是尊贤畏法，而不敢怠傲——是雅儒者也。法后王，统礼义，一制度，以浅持博，以古持今，以一持万，苟仁义之类也，虽在鸟兽之中，若别白黑；倚物怪变，所未尝闻也，所未尝见也，卒然起一方，则举统类而应之，无所儗怎⑫，张法而度之，则晻然若合符节——是大儒者也。故人主用俗人，则万乘之国亡；用俗儒，则万乘之国存；用雅儒，则千乘之国安；用大儒，则百里之地久而后三年，天下为一，诸侯为臣；用万乘之国，则举错而定，一朝而伯。

注释

①雅：正。②逢：蓬松宽大。浅带：指宽阔的腰带。阔带子束衣服束得很浅，所以称"浅带"。③解果：亦作"蟹蝑""螫倮""蟹堁"，中间高两边低的帽子。④缪（miù）：通"谬"。举：即上节"举事"之"举"。⑤杀：减少，降等。不知隆礼义而杀《诗》《书》：指不懂得把奉行礼义放在首位，把诵读《诗》《书》降到次要的地位。⑥伪：通"为"。⑦者：犹"之"。⑧便辟：通"便嬖"，君主左右的宠信小臣。⑨偡然：心安理得的样子。偡，当"亿"（王念孙说）。⑩齐：通"济"，补救。⑪教：教令，诸侯的命令。⑫儗（yí）怎（zuò）：因疑惑不解而羞愧。怎，通"怍"，惭愧。

译文

所以有庸俗的人，有庸俗的儒者，有高雅的儒者，有伟大的儒者。不学习知识，不讲求正义，把求取财富利益当作自己的最高目标，这是庸俗的人。穿着宽大的衣服，束着宽阔的腰带，戴着中间高起的帽子，粗略地效法古代圣明的帝王，而这足以扰乱天下；学说荒谬，行为杂乱，不懂得效法后代的帝王去统一制度，不懂得把礼义置于最高地位而轻视《诗经》《尚书》的作用；他的穿戴行为已经与社会上的流俗相同了，但还

不知道厌恶它；他的言谈议论已经和墨子没有什么两样了，但是他的智慧却不能分辨儒家和墨家的分界；他称道古代圣王来欺骗愚昧的人而向他们求取衣食，得到别人的一点赏赐够用来糊口，就得意洋洋了；跟随君主的世子，侍奉君主的宠信小臣，吹捧他们的贵客，心甘情愿好像是终身没入官府的奴隶而不敢有其他的志愿——这是庸俗的儒者。效法后代的帝王来统一制度，推崇礼义而轻视《诗经》《尚书》的作用；他的言论和行为基本符合法规了，但是他的智慧却不能礼法教育没有涉及的地方，自己没有听见、看见的地方还不能触类旁通；懂就说懂，不懂就说不懂，对内不自欺，对外不欺人，根据这种观念而尊重贤人、畏惧法令、不敢懈怠傲慢——这是雅正的儒者。效法古代的圣明帝王，以礼义为纲领而统一制度，根据浅近的知识把握博大精深的知识，根据古代的情况能把握现在的情况，根据一件事物把握上万件事物；如果是合乎仁义的事情，即使存在于鸟兽之中，也能像辨别黑白一样把它辨认出来；奇特的事物、怪异的变化，虽然从来没有听见过，从来没有看到过，突然在某一地方发生，也能拿礼义来应对，而没有迟疑和惭愧的表现，用礼仪法度来衡量它，还是完全一致，就像合乎符节一样——这是大儒。所以君主如果任用庸俗的人，那么万乘之国也会灭亡。如果任用了庸俗的儒者，那么万乘之国仅能保存。如果任用了雅正的儒者，那么就是千乘小国也能安定。如果任用了伟大的儒者，那么即使只有百里见方的国土也能长久，三年之后，天下就能够统一，诸侯就会臣服；如果是治理万乘之国，那么一采取措施就能平定天下，一个早晨就能名扬天下。

不闻不若闻之，闻之不若见之，见之不若知之，知之不若行之。学至于行之而止矣。行之，明也，明之为圣人。圣人也者，本仁义，当是非，齐言行，不失毫厘①，无他道焉，已②乎行之矣。故闻之而不见，虽博必谬；见之而不知，虽识③必妄；知之而不行，虽敦必困。不闻不见，则虽当，非仁也，其道百举而百陷也。

注释

①毫厘：古代长度单位，十丝为一毫，十毫为一厘，十厘为一分，十分为一寸。"毫厘"比喻微小的数量。②已：止。③识（zhì）：记住。

译文

没有听到不如听到，听到不如见到，见到不如知道，知道不如付诸实践。学习到了付诸实践也就到头了。付诸实践，才能明白事理，明白了事理就是圣人。圣人这种人，以仁义为根本，能正确地判断是非，能使言行保持一致而不差丝毫，这并没有其他的窍门，就在于他能把学到的东西付诸行动罢了。所以听到了而没有见到，即使听到了很多，也必然有谬误；见到了而不理解，即使记住了，也必然虚妄；理解了而不付诸实践，即使知识丰富，也必然会陷入困惑。不去聆听教诲，不去实际考察，即使偶尔做对了，也不算是仁德，这种办法运用一百次会失败一百次。

故人无师无法而知，则必为盗；勇，则必为贼；云①能，则必为乱；察，则必为怪；辩，则必为诞。人有师有法而知，则速通，勇，则速威；云能，则速成；察，则速尽；辩，则速论。故有师法者，人之大宝也；无师法者，人之大殃也。

注释

①云：有。

译文

所以人要是没有老师，不懂法度，如果有智慧，就一定会偷窃；如果勇敢，就一定会抢劫；如果有才能，就一定会作乱；如果明察，就一定会搞奇谈怪论；如果善辩，就一定会大言欺诈。人要是有了老师，懂了法度，如果有智慧，就会很快通达事理；如果勇敢，就会很快变得威武；如果有才能，就会很快成功；如果明察，就能很快理解一切；如果善辩，就能很快论断是非。所以有老师、懂法度，是人们的一大宝物；没有老师、不懂法度，是人们的一大祸害。

人无师法，则隆性矣；有师法，则隆积矣；而师法者，所得乎情①，非所受乎性，不足以独立而治②。性也者，吾所不能为也，然而可化也；积也者，非吾所有也，然而可为也。注错习俗，所以化性也；并一而不二，所以成积也。习俗移志，安久移质。并一而不二，则通于神明，参于天地矣。

注释

①情：指合乎礼义的高尚情操。②不足以独立而治：指老师、法度不可能自我完善，也得依

靠礼义来完善自己。

译文

　　人要是没有老师的教育，不懂法度，就会任性胡为了；有了老师的教育，懂了法度，就会注重后天的学习的积累了；而老师的教育、法度，是从后天的学习中得来的，并不是由先天的本性得来的，所以也不能够独立地自我修治。本性，不是我们后天所能造成的，却可以通过教育来改变；学习的积累，不是我们先天所有的，却可以造就。人的生活方式以及习惯风俗，是可以改变本性的；专心致志地学习而不三心二意，是用来形成知识积累的。行为习惯能改变人的思想，保持一种习俗的时间长了就会改变人的本质；学习时专心致志而不三心二意，就能通于神明，与天地相并存了。

儒效

十七

　　故积土而为山，积水而为海，旦暮积谓之岁，至高谓之天，至下谓之地，宇①中六指②谓之极，涂③之人百姓，积善而全尽谓之圣人。彼求之而后得，为之而后成，积之而后高，尽之而后圣。故圣人也者，人之所积也。人积耨耕而为农夫，积斫削而为工匠，积反④货而为商贾，积礼义而为君子。工匠之子莫不继事，而都国之民安习其服。居楚而楚，居越而越，居夏而夏，是非天性也，积靡⑤使然也。

注释

①宇：空间。②六：指上、下、东、南、西、北六个方向。指：指向，延伸。③涂：通"途"。④反：通"贩"。⑤靡：通"摩""磨"，接触，磨炼，指受外力的影响。

译文

所以堆积泥土就能成为山，积聚水流就汇集成大海，一朝一夕积累起来就叫作年，最高的叫作天，最低的叫作地，空间之中朝六个方向延伸到最后叫作极，路上的普通老百姓积累善行而达到了尽善尽美就叫作圣人。这些都是努力追求以后才得到的结果，努力做了以后才成功的，不断积累以后才能提高的，尽善尽美以后才能成为圣人的。所以圣人，实际上是普通人长期积累的结果罢了。人积累了锄草耕地的本领就成为农夫，积累了砍削的技巧就成为工匠，积累了贩卖货物的经验就成为商人，积累了符合礼义的德行就成为君子。工匠的儿子无不继承父亲的事业，而国都里的居民都安心习惯于本地的习俗，居住在楚国就像楚国人一样生活，居住在越国就像越国人一样生活，居住在中原各国就像中原各国的人一样生活，这不是天生的本性，而是后天的学习和感染使他们这样的。

故①人知谨注错，慎习俗，大积靡，则为君子矣；纵性情而不足问学，则为小人矣。为君子则常安荣矣，为小人则常危辱矣。凡人莫不欲安荣而恶危辱，故唯君子为能得其所好，小人则日徼②其所恶。《诗》曰："维此良人，弗求弗迪；唯彼忍心，是顾是复。民之贪乱，宁为荼毒。"此之谓也。

注释

①故：通"顾"，但是。②徼（yāo）：通"邀"，求取，招致。

译文

　　所以人懂得行为举止谨慎，认真地对待风俗习惯，加强德行的积累磨炼，就成为君子了；如果放纵本性而不重视学习，就成为小人了。成为君子，就会经常得到安宁与光荣了；成为小人，就会经常遇到危险和耻辱了。所有人没有不希望安宁、光荣，而厌恶危险、耻辱的，但是只有君子才能得到他所喜欢的，小人却是天天在招致他所厌恶的。《诗经》上说："这些贤良之人，不访求也不进用；那些狠心残忍者，却照顾又看重。民众一心想作乱，怎么甘愿被残害？"说的就是这个。

　　人论①：志不免于曲私，而冀人之以己为公也；行不免于污漫，而冀人之以己为修也；甚愚陋沟瞀②，而冀人之以己为知也——是众人也。志忍私，然后能公；行忍情性，然后能修；知而好问，然后能才；公、修而才——可谓小儒矣。志安公，行安修，知通统类，如是则可谓大儒矣。大儒者，天子三公③也。小儒者，诸侯大夫士④也；众人者，工农商贾也。礼者，人主之所以为群臣寸、尺、寻、丈⑤检式⑥也。人伦尽矣。

注释

　　①论：通"伦"，类。②沟瞀：通"恂愁"，愚昧无知。③三公：辅助君主掌握军政大权的最高官员，各个朝代名称不同，周朝的三公为太师、太傅、太保。④士：官名，有上士、中士、下士三等，其位次于大夫。⑤寻：长度单位，八尺为一寻。为群臣寸、尺、寻、丈：这是一种比喻的说法，指衡量群臣的德才是一寸高，还是一尺、一寻、一丈高，等于说"掂群臣的分量""区别群臣的档次"。⑥检、式：都是法度、准则的意思。

译文

　　人的类别及等级：思想没有脱离私心杂念，却希望别人认为自己大公无私；行为没有脱离污秽肮脏，却希望别人认为自己品行美好；极其愚昧浅陋，却希望别人认为自己聪慧明智——这样的人是一般的民众。思想上克制了私心，然后才能大公无私；行动上抑制了邪恶的本性，然后才能品行美好；聪明而又喜欢请教他人，然后才有才能；去私为公、行为美好又有才干——这样的人可以称为小儒了。思想上习惯于公正无私，行动上习惯于善良，智慧能够精通礼仪，像这样的就是大儒了。大儒，可以担任天子的三公。小儒，可以当诸侯的大夫或士。民众，只能当工匠、农夫、商人。礼仪，是君主用来衡量群臣等级的标准，这样就把人的等类全包括在内了。

君子言有坛宇①，行有防表②，道有一隆。言道德③之求，不下于安存；言志意之求，不下于士；言道德之求，不二后王。道过三代谓之荡，法二后王谓之不雅。高之④、下之、小之、巨之，不外是矣，是君子之所以骋⑤志意于坛宇、宫廷⑥也。故诸侯问政，不及安存，则不告也；匹夫问学，不及为士，则不教也；百家之说，不及后王，则不听也：夫是之谓君子言有坛宇，行有防表也。

注释

①坛：殿堂的基础。宇：屋边。坛宇：引申指界限。②防表：标准。③道德：当作"政治"。④之：指代"道有一隆"之"道"。⑤骋：尽情施展，充分活动。⑥宫廷：室内的厅堂，引申指范围。

译文

君子说话有一定的界限，行动有一定的标准，为道有一定的重点。说到政治的要求，不低于使百姓安定和生存下去；说到思想的要求，不低于做一个有德才的士大夫；说到道德的要求，是不背离当代的帝王。夏、商、周三代以前的道，太过遥远，就是放荡荒诞的了，法度背离了当代的帝王便叫作不正。使自己的主张或高、或低、或小、或大，都不超越这个范围，君子是在这个范围内，发挥和阐述自己的思想的。所以诸侯询问政治，如果不涉及安定生存，就不告诉他；一般人来求学，如果不涉及如何做一个有德才的学士，就不教他；各家的学说，如果不涉及当代的帝王，就不用听它。这就叫作君子说话有一定的界限、行动有一定的标准。

读解

本篇《儒效》由周公辅佐成王的事例引出大儒的作用，那就是"在本朝则美政，在下位则美俗"。除了论述大儒的作用外，还论述了圣人、君子、劲士、雅儒、小儒、俗儒、俗人、众人、鄙夫几类人的德行，并强调了学习与法度的重要性。

荀子首先驳斥了秦昭王"儒生对于治理国家没有什么好处"的观点，接着用孔子将要做司寇，国内一些不法分子都望风而逃的事例，说明儒者若是在朝廷之上就能美化政策，使国家得到治理；若是在阙党之中，就能教化百姓，使他们遵从君主的政令。

在这篇文章中，荀子还谈到了认识论的观点。孔子、孟子都认为圣人是生而知之的、无所不知的人，他们制定了礼仪制度，发明了礼乐、文字、弓箭等，并把这些教给了百姓，才使整个文明兴盛起来。在这种观点下，把圣人放了一个高不可攀的地位，普通的老百姓只能根据圣人的教导来学习，基本上是不可能会达到圣人的境界的。

然而，荀子则认为人人都能成为大禹一样的圣人，这是因为"圣人者，人之所积而致"，圣人是普通人经过学习的积累而成的，"使涂之人伏术为学，专心一志，思索孰察，加日县久，积善而不息，则通于神明，参于天地"，所以所谓的圣人君子并不是全知全能的，也有所不知的。耕田种地，君子不如一个农民；买卖货物，君子不如一个商人；制造器具，君子不如一个工匠。那么，君子比普通人高明的地方，也就在于根据一个人的才能来授予官职，应付各类事件，"言必当理，事必当务"，这才是君子所擅长的。

事例一

周公室儒家学派推崇的人物之一，孔子曾经哀叹自己："没有梦见周公很久了！"并据此来推断自己将不久于世。那么，周公到底有什么样的人格魅力呢？

周公

成王年纪小，周又刚刚平定天下，周公担心诸侯背叛周朝，就代理成王管理政务，主持国事。管叔、蔡叔等弟兄怀疑周公篡位，联合武庚发动叛乱，背叛周朝。周公奉成王的命令，平复叛乱，诛杀了武庚、管叔，流放了蔡叔。让微子开继承殷朝的后嗣，在

儒效

宋地建国。又收集了殷朝的全部遗民，封给武王的小弟弟封，让他做了卫康叔。晋唐叔得到一种二苗同穗的禾谷，献给成王。成王又把它赠给远在军营中的周公。周公在东方接受了米谷，颂扬了天子赐禾谷的圣命。起初，管叔、蔡叔背叛了周朝，周公前去讨伐，经过三年时间才彻底平定，所以先写下了《大诰》，向天下陈述东征讨伐叛逆的大道理；接着又写下了《微子之命》，封命微子继续殷后；写下了《归禾》《嘉禾》，记述和颂扬天子赠送嘉禾；写下《康诰》《酒诰》《梓材》，下令封康叔于殷，训诫他戒除嗜酒，教给他为政之道。那些事件的经过记载在《鲁周公世家》中。周公代行国政七年，成王长大成人，周公把政权交还给成王，自己又回到群臣的行列中去。

当初，成王幼小时，有病了，周公就剪下自己的指甲沉入河中，向神祝告说："王年幼没有主张，冒犯神命的是旦。"也把那祝告册文藏于秘府，成王病果然痊愈。到成王临朝后，有人说周公坏话，周公逃亡到楚国。成王打开秘府，发现周公当年的祈祷册文，感动得泪流满面，即迎回周公。

周公在丰京患病，临终时说："一定要把我埋葬在成周，以表明我不敢离开成王。"周公死后，成王也谦让，最后把周公葬于毕邑，伴随文王，来表示成王不敢以周公为臣。周公去世那年秋后，庄稼尚未收割，一场暴风雷霆，禾稼倒伏，大树连根拔起。王都的人十分害怕。成王和众大夫穿好朝服打开金縢之书，看到周公愿以己身代武王去死的册文。太公、召公和成王于是问史官和有关人员，他们说："确有此事，但过去周公命令我们不许说出去。"成工手执册文而泣，说："今后不要再笃行占卜了！过去周公为王室辛劳，但我年幼不理解。现在上天发威来彰明周公之德，现在我应设祭迎其神，亦合于我们国家之礼。"成王于是举行郊社之礼，果真天下雨，风向反转，倒伏之禾全部立起。太公、召公命国人，凡倒下的大树都扶起培实土基。当年大丰收。于是成王特准鲁国可以行郊祭天和庙祭文王之礼。鲁国所以有周天子一样的礼乐，是因为褒奖周公的德行啊！

事例二

品德高尚的人让人敬仰，羊祜就是其中之一。他不仅使自己的百姓仰慕，也让敌国的百姓怀念，这就十分难得了。岘山上的堕泪碑见证了这么一个高尚的人。

望碑堕泪

巨平侯羊祜被改封为南城郡侯，羊祜坚决推辞不接受。羊祜被授予官职和爵位时，经常避让，他的至诚之心远近驰名，所以他被特别许可不接受分封他的官爵。羊祜经历了两代帝王，他一直掌管关键的部门。凡是他参与谋划商议的事情，不管是设置或简省，他都会把草稿烧掉，使世人不能知道。由羊祜荐举而作了官的人，自己都不知道是谁举荐的。羊祜常常说："朝廷授人官职，但是却让别人向你个人谢恩，这样的事情是我所不敢做的。"

羊祜致力于整治道德信义以使吴人归顺。每次与吴国交战，都要约定日期才开战，从不做趁其不备、突然袭击的打算。将帅当中有要献诡诈计谋的人，羊祜总是让他喝甘醇的美酒，令其酒醉不能说话。羊祜的军队外出在吴境内行走，割了谷子做口粮，并记下所取的数量，作为日后偿还的凭据。羊祜每次与部众在长江、沔水一带打猎，通常只限于晋的领地，如果禽兽先被吴人杀伤而后被晋兵所得，就要送还吴人。于是吴国边境的百姓对羊祜心悦诚服。羊祜与陆抗在边境相对，双方的使者常奉命相互来往，陆抗送给羊祜的酒，羊祜喝起来从不生疑；陆抗病了，向羊祜求药，羊祜把成药送给他，陆抗也马上服下。许多人谏阻陆抗，陆抗说："怎么会有用毒药杀人的羊祜？"

陆抗对守边的士兵说："别人专门行恩德，我们专门做恶事，这就相当于不战而屈。现在双方各自保住疆界就可以了，我们不要再想着占小便宜。"吴主听说双方边境交往和谐，便就以此事责难陆抗，陆抗说："一邑一乡都不可以不讲信义，更何况大国呢！我如果不这样做，反而显扬了羊祜的恩惠，对羊祜毫无损伤。"

羊祜病重，荐举杜预代替他。武帝任命杜预为镇南大将军、都督荆州诸军事。羊祜去世，晋武帝哭得特别哀伤。那天天气很冷，晋武帝流下的眼泪沾在胡须和鬓发上，立刻结成了冰。羊祜留下遗言，不让把南城侯印放入棺木。晋武帝说："羊祜坚持谦让已经有很多年了，现在人死了，而谦让的美德还在。如今就按他的意思办，恢复他原来的封号，以彰明他高尚的美德。"荆州的百姓们听到羊祜去世的消息，便为他罢市，群聚在里巷里哭泣，哭声接连不绝。就连吴国守卫边境的将士们也为羊祜的死而流泪。羊祜喜欢游岘山，襄阳的百姓们就在岘山上建庙立碑，一年四季都祭祀他。望着这座碑的人没有不落泪的，所以人们称这座碑为堕泪碑。

王 制

一

请问为政？曰：贤能不待次而举，罢^①不能不待须^②而废，元恶不待教而诛，中庸民不待政而化。分未定也则有昭缪^③。虽王公士大夫之子孙，不能属^④于礼义，则归之庶人。虽庶人之子孙也，积文学，正身行，能属于礼义，则归之卿相士大夫。故奸言、奸说、奸事、奸能、遁逃反侧之民，职而教之，须而待之；勉之以庆赏，惩之以刑罚；安职则畜，不安职则弃。五疾^⑤，上收而养之，材而事之，官施^⑥而衣食^⑦之，兼覆无遗。才行反时者死无赦。夫是之谓天德，王者之政也。

注释

①罢（pí）：通"疲"，软弱。②须：须臾，一会儿。③缪（mù）：通"穆"。昭穆：据古代宗法制度，宗庙或墓地的辈次排列，以始祖居中，二世、四世、六世位于始祖的左方，称昭；三世、五世、七世位于右方，称穆：以此来分别上下辈分。④属（zhǔ）：系结，归附。⑤五疾：五种残疾，即哑、聋、瘸、骨折、身材异常矮小。⑥官：职事。施：安排。⑦衣（yì）：给……穿。食（sì）：给……吃。

译文

请问怎样治理国家？回答：对于有德才的人，不依级别次序而破格提拔；对于无德无能的人，马上罢免；对于罪魁祸首，不需教育而马上诛杀；对于普通民众，不靠行政手段而进行教育感化。在名分还没有确定的时候，就应该像宗庙有昭穆的分别那样来排列臣民的等级次序。即使是帝王公侯士大夫的子孙，如果不能遵循礼义，就把他们归入平民。即使是平民的子孙，如果积累了知识，品行端正，能遵循礼义，就把他们归入卿相士大夫。对于那些散布邪恶的言论、鼓吹邪恶的学说、做邪恶的事情、有邪恶的才能、逃亡流窜、不守本分的人，就安排强制性的工作并教育他们，静待他们转变；用奖赏的方式去激励他们、用刑罚去惩处他们；安心工作的就留用，不安心工作的就流放出

去。对患有五种残疾的人，国家应当收养他们，根据他们的才能来安排适当的工作，根据任用并供给他们吃穿，全部加以照顾而不遗漏。对那些用才能和行为来反对现行制度的人，坚决处死，决不赦免。这叫作天德，是圣王的政治。

听政之大分：以善至者待之以礼，以不善至者待之以刑。两者分别，则贤不肖不杂，是非不乱，是非不乱则国家治。若是，名声日闻，天下愿，令行禁止，王者之事毕矣。凡听：威严猛厉，而不好假道①人，则下畏恐而不亲，周闭而不竭；若是，则大事殆乎弛，小事殆乎遂②。和解调通，好假道人，而无所凝止之，则奸言并至，尝试之说锋③起。若是，则听大事烦，是又伤之也。

故④法而不议，则法之所不至者必废。职而不通，则职之所不及者必队⑤。故法而议，职⑥而通，无隐谋，无遗善，而百事无过，非君子莫能。故公平者，听之衡⑦也，中和⑧者，听之绳也。其有法者以法行，无法者以类举，听之尽也。偏党而无经，听之辟⑨也。故有良法而乱者，有之矣；有君子而乱者，自古及今，未尝闻也。传曰："治生乎君子，乱生乎小人。"此之谓也。

注释

①假：宽容。道：由，从。②遂：通"坠"，失落。③锋：通"蜂"。④故：犹"夫"，发语词。⑤队：通"坠"。⑥职：当是"听"字之误。⑦衡：秤，引申指准则。⑧中和：适中和谐，指处理政事时宽严适中，有适当的分寸。⑨辟：通"僻"，偏邪，不公正。

译文

处理政事的要领：对那些带着好的建议而来的人，就以礼相待；对那些怀着恶意而来的人，就用刑罚对待他。把这两种情况区别开来对待，那么有德才的人和没有德才的人就不会混杂在一起，是非也就不会混淆。有德才的人和没有德才的人不混杂，那么英雄豪杰就会到来；是非不混淆，那么国家就能得到治理。像这样做下去，名声就会一天天传扬出去，天下的人就会仰慕向往，就能做到有令必行、有禁必止，这样，圣王的事业也就完成了。凡是在处理政事的时候，威严凶猛而不喜欢宽容地宽待别人，那么臣下就会害怕恐惧而不敢亲近，就会隐瞒真相而不把心里话全部说出来；像这样做下去，那么大事恐怕会废弛，小事也会落空。如果一味随和，喜欢宽容地顺从别人而漫无限度，那么奸邪的言论就会纷至沓来，试探性的谈说就会蜂拥而起；像这样下去，那么听到的事情就会细小烦琐而政事也就繁多了，这就又对处理政事有害了。

所以制定了法律而不再依靠臣下讨论研究，那么法律没有涉及的事情就一定会废止差错。规定了各级官吏的职权范围而不彼此沟通，那么职权范围涉及不到的地方就必然会有漏洞。所以制定了法律而又依靠臣下的讨论研究，规定了各级官吏的职权范围而又彼此沟通，那就不会有隐藏的图谋，不会有没发现的善行，而各种工作也就不会有失误了，不是君子是不能做到这样的。公平，是处理政事的准则；宽严适中，是处理政事的准绳。那些有法律依据的就按照法律来办理，没有法律条文可遵循的就按照类推的办法来办理，这是处理政事的完美措施。偏袒而没有原则，是处理政事的歪道。所以有了良好的法制而产生动乱是有过这种情况的；有了德才兼备的君子而国家动乱的，从古到今，还不曾听说过。古书上说："国家的安定产生于君子，国家的动乱来源于小人。"说的就是这种情况。

　　分均则不偏①，势齐则不壹，众齐则不使。有天有地而上下有差。明王始立而处国有制。夫两贵之不能相事，两贱之不能相使，是天数也。势位齐，而欲恶同，物不能澹②则必争，争则必乱，乱则穷矣。先王恶其乱也，故制礼义以分之，使有贫、富、贵、贱之等，足以相③兼临者，是养④天下之本也。《书》曰："维齐非齐。"此之谓也。

注释

　　①偏：部属。这里用作动词，表示"使……成为部属"，即统率、指挥对方的意思。②澹：通"赡"（shàn），满足。③相：单指"兼临"的对象，这里指被统治者。④养：养育，引申指统治。君主统治臣民，给他们安排一定的职事，使他们能赖以生存，所以美称其统治为"养"。

译文

　　名分相等了就谁也不能统率谁，势位权力相等了就谁也不能归属谁，众人平等了就谁也不能役使谁。自从有了天有了地，就有了上和下的差别。英明的帝王一登上王位，治理国家就有了一定的等级制度。两个同样高贵的人不能互相侍奉，两个同样卑贱的人不能互相役使，这是合乎自然的道理。如果人们的权势地位相等，而爱好与厌恶又相同，那么由于财物不能满足需要，就一定会发生争夺，一发生争夺就一定会混乱，社会混乱就会陷于穷困了。古代的圣王痛恨这种混乱，所以制定了礼义来使他们有所分别，使人们有贫穷与富裕、高贵与卑贱的差别，使自己能够凭借这些来全面统治他们，这是统治天下的根本原则。《尚书》上说："要整齐，在于不整齐。"说的就是这个道理。

四

马骇舆，则君子不安舆；庶人骇政，则君子不安位。马骇舆，则莫若静之；庶人骇政，则莫若惠之。选贤良，举笃敬，兴孝弟①，收孤寡，补贫穷，如是，则庶人安政矣。庶人安政，然后君子安位。传曰："君者，舟也；庶人者，水也；水则载舟，水则覆舟。"此之谓也。故君人者，欲安，则莫若平政爱民矣；欲荣，则莫若隆礼敬士矣；欲立功名，则莫若尚贤使能矣；是君人者之大节②也。三节者当，则其余莫不当矣。三节者不当，则其余虽曲当，犹将无益也。孔子曰："大节是也，小节是也，上君也。大节是也，小节一出焉，一入焉，中君也。大节非也，小节虽是也，吾无观其余③矣。"

注释

①弟：同"悌"。②大节：关系存亡安危的大事。③无：通"毋"，不要的意思。无观其余：是因为已经可以断定这君主属于下等。

译文

马在拉车时受惊了狂奔，君子就不能稳坐车中；老百姓在政治上受到了干扰，君子就不能稳坐在他们的职位上。马在拉车时受惊了，那就没有比使它安静下来更好的了；

王 制

117

老百姓在政治上受到惊怕了，那就没有比给他们恩惠更好的了。选用有贤能的人，提拔忠厚恭谨的人，提倡孝顺父母、敬爱兄长，收养孤儿寡妇，救助贫穷的人，像这样做，老百姓就会安于政治了。老百姓安于政治，这样以后君子才能安居上位。古书上说："君主好比是船；百姓，好比是水。水能载船，水也能使船倾翻。"说的就是这个道理。所以，统治人民的君主，要想政治安定，就没有比实行好政策、爱护人民更好的了；要想得到荣耀，就没有比尊崇礼义、敬重士人更好的了；要想建立功业和名望，就没有比推崇贤人、使用能人更好的了。这些是当君主的关键。这三个关键都做得恰当，那么其余的就没有什么值得忧虑的了。这三个关键做得不恰当，那么其余的即使处处恰当，还是没有什么用处的。孔子说："大节对，小节也对，这是上等的君主。大节对，小节有些出入，这是中等的君主。大节错了，小节即使对，我也不用再看其余的了。"

五

成侯①、嗣公②聚敛计数之君也，未及取民也；子产③取民者也，未及为政也；管仲为政者也，未及修礼也。故修礼者王，为政者强，取民者安，聚敛者亡。故④王者富民，霸者富士，仅存之国富大夫，亡国富筐箧，实府库。筐箧已富，府库已实，而百姓贫，夫是之谓上溢而下漏；入不可以守，出不可以战，则倾覆灭亡可立而待也。故我聚之以亡，敌得之以强。聚敛者，召寇、肥敌、亡国、危身之道也，故明君不蹈也。

注释

①成侯：战国时卫国国君，名遬（或作不逝），公元前361—前333年在位。②嗣公：即卫嗣君（秦贬其号，曰"君"），卫国国君，卫成侯之孙，公元前324—前283年在位。③子产：姓公孙，名侨，字子产，春秋时郑国政治家，公元前543年执政，在郑国实行改革，并推行法治。④故：犹"夫"，发语词。

译义

卫成侯、卫嗣公是善于搜刮民财、精打细算的国君，没能得到民心；子产是取得民心的人，却没能处理好政事；管仲是善于处理政事的人，但没能遵循礼义。遵循礼义的能成就帝王大业，善于处理政事的能使国家强大，取得民心的能使国家安定，搜刮民财的会使国家灭亡。称王天下的君主使臣民富足，称霸诸侯的君主使士人富足，勉强生存的国家使大夫富足，亡国的君主只是富了自己的箱子、充实了政府的仓库。自己的箱子已装满了，仓库已充实了，而老百姓则贫困了，这叫作上面漫出来而下面漏得精光。这样的国家，内不能防守国土，外不能抵御强敌，它的垮台灭亡简直指日可待了。所以自

己搜刮民财以致灭亡，敌人得到这些财物因而富强。搜刮民财，实是招致贼寇、养肥敌人、灭亡本国、危害自身的绝路，所以贤明的君主是不走这条路的。

　　王夺之①人，霸夺之与，强夺之地。夺之人者臣诸侯，夺之与者友诸侯，夺之地者敌诸侯。臣诸侯者王，友诸侯者霸，敌诸侯者危。

注释

　　①之：指代他国。可以看作为间接宾语，也可以解为"其"。

译文

　　王者争夺民心，霸主争夺同盟国，好战的强国争夺土地。争夺民心的王者可以使诸侯成为自己的臣子，争夺同盟国的霸者可以使诸侯成为自己的朋友，争夺土地的强国就会使诸侯成为自己的敌人。使诸侯臣服的能称王天下，同诸侯友好的能称霸诸侯，和诸侯为敌的就危险了。

　　用强者，人之城守，人之出战，而我以力胜之也，则伤人之民必甚矣。伤人之民甚，则人之民恶我必甚矣。人之民恶我甚，则日欲与我斗。人之城守，人之出战，而我以力胜之，则伤吾民必甚矣。伤吾民甚，则吾民之恶我必甚矣。吾民之恶我甚，则日不欲为我斗。人之民日欲与我斗，吾民日不欲为我斗，是强者之所以反弱也。地来而民去，累多而功少，虽守者益，所以守者损，是以大者之所以反削也。诸侯莫不怀交接怨而不忘其敌，伺强大之间，承①强大之敝②，此强大之殆时也。
　　知强大者不务强也，虑③以王命，全其力，凝其德。力全则诸侯不能弱也，德凝则诸侯不能削也，天下无王霸主，则常胜矣。是知强道者也。

注释

　　①承：通"乘"，趁。②敝：疲惫，衰败。③虑：考虑，打算。

译文

逞强黩武的君主，别国或者据城守卫，或者出城迎战，而自己用武力去战胜了他们，那么伤害别国的民众一定很厉害。伤害别国的民众很厉害，那么别国的民众对自己的怨恨也必然很厉害。别国的民众怨恨自己很厉害，那就会天天想和自己战斗。别国或者据城守卫，或者出城迎战，而自己用武力去战胜他们，那么伤害自己的民众必然很厉害。伤害自己的民众很厉害，那么自己的民众对自己的怨恨也必然很厉害。自己的民众怨恨自己很厉害，那就天天不想为自己战斗。别国的民众天天想和自己战斗，而自己的民众天天不想为自己战斗，这就是强国反而变弱的原因。土地夺来了而民众离心离德了，忧患很多而功劳很少，虽然需要守卫的土地增加了，而用来守卫土地的民众却减少了，这就是大国反而被割削的原因。诸侯无不互相结交、联结那些对强国心怀怨恨的国家而不忘记他们的敌人，他们窥伺强国的可乘之机，趁着强大之国的困顿来进攻，这就是强大之国的危险时候了。

懂得强国之道的君主不会逞强黩武，而是考虑用天子的命令来保全自己的实力、积聚自己的威望。实力保全了，那么各国诸侯就不能使他衰弱了；威望积聚了，那么各国诸侯就不能削弱他了；天下如果没有能成就王业、霸业的君主，那么他就能立于不败之地了。这是懂得强国之道的君主。

彼霸者则不然。辟田野，实仓廪，便①备用②，案③谨募选阅材伎④之士，然后渐⑤庆赏以先⑥之，严刑罚以纠之。存亡继绝⑦，卫弱禁暴，而无兼并之心，则诸侯亲之矣。修友敌之道，以敬接诸侯，则诸侯说⑧之矣。所以亲之者，以不并也；并之见⑨，则诸侯疏矣。所以说之者，以友敌也；臣之见，则诸侯离矣。故明其不并之行，信其友敌之道，天下无王霸主，则常胜矣。是知霸道者也。

闵王⑩毁于五国，桓公劫于鲁庄⑪，无它故焉，非其道而虑之以王也。

注释

①便：改进。②备用：设备器用。③案：语助词。④阅：容纳。材：通"才"。伎：同"技"。⑤渐：加重。⑥先：引导。⑦继绝："继绝世"的省称，使断绝了的后代继承关系得以继续，指让亡国之君的后代继续祭祀其祖先，使其香火不断。⑧说（yuè）：通"悦"。⑨见（xiàn）：同"现"。⑩闵王：即齐闵王，或作齐湣王、齐愍王，战国时齐国国君，田氏，名地，齐宣王之子，公元前301年—前284年在位。他曾一度强盛，在公元前

288年与秦昭王并称东西帝，继又攻灭宋国。公元前284年，燕、秦、魏、韩、赵五国联合攻齐，燕将乐毅攻入齐都临淄，齐闵王逃到莒城（今山东莒县）。后来楚国派卓齿率兵救齐，闵王为卓齿所杀。⑪鲁庄：即鲁庄公，春秋时鲁国国君，姬姓，名同，公元前693年—前662年在位。桓公劫于鲁庄：桓公五年（公元前681年），齐桓公与鲁庄公在柯（齐邑，位于今山东阳谷县东北五十里之阿城镇）订立盟约，庄公之臣曹沫以匕首胁迫齐桓公归还鲁国被齐国所侵占的领土汶阳之田（即汶水之北的土地），齐桓公只得许诺。后人大多认为此事出于战国人杜撰。

译文

　　奉行霸道的君主就不是这样。他开垦田野荒地，充实粮仓，加强军备，并且严格谨慎地招募、选择、接纳有才能技艺的士人，之后加重奖赏来引导他们，加重刑罚来纠正他们。他保存将要灭亡的国家，延续已经灭绝的国家，让其后代能够延续香火，保护弱小的国家，制止残暴的国家，但是并没有吞并他国的野心，那么各国诸侯就会乐意亲近他了。他与别的国家搞好关系，对别国采取恭敬的态度，那么各国诸侯就喜欢他了。各国诸侯之所以亲近他，是因为他不吞并别国；一旦吞并别国的野心暴露出来，那么各国诸侯就会疏远他了。各国诸侯之所以喜欢他，是因为他和别的国家非常友好；一旦暴露出来征服别国的意图，那么各国诸侯就会背离他了。所以表明自己不会有吞并别国的行为，信守自己和别的国家友好相处的原则，天下如果没有成就王业的君主，这奉行霸道的君主就能立于不败之地了。这是懂

得称霸之道的君主。

　　齐闵王被燕、秦、魏、韩、赵五国联军摧毁，齐桓公被鲁庄公的臣子劫持，这没有其他的缘故，就是因为他们实行的不是王道却想靠它来称王。

　　彼王者不然。仁眇①天下，义眇天下，威眇天下。仁眇天下，故天下莫不亲也。义眇天下，故天下莫不贵也。威眇天下，故天下莫敢敌也。以不敌之威，辅服人之道，故不战而胜，不攻而得，甲兵不劳而天下服，是知王道者也。知此三具②者，欲王而王，欲霸而霸，欲强而强矣。

注释

　　①眇：高。②三具：指上文所述或强、或霸、或王的条件。

译文

　　那些奉行王道的君主就不是这样。他的仁爱高于天下各国，道义高于天下各国，威势高于天下各国。仁爱高于天下各国，所以天下没有谁不亲近他。道义高于天下各国，所以天下没有谁不尊重他。威势高于天下各国，所以天下没有谁敢与他为敌。拿不可抵挡的威势去辅助使人心悦诚服的仁义之道，所以不战而胜，不攻而得，不费一兵一甲天下就归服了，这是懂得称王之道的君主。

　　王者之人①，饰②动以礼义，听断以类，明振毫末，举措应变而不穷，夫是之谓有原。是王者之人也。

注释

　　①人：指辅佐大臣。②饰：通"饬"，整治，端正。

译文

　　奉行王道而成就王业的君主应该是这样的：能用礼义来端正自己的行动，按照法度来处理决断政事，明察得能揭发出毫毛末端般的细微小事，能随各种变化而采取相

荀子选集

应的措施，不会穷于应付，这叫作掌握了根本。这就是奉行王道的君主。

　　王者之制：道不过三代，法不贰后王。道过三代谓之荡，法贰后王谓之不雅。衣服有制，宫室有度，人徒有数，丧祭械用皆有等宜①。声，则凡非雅声者举废；色，则凡非旧文②者举息；械用，则凡非旧器③者举毁。夫是之谓复古，是王者之制也。

注释

　　①宜：通"仪"，法度，标准。②旧：指夏、商、周三代的旧制。旧文：指青、黄、赤、白、黑五种颜色（古人将这五种颜色视为正色，将诸如紫色、粉红色、绿色等杂色视为间色）交错画成的花纹，如"黼黻文章"之类。③非旧器：指珍奇玩物之类。

译文

　　奉行王道的君主所实行的制度：奉行的政治原则不超出夏、商、周三代，实行的法度不背离当代的帝王。政治原则超过了三代便荒诞，法度背离了当代的帝王便不正。不同等级的人衣服各有规格，住房各有标准，随从人员各有一定的数目，丧葬祭祀用的器具各有相称的规定。音乐，凡是不合乎正声雅乐的全部废除；色彩，凡是不合乎原色纹彩的全部禁止；器具，凡是不同于原来器具的全部毁掉。这叫作复古。这就是奉行王道的君主所实行的制度。

　　王者之论①：无德不贵，无能不官，无功不赏，无罪不罚。朝无幸位，民无幸生。尚贤使能，而等位不遗；折愿②禁悍，而刑罚不过。百姓晓然皆知，夫为善于家而取赏于朝也，为不善于幽而蒙刑于显也。夫是之谓定论，是王者之论也。

注释

①论：审察及处理。②愿：通"傆"，狡诈。

译文

奉行王道的君主对臣民的审察处理：没有德行的不让他显贵，没有才能的不让他当官，没有功劳的不给奖赏，没有罪过的不加处罚。朝廷上没有无德无功而侥幸获得官位的，百姓中没有游手好闲而侥幸获得生存的。崇尚贤德，任用才能，授予的等级地位各与德才相当而没有疏失；制裁狡诈，禁止凶暴，施加的刑罚各与罪行相当而不过分。老百姓都明明白白地知道，即使在家里行善修德，也能在朝廷上取得奖赏，即使在暗地里为非作歹，也会在光天化日之下受到惩处。这才是确定不变的审察及处理，这就是奉行王道的君主对臣民的审察及处理。

王者之法：等①赋，政②事，财万物，所以养万民也。田野什一，关市几③而不征；山林泽梁，以时禁发而不税。相地而衰政④，理⑤道之远近而致贡，通流财物粟米，无有滞留，使相归移⑥也，四海之内若一家。故近者不隐其能，远者不疾其劳，无⑦幽闲隐僻之国，莫不趋使而安乐之。夫是之谓人师，是王者之法也。

注释

①等：使……有等级。②政：通"正"，治。③几：通"讥"，检查，查看。④衰（cuī）：等差。政：通"征"。⑤理：分别。⑥归（kuì）：通"馈"，供给。移：运输。⑦无：犹"虽"。

译文

奉行王道的君主的法度：规定好赋税等级，管理好民众事务，管理好万物，这是用来养育亿万民众的。对于农田，按收入的十分之一征税；对于关卡和集市，进行检查而不征税；对于山林湖堤，按时封闭和开放而不收税。考察土地的肥瘠来分别征税，区别道路的远近来收取贡品，使财物、粮米流通，没有滞留积压，使各地互通有无来供给对方，四海之内就像一家人一样。所以近处的人不隐藏自己的才能，远处的人不厌恶奔走的劳苦，即使是幽远偏僻的国家，也无不乐于前来归附听从役使。这种君主叫作人民的师表，这就是奉行王道的君主所实行的法度。

十四

北海①则有走马吠犬焉，然而中国得而畜使之。南海则有羽翮、齿革、曾青②、丹干③焉，然而中国得而财④之。东海则有紫紶⑤、鱼盐焉，然而中国得而衣食之。西海则有皮革、文旄焉，然而中国得而用之。故泽人足乎木，山人足乎鱼，农夫不斫削、不陶冶而足械用，工贾不耕田而足菽粟。故虎豹为猛矣，然君子剥而用之。故天之所覆，地之所载，莫不尽其美，致⑥其用，上以饰⑦贤良，下以养⑧百姓而安乐之，夫是之谓大神⑨。《诗》曰："天作高山，大王⑩荒之；彼作矣，文王康之。"此之谓也。

注释

①北海：特指北方边远地区。下文的"东海""南海""西海"亦类同。②曾青：矿产品，是铜的化合物，色青，可供绘画及熔化黄金，产于四川西昌一带。一说即碳酸铜。③丹干：同"丹矸"，硃砂，又叫丹砂，即硫化汞。④财：通"裁"，指根据情况安排使用。⑤紶："绤"字之误。绤（xì）：粗麻布。⑥致：极，尽。⑦饰：装饰，指装饰车服。⑧养：供养，指供给衣食。⑨神：治。⑩大王：周太王，即古公亶父，周文王的祖父，古代周族领袖。相传他因戎、狄所逼，由豳（今陕西彬县东北）迁至岐山下的周（今陕西岐山北），周族从此逐渐强盛。

译文

北方有善于奔走的马和善于吠叫的狗，而中原各国可以得到并畜养役使它们。南方有羽毛、象牙、犀牛皮、曾青、硃砂，而中原各国可以得到并使用它们。东方有紫色的粗麻布、鱼、盐，而中原各国可以得到并穿着、食用它们。西方有皮革和色彩斑斓的牦牛尾，而中原各国可以得到并使用它们。所以湖边打鱼的人会有足够的木材，山上伐木的人会有足够的鲜鱼；农民不砍削、不烧窑冶炼而有足够的器具，工匠、商人不种地而有足够的粮食。所以虎、豹虽凶猛，但是君子能够剥下它们的皮来使用。所以苍天所覆盖的，大地所承载的，无不充分发挥它们的优点、竭尽它们的效用，上用来装饰贤良的人，下用来养活老百姓使他们都安乐，这叫作大治。《诗经》上说："天生高大的岐山，太王使它大发展；太王已经造此都，文王使它长平安。"说的就是这个意思。

以类①行②杂，以一③行万。始则终，终则始，若环之无端也。舍是而天下以衰矣。天地者，生之始也；礼义者，治之始也；君子者，礼义之始也。为之，贯之，积重之，致好之者，君子之始也。故天地生君子，君子理天地；君子者，天地之参也，万物之总也，民之父母也。无君子，则天地不理，礼义无统，上无君师，下无父子，夫是之谓至乱。君臣、父子、兄弟、夫妇，始则终，终则始，与天地同理，与万世同久，夫是之谓大本。故丧祭、朝聘、师旅一也。贵贱、杀生、与夺④一也。君君、臣臣、父父、子子、兄兄、弟弟一也。农农、士士、工工、商商一也。

注释

①类：同一类事物的法则，即同类事物所共有的规律。这里用作复数。②行：做，治理。③一：指统括一切之道，此文指礼义。④与夺：给予、剥夺，指赏罚。

译文

用各类事物的法则去治理各种纷繁复杂的事物，用统括一切的法则去治理万事万物。从始到终，周而复始，就像圆环没有头一样。如果舍弃了这个原则，那么天

下就要衰亡了。天地，是生命的本源；礼义，是天下大治的本源；君子，是礼义的本源。学习研究礼义，熟悉贯通礼义，积累增多礼义方面的知识，极其爱好礼义，这是做君子的开始。所以天地生养君子，君子治理天地。君子，是天地的参赞、万物的总管、人民的父母。没有君子，那么天地就不能治理，礼义就没有头绪，上没有君主、师长的尊严，下没有父子之间的伦理道德，这叫作极其混乱。君臣、父子、兄弟、夫妻之间的伦理关系，从始到终，从终到始，它们与天地有上下之分是同样的道理，与千秋万代同样长久，这叫作最大的根本。所以丧葬祭祀的礼仪、诸侯定期朝见天子的礼仪、军队中的礼仪，其道理是一样的。使人高贵或卑贱、将人处死或赦免、给人奖赏或处罚，其道理是一样的。君主要像个君主、臣子要像个臣子、父亲要像个父亲、儿子要像个儿子、兄长要像个兄长、弟弟要像个弟弟，其道理是一样的。农民要像个农民、读书人要像个读书人、工匠要像个工匠、商人要像个商人，其道理是一样的。

十六

水火有气①而无生，草木有生而无知，禽兽有知而无义，人有气、有生、有知，亦且有义，故最为天下贵也。力不若牛，走不若马，而牛马为用，何也？曰：人能群，彼不能群也。人何以能群？曰：分。分何以能行？曰：义。故义以分则和，和则一，一则多力，多力则强，强则胜物；故宫室可得而居也。故序四时，裁万物，兼利天下，无它故焉，得之分义也。

注释

①气：古代哲学概念，指构成宇宙万物的基因，它是一种物质性的东西。

译文

水、火有气却没有生命，草木有生命却没有知觉，禽兽有知觉却不讲道义，人有气、有生命、有知觉，而且讲究道义，所以人最为天下所贵重。人的力气不如牛，奔跑不如马，但牛、马却被人役使，为什么呢？就是因为：人能结合成社会群体，而它们不能结合成社会群体。人为什么能结合成社会群体？就是因为有等级名分。等级名分为什么能实行？就是因为有道义。所以根据道义确定了名分，人们就能和睦协调；和睦协调，就能团结一致；团结一致，力量就大；力量大了，就强盛；强盛了，就能战胜外物；所以人才有可能在房屋中安居。所以人们根据四时的顺序，管理好万事万物，使天下都得到利益，这并没有其他的缘故，而是从名分和道义中得来的。

十七

故①人生不能无群，群而无分则争，争则乱，乱则离，离则弱，弱则不能胜物，故宫室不可得而居也，不可少顷舍礼义之谓也。能以事亲谓之孝，能以事兄谓之弟，能以事上谓之顺，能以使下谓之君。君者，善群②也。群道当，则万物皆得其③宜，六畜④皆得其长⑤，群生皆得其命。故养长时，则六畜育；杀生时，则草木殖。政令时，则百姓一，贤良服。

注释

①故：犹"夫"发语词。②这里以"群"来解释"君"，在训诂学上叫作声训，即以语音相近的字来训释，它往往揭示了词汇之间的同源现象。③其：指意之所属，即合乎理想的。④六畜：六种家畜，即猪、羊、牛、马、鸡、狗。⑤长：抚养。

译文

人生活着不能没有社会群体，但结合成了社会群体而没有等级名分的限制就会发生争夺，一发生争夺就会产生动乱，一产生动乱就会离心离德，离心离德就会使力量削弱，力量弱了就不能胜过外物，所以也就不能在房屋中安居了——这是说人不能片刻舍弃礼义。能够按礼义来侍奉父母叫作孝，能够按礼义来侍奉兄长叫作悌，能够按礼义来侍奉君主叫作顺，能够按礼义来役使臣民的人叫作君主。所谓君主，就是善于把人组织成社会群体的人。组织社会群体的原则恰当，那么万物都能得到应有的合宜安排，六畜都能得到应有的生长，一切生物都能得到应有的寿命。所以饲养适时，六畜就生育兴旺；砍伐种植适时，草木就繁殖茂盛；政策法令适时，老百姓就能一心，有德才的人就能服从。

十八

圣王之制也：草木荣华①滋硕②之时，则斧斤不入山林，不夭其生，不绝其长也。鼋③、鼍④、鱼、鳖、鳅、鳝孕别⑤之时，罔罟毒药不入泽，不夭其生，不绝其长也。春耕、夏耘、秋收、冬藏，四者不失时，故五谷不绝，而百姓有余食也。污池⑥渊沼川泽⑦，谨其时禁，故鱼鳖优多，而百姓有余用也。斩伐养长不失其时，故山林不童，而百姓有余材也。

注释

①荣华：指草本花开。草本植物开花叫"荣"，木本植物开花叫"华"。②滋：生长。硕：大。③鼋（yuán）：大鳖，背青黄色，头有疙瘩，俗称癞头鼋。④鼍（tuó）：扬子鳄，俗称猪婆龙。⑤别：指离别母体，即生育。⑥污：停积不流的水。污池：蓄水的池塘。⑦渊：深水潭。沼：水池。川：河流。泽：湖泊。

译文

圣明帝王的制度：草木正在开花长大的时候，砍伐的斧头不准进入山林，这是为了使它们的生命不夭折，使它们不断生长。鼋、鼍、鱼、鳖、泥鳅、鳝鱼等怀孕产卵的时候，渔网、毒药不准投入湖泽，这是为了使它们的生命不夭折，使它们不断生长。春天耕种、夏天锄草、秋天收获、冬天储藏，这四件事都不丧失时机，所以五谷不断地生长而老百姓有多余的粮食。池塘、水潭、河流、湖泊，严格禁止在规定时期内捕捞，所以鱼、鳖丰饶繁多而老百姓有多余的资财。树木的砍伐与培育养护不错过季节，所以山林不会光秃秃而老百姓有多余的木材。

圣王之用也：上察于天，下错①于地。塞备天地之间，加施万物之上，微而明，短而长，狭而广，神明博大以②至约③。故曰：一与一④是为人者，谓之圣人。

注释

①错：通"措"，处置，采取措施。②以：而。③至约：极其简约，指礼义而言。④一：指统括一切之道，此文指礼义。一与一：从礼义到礼义的意思。指无论做什么事，都以礼义为原则。

译文

圣明帝王的作用：上能明察天时的变化，下能安排好土地的开发。他的作用充满了天地之间，施加到万物之上，隐微而又明显，短暂而又长久，狭窄而又广阔，圣明博大，却又极其简要。所以说：从礼义到礼义，这样做人的，就叫作圣人。

王制

序官：宰爵①知②宾客祭祀飨食牺牲③之牢④数。司徒⑤知百宗城郭立器之数。司马⑥知师旅⑦甲兵乘白⑧之数。修宪命，审诗商⑨，禁淫声，以时顺修，使夷俗邪音不敢乱雅，大师⑩之事也。修堤梁，通沟浍，行水潦，安水藏，以时决塞；岁虽凶败水旱，使民有所耘艾，司空之事也。相高下，视肥土尧，序五种，省农功，谨蓄藏，以时顺修，使农夫朴力而寡能，治田之事也。修火宪，养山林薮泽草木鱼鳖百索，以时禁发，使国家足用而财物不屈，虞师之事也。顺州里，定廛宅，养六畜，闲树艺，劝教化，趋孝弟，以时顺修，使百姓顺命，安乐处乡，乡师之事也。论百工，审时事，辨功苦，尚完利，便备用，使雕琢文采不敢专造于家，工师之事也。相阴阳，呬祲兆，钻龟陈卦，主攘择五卜，知其吉凶妖祥，伛巫跛击之事也。修采清⑪，易道路，谨盗贼，平室律，以时顺修，使宾旅安而货财通，治市之事也。抃愿禁悍，防淫除邪，戮之以五刑，使暴悍以变，奸邪不作，司寇之事也。本政教，正法则，兼听而时稽之，度其功劳，论其庆赏，以时慎修，使百吏免尽，而众庶不偷，冢宰之事也。论礼乐，正身行，广教化，美风俗，兼覆而调一之，辟公之事也。全道德，致隆高，綦文理，一天下，振毫末，使天下莫不顺比从服，天王之事也。故政事乱，则冢宰之罪也；国家失俗，则辟公之过也；天下不一，诸侯俗反，则天王非其人也。

注释

①宰：主管。爵：古代一种酒器，这里泛指饮食器具。宰爵：官名。掌管接待宾客、祭祀时供应酒食祭品等事务。②知：掌管。飨：用酒食招待人。与"宾客"相应。③牺牲：供祭祀用的纯色整牛、整羊、整猪叫牺牲。与"祭祀"相应。④牢：作祭品用的牛、羊、猪的计量单位。⑤司徒：官名，掌管民政工作与教化。⑥司马：官名，掌管军队。⑦师旅：古代军制以二千五百人为师、五百人为旅，故以"师旅"泛称军队。⑧乘：量词，包括一辆战车、四匹战马、三个甲士、七十二个步兵。白：通"伯"，古代军队的编制，十人为什，百人为伯。⑨商：通"章"，乐章。⑩大师：乐官之长。⑪采：当为"埰"（俞樾说），坟墓。清：同"圊"（qīng），厕所。

译文

论列官职：宰爵掌管接待宾客和祭祀时供给酒食和祭品的数量。司徒掌管宗族和城郭器械的数量。司马掌管军队和铠甲兵器车马士兵的数量。修改法令，审查诗歌乐章，禁止淫荡的音乐，根据时势去整治，使蛮夷的风俗和邪恶的音乐不敢扰乱正声雅乐，这

是太师的职事。修理堤坝桥梁，疏通沟渠，排除积水，修固水库，根据时势来放水堵水；即使是饥荒歉收、涝灾旱灾不断的凶年，也使民众能够继续耕耘有所收获，这是司空的职事。观察地势的高低，识别土质的肥沃与贫瘠，合理地安排各种庄稼的种植季节，检查农事，认真储备，根据时势去整治，使农民质朴地尽力耕作而不求兼有其他技能，这是农官的职事。制订禁止焚烧山泽的法令，养护山林、湖泊中的草木、鱼鳖，对于人们的各种求索，根据时节来禁止与开放，使国家有足够用的物资而不匮乏，这是虞师的职事。治理乡里，划定各店铺与民居的区域，使百姓饲养六畜，熟习种植，劝导人们接受教育感化，促使人们孝顺父母、敬爱兄长，根据时势去整治，使百姓服从命令，安乐地住在乡里，这是乡师的职事。考查各个工匠的手艺，审察各个时节的生产事宜，辨别产品质量的好坏，注重产品的坚固好用，使设备用具便于使用，雕刻图案的器具与有彩色花纹的礼服不敢私家制造，这是工师的职事。观察阴阳的变化，视云气来预测吉凶，钻龟甲占卜、用蓍草算卦，掌管驱除不祥、选择吉日以及分析占卜时出现的各种兆形，预见那吉凶祸福，这是驼背的巫婆与瘸腿的男巫的职事。整治墓地、厕所，平整道路，严防盗贼，公正地审定贸易抵债券，根据时势来整治，使商人旅客安全而货物钱财能畅通，这是管理市镇的官的职事。制裁狡猾奸诈的人，禁止凶狠强暴的人，防止淫乱，铲除邪恶，用五种刑罚来惩治罪犯，使强暴凶悍的人因此而转变，使淫乱邪恶的事不再发生，这是司寇的职事。把政治教化作为治国的根本，端正法律准则，多方听取意见并按时对臣民进行考核，衡量他们的功劳，评定对他们的奖赏，根据时势来整治，使各级官吏都尽心竭力而老百姓都不苟且偷生，这是冢宰的职事。讲究礼制音乐，端正立身行事，推广教化，改善风俗，普遍地庇护百姓并使他们协调一致，这是诸侯的职事。成全道德，达到崇高的政治境界，使礼仪制度极其完善，统一天下，明察得能发现毫毛

末端般的细微小事，使天下没有谁不依顺亲近、听从归服，这是天子的职事。所以政事混乱，就是冢宰的罪过；国家风俗败坏，就是诸侯的过错；天下不统一，诸侯想造反，那便是因为天子不是理想的人选。

二十一

具具①而王，具具而霸，具具而存，具具而亡。用万乘之国者，威强之所以立也，名声之所以美也，敌人之所以屈也，国之所以安危②、臧否③也，制與④在此⑤，亡⑥乎⑦人。王、霸、安存、危殆、灭亡，制與在我，亡乎人。夫威强未足以殆邻敌也，名声未足以县⑧天下也，则是国未能独立也，岂渠⑨得免夫累乎？天下胁于暴国，而党⑩为吾所不欲于是者，日与桀同事同行，无害为尧；是非功名之所就也，非存亡安危之所随也。功名之所就，存亡安危之所随，必将于愉殷⑪赤心之所。诚⑫以其国为王者之所，亦王；以其国为危殆灭亡之所，亦危殆灭亡。

注释

①具具：具备条件。前一个"具"是动词，具备；后一个"具"是名词，条件。②安危：此偏指"安"，"危"无义。③臧否：好坏。此偏指"臧"，"否"无义。④與：通"舉"，都。⑤此：近指代词，指自己。⑥亡：通"无"，不。⑦乎：于，在。⑧县（xuán）："悬"的古字，挂。此指挂在天下人嘴边，到处传扬。⑨渠：同"讵"，与"岂"同义。⑩党：同"倘"，假如。⑪愉：快乐，指得志。殷：强盛富裕。⑫诚：诚心，指专心。

译文

具备了王者的条件就能够称王，具备了霸者的条件就可以称霸，具备了生存的条件就能存在，具备了灭亡的条件就会灭亡。治理拥有万辆兵车的大国的君主，他那威武强大的地位之所以能确立，他的名声之所以美好，他的敌人之所以屈服，他的国家之所以又安全又繁荣，决定性的关键都在自己而不在别人。是称王、称霸、安全生存，还是危险、灭亡，决定性的关键都在自己而不在别人。那威武强大的程度还不够使相邻的敌国发生危险，名声还不够挂在天下人的嘴边，那么这国家就还不能独特地耸立于天下，哪里能够免除那忧患呢？天下被强暴的国家所威胁，假如这种情况是我所不想要的，这时被迫而天天与桀那样的暴君一同做事、一同行动，虽然不妨害自己成为尧那样的贤君，但不是功名得以成就的关键，也不是安危存亡的原因。功业名望的建立，安危存亡的原因，必定取决于事业得志、国家富强时而自己一颗赤诚之心专注在什么地方。如果一心要把自己的国家变成一个实行王道的地方，也就能称王天下；要把自己的国家搞到危险

荀子选集

灭亡的境地，也就会危险灭亡。

　　殷之日，案①以中立，无②有所偏，而为纵横③之事，偃然案④兵无动，以观夫暴国之相卒⑤也。案平⑥政教，审节奏⑦，砥砺百姓，为是之日，而兵剸⑧天下劲矣。案然修仁义，伉隆高，正法则，选贤良，养百姓，为是之日，而名声剸天下之美矣。权者重之，兵者劲之，名声者美之。夫尧、舜者一天下也，不能加毫末⑨于是矣。

　　权谋倾覆之人退，则贤良知圣之士案自进矣。刑政平，百姓和，国俗节，则兵劲城固，敌国案自诎矣。务本事，积财物，而勿忘⑩栖迟⑪薛

王制

越^⑫也，是使群臣百姓皆以制度行，则财物积，国家案自富矣。三者体此而天下服，暴国之君案自不能用其兵矣。何则？彼无与至也。彼其所与至者，必其民也。其民之亲我也欢若父母，好我芳若芝兰，反顾其上则若灼黥，若仇雠；彼人之情性也虽桀、跖，岂有肯为其所恶贼其所好者哉！彼以夺矣。故古之人，有以一国取天下者，非往行之也，修政其所，天下莫不愿，如是而可以诛暴禁悍矣。故周公南征而北国怨，曰：何独不来也！东征而西国怨，曰：何独后我也！孰能有与是斗者与？安以其国为是者王。

注释

①案：同"安"，语助词。②无：通"毋"，不要的意思。③纵：南北为纵，此指合纵。战国时苏秦主张齐、楚、燕、韩、赵、魏六国结成联盟对抗秦国。由于六国在位置上成南北向，所以称"合纵"。横：东西为横，此指连横。秦国为了对付合纵，采纳张仪的主张，与六国分别结成联盟，以便各个击破。由于秦国在六国的西面，东西联合，所以称"连横"。④案：通"按"。⑤卒：通"捽"，冲突，对打。⑥平：整治。⑦节奏：指礼节制度。⑧剸（zhuān）：通"专"，独占。⑨毫末：毫毛的末端，比喻极细微的东西。不能加毫末于是：指权重、兵劲、名声美三者好得无以复加。⑩忘：通"妄"，胡乱。⑪栖迟（zhì）：滞留等待，即丢在一边、遗弃的意思。⑫薛越：同"屑越"，碎落的意思，即搞得破碎散乱后又抛弃它。与"屑播"同义。

译文

在富强的时候，要采取中立的态度，不要有所偏袒而去干合纵连横的事情，要偃旗息鼓地按兵不动，来静观那些残暴的国家互相争斗。要搞好政治教化，审察礼节制度，训练百姓，当做到了这一点的时候，那么他的军队就是天下最为强劲的了；奉行仁义之道，推崇礼仪，整治法律条令，选拔贤良的人，使百姓休养生息，当做到了这一点的时候，那么他的名声就是天下最美好的了。权势，使其举足轻重；军队，使其强劲有力；名声，使其美好无比，就是尧、舜那样统一了天下的人，也不能在这三个方面再增加丝毫了。

玩弄权术阴谋、专搞倾轧陷害的小人被废黜了，那么贤能善良明智圣哲的君子自然就会进用了；刑法政令公正不阿，百姓和睦协调，国家的风俗节约俭朴，那么兵力就强大，城防就坚固，敌国自然就屈服了；致力于农业生产，积聚财物，而不要胡乱地遗弃糟蹋，使群臣百姓都按照制度来办事，财物就能积累、国家自然就富足了。以上三个方面都能做到，那么天下就会顺从我们，强暴之国的君主也就自然不能对我们用兵了。为什么呢？因为他已经没有人一起来攻打我们了。和他一起来的，一定是他统治下的民众；而他的民众亲近我就像喜欢父母一样，热爱我就像酷爱芳香的芝兰一样，而回头看到他们的国君，却像看到了皮肤被烧烤、脸像被刺字一样害怕，像看到了仇人一样愤

怒；一个人的本性即使像夏桀、盗跖那样，也哪肯为他所憎恶的人去残害他所喜爱的人呢？他们已经被我们争取过来了。所以古代的人，有凭借一个国家来夺取天下的，他并不是前往别国掠夺他们，而是在自己国家内搞好政治，结果没有人不仰慕他，像这样就可以铲除强暴制止凶悍了。所以周公向南征伐时北方的国家都抱怨，说："为什么偏偏不来我们这里呢？"向东征伐时西面的国家都抱怨，说："为什么单单把我们丢在后面呢？"谁能同这样的人争斗呢？把自己的国家搞成这样的君主就能称王天下。

二十三

殷之日，安以静兵息民，慈爱百姓，辟田野，实仓廪，便备用，安谨募选阅材伎之士，然后渐赏庆以先之，严刑罚以防之，择士之知事者使相率贯也，是以厌然畜①积修饰，而物用之足也。兵革器械者，彼将日日暴露毁折之中原，我今将修饰之，拊循②之，掩盖之于府库。货财粟米者，彼将日日栖迟薛越之中野，我今将畜积并聚之于仓廪。材技股肱③健勇爪牙之士，彼将日日挫顿竭之于仇敌，我今将来致④之、并阅⑤之、砥砺之于朝廷。如是，则彼日积敝，我日积完；彼日积贫，我日积富；彼日积劳，我日积佚。君臣上下之间者，彼将厉厉⑥焉日日相离疾也，我今将顿顿⑦焉日日相亲爱也，以是待其敝。安以其国为是者霸。

注释

①畜：通"蓄"。②拊（fǔ）循：通"抚揗"，安抚。③股肱：大腿和上臂。喻指得力助手。④来：通"徕"，使……来，招来。致：招引。⑤并：吞并，接纳。⑥厉厉：严厉地，恶狠狠地。⑦顿：通"敦"，诚恳笃厚的样子。

译文

在富强的时候，采取不动用兵力、使人民休养生息的方针，慈爱百姓，开垦田野，充实粮仓，改进设备器用，严格谨慎地招募、选择、接纳有才能技艺的士人，然后加重奖赏来诱导他们，加重刑罚来防范他们，挑选这些士人中明白事理的人率领他们，这样他们就安心地积蓄粮食财物、修理改进兵器用具，因而财物用具也就十分充足了。武器装备之类，他国是一天天把它们丢弃毁坏在原野之中，而我们现在则修理改进它们，爱护保养它们，并把它们收藏在仓库里。财物粮食之类，他国是一天天把它们遗弃散落在田野之中，而我们现在则把它们储藏积累汇合聚集在仓库里。有才能技艺的辅佐大臣、健壮勇敢的武士，他国是一天天让他们在敌人手中受挫折、遭困顿、被消耗，而我们现在则在朝廷上招募他们、容纳他们、锻炼他们。像这样，那么他国一天天愈来愈破败，我们则一天天愈来愈完好；他国一天天愈来愈贫困，我们则一天天愈来愈富裕；他国一天天愈来愈劳苦，我们则一天天愈来愈安逸。君臣、上下之间，他国是恶狠狠地一天天互相疏远憎恨，我们则诚心诚意地一天比一天更加相亲相爱，以此来等待他们的衰败。把自己的国家搞成这样的君主就能称霸诸侯。

立身则从佣①俗，事行则遵佣故，进退贵贱则举佣士，之所以接下之人百姓者则庸宽惠，如是者则安存。立身则轻楛，事行则蠲疑②，进退贵贱则举佞侻③，之所以接下之人百姓者则好取侵夺，如是者危殆。立身则憍暴，事行则倾覆，进退贵贱则举幽险诈故④，之所以接下之人百姓者，则好用其死力矣而慢其功劳，好用其籍敛⑤矣而忘其本务，如是者灭亡。此五等者，不可不善择也，王、霸、安存、危殆、灭亡之具也。善择者制人，不善择者人制之；善择之者王，不善择之者亡。夫王者之与亡者，制人之与人制之也，是其为相县⑥也亦远矣。

注释

①佣：通“庸”，平庸，平常，一般。②蠲（juān）：除去。蠲疑：毫不迟疑，指急躁鲁莽、毫无顾忌。这种人立身轻率，所以做事鲁莽。③侻：通“锐”。佞侻：口齿伶俐。④故：巧诈。⑤籍：税。敛：征收。⑥县（xuán）：“悬”之古字，悬殊，差别。

译文

做人则依从一般的风俗习惯，做事则遵循平常的成规旧例，在任用、罢免、提升、贬抑方面则提拔普通的人，他用来对待下面的老百姓的态度则是用宽容和仁爱，像这样的君主只能安全生存。做人则轻佻恶劣，做事则肆无忌惮，在任用、罢免、提升、贬抑方面则提拔巧言令色的人，他对待下面的老百姓的态度则是热衷于索取侵占掠夺，像这样的君主就危险了。做人则骄傲暴虐，做事则搞倾轧破坏，在任用、罢免、提升、贬抑方面则提拔阴险狡诈的人，他对待下面的老百姓的态度则是喜欢利用他们为自己卖命出力而不把他们的功劳放在心上，喜欢利用他们上缴税收而不管他们的本业，像这样的君主就会灭亡。以上这五种不同的做法，是不能不好好地加以选择的，它们是称王、称霸、安存、危险、灭亡的条件。善于选择的，就能制服别人；不善于选择的，别人就要制服他；善于选择的，就能称王天下；不善于选择的，就会灭亡。那称王和灭亡、制服别人和被人制服，它们之间相差也太远了。

读解

怎样才能使国家富强？如何才能统一六国？这是战国时期几乎每个有识之士苦苦思索的问题，也是每个著书立说的学者不可回避的。这也是摆在荀子面前的问题，荀子指出的道路是实行"王道"。至于怎么实行这个"王道"，在本篇中，荀子老老实实地做出了回答。

政治上要举贤任能、诛灭元恶，破格提拔有才能的人，废黜无才无德的庸人，把那些为非作歹的人和混淆是非的学说都严令制止，鳏寡孤独都要进行抚养，这样才能在政治上达到"天德"的境界。其中，荀子还谈到了百姓和君主的关系："君者，舟也；庶人者，水也；水则载舟，水则覆舟。"这是对君民关系最著名的比喻，甚至在几百年后的唐朝，唐太宗李世民还用这句话来勉励自己。

王者和其他君主有什么不同呢？荀子说：王者争夺民心，霸主争夺同盟国，好战的强国争夺土地。争夺民心的王者可以使诸侯成为自己的臣子，争夺同盟国的霸者可以使诸侯成为自己的朋友，争夺土地的强国就会使诸侯成为自己的敌人。使诸侯臣服的能称王天下，同诸侯友好的能称霸诸侯，和诸侯为敌的就危险了。显然，荀子的最终目标不在于一国一家的治理，而是整个天下都得到治理；这样的理论为秦国统一六国作了理论上的准备。

事例一

"君者，舟也；庶人者，水也；水则载舟，水则覆舟。"这是对君民关系最著名的比喻，历史证明，得民心者得天下。所以英明的君主都会把人民的利益放在自己的利益之上，不会轻易地去加重苛捐杂税来损害人民的利益。南北朝时期的北魏皇帝拓跋嗣就是一位爱民的好皇帝。

拓跋嗣以民为贵

北魏一连几年发生霜旱灾害，收成不好，云中、代郡一带的老百姓有很多都饿死了。太史令王亮、苏坦向北魏国主拓跋嗣进言道："按着谶书的说法，我们魏国应把都城建在邺城，那样的话，百姓才可以富足欢乐。"

拓跋嗣向各位大臣征求对这事的意见，博士祭酒崔浩、特进京兆周澹说："把都城迁到邺地，可以解救今年的饥荒，但却不是长久之计。现在，一旦迁都，便要留下军队戍守旧都，这样只能分出一部分人向南迁移，这些人不可能住满几个州的土地，只好与汉人混居在各郡各县，这样，我们人少的实情就会暴露，恐怕四方的邻国也都会因此产生轻视我们的想法。况且我们的百姓不习惯那里的水土，得病、受伤、死亡的人一定很多。再者，旧都的守兵减少之后，屈丐、柔然等国就会有攻打我们的想法，假如他们率领全国的军队前来进攻，云中、平城一定会发生危机，现在我们居住在北方，假如崤山之东的地区有什么变乱，我们派遣轻装骑兵向南进攻，把部队分布在林野中间，谁能知道我们人数的多少？老百姓看见我们的征尘就会畏慑敬服，这就是我们国家之所以用武力制服汉人的真正原因。明年春天到来之后，杂草生长起来，家畜吃饱之后，牛奶奶酪等便可以供应上了，再加上蔬菜水果，便可以维持到秋天粮食成熟的季节，我们面临的这些暂时困难便可以克服了。"拓跋嗣说："现在国库彻底空了，已经没有办法再等到来年的秋天，如果明年秋天又出现饥荒，我们将怎么对付呢？"崔浩等回答说："应该把最贫穷的人家挑选出来，让他们去太行山以东的地区去谋生。如果明年再发生饥荒，到时候再想办法，只是现在不可迁都。"拓跋嗣高兴地说："只有你们二人与我的想法一致。"于是挑选百姓中最贫寒的人家前往太行山以东的三个州去谋生，并派左部尚书代郡人周几统率军队镇守鲁口，安抚召集他们。拓跋嗣本人也亲自耕种农田，又命令有关部门劝勉指导人们从事农业和种桑养蚕的劳动。第二年，庄稼丰收，人民于是富足安定。

　　"天下者，天下人之天下也"，古人早已悟出了民主政治的精髓，一个国家是以人民为尊贵，而非君主、统治者为尊贵的，这是近代人民主权论在远古的先声。"民为贵、君为轻、社稷次之"，君主只是为人民所认可的管理者，是"人民的公仆"，中国这种传

统的民本主义思想渊源于先秦战国，对当时的政治家和各国首脑们认识国家的实质起到了很大的作用，矫正了统治者霸权主义的国家观念，聪明的领导人应该明白只有以民为贵、以民为主，才能政通人和、长治久安。

事例二

"民贵君轻"的思想，在战国的时候已经得到了很多有识之士的认同。其中，巾帼不让须眉的赵威后就是其中之一。

齐王使使者见赵威后

齐襄王派遣使者问候赵威后，还没有打开书信，赵威后问使者："今年收成还可以吧？百姓安乐吗？你们大王无恙吧？"

使者有点不高兴，说："臣奉大王之命向太后问好，您不先问我们大王状况却打听年成、百姓的状况，这有点先卑后尊吧？"

赵威后回答说："话不能这样说。如果没有年成，百姓凭什么繁衍生息？如果没有百姓，大王又怎能南面称尊？岂有舍本问末的道理？"

她接着又问："齐有隐士钟离子，还好吧？他主张有粮食的人让他们有饭吃，没粮食的人也让他们有饭吃；有衣服的给他们衣服，没有衣服的也给他们衣服，这是在帮助君王养活百姓，齐王为何至今未有重用他？叶阳子还好吧？他主张怜恤鳏寡孤独，振济穷困不足，这是替大王体恤百姓，为何至今还不加以任用？北宫家的女儿儿子还好吗？她摘去耳环玉饰，至今不嫁，一心奉养双亲，用孝道为百姓作出表率，为何至今未被朝廷褒奖？这样的两位隐士不受重用，一位孝女不被接见，齐王怎能治理齐国、抚恤万民呢？於陵的子仲这个人还活在世上吗？他在上对君王不行臣道，在下不能很好地治理家业，又不和诸侯交往，这是在引导百姓朝无所事事的地方走呀！齐王为什么至今还不处死他呢？"

王制

王 霸

国者，天下之制利用^①也。人主者，天下之利势也。得道以持之，则大安也，大荣也，积美之源也。不得道以持之，则大危也，大累也，有之不如无之，及其綦^②也，索为匹夫不可得也，齐湣、宋献^③是也。故人主天下之利势也，然而不能自安也，安之者必将道也。

注释

①利：便利，有利。用：用具，工具。②綦（qí）：极。③齐湣（mǐn）：即齐湣王。宋献：即宋康王，名偃，公元前329年自立为宋君，公元前286年，被齐湣王所灭。

译文

国家，是天下最有利的工具。君主，是天下最有利的地位。如果得到了正确的政治原则去掌握国家与君权，就会非常安定，非常荣耀，成为积聚美好功名的源泉。如果得不到正确的政治原则去掌握它，就会非常危险，非常劳累，有了它还不如没有它，发展到极点，要求做个平民百姓也不能如愿，齐湣王、宋献公就是这样。所以君主处于天下最有利的地位，但是他并不能自行安定，要安定就一定要依靠正确的政治原则。

故用国者，义立而王，信立而霸，权谋立而亡。三者明主之所谨择也，仁人之所务白也。

挈^①国以呼^②礼义而无以害之，行一不义，杀一无罪，而得天下，仁者不

为也，佫③然扶持心国，且若是其固也。之所与为之者，之人则举④义士也；之所以为布陈⑤于国家刑法者，则举义法也；主之所极⑥然帅群臣而首乡⑦之者，则举义志也。如是，则下仰上以义矣，是綦⑧定也。綦定而国定，国定而天下定。仲尼无置锥之地，诚义乎志意，加义乎身行，箸⑨之言语，济之日，不隐乎天下，名垂乎后世。今亦以天下之显诸侯，诚义乎志意，加义乎法则度量，箸之以政事，案申重之以贵贱杀生，使袭然⑩终始犹一也。如是，则夫名声之部发于天地之间也，岂不如日月雷霆然矣哉？故曰：以国齐义，一日而白，汤、武是也。汤以亳，武王以镐，皆百里之地也，天下为一，诸侯为臣，通达之属，莫不从服，无它故焉，以济义矣。是所谓义立而王也。

注释

译文

治理国家的人，实行了礼义就能称王天下，把信用确立了就能称霸诸侯，把权术谋略搞起来了就会灭亡。这三种情况，是英明的君主要谨慎选择的，是讲究仁德的人一定要弄明白的。

领导全国人民来提倡礼义而绝不用什么东西来损害礼义，如做一件不义的事，杀一个无罪的人，从而取得天下，讲究仁德的人也不干，他坚定地用礼义来维护自己的思想和国家，就像磐石一样坚固。所以和他一起治理国家的人，便都是遵守礼义的人；他拿来在国内颁布的刑法，就都是合乎礼义的法律；他急切地率领群臣去追求的，就都是合乎礼义的志向。像这样，那么臣民景仰君主就都是因为礼义了，这就使政治基础稳固。政治的基础稳固了，国家就安定；国家安定了，天下就能平定。孔子没有立锥之地，但他真诚地把礼义贯彻到思想中，落实在立身行事上，体现在言语中，到成功的时候，他就显扬于天下，名声流传到后代。现在如果也让天下那些显赫的诸侯真诚地把礼义贯彻到自己的思想中，落实到法律制度上，体现在政务中，又用提拔、废黜、处死、赦免等手段来反复强调它，使它连续不断地始终如一。像这样，那么他的名声传扬于天地之间，难道不像日月雷霆那样了吗？所以说：使国家统一于道义，一天就能名声显赫，商汤、周武王就是这样。商汤凭借亳地，周武王凭借鄗京，都不过是百里见方的领土，而天下被他们统一了，诸侯做了他们的臣属，凡交通能到达的地方，没有不服从的，这没有其他的缘故，而是因为他们完全遵行了礼义。这就是所说的实行了礼义就能称王天下。

德虽未至也，义虽未济也，然而天下之理①略奏②矣，刑赏已诺信乎天下矣，臣下晓然皆知其可要③也。政令已陈，虽睹利败，不欺其民；约结已定，虽睹利败，不欺其与。如是，则兵劲城固，敌国畏之；国一綦④明，与国信之。虽在僻陋之国，威动天下，五伯⑤是也。非本政教也，非致隆高也，非綦文理也，非服人之心也，乡方略，审劳佚，谨畜积，修战备，齵⑥然上下相信，而天下莫之敢当。故齐桓、晋文⑦、楚庄⑧、吴阖闾⑨、越勾践⑩，是皆僻陋之国也，威动天下，强殆中国，无它故焉，略信也。是所谓信立而霸也。

注释

①理：事理，各种事情的具体规律。②略：大致。奏（còu）：通"凑"，会聚，引申为综合、全部掌握。③要（yāo）：约，结，指建立合作关系。④綦：通"基"。这里指国家的政治基础——道义。⑤伯：长，指诸侯的盟主，后世常用"霸"字。五伯：指春秋时期的五霸，古人所指不尽一致，战国时代的人往往是指齐桓公、晋文公、楚庄王、吴王阖闾、越王勾践。⑥齵（zōu）：上下牙齿相咬，形容密切配合。⑦晋文：晋文公，献公子，姬姓，名重耳，因献公立幼子为嗣，曾出奔在外十九年，后由秦国送回即位，公元前636—前628年在位。⑧楚庄：楚庄王，姬姓，熊氏，名旅（一作吕、侣），公元前613年—前591年在位。⑨阖闾（hé lú）：或作"阖庐"，姬姓，名光，春秋末吴国君主，公元前514—前496年在位。⑩勾践：或作"勾践""鸠浅"，春秋末越国君主，公元前496年—前465年在位。

译文

德行虽然还没有尽善尽美，礼义虽然还没有完全做到，然而天下的事理大体上掌握了，刑罚、奖赏、禁止、许诺在天下已取得了信用，臣下都明白地知道他是可以结交的。政令已经发布，即使看到自己的利益将要有所损害，也不失信于他的民众；盟约已经签订，即使看到自己的利益将要有所损害，也不失信于他的盟友。像这样，就会军队强劲、城防牢固，而敌国害怕他；国家统一，道义彰明，而同盟国信任他。即使住在偏僻落后的国家，他的威势也可震动天下，五霸就是这样。他们虽然没有把政治教化作为

立国之本，没有达到最崇高的政治境界，没有健全礼仪制度，没有使人心悦诚服；但他们注重方法策略，注意使民众有劳有逸，认真积蓄，加强战备，像牙齿啮合那样君臣上下互相信任配合，因而天下也就没有人敢抵挡他们了。齐桓公、晋文公、楚庄王、吴王阖闾、越王勾践，这些人都处在偏僻落后的国家，他们的威势却震动天下，他们的强盛危及中原各国，这没有别的缘故，就是因为他们取得了信用啊。这就是我所说的把信用确立了就能称霸诸侯。

四

挈国以呼功利，不务张其义，齐①其信，唯利之求，内则不惮诈其民而求小利焉，外则不惮诈其与而求大利焉，内不修正②其所以有，然常欲人之有。如是，则臣下百姓莫不以诈心待其上矣。上诈其下，下诈其上，则是上下析也。如是，则敌国轻之，与国疑之，权谋日行，而国不免危削，綦③之而亡，齐闵、薛公④是也。故用强齐，非以修礼义也，非以本政教也，非以一天下也，绵绵常以结引驰外为务。故强、南足以破楚，西足以诎秦，北足以败燕，中足以举宋。及以⑤燕赵起而攻之，若振槁⑥然，而身死国亡，为天下大戮，后世言恶，则必稽⑦焉。是无他故焉，唯其不由礼义由权谋也！

王霸

143

三者明主之所以谨择也，而仁人之所以务白也。善择者制人，不善择者人制之。

注释

①齐：成。②修正：整治。③綦：极。使动用法。④薛公：战国时齐国贵族，姓田，名文，号孟尝君，因为袭其父田婴的封爵而封于薛（今山东滕州市南），故称薛公。他曾任齐闵王的相。后奔魏，任魏昭王相，合秦、赵、燕之兵共伐齐。⑤及以：相当于"及"。⑥振：拔起。槁：枯木。⑦稽：查考。

译文

领导全国人民去提倡功利，不致力于伸张那礼义、恪守信用，唯利是图，对内则肆无忌惮地欺诈他的人民以追求小利，对外则毫无顾忌地欺骗他的盟国以追求大利，在内不好好管理自己已有的土地财富，却常常想取得别人所拥有的土地财富。像这样，那么臣下、百姓就没有不用欺诈的用心去对待君主的了。君主欺诈臣民，臣民欺诈君主，这就是上下离心离德。像这样，那么敌国就会轻视他，盟国就会怀疑他，即使权术谋略天天在搞，而国家也免不了危险削弱，到了极点，国家就灭亡了，齐闵王、孟尝君就是这样。他们在强大的齐国执政，不是用手中的权力去修明礼义，不因此而把政治教化作为立国之本，不凭借它来统一天下，而是接连不断地经常把勾结拉拢别国、驰骋于国外作为自己的要务。所以他们强大的时候，南能攻破楚国，西能使秦国屈服，北能打败燕国，中能攻占宋国；但等到燕国、赵国一起来进攻他们的时候，就像摧枯拉朽一样，闵王便身死国亡了，成为天下的奇耻大辱，后代的人谈起恶人，就一定要提到他。这并没有其他的缘故，是因为他们不遵循礼义而专搞权术阴谋啊！

这三种情况，是英明的君主要谨慎选择的，也是讲究仁德的人一定要弄明白的。善于选择的，就能制服别人；不善于选择的，别人就会制服他。

五

国者，天下之大器也，重任也，不可不善为择所①而后错②之，错险③则危；不可不善为择道④然后道⑤之，涂⑥薉⑦则塞⑧；危塞则亡。彼国错者，非封⑨焉之谓也，何法之道，谁子之与也。故道王者之法，与王者之人为之，则亦王；道霸者之法，与霸者之人为之，则亦霸；道亡国之法，与亡国之人为之，则亦亡。三者，明主之所以谨择也，而仁人之所以务白也。

注释

①所：处所，此喻指当权执政的大臣。②错：通"措"，放置，此指委任。③险：险恶的地方，此喻指险恶的权奸。④道：道路，指原则、办法。⑤道：引导，指根据一定的原则办法去领导、治理。此句应"重任"而言。⑥涂：通"途"，道路，此指原则、办法。⑦芼：同"秽"，污秽，喻政治原则的恶劣卑污。⑧塞：堵塞，行不通。⑨封：垒土作为疆界。

译文

国家，是天下最大的器具，是沉重的担子，不可不好好地为它选择个地方然后再安置它，如果把它放在险恶的地方就危险了；不可不好好地为它选择条道路然后引导它前进，如果道路污秽就会被堵住；危险、受阻，国家就会灭亡。那国家的安置问题，并不是指给它立好疆界，而是指遵行什么办法、与什么人一起来治国。遵行王者的办法，与那奉行王道的大臣治理国家，也就能称王于天下；遵行霸者的办法，与那奉行霸道的大臣治理国家，也就能称霸于诸侯；遵行使国家灭亡的办法，与那奉行亡国之道的大臣去治理国家，也就会灭亡。这三种情况，是英明的君主要谨慎选择的，也是讲究仁德的人一定要弄明白的。

故国者，重任也，不以积①持之则不立。故国者，世所以新者也，是惮惮②，非变③也，改玉改行④也。故一朝之日⑤也，一日之人也，然而厌焉⑥有千岁之固⑦，何也？曰：援⑧夫千岁之信法以持之也，安与夫千岁之信士⑨为之也。人无百岁之寿，而有千岁之信士，何也？曰：以夫千岁之法自持者，是乃千岁之信士矣。故与积礼义之君子为之则王，与端诚信全之士为之则霸，与权谋倾覆之人为之则亡。三者，明主之所以谨择也，而仁人之所以务白也。善择之者制人，不善择之者人制之。

注释

①积：积累，指长期积累起来的管理办法，也就是荀子推崇的礼法。②惮：更替，指具有继承性的演变。③变，改变，指彻底的根本性的变化，即管理办法的改变。④改玉改行：古代贵族，不同等级的人佩带的玉不同，在举行各种仪式时走路的间距、快慢也有不同的规定。"改玉改行"指改变了贵族阶层的等级地位从而改变了他们的佩玉和步行要求。⑤一朝之日：短如一个早上的日子。⑥厌焉：即"厌然"。⑦固：当为"国"（王先谦说）。⑧援：援引，拿过来。⑨信士：诚实的人，指老老实实地坚守"信法"的人。

145

译文

国家，是个沉重的担子，不依靠长期积累起来的管理办法去扶持它，它就要垮掉。所以国家虽然是每一代都在更新的东西，但这不过是一种具有继承性的更替，这种更替，并不是一种根本性的管理办法的改变，它不过是改变了贵族阶层的等级地位，改变了他们的佩玉和在各种仪式上的步行规范罢了。日子短促得就像一个早上，人生短暂得就像一天，然而却安然地存在着历经上千年的国家，这是为什么呢？回答：这是因为采用了那些积累了上千年的确实可靠的办法来维持国家，又和那些上千年的真诚之士一起治理的缘故。人没有上百年的寿命，却会有上千年的真诚之士，为什么呢？回答：用那些积累了上千年的礼法来把握自己的人，这就是上千年的真诚之士了。所以和不断地奉行礼义的君子来治国，就能称王天下；和正直忠诚守信完美的人来治国，就能称霸诸侯；和搞权术阴谋倾轧颠覆的人来治国，就会灭亡。这三种情况，是英明的君主要谨慎选择的，也是讲究仁德的人一定要弄明白的。善于选择的，就能制服别人；不善于选择的，别人就会制服他。

彼持国者，必不可以独也；然则强固荣辱在于取相矣。身能，相能，如是者王。身不能，知恐惧而求能者，如是者强。身不能，不知恐惧而求能者，安唯便僻①左右亲比己者之用，如是者危削，綦之而亡。国者，巨用之则大，小用之则小；綦大而王，綦小而亡，小巨分流者存。巨用之者，先义而后利，安不恤亲疏，不恤贵贱，唯诚能之求，夫是之谓巨用之。小用之者，先利而后义，安不恤是非，不治曲直，唯便僻亲比己者之用，夫是之谓小用之。巨用之者若彼，小用之者若此；小巨分流者，亦一若彼，一若此也。故曰："粹而王，驳②而霸，无一焉而亡。"此之谓也。

注释

①便僻：通"便嬖"，善于逢迎而得到君主宠信的近臣。②驳：杂，指"小巨分流者"。

译文

那些掌握了国家的国君，一定不可以单靠自己；这样看来，那么是强大还是衰弱、是光荣还是耻辱就在于选取宰相了。自己有才能，宰相也有才能，像这样的国君就能称王天下。自己没有才能，但知道恐惧而去寻觅有才能的人，像这样的国君就能强大。自己没有才能，又不懂得恐惧而去寻求有才能的人，只是任用些善于阿谀奉承的宠臣、身边的侍从以及亲近依附自己的人，像这样的国君就会危险削弱，达到极点就会灭亡。国家，大治它就会强大，小治它就会弱小；极其强大就能称王天下，极其弱小就会灭亡，

小大各占一半的则能保存。所谓大治国家，就是先考虑礼义而后考虑财利，任用人不顾亲疏，不顾贵贱，只寻求真正有才能的人，这就叫作大治国家。所谓小治国家，就是先考虑财利而后考虑礼义，不顾是非，不管曲直，只是任用善于阿谀奉承的宠臣和亲近依附自己的人，这就叫作小治国家。大治国家就像那样，小治国家就像这样；所谓小大各占一半的，就是一部分像那样，一部分像这样。所以说："纯粹地考虑礼义、任用贤人的就能称王天下，驳杂地义利兼顾、贤人亲信并用的就能称霸诸侯，一样也做不到的就会灭亡。"此话说的就是这个道理。

国无礼则不正。礼之所以正国也，譬之犹衡之于轻重也，犹绳墨之于曲直也，犹规矩之于方圆也，既错①之而人莫之能诬也。《诗》云："如霜雪之将将②，如日月之光明；为之则存，不为则亡。"此之谓也。

注释

①错：通"措"。设置。②将（qiāng）将：聚集的样子。

译文

国家没有礼制就不能治理好。礼制之所以能用来治国，打个比方，就好像秤能用来分辨轻重，就好像墨线能用来分辨曲直，就好像圆规、曲尺能用来确定方圆一样，已经把它们设置好了，人们就没有谁再能搞欺骗了。《诗经》中说："像霜雪那样普遍，像日月那样光明；实行它就能生存，不实行就会丧命。"说的就是这个啊。

九

国危则无乐君，国安则无忧民。乱则国危，治则国安。今君人者，急逐乐而缓治国，岂不过甚矣哉？譬之是由①好声色，而恬无耳目也，岂不哀哉？夫人之情，目欲綦②色，耳欲綦声，口欲綦味，鼻欲綦臭③，心欲綦佚。此五綦者，人情之所必不免也。养五綦者有具，无其具，则五綦者不可得而致也。万乘之国可谓广大富厚矣，加④有治辨⑤强固之道焉，若是则恬愉无患难矣，然后养五綦之具具也。故百乐者，生于治国者也；忧患者，生于乱国者也。急逐乐而缓治国者，非知乐者也。故明君者，必将先治其国，然后百乐得其中。暗君者，必将急逐乐而缓治国，故忧患不可胜校⑥也，必至于身死国亡然后止也，岂不哀哉？将以为乐，乃得忧焉；将以为安，乃得危焉；将以为福，乃得死亡焉；岂不哀哉！於⑦乎！君人者，亦可以察若言矣。故治国有道，人主有职。若夫贯日而治详，一日而曲列⑧之，是所使夫百吏官人⑨为也，不足以是伤游玩安燕⑩之乐。若夫论一相以兼率之，使臣下百吏莫不宿道乡方而务，是夫人主之职也。若是则一天下，名配尧、禹。之主者，守至约而详，事至佚而功，垂衣裳不下簟席之上，而海内之人莫不愿得以为帝王。夫是之谓至约，乐莫大焉。

注释

①由：通"犹"。②綦：极。③臭（xiù）：气味。④加：更。⑤辨（bàn）：通"辨"（办），治理。⑥胜：尽。校（jiào）：计数。⑦於（wū）乎：同"呜呼"。⑧列：古"裂"字，分解、解决的意思。⑨官人：政府官员。⑩燕：通"宴"，安逸，安闲。

荀子选集

译文

　　国家危险就没有快乐的君主，国家安定就没有忧愁的人民。政事混乱，国家就危险；政事处理得好，国家就安定。现在统治人民的君主，急于追求享乐而放松了对国家的治理，难道不是错误得很厉害了吗？打个比方，这就好像是爱好音乐美色而不在乎没有耳朵眼睛，难道不可悲吗？就人的性情来说，眼睛想看最美丽的颜色，耳朵想听最悦耳的声音，嘴巴想吃最好的美味佳肴，鼻子想闻最好的气味，心里追求最大的安逸。追求这五种极好的享受，是人的性情一定不能避免的。但造成这五种极好的享受得有条件，没有那一定的条件，那么这五种极好的享受就不可能得到了。拥有万辆兵车的国家可以说是辽阔富裕的了，再有一套使它得到治理而强大巩固的办法，像这样，那就会安逸快乐而没有祸患了，达到这种地步以后，造成五种极好享受的条件才具备。所以各种快乐的事情，产生于治理得好的国家；忧虑祸患，产生于混乱的国家。急于追求享乐而放松治国的人，不是懂得享乐的人。所以英明的君主，一定要先治理好自己的国家，然后各种快乐也就从中得到了。而昏庸愚昧的君主，一定要迫不及待地追求享乐而放松治国，所以忧虑祸患多得不可胜数，一定要到身死国亡以后才完结，难道不可悲吗？准备用这种办法去求得快乐，却从中得到了忧虑；准备用这种办法去求得安定，却从中得到了危险；准备用这种办法去求得幸福，却从中得到了死亡；难道不可悲吗？哎呀！统治人民的君主，也可以考察一下这些话了。所以治理国家有一定的原则，君主有一定的职责。至于那连续几天而把事情治理得周详完备，一天之内就曲折周到地解决政事，这是让那各级官吏与政府官员去做的事情，不值得因此而妨碍了自己游玩安逸的快乐。至于选择一个宰相去全面地领导群臣百官，使臣下百官无不安守道义向往正道而努力，这才是那君主的职责啊。像这样，就能统一天下，名望可以和尧、禹相匹配。这样的君主，掌管的事情虽然极其简要却又十分周详，工作虽然极其闲适却很有成效，衣裳下垂着，不从坐席之上走下来，而天下的人无不希望得到他作帝王。这叫作极其简约，快乐没有比这个更大的了。

　　人主者，以官人为能者也；匹夫者，以自能为能者也。人主得使人为之，匹夫则无所移之。百亩一守，事业穷，无所移之也。今以一人兼听天下，日有余而治不足者，使人为之也。大有天下，小有一国，必自为之然后可，则劳若耗顇[1]莫甚焉，如是，则虽臧获不肯与天子易势业。以是县[2]天下，一四海，何故必自为之？为之者，役夫之道也，墨子之说

也。论德使能而官施③之者，圣王之道也，儒之所谨守也。传曰："农分田而耕，贾分货而贩，百工分事而劝，士大夫分职而听，建国诸侯之君分土而守，三公总方④而议，则天子共⑤己而已。"出若入若，天下莫不平均⑥，莫不治辨，是百王之所同也，而礼法之大分也。

注释

①耗（hào）顇（cuì）：同"耗顇"，耗竭憔悴。②县（xuán）：古"悬"字，维系（在高处），引申指（在高处）掌握，（在上面）统治。③施：施加，给。④总：统领。方：地方，方面。⑤共：同"拱"，拱手，形容毫不费力，无为而治，坐享其成。⑥平均：齐一，均等，指人与人之间的关系能平衡协调。

译文

君主，以能够用人为有本事；平民百姓，以自己能干为有本事。君主可以指使别人去做事，平民百姓就没有地方推卸责任。一百亩土地一个农夫来管理，耕种的事情耗尽了他一生的力量，这是因为他无法把这些事情推给别人。现在君主凭一个人的力量同时治理整个天下，反而时间绰绰有余而要治理的事少得不够做，这是因为让别人去做事的缘故。权力大的当了天子而拥有整个天下，权力小的当了诸侯而统治一国，如果所有的事情一定要自己去做了以后才行，那么辛劳艰苦耗损憔悴就没有比这个更厉害的了，像这样，那么即使是奴婢也不肯和天子交换地位与职事了。因此，君主在上面掌握天下，统一天下，为什么一定要亲自去做所有的事情呢？亲自去做各种事情，是服役的人所遵行的原则，是墨子的学说。选择有德行的人、使用有才能的人而把官职委任给他们，这是圣明帝王的办法，是儒家所谨慎遵守的原则。古书上说："农民分得田地去耕种，商人分取货物去贩卖，各种工匠分配一定的工作去用力，士大夫分任一定的职务去处理政事，诸侯国的国君分封一定的领土去守卫，三公统管各个方面来商议，那么天子只要让自己拱着手就是了。"朝廷外面如此、朝廷内部如此，天下就没有人不协调一致，就没有什么不治理得好好的，这是历代圣王的共同原则，也是礼制法度的要领。

百里之地可以取天下，是不虚，其难者在人主之知之也。取天下者，非负其土地而从之之谓也，道足以壹人而已矣。彼其人苟壹，则其土地且奚去我而适它。故百里之地，其等位爵服，足以容天下之贤士矣；其

官职事业，足以容天下之能士矣；循其旧法，择其善者而明①用之，足以顺服好利之人矣。贤士一焉，能士官焉，好利之人服焉，三者具而天下尽②，无有是其外矣。故百里之地，足以竭③势矣；致忠信，箸④仁义，足以竭人矣。两者合而天下取，诸侯后同者先危。《诗》曰："自西自东，自南自北，无思不服。"一人之谓也。

注释

①明：彰明，指公布、宣传。②尽：穷尽，指全部取得。③竭：穷尽，指全部取得。④箸：通"著"，使显明。

译文

凭借方圆百里的领土可以取得天下，这并不是子虚乌有，它的难处在于君主要懂得凭借小国可以取得天下的道理。所谓取得天下，并不是指其他的国家都带着他们的土地来追随我，而是指我的治国之道足够用来使天下的人和我团结一致罢了。别国君主统治下的那些人如果都和我团结一致，那么他们的土地又怎么会离开我而并入别的国家呢？所以尽管只是方圆百里的领土，但它的等级、官位、品爵、服饰，足够用来容纳天下的贤德之士了；它的官职和工作，足够用来容纳天下的能人了；根据它原有的法度，选择其中好的东西而把它公布实施，也足够用来使贪图财利的人顺服了。贤德之士和我团结一致了，能干的人被我任用了，贪图财利的人顺服了，这三种情况具备，那么天下就全都归我了，在此之外就没有什么了。所以凭借方圆百里的土地，足够用来集中全部的权势了；做到忠诚守信，彰明仁义，就完全可以招致所有的人了。这两者合起来，那么天下就取得了，诸侯中归附晚的就先有危险。《诗经》上说："从那西边又从东，从那南边又从北，没有哪个不服从。"说的就是使天下人和我团结一致的道理啊！

羿、蠭门①者，善服射者也。王良②、造父者，善服驭者也。聪明君子者，善服人者也。人服而势从之，人不服而势去之。故王者已③于服人矣。故人主欲得善射，射远中微，则莫若羿、蠭门矣；欲得善驭，及速致远，则莫若王良、造父矣。欲得调壹天下，制秦、楚，则莫若聪明君子矣。其用知④甚简，其为事不劳而功名致大，甚易处而綦可乐也。故明君以为宝，而愚者以为难⑤。

151

注释

①蠭（páng）门：又作"逢蒙""蓬蒙"，羿的徒弟，善射。②王良：又作王梁、王子于期，即邮无恤，字子良，后避赵襄子之名又改名无正，春秋末赵简子的车夫，善于驾车。③已：止，完毕，完成。④知：通"智"。⑤难（nàn）：灾难，祸患。

译文

羿、逢蒙，善于使射箭的人佩服。王良、造父，善于使驾车的人佩服。聪明的君子，善于使所有的人佩服。人们都敬佩服从他，那么权势也就从属于他；人们不敬佩服从他，那么权势也就和他分离了。所以称王天下的君主达到了使人敬佩服从的地步也就成了。君主想要得到善于射箭的人，既能射得远，又能命中微小的目标，那就没有比羿、逢蒙更好的了；想要得到善于驾车的人，既能追上快速奔驰的车子，又能到达远方的目的地，那就没有比王良、造父更好的了。想要得到治理天下、统一天下的人，制服秦国、楚国，那就没有比聪明的君子更好的了。聪明的君子使用心计非常少，他们做事不费力而功绩名声极大，非常容易相处而又乐观。所以英明的君主把他们当作宝贝，但愚昧的君主却把他们看作是祸患。

夫贵为天子，富有天下，名为圣王，兼制人，人莫得而制也，是人情之所同欲也，而王者兼而有是者也。重色而衣之，重味而食之，重财物而制之，合天下而君之，饮食甚厚，声乐甚大，台榭甚高，园囿甚广，臣使诸侯，一天下，是又人情之所同欲也，而天子之礼制如是者也。制度以陈，政令以挟。官人失要^①则死，公侯^②失礼则幽，四方之国，有侈^③离之德则必灭。名声若日月，功绩如天地，天下之人应之如景向，是又人情之所同欲也，而王者兼而有是者也。故人之情，口好味而臭味莫美焉；耳好声而声乐莫大焉；目好色而文章致繁妇女莫众焉；形体好佚而安重闲静莫愉焉，心好利而谷禄莫厚焉。合天下之所同愿兼而有之，睪牢^④天下而制之若制子孙，人苟不狂惑戆陋者，其谁能睹是而不乐也哉？欲是之主并肩而存，能建是之士不世绝，千岁而不合，何也？曰："人主不公，人臣不忠也。人主则外贤而偏举，人臣则争职而妒贤，是其所以不合之故也。人主胡不广焉，无恤亲疏，无偏贵贱，惟诚能之求？若是，则人臣轻职业让贤，而安随其后。如是，则舜、禹还至，王业还起。功壹天下，名配舜、禹，物由有可乐，如是其美焉者乎？呜呼！君人者，亦可以察若言矣！杨朱^⑤哭衢涂^⑥曰："此夫过举跬步，而觉跌^⑦千里者夫！"哀哭之。此亦荣辱安危存亡之衢已，此其为可哀，甚于衢涂。呜呼！哀哉！君人者，千岁而不觉也。

注释

①要：约，约束，指规定。②公侯：古代五等爵位的第一等为"公"，第二等为"侯"，他们是仅次于天子的贵族。③侈：同"移"，离。④睪牢：牢笼，包罗。⑤杨朱：战国时魏国人，主张"为我""贵生重己"，反对儒家的"仁义"与墨家的"兼爱"。⑥衢（qú）：四面相通的道路，即十字路口。涂：通"途"，道路。⑦跌：走错，失误。

译文

高贵得当上天子，富裕得拥有天下，被称为圣王，全面控制所有的人，而别人没有谁能控制他，这是人们心中所共同追求的，而称王天下的君主则完全拥有了这一切。穿五颜六色的衣服，吃品种繁多的食物，控制多种多样的财物，兼并了天下而统治它，饮食非常丰富，声乐非常洪亮，台阁非常高大，园林兽苑非常宽广，把诸侯当作臣子来使唤，统一天下，这又是人们心中所共同追求的，而天子的礼俗制度就像这个样子。制度已经公布，政令已经完备。群臣百官违反了政令的规定就处死，公爵、侯爵违背了礼制就囚禁，四方的诸侯国如果离心离德就一定加以消灭。名声像日月一样显赫，功绩像天地一样伟大，普天下的人响应他就像影子紧随形体、回响紧随声音一样，这又是人们心中所共同追求的，而称王天下的君主则完全拥有了这一切。人的嘴巴喜欢吃美味的食物，而气味滋味没有比王者吃到的更好的了；耳朵喜欢听悦耳的声音，而歌声乐曲没有比王者听到的更洪亮的了；眼睛喜欢看美色，而复杂华美的彩色花纹和美女没有比王者看到的更多的了；身体喜欢安逸，而安稳清闲没有比王者享受到的更愉快的了；心里喜欢财利，而俸禄没有比王者得到的更丰厚的了。综合了天下人所共同企求的东西而完全地拥有了它们，总揽天下之人而控制他们就像控制子孙一样，人如果不是发疯的、糊涂的、愚蠢的、鄙陋无知的，那还有谁能看到这些而不高兴呢？想要获得这一切的君主多得摩肩接踵地存在着，能够建立起这种事业的贤人世世代代都没有断绝过，但近千年来这样的君主和这样的贤人却没有能够配合起来，这是为什么呢？回答：是因为君主用人不公正，臣下对上不忠诚。君主排斥贤能的人而偏私地提拔人，臣子争夺职位而嫉妒贤能的人，这就是他们不能配合的缘故。君主为什么不广招人才、不去顾及亲疏、不去考虑贵贱、只寻求真正贤能的人呢？如果能这样，那么臣子就会看轻职位而把它让给贤能的人，并甘心跟随在他们的后面。如果这样，那么舜、禹重新会到来，称王天下的大业又能建立起来了。取得统一天下的功绩，名声可以和舜、禹相配，事情还有比这更美好更高兴的吗？唉！统治人民的君主也可以明察一下这些话了！杨朱在十字路口哭泣，说："这是那错误地跨出一步而觉察时就已走错千里的地方吧！"他为此而悲哀地哭泣。这用人之事也就是通往光荣或耻辱、安定或危险、生存或灭亡的十字路口啊，在这上面犯了错误所造成的可悲，要比在十字路口走错路更厉害。唉！可悲啊！统治人民的君主竟然上千年了还没有觉悟啊！

十四

无国而不有治法，无国而不有乱法；无国而不有贤士，无国而不有罢①士；无国而不有愿民，无国而不有悍民；无国而不有美俗，无国而不有恶俗。两者并行而国在。上偏②而国安，在下偏而国危。上一而王，下一而亡。故其法治，其佐贤，其民愿，其俗美，而四者齐，夫是之谓上一。如是，则不战而胜，不攻而得，甲兵不劳而天下服。故汤以亳，武王以鄗，皆百里之地也，天下为一，诸侯为臣，通达之属，莫不从服，无它故焉，四者齐也。桀、纣即序于有天下之势，索为匹夫而不可得也，是无它故焉，四者并亡也。故百王之法不同，若是所归者一也。

注释

①罢（pí）：通"疲"，病，不贤，没有德行。②上偏：偏于上者，指治法多而乱法少，贤士多而罢士少，愿民多而悍民少，美俗多而恶俗少。

译文

没有哪一个国家没有使社会安定的法令制度，没有哪一个国家没有导致社会动乱的法令制度；没有哪一个国家没有贤能的士人，没有哪一个国家没有无行的士人；没有哪一个国家没有朴实善良的百姓，没有哪一个国家没有强暴的百姓；没有哪一个国家没有美好的习俗，没有哪一个国家没有恶劣的习俗。以上两种情况同时存在的，国家仍存在。偏于上一种情况的，国家就安定；偏于下一种情况的，国家就危险。全属于上一种情况的，就能称王天下；全属于下一种情况的，就会灭亡。那国家的法令制度能使社会安定，它的辅佐大臣贤能，它的群众朴实善良，它的习俗美好，这四者齐备，那就叫作全属于上一种情况。像这样，那么不打仗就能战胜敌人，不进攻就能取得战果，军队不用费力而天下就服从了。商汤凭借亳，周武王凭借鄗，都不过是方圆百里的领土，而天下被他们统一了，诸侯做了他们的臣属，凡能到达的地方，没有不服从的，这没有其他的缘故，而是因为上述四种条件齐备了。夏桀、商纣王即使实力雄厚得掌握了统治天下的权力，但最后要求做个普通老百姓也不可能达到，这没有其他的缘故，而是因为上述四种条件全都丧失了。各代君主的治国方法就像这样的不同，但归结起来的道理只有这么一个。

上莫不致爱其下，而制之以礼；上之于下，如保赤子。政令制度，所以接下之人百姓，有不理者如豪末，则虽孤独鳏寡①必不加焉。故下之亲上，欢如父母，可杀而不可使不顺。君臣上下，贵贱长幼，至于庶人，莫不以是为隆正；然后皆内自省以谨于分，是百王之所以同也，而礼法之枢要也。然后农分田而耕，贾分货而贩，百工分事而劝，士大夫分职而听，建国诸侯之君分土而守，三公总方而议，则天子共己而止矣。出若入若，天下莫不平均，莫不治辨。是百王之所同，而礼法之大分也。

注释

①孤独鳏（guān）寡：《孟子·梁惠王下》上解释说："老而无妻曰鳏，老而无夫曰寡，老而无子曰独，幼而无父曰孤。此四者，天下之穷民而无告者。"

　　君主无不对他的臣民给予爱护，因而用礼制来限制他们；君主对于臣民，就像爱护婴儿一样。政令制度，是用来对待下面的老百姓的；如果它有不合理的地方，即使像毫毛的末端一样细微，就算是对孤儿、孤独老人、鳏夫、寡妇，也一定不加到他们头上。所以臣民亲爱君主就像亲爱父母一样高兴，可以杀死他们却不能使他们不顺从君主。君主、臣子、上级、下级，高贵的、卑贱的、年长的、年幼的，直到平民百姓，没有谁不把这礼制作为最高的准则，然后又都在内心反省自己而谨守本分，这就是历代圣王所相同的政治措施，也是礼制法度的关键。这些做到以后，农民就分得田地去耕种，商人就分取货物去贩卖，各种工匠分配一定的事情去用力，士大夫分任一定的职务去处理政事，诸侯国的国君分封一定的领土去守卫，三公统管各个方面来商议，那么天子只要让自己拱着手就是了。朝廷外面如此、朝廷内部如此，天下就没有人不协调一致，就没有什么不治理得好好的。这是历代圣王共同的地方，也是礼制法度的要领。

　　若夫贯日而治平，权①物而称②用，使衣服有制，宫室有度，人徒有数，丧祭械用皆有等宜，以是用挟于万物，尺寸寻③丈，莫得不循乎制度数量然后行，则是官人使吏之事也，不足数于大君子之前。故君人者，立隆政本朝而当，所使要百事者诚仁人也，则身佚而国治，功大而名美，上可以王，下可以霸。立隆正本朝而不当，所使要百事者非仁人也，则身劳而国乱，功废而名辱，社稷必危。是人君者之枢机也！故能当一人而天下取，失当一人而社稷危。不能当一人，而能当千百人者，说无之有也。既能当一人，则身有何劳而为？垂衣裳而天下定。故汤用伊尹，文王用吕尚④，武王用召公⑤，成王用周公旦。卑者五伯，齐桓公闺门之内，县乐奢泰游抏⑥之修⑦，于天下不见谓修，然九合诸侯，一匡天下⑧，为五伯长，是亦无他故焉，知一政于管仲也，是君人者之要守也！知者易为之兴力而功名綦大。舍是而孰足为也。故古之人，有大功名者，必道是者也。丧其国，危其身者，必反是者也。故孔子曰："知者之知，固以多矣，有以守少，能无察乎？愚者之知，固以少矣，有⑨以守⑩多，能无狂乎？"此之谓也。

注释

①权：调节秤锤使秤杆平衡叫"权"（也称"权衡"），引申为合理地调节。②称（chèn）：

合适，配得上。③寻：古代长度单位，八尺为一寻。④吕尚：姜姓，吕氏，名尚，字子牙，号太公望，俗称姜太公。周文王出猎而访得了他，尊他为师。后来他辅佐周武王灭商而使周王朝一统天下，因有功而封于齐。⑤召（shào）公：姓姬，名奭（shì），因采邑在召（今陕西岐山西南），故称召公。曾帮助武王灭商，被封于燕，成为燕国始祖。⑥抗：同"玩"。⑦修：讲求，搞。⑧一：统一，一致。匡：正。一匡天下：使天下归于一统、恢复正道。⑨有：通"又"。⑩守：管。

译文

至于日积月累地把政事治理妥当，合理地调节万物来使它们适用，使各级官吏穿的衣服有一定的规格、住的房子有一定的标准、役使的仆从有一定的编制、丧葬祭祀器械用具都有和等级相适合的规定，把这种做法贯彻到各种事情中去，诸如尺寸寻丈之类的标准，无一不是遵循了法度然后才加以施行，这些都是政府官员和供役使的官吏所做的事，不值得在伟大的君主面前数说。那统治人民的君主，如果为本朝所确立的最高准则完全得当，所任用的总管各种事务的人是真正有仁德的人，那么他就会自身安逸而国家安定，功绩伟大而名声美好，高一点的可以称王天下，低一点的也可以称霸诸侯。如果为本朝所确立的最高准则不得当，所任用的总管各种事务的人不是具有仁德的人，那么他就会自身劳累而国家混乱，前功尽弃而声名狼藉，国家一定会危险。这是当君主的关键啊！能恰当地任用一个人，那么天下就能取得；不能恰当地任用一个人，那么国家就会危险。不能恰当地任用一个人而能恰当地任用一千个人、一百个人，在理论上是没有这种事情的。既然能恰当地任用一个人，那么他本身又有什么劳累的事要做呢？只要

穿着长袍无所事事而天下就能平定了。所以商汤任用了伊尹，周文王任用了吕尚，周武王任用了召公，周成王任用了周公旦。功德低一点的是五霸，齐桓公在宫门之内悬挂乐器、奢侈放纵，游荡玩耍，但在天下，他并没有被说成是讲求享乐，他多次会合诸侯，使天下归于一而恢复了正道，成为五霸的盟主，这也没有其他的缘故，而是因为他懂得把政事全部交给管仲，这就是当君主的重要守则啊！聪明的君主容易做到这一点，所以能造成强大的实力而功业名望极大。除了这个还有什么值得去做呢？所以古代的人，凡是有伟大的功业名望的，一定是遵行了这一点；凡是丧失了自己的国家，危害到他本人的，一定是违反了这一点。所以孔子说："智者的知识，本来已经很多了，又因为管的事很少，能不明察吗？蠢人的智慧，本来已经很少了，又因为管的事很多，能不混乱吗？"说的就是这个道理。

治国者分已定，则主相臣下百吏，各谨其所闻，不务听其所不闻。各谨其所见，不务视其所不见。所闻所见诚以齐矣，则虽幽闲①隐辟②，百姓莫敢不敬分安制，以化③其上，是治国之征也。

注释

①闲：阻隔，闭塞。②辟：通"僻"。③化：顺服。

译文

治理得好的国家，名分已经确定以后，那么君主宰相大臣百官就各自谨守自己应该听见的东西，不致力于打听自己不应该听见的东西。各自谨守自己应该看见的东西，不致力于察看自己不应该看见的东西。君主宰相大臣百官的所见所闻，如果真正和各自的名分一致了，那么即使是那些幽远闭塞隐蔽偏僻的地方，百姓中也没有人敢不严守本分，都会遵守制度，顺服他们的君主，这是治理得好的国家的标志。

主道治近不治远，治明不治幽，治一不治二。主能治近则远者理，主能治明则幽者化，主能当一则百事正。夫兼听天下，日有余而治不足

者，如此也，是治之极也。既能治近，又务治远；既能治明，又务见幽；既能当一，又务正百，是过者也，过犹不及也。辟^①之是犹立直木而求其景之枉也。不能治近，又务治远；不能察明，又务见幽；不能当一，又务正百，是悖者也。辟之是犹立枉木而求其景之直也。故明主好要，而暗主好详。主好要则百事详，主好详则百事荒。君者，论^②一相，陈一法，明一指^③，以兼覆^④之，兼炤^⑤之，以观其盛^⑥者也。相者，论列^⑦百官之长，要百事之听，以饰^⑧朝廷臣下百吏之分，度其功劳，论其庆赏，岁终奉其成功以效于君。当则可，不当则废。故君人劳于索之，而休于使之。

注释

①辟：通"譬"。②论（lún）：通"抡"，选择。③指：同"旨"。④覆：覆盖，庇护，指统治。⑤炤：同"照"，察见。⑥盛：通"成"。⑦论：通"抡"。列：安排位次。⑧饰：同"饬"，整治，整顿。

译文

治理近处的事而不治理远方的事，治理明处的事而不治理暗处的事，治理根本性的一件大事而不治理各种各样的小事。君主能够治理好近处的事，那么远方的事就会因此而得到治理；君主能够治理好明处的事，那么暗处的事就会因此而变化；君主能恰当地治理好根本性的一件大事，那么各种各样的小事就会因此而得到正确处理。同时治理整个天下，时间绰绰有余而要治理的事少得不够做，就像这样，就是政治的最高境界了。既能治理近处的事，又力求治理远方的事；既能治理明处的事，又力求察见暗处的事；既能恰当地治理好根本性的大事，又力求治理好各种各样的小事，这是过分的做法，如同达不到一样。打个比方，这就好像是树起笔直的木头而要求它的影子弯曲一样。不能治理近处的事，又力求治理远处的事；不能明察明处的事，又力求察见暗处的事；不能恰当地治理好根本性的大事，又力求治理好各种各样的小事，这是昏乱的做法。打个比方，这就好像是树起弯曲的木头而要求它的影子笔直一样。所以英明的君主喜欢抓住要领，而愚昧的君主喜欢管得周详。君主喜欢抓住要领，那么各种事情就能办得周详；君主喜欢管得周详，那么各种事情就会荒废。君主，只要选择一个宰相，公布一套法制，阐明一个宗旨，用这种手段来全面地统治一切，普遍地洞察一切，从而来坐观自己的成功。作为宰相，就要选拔安排好各部门的长官，总管各种事情的处理，以此来整顿朝廷上的大臣和各级官吏的职分，衡量他们的功劳，论定对他们的奖赏，年终拿他们的成绩功劳呈报给君主。称职的就留用，不称职的就罢免。所以当君主的在寻觅贤相时劳累，在使用他以后就安逸了。

　　用国者，得百姓之力者富，得百姓之死者强，得百姓之誉者荣。三得者具而天下归之，三得者亡而天下去之。天下归之之谓王，天下去之之谓亡。汤、武者，修其道，行其义，兴天下同利，除天下同害，天下归之。故厚德音以先之，明礼义以道之，致忠信以爱之，赏①贤使能以次之，爵服赏庆以申重之，时其事，轻其任，以调齐之，潢然兼覆之，养长之，如保赤子。生民则致宽，使民则綦理；辩②政令制度，所以接天下之人百姓；有非理者如豪末，则虽孤独鳏寡必不加焉。是故百姓贵之如帝，亲之如父母，为之出死断亡而不愉者，无它故焉，道德诚明，利泽诚厚也。

注释

①赏：当作"尚"。②辩：通"辦"，置办，搞。

译文

治理国家的君主，得到百姓出力劳动的就富足，得到百姓拼死作战的就强大，得到百姓称赞颂扬的就荣耀。这三者都具备，那么天下人就会归附他；这三者都没有，那么天下人就会叛离他。天下人归附他叫作称王，天下人叛离他叫作灭亡。商汤、周武王这些人，遵循这条原则，奉行这种道理，兴办天下人的共同福利，除掉天下人的共同祸害，因而天下人都归附他们。所以君主加强德行来引导人民，彰明礼义来指导他们，尽力做到忠诚守信来爱护他们，尊崇贤人、任用能人来安排职位，用爵位、服饰、赏赐、表扬去反复激励他们，根据时节安排他们的劳动、减轻他们的负担来调剂他们，广泛普遍地庇护他们，抚养他们，就像保护初生的婴儿一样。养育人民极其宽厚，使用人民则极其合理；制定政令制度，是用来对待下面的老百姓的；如果它有不合理的地方，即使像毫毛的末端一样细微，那么就算对孤儿、孤独老人、鳏夫、寡妇，也一定不加到他们头上。所以百姓尊重他就像尊重上帝一样，亲爱他就像亲爱父母一样，为他豁出性命决心牺牲而心甘情愿，这没有其他的缘故，而是因为君主的道德确实贤明，君主的恩泽确实深厚啊。

> 乱世不然。污漫突盗以先之，权谋倾覆以示之，俳优①、侏儒②、妇女之请谒以悖之，使愚诏知，使不肖临贤，生民则致贫隘③，使民则綦劳苦。是故百姓贱之如尪④，恶之如鬼，日欲司间⑤而相与投藉之，去逐之。卒⑥有寇难之事，又望百姓之为己死，不可得也，说无以取之焉。孔子曰："审⑦吾所以适⑧人，适人之所以来我也。"此之谓也。

注释

①俳（pái）：滑稽演员。优：优伶，演员。②侏儒：因发育不良而身材短小的人，古代常充当滑稽演员，供贵族戏弄取乐。③隘（è）：通"阨"，穷困，窘迫。④尪（wāng）：骨骼弯曲的残疾人。⑤司：通"伺"，侦察，探察。间：间隙，空子。⑥卒：通"猝"，突然。⑦审：弄明白。⑧适：到……去。

译文

混乱的社会就不是这样。君主以污秽卑鄙、强取豪夺的行为来做人民的先导，玩弄权术阴谋、搞倾轧陷害来给他们做示范，让演员、矮子、女人私下求见说情来搞昏自己，让愚蠢的人去教诲有智慧的人，让没有德才的人去领导有德才的人，养育人民则使他们极其贫穷困厄，使用人民则使他们极其疲劳辛苦。所以百姓鄙视他就像鄙视残疾人一样，厌恶他就像厌恶鬼魅一样，天天想寻找机会而一起来抛弃践踏他、摒除驱逐他。突然发生了外敌入侵的事，他还指望百姓为他卖命，这是不可能的啊！任何理论学说都无法从这些所作所为中汲取什么。孔子说："看看自己怎样对待别人，别人也会同样对待自己。"说的就是这个道理。

伤国者，何也？曰：以①小人尚②民而威，以非所③取于民而巧，是伤国之大灾也。大国之主也，而好见小利，是伤国。其于声色、台榭、园囿也，愈④厌而好新，是伤国；不好循正其所以有，唲唲⑤常欲人之有，是伤国。三邪者在匈中，而又好以权谋倾覆之人，断事其外，若是，则权轻名辱，社稷必危，是伤国者也。大国之主也，不隆本行，不敬旧法，而好诈故⑥，若是，则夫朝廷群臣，亦从而成俗于不隆礼义，而好倾覆也。朝廷群臣之俗若是，则夫众庶百姓亦从而成俗于不隆礼义，而好贪利矣。君臣上下之俗莫不若是，则地虽广，权必轻，人虽众，兵必弱；刑罚虽繁，令不下通。夫是之谓危国，是伤国者也。

注释

①以：使。②尚：通"上"。③所：道，手段。④愈：通"愉"，乐。⑤唲唲：贪吃的样子，形容贪婪。⑥故：巧诈。

译文

危害国家的因素是什么呢？回答：使小人骑在人民头上作威作福，用不正当的手段向人民搜刮勒索却十分巧妙，这是危害国家的重大灾难。身为大国的君主，却喜欢注意小利，这就会危害国家；他对于音乐美色、高台亭阁、园林兽苑，乐此不疲而追求新奇，这就会危害国家；不喜欢好好管理自己已有的土地财富，却馋涎欲滴地常常想求得别人所拥有的土地财富，这就会危害国家。这三种邪恶的念头在胸中，而又喜欢让那搞权术阴谋倾轧陷害的人在外朝决断政事，像这样，那么君主就会权势轻微、声名狼藉，国家政权必然危险，这就是危害国家的君主。身为大国的君主，却不尊崇根本性的德

行，不谨守原有的法制，而喜欢搞欺诈，像这样，那么朝廷上的群臣也就跟着养成一种不尊崇礼义而喜欢搞倾轧陷害的习俗。朝廷上群臣的习俗像这样，那么群众百姓也就跟着养成一种不尊崇礼义而喜欢搞倾轧陷害的习俗了。君臣上下的习俗无不如此，那么领土即使辽阔，权势也必然轻微；人口即使众多，兵力也必然衰弱；刑罚即使繁多，政令也不能向下贯彻。这就叫作危险的国家，这就是危害国家的君主。

　　儒者为之不然，必将曲辨[①]。朝廷必将隆礼义而审贵贱，若是，则士大夫莫不敬节死制者矣。百官则将齐其制度，重其官秩，若是，则百吏莫不畏法而遵绳矣。关市几而不征，质律禁止而不偏[②]，如是，则商贾莫不敦悫而无诈矣。百工将时斩伐，佻[③]其期日[④]，而利其巧任[⑤]，如是，则百工莫不忠信而不楛矣。县鄙将轻田野之税，省刀布之敛，罕举力役，无夺农时，如是，则农夫莫不朴力而寡能矣。士大夫务节死制，然而兵劲。百吏畏法循绳，然后国常不乱。商贾敦悫无诈，则商旅安，货通财，而国求给矣。百工忠信而不楛[⑥]，则器用巧便而财不匮矣。农夫朴力而寡能，则上不失天时，下不失地利，中得人和，而百事不废。是之谓政令行，风俗美，以守则固，以征则强，居则有名，动则有功。此儒之所谓曲辨也。

注释

　　①辨：通"辦"（办），治理。②偏：指偏听一面之词。③佻（tiáo）：通"迢"，远，延缓，放宽。④期日：约定的日数、日期。⑤任：能力。⑥楛：通"盬"，粗劣。

译文

　　儒者做事就不是这样的，他一定会周到地治理好。在朝廷上一定要尊崇礼义而辨明贵贱，像这样，那么士大夫就没有不看重节操、为礼制殉身的了。对于群臣百官，将统一他们的管理制度，注重他们的官职俸禄，像这样，那么群臣百官就无不害怕法制而遵守准则条例了。对于关卡和集市进行检查而不征税，对于贸易抵债券禁止弄虚作假而不偏听一面之词，像这样，那么商人就无不忠厚老实而没有欺诈了。对于各种工匠要求他们按照时节砍伐木材，放宽对他们的限期以便利他们发挥技巧，像这样，那么各种工匠就无不忠诚老实而不粗制滥造了。在农村减轻对农田的收税，减少货币的搜刮，少发动劳役，不侵占农时，像这样，那么农民就无不朴实地尽力于耕种而很少有其他的技能了。士大夫追求名节而殉身于礼制，这样兵力就会强劲。群臣百官害怕法制而遵守准则

王霸

条例，这样国家就不会经常混乱。商人忠厚老实而不搞欺诈，那么流动的商贩就安全保险，货物钱财就能流通，而国家的各种需求就能得到供应了。各种工匠忠诚老实而不粗制滥造，那么器械用具就做得精巧便利而材料也不会缺乏了。农民朴实地尽力耕作而没有能力从事其他行业，那么上不会失天时，下不会失地利，中能得人和，而各种事情就不会荒废。这些情况叫作政令通行，风俗美好。凭借这种政治局面来防守就能守得很牢固，去出征就能强劲有力；安居无事就会有声望，采取行动就会有功绩。这就是儒家所说的对各个方面周详地治理。

读解

本篇论述了要称王天下所必须实行的一系列政治措施，如守要领、立礼法、讲道义、明名分、择贤相、用能人、取民心等；同时，篇中兼述了霸道与亡国之道以及王道相观照。

儒家的思想中比较推崇礼、义、仁、智、信这几个方面，特别是把礼义放在了首位。荀子也非常推崇礼义。在这篇文章中，荀子首先论述了一下国家，"国者，天下之利用也"，国家是天下最有利的工具，那么，君主呢？"人主者，天下之利势也"，君主是天下最有权势的人。但是，一个君主若是没有掌握正确的治理方法，就会有非常大的危险，甚至断送自己的身家性命和整个国家。什么是正确的管理办法呢？那就是礼义和诚信。所以荀子说"义立而王，信立而霸，权谋立而亡"。很明显，在这里，荀子是厌恶用阴谋诡计来治理国家的，而他推崇的就是用礼义来治理国家的。在接下来的篇幅中，荀子分别论述了什么是"义立而王"，什么是"信立而霸"，什么是"权谋立而亡"。之后，荀子苦口婆心地说"这三种情况，君主一定要谨慎，仁人一定要弄明白啊！"

"挈国以呼功利，不务张其义，齐其信，唯利之求，内则不惮诈其民而求小利焉；外则不惮诈其与而求大利焉，内不修正其所以有，然常欲人之有。如是，则臣下百姓莫不以诈心待其上矣。上诈其下，下诈其上，则是上下析也"，这是利用权谋来治理国家的情况，也是后来秦国的真实写照。当年秦始皇率领秦国的士兵歼灭六国，统一天下的时候，是多么威风啊！可是当陈胜、吴广揭竿而起，天下群雄并起的时候，整个秦王朝便马上烟消云散，又是多么令人叹息啊！这大概就是不实行礼义来治理国家的后果吧！

事例一

秦国一统天下，靠的不是礼义，也不是什么诚信，而是荀子最鄙视的阴谋诡计。所以秦国也就如同荀子所讲的那样"身死国亡。为天下大僇，后世言恶，则必稽焉"。

秦始皇定制

秦王嬴政刚刚兼并六国，统一天下，便自认为兼备了三皇的德行，功业超过了五帝，于是改称号为"皇帝"，下令称"诏书"，皇帝的自称为"朕"。同时追尊父亲庄襄

王为太上皇。嬴政还颁布制书说："君王死后依据他生前的行为追加谥号，这是儿子议论父亲，臣子议论君王，实在没意思。从今以后，废除为帝王上谥号的制度。朕为始皇帝，后继者以序数计算，称为二世皇帝、三世皇帝，以至万世，无穷无尽地传下去。"

　　秦始皇按照水、火、木、金、土五行相生相克、终始循环的原理进行推求，认为周朝占有火德的属性，秦朝要取代周朝，就必须取周朝的火德所抵不过的水德。现在是水德开始之年，为顺天意，要更改一年的开始。群臣朝见拜贺都在十月初一这一天。衣服、符节和旗帜的装饰，都崇尚黑色。因为水德属阴，而《易》卦中表示阴的符号阴爻叫作"元"，就把数目以十为终极改成以六为终极，所以符节和御史所戴的法冠都规定为六寸，车宽为六尺，六尺为一步，一辆车驾六匹马。把黄河改名为"德水"，以此来表示水德的开始。刚毅严厉，一切事情都依法律决定，刻薄而不讲仁爱、恩惠、和善、情义，这样才符合五德中水主阴的命数。于是把法令搞得极为严酷，犯了法久久不能得到宽赦。

　　把天下分为三十六郡，每郡都设置守、尉、监。改称人民所做"黔首"。下令全国特许聚饮以表示欢庆。收集天下的兵器，聚集到咸阳，熔化之后铸成大钟，十二个铜人，每个重达十二万斤，放置在宫廷里。统一法令和度量衡标准。统一车辆两轮间的宽

度。书写使用统一的隶书。领土东到大海和朝鲜，西到临洮、羌中，南到北向户，往北据守黄河作为要塞。沿着阴山往东一直到达辽东郡。迁徙天下富豪人家十二万户到咸阳居住。诸如祖庙及章台宫、上林苑都在渭水南岸。秦国每灭掉一个诸侯，都按照该国宫室的样子，在咸阳北面的山坡上进行仿造，南边濒临渭水，从雍门往东直到泾、渭二水交会处，殿屋之间有天桥和环行长廊互相连接起来。从诸侯那里虏得的美人和钟鼓乐器之类，都放到那里面。

事例二

国家建立的时候，往往是摧枯拉朽地扫灭前朝；国家灭亡的时候，也往往是腐朽之极。看看成汤当年建立夏王朝的时候，是多么地礼贤下士啊！这样的成汤又与周文王、武王多么相似啊！

成汤仁德

成汤在夏朝为方伯（一方诸侯之长），有权征讨邻近的诸侯。葛伯不祭祀鬼神，成汤首先征讨他。成汤说："我说过这样的话：人照一照水就能看出自己的形貌，看一看民众就可以知道国家治理得好与不好。"伊尹说："英明啊！善言听得进去，道德才会进步。治理国家，抚育万民，凡是有德行做好事的人都要任用为朝廷之官。努力吧，努力吧！"成汤对葛伯说："你们不能敬顺天命，我就要重重地惩罚你们，概不宽赦。"于是写下《汤征》，记载了征葛的情况。

伊尹名叫阿衡。阿衡想求见成汤而苦于没有门路，于是就去给有莘氏做陪嫁的男仆，背着饭锅砧板来见成汤，借着谈论烹调滋味的机会向成汤进言，劝说他实行王道。也有人说，伊尹本是个有才德而不肯做官的隐士，成汤曾派人去聘迎他，前后去了五趟，他才答应前来归从，向成汤讲述了远古帝王及九类君主的所作所为。成汤于是举用了他，委任他管理国政。伊尹曾经离开商汤到夏桀那里，因为看到夏桀无道，十分憎恶，所以又回到了商都亳。他从北门进城时，遇见了商汤的贤臣女鸠和女房，于是写下《女鸠》《女房》，述说他离开夏桀重回商都时的心情。

一天成汤外出游猎，看见郊野四面张着罗网，张网的人祝祷说："愿从天上来的，从地下来的，从四方来的，都进入我的罗网！"成汤听了说："嗳，这样就把禽兽全部打光了！"于是把罗网撤去三面，让张网的人祝祷说："想往左边走的就往左边走，想向右边逃的就向右边逃。不听从命令的，就进我的罗网吧。"诸侯听到这件事，都说："汤真是仁德到极点了，就连禽兽都受到了他的恩惠。"

君 道

一

有乱君，无乱国；有治人，无治法。羿之法非亡也，而羿不世中；禹之法犹存，而夏不世王。故法不能独立①，类不能自行；得其人则存，失其人则亡。法者，治之端也；君子者，法之原也。故有君子，则法虽省，足以遍②矣；无君子，则法虽具，失先后之施，不能应事之变，足以乱矣。不知法之义而正法之数者，虽博③，临事必乱。故明主急得其人，而暗主急得其势。急得其人，则身佚而国治，功大而名美，上可以王，下可以霸；不急得其人，而急得其势，则身劳而国乱，功废而名辱，社稷必危。故君人者，劳于索之，而休于使之。《书》曰："惟④文王敬忌，一人⑤以择。"此之谓也。

注释

①立：建树。②遍：与下文"乱"相对，指普遍得到治理。③博：多闻。④惟：思。⑤一人：指代天子。

译文

有搞乱国家的君主，没有一定混乱的国家；有治理国家的人才，没有使国家自动治理好的法制。后羿的射箭方法并没有失传，但后羿并不能使世世代代的人都百发百中；大禹的法制仍然存在，但夏后氏并不能世世代代称王天下。所以法制不可能单独有所建树，律例不可能自动被实行；得到了那种善于治国的人才，那么法制就存在；失去了那种人才，那么法制也就灭亡了。法制，是治理的开头；君子，是法制的本原。所以有了君子，法律即使简略，也足够用在一切方面了；如果没有君子，法律即使完备，也会失去先后的实施次序，不能应付事情的各种变化，足够形成混乱了。不懂得法治的道理而只是去定法律的条文的人，即使了解得很多，碰到具体事情也一定会混乱。所以英明的君主急于得到治国的人才，而愚昧的君主急于取得权势。急于得到治国的人才，就会自身安逸而国家安定，功绩伟大而名声美好，上可以称王天下，下可以称霸诸侯；不急于得到治国的人才，而急于取得权势，就会自身劳苦而国家混乱，功业败坏而声名狼藉，国家政权必然危险。所以统治人民的君主，在寻觅人才时劳累，而在使用他以后就安逸了。《尚书》上说："要想想文王的恭敬戒惧，亲自去选择人才。"说的就是这种道理。

合符节，别契券①者，所以为信也；上好权谋，则臣下百吏诞诈之人乘是而后欺。探筹投钩者，所以为公也；上好曲私，则臣下百吏乘是而后偏。衡石②称县③者，所以为平也；上好倾覆，则臣下百吏乘是而后险。斗斛④敦概⑤者，所以为啧⑥也；上好贪利，则臣下百吏乘是而后丰取刻与以无度取于民。故械数者，治之流也，非治之原也；君子者，治之原也。官人守数，君子养原；原清则流清，原浊则流浊。故上好礼义，尚贤使能，无贪利之心，则下亦将綦辞让，致忠信，而谨于臣子矣。如是则虽在小民，不待合符节、别契券而信，不待探筹投钩而公，不待衡石称县而平，不待斗斛敦概而啧。故赏不用而民劝，罚不用而民服，有司不劳而事治，政令不烦而俗美。百姓莫敢不顺上之法，象上之志，而劝上之事，而安乐之矣。故藉敛⑦忘费，事业忘劳，寇难忘死，城郭不待饰⑧而固，兵刃不待陵⑨而劲⑩，敌国不待服而诎，四海之民不待令而一，夫是之谓至平。《诗》曰："王犹允塞，徐方既来。"此之谓也。

注释

①契券：契据证券，是古代的一种凭证。古人在竹简或木简上刻字，刻好后剖为两半，双方各留一半，验证时将两半相合，契合的便有效。②衡石：对衡器的通称。衡，秤；石，古代重量单位，一百二十斤为一石。③县：同"悬"。称县：称量。④斛：古代量器，十斗为一斛。⑤敦（duì）：古代量黍稷的器具，形状似盂，一敦为一斗二升。概：量米粟时刮平斗斛的木板。⑥啧：实际。⑦藉：进贡。敛：赋税。藉敛：纳税。⑧饰：同"饬"，整治。⑨陵：通"凌"，冰，引申为冷却，此指淬火。⑩劲：强，坚硬。

译文

验合符节、辨认契券，是用来造成信用的；但如果君主喜欢搞权术阴谋，那么大臣百官中那些搞欺骗诡诈的人就会乘机跟着搞欺诈。抽签、抓阄，是用来造成公正的；但如果君主喜欢偏私，那么大臣百官就会乘机跟着搞偏私。用衡器来称量，是用来造成公平的；但如果君主喜欢偏斜颠倒，那么大臣百官就会乘机跟着邪恶不正。各种量器量

荀子选集

具，是用来统一标准的；但如果君主热衷于贪图财利，那么大臣百官就会乘机跟着去多拿少给以致没有限度地盘剥老百姓。所以各种有助于治理的器物与方法，只是治理国家的末流，并不是治理国家的源头；君主，才是治理国家的源头。官吏遵守具体的方法条例，君主则保养源头。源头清澈，那么下边的流水也清澈；源头混浊，那么下边的流水也混浊。所以君主如果爱好礼义，尊重贤德、使用有才能的人，没有贪图财利的思想，那么臣下也就会极其谦让，极其忠诚老实，而谨慎地做一个臣子了。像这样，即使是在卑微的老百姓之中，也不等验合符节、辨认契券就能做到有信用，不等抽签、抓阄就能做到公正，不靠衡器来称量就能做到公平，不需要各种量器量具就能做到标准统一。所以不用奖赏而民众就能勤勉，不用刑罚而民众就能服从，官吏不费力而事情就能处理好，政策法令不繁多而习俗就能变好；百姓没有谁敢不顺从君主的法令、依照君主的意志而为君主的事情卖力，而且对此感到安乐。所以民众在纳税时不觉得破费，为国家干事业时忘掉了疲劳，外敌发动战争时能拼死作战；城墙不用修整就坚固，兵器的刀口不用淬炼就坚硬，敌国不等去征服就屈从，天下的民众不用命令就能统一行动。这叫作极其太平。《诗经》上说："王道真是遍行四海，徐国已经来朝拜。"说的就是这种意思。

请问为人君？曰：以礼分施①，均遍②而不偏。请问为人臣？曰：以礼侍君，忠顺而不懈。请问为人父？曰：宽惠而有礼。请问为人子？曰：敬爱而致文③。请问为人兄？曰：慈爱而见友④。请问为人弟？曰：敬诎而不苟。请问为人夫？曰：致功而不流，致临⑤而有辨⑥。请问为人妻？曰：夫有礼则柔从听侍，夫无礼则恐惧而自竦⑦也。此道也，偏立而乱，俱立而治，其足以稽⑧矣。请问兼能之奈何？曰：审之礼也。古者先王审礼以方皇⑨周浃⑩于天下，动无不当也，故君子恭而不难，敬而不巩，贫穷而不约，富贵而不骄，并遇变态而不穷，审之礼也。故君子之于礼，敬而安之；其于事也，径而不失；其于人也，寡怨宽裕而无阿；其所为身也，谨修饰而不危；其应变故也，齐给便捷而不惑；其于天地万物也，不务说其所以然，而致善用其材；其于百官之事、技艺之人也，不与之争能而致善用其功；其待上也，忠顺而不懈；其使下也，均遍而不偏；其交游也，缘义而有类；其居乡里也，容而不乱。是故穷则必有名，达则必有功，仁厚兼覆天下而不闵，明达用天地理万变而不疑，血气和平，志意广大，行义塞于天地之间，仁知之极也。夫是之谓圣人审之礼也。

注释

①分施：施舍，给人恩惠。②均遍：公平。③致：极。文：指礼节礼貌。④友：兄弟之间的亲爱、友好与帮助。⑤临：近。⑥有辨：指夫妻有别，保持一定的界限。⑦竦：肃敬。⑧稽：通"楷"，楷模。⑨方皇：广大。⑩周浃：周遍。

译文

请问怎样做君主？回答：要按照礼义去治理，公平而不偏私。请问怎样做臣子？回答：要按照礼义去侍奉君主，忠诚顺从而不懈怠。请问怎样做父亲？回答：要宽厚仁爱而有礼节。请问怎样做儿子？回答：要敬爱父母而极有礼貌。请问怎样做哥哥？回答：要仁慈地爱护弟弟而付出自己的友爱。请问怎样做弟弟？回答：要恭敬顺服而一丝不苟。请问怎样做丈夫？回答：要尽力取得功业而不放荡淫乱，尽力亲近妻子而又有一定的界限。请问怎样做妻子？回答：丈夫遵行礼义就温柔顺从听命侍候他，丈夫不遵行礼义就诚惶诚恐而独自保持肃敬。这些原则，只能部分地做到，那么天下仍会混乱，全部做到了，天下就会大治，足够用来作为楷模了。请问要全部做到这些该怎么办？回答：必须弄清楚礼义。古代圣王弄明白了礼义而普遍施行于天下，行动没有不恰当的，所以君子谦恭但不胆怯，肃敬但不恐惧，贫穷却不卑屈，富贵却不骄纵，同时遇到各种

事变、也能应付自如而不会束手无策，这都是因为弄明白了礼义的缘故。所以君子对于礼义，敬重并遵守它；他对于事务，做起来直截了当但不出差错；他对于别人，很少埋怨，宽宏大量但不阿谀逢迎；他做人的原则，是谨慎地加强修养而不险诈；他应付事变，迅速敏捷而不糊涂；他对于天地万物，不致力于解说它们形成的原因而能做到很好地利用其材；他对做事的百官和有技术的人才，不和他们竞争技能的高下而能做到很好地利用他们的工作成果；他侍奉君主，忠诚顺从而不懈怠；他使唤下边的人，公平而不偏私；他与人交往，依循道义而有法度；他住在乡里，待人宽容而不胡作非为。所以君子处境穷困时就一定享有名望，显达时就一定能建立功勋；他的仁爱宽厚之德普照天下而不昏暗，他的明智通达能够整治天地万物、处理各种事变而不疑惑；他心平气和，思想开阔，德行道义充满天地之间，仁德智慧达到了极点。这种人就叫作圣人，这是因为他弄明白了礼义的缘故啊。

四

> 请问为国？曰：闻修身，未尝闻为国也。君者仪①也，民者景也，仪正而景正。君者槃②也，民者水也，槃圆而水圆。君者，孟也，孟方而水方。君射则臣决③。楚庄王好细腰，故朝有饿④人。故曰：闻修身，未尝闻为国也。

注释

①仪：日晷（guǐ），利用日影来测定时刻的仪器。一般是在刻有时刻线的盘（晷面）的中央立一根垂直的标杆（晷针，也称"表"），根据这标杆投出的日影方向和长度来确定时刻。此文"仪"即指此标杆而言。②槃（pán）：通"盘"。③决：古代射箭时套在右手大拇指上用来钩弦的象骨套子，俗称"扳指"。这里用作动词。④古代一般的肚子饿叫"饥"。"饿"是指严重的饥饿，指肚子饿得受到死亡的威胁。

译文

请问怎样治理国家？回答：我只听说君主要修养自己的品德，不曾听说过怎样去治理国家。君主就像测定时刻的标杆，民众就像这标杆的影子，标杆正直，那么影子也正直。君主就像盘子，民众就像盘里的水，盘子是圆形的，那么盘里的水也成圆形。君主就像盂，民众就像盂中的水，盂是方形的，那么盂中的水也成方形。君主射箭，那么臣子就会套上扳指。楚灵王喜欢细腰的人，所以朝廷上有饿得面黄肌瘦的臣子。所以说：我只听说君主要修养身心，不曾听说过怎样治理国家。

君
道

君者，民之原也，原清则流清，原浊则流浊。故有社稷者而不能爱民，不能利民，而求民之亲爱己，不可得也。民不亲不爱，而求其为己用，为己死，不可得也。民不为己用，不为己死，而求兵之劲，城之固，不可得也。兵不劲，城不固，而求敌之不至，不可得也。敌至而求无危削，不灭亡，不可得也。危削灭亡之情举积此矣，而求安乐，是狂生者也。狂生者，不胥①时而落。故人主欲强固安乐，则莫若反之民；欲附下一民，则莫若反之政；欲修政美俗，则莫若求其人。彼或蓄积而得之者不世绝。彼其人者，生乎今之世，而志乎古之道。以天下之王公莫好之也，然而于是独好之；以天下之民莫欲之也，然而于是独为之。好之者贫，为之者穷，然而于是独犹将为之也，不为少顷辍焉。晓然独明于先王之所以得之、所以失之，知国之安、危、臧、否，若别白黑。是其

人者也，大用之，则天下为一，诸侯为臣；小用之，则威行邻敌；纵不能用，使无去其疆域，则国终身无故。故君人者，爱民而安，好士而荣，两者无一焉而亡。《诗》曰："价人维藩，大师维垣。"此之谓也。

注释

①胥：通"须"，等待。

译文

　　君主，就像人民的源头，源头清澈，那么下边的流水也清澈，源头混浊，那么下边的流水也混浊。所以掌握了国家政权的人如果不能够爱护人民、不能够使人民得利，而要求人民亲近爱戴自己，那是不可能得到的。人民不亲近、不爱戴，而要求人民为自己所用、为自己牺牲，那也是不可能得到的。人民不为自己所用、不为自己牺牲，而要求兵力强大、城防坚固，那是不可能办到的。兵力不强大、城防不坚固，而要求敌人不来侵犯，那是不可能办到的。敌人来了而要求自己的国家不危险削弱、不灭亡，那是不可能办到的。国家危险削弱以至灭亡的情况全都积聚在他这里了，却还想求得安逸快乐，这是狂妄无知的人。狂妄无知的人，不要等多久就会衰败死亡。君主想要强大稳固安逸快乐，那就没有什么比得上回到人民上来；想要使臣下归附、使人民与自己一条心，那就没有什么比得上回到政事上来；想要治理好政事、使风俗淳美，那就没有什么比得上寻觅善于治国的人。那些善于治国的人或许有所积储，因而得到这种人的君主世世代代没断绝过。那些善于治国的人，生在今天的时代而向往着古代的政治原则。虽然天下的君主没有谁爱好古代的治国大道，但是这种人偏偏爱好它；虽然天下的民众没有谁想要古代的治国大道，但是这种人偏偏遵行它。爱好古代治国大道的会贫穷，遵行古代治国大道的会困厄，但是这种人还是要遵行它，并不因此而停止片刻。唯独这种人清楚地明了古代帝王取得国家政权的原因、失去国家政权的原因，他了解国家的安危、政治的好坏就像分辨黑白一样清楚。这种善于治国的人，如果君主重用他，那么天下就能被统一，诸侯就会来称臣；如果君主一般地任用他，那么威势也能扩展到邻邦敌国；即使君主不能任用他，但如果能使他不离开自己的国土，那么国家在他活着的时候也就不会有什么事故。所以统治人民的君主，爱护人民就会安宁，喜欢士人就会荣耀，这两者一样都没有就会灭亡。《诗经》上说："贤士就是那屏障，大众就是那围墙。"说的就是这个道理。

道者，何也？曰：君道也。君者，何也？曰：能群也。能群也者，何也？曰：善生养人者也，善班①治人者也，善显设②人者也，善藩饰③人者也。善生养人者人亲之，善班治人者人安之，善显设人者人乐之，善藩饰人者人荣之。四统者俱，而天下归之，夫是之谓能群。不能生养人者，人不亲也；不能班治人者，人不安也；不能显设人者，人不乐也；不能藩饰人者，人不荣也。四统者亡，而天下去之，夫是之谓匹夫。故曰：道存则国存，道亡则国亡。省工贾，众农夫，禁盗贼，除奸邪，是所以生养之也。天子三公，诸侯一相，大夫擅官，士保职，莫不法度而公，是所以班治之也。论德而定次，量能而授官，皆使其人载其事，而各得其所宜，上贤使之为三公，次贤使之为诸侯，下贤使之为士大夫，是所以显设之也。修冠弁④衣裳，黼黻文章，琱琢刻镂皆有等差，是所以藩饰之也。故⑤由天子至于庶人也，莫不骋其能，得其志，安乐其事，是所同也；衣暖而食充，居安而游乐，事时制明而用足，是又所同也；若夫重色而成文章，重味⑥而成珍备⑦，是所衍也。圣王财衍以明辨异，上以饰贤良而明贵贱，下以饰长幼而明亲疏。上在王公之朝，下在百姓之家，天下晓然皆知其非以为异也，将以明分达治而保万世也。故天子诸侯无靡费之用，士大夫无流淫之行，百吏官人无怠慢之事，众庶百姓无奸怪之俗、无盗贼之罪，其能以称义遍矣。故曰：治则衍及百姓，乱则不足及王公。此之谓也。

注释

①班：通"辨"（办），治理。②显：使动用法，提拔任用。设：设置，安排。③藩饰：遮蔽文饰，指裁制不同的服饰让人穿带以显示出不同的等级。④弁（biàn）：冠名。古代男子穿通常礼服时所戴的冠称弁。⑤故：犹"夫"，发语词。⑥味：食物。⑦备：完美的意思。

译文

"道"是什么意思？回答：道是君主所遵行的原则。"君"又是什么人？回答：君主是能够团结他人的人。什么才是团结？回答：是指善于养活抚育人，善于治理人，善于任用安置人，善于用不同的服饰来区分人。善于养活抚育人的，人们就亲近他；善于治理人的，人们就安心顺从他；善于任用安置人的，人们就喜欢他；善于用服饰来区分人的，人们就赞美他。这四个要领具备了，天下的人就会归顺他，这就叫作能把人组织成社会群体的君主。不能养活抚育人的，人们就不会亲近他；不能治理人的，人们就不会

安心顺从他；不能任用安置人的，人们就不会喜欢他；不能用服饰区分人的，人们就不会赞扬他。这四个要领都没有做到，天下的人就会背离他，这就叫作孤身一人的独夫。所以说：正确的政治原则存在，国家就存在；正确的政治原则丧失了，国家就灭亡。减少手工业者和商人，增多农民人数，禁止小偷强盗，铲除奸诈邪恶之徒，这就是用来养活抚育人的办法。天子配备太师、太傅、太保三公，诸侯配备一个相，大夫独掌某一官职，士谨守自己的职责，无不按照法令制度而秉公办事，这就是用来治理人的方法。审察德行来确定等级，衡量才能来授予官职，使他们每人都承担他们的工作而各人都能得到和他的才能相适合的职务，上等的贤才使他们担任三公，次一等的贤才使他们做诸侯，下等的贤才使他们当大夫，这就是任用安置人的办法。修饰帽子衣裳、在礼服上绘画各种彩色花纹、在各种器具上雕刻图案等都有一定的等级差别，这就是用来打扮装饰人的方法。从天子一直到普通老百姓，没有谁不想施展自己的才能、实现自己的志向、安逸愉快地从事自己的工作，这是各人都相同的；穿得暖和而吃得饱，住得安适而玩得快乐，事情办得及时、制度明白清楚而财物用度充足，这些又是各人共同的愿望。至于重叠使用多种颜色绘成衣服上的彩色花纹，汇集多种食物烹煮成珍馐美味，这是富饶有余的表现了。圣明的帝王控制好这种富饶有余的东西来彰明区别等级差别，在上用其装饰贤能善良的人来表明各人地位的高低，在下用其装饰老少来表明各人的亲疏关系。这样，上到君主的朝廷，下到平民百姓的家庭，天下人都明明白白地知道圣明的帝王并不是要用这些东西故意制造等级差别，而是要用它来明确名分、达到治理的目的，从而保持千秋万代永远太平。所以天子诸侯没有浪费的用度，士大夫没有放荡的行为，群臣百官没有怠慢的政事，群众百姓没有奸诈怪僻的习俗、没有偷盗抢劫的罪行，这就能够称为道义普及了。所以说："国家安定，那么富裕会遍及百姓；国家混乱，那么拮据会延及天子王公。"说的就是这个道理。

　　至道大形①。隆礼至②法则国有常，尚贤使能则民知方，纂论③公察则民不疑，赏克罚偷则民不怠，兼听齐明则天下归之；然后明分职，序事业，材技官能，莫不治理，则公道达而私门塞矣，公义明而私事息矣。如是，则德厚者进而佞说者止，贪利者退而廉节者起。《书》曰："先时者杀无赦，不逮时者杀无赦。"人习其事而固，人之百事，如耳目鼻口之不可以相借官也；故职分而民不探④，次定而序不乱，兼听齐明而百事不留。如是，则臣下百吏至于庶人，莫不修己而后敢安止⑤，诚能而后敢受职；百姓易俗，小人变心，奸怪之属莫不反悫，夫是之谓政教之极。故

> 天子不视而见，不听而聪，不虑而知，不动而功，块然⑥独坐而天下从之如一体，如四肢之从心。夫是之谓大形。《诗》曰："温温恭人，维德之基。"此之谓也。

注释

①形：表现。此指实行"至道"以后所表现出来的政治效果。②至：极，使……成为最高。③纂：集。纂论与"公察"对文义近，指考察贤能时集中各方面的人员进行审查。④探：当为"慢"（王念孙说）。⑤止：居住。⑥块然：同"岿然"，独自屹立而不动的样子，即上文"不视""不听""不虑""不动"的样子。

译文

最好的治国大道的最大效验。推崇礼义，使法制高于一切，那么国家就会有常规；尊重贤德的人，任用有才能的人，那么民众就会知道努力的方向；集体议论，公正考察，那么民众就不会怀疑了；奖赏勤劳的人，惩罚偷懒的人，那么民众就不会懒惰了；同时听取各种意见，完全明察一切事情，那么天下人就会归顺他。然后明确名分职责，根据轻重缓急的次序来安排工作，安排有技术的人做事，任用有才能的人当官，没有什么得不到治理，那么为公家效劳的道路就畅通而谋私的门径就被堵住了，为公的原则倡明了而谋私的事情就止息了。像这样，那么品德淳厚的人就得到起用而巧言谄媚的人就受到遏止，贪图财利的人被黜退而廉洁奉公的人被提拔。《尚书》说："在规定的时刻之前行动的，杀而不赦；没有赶上规定时刻而落后的，杀而不赦。"人们往往因为熟悉了自己的工作而固守本职不改行。人们的各种工作，就像耳朵、眼睛、鼻子、嘴巴等不可以互相替代官能一样。所以，职务划分后，民众就不会再谋求他职；等级确定后，秩序就不会混乱；同时听取各种意见，完全明察一切，那么各种工作就不会拖拉。像这样，那么大臣百官直到平民百姓就无不提高了自己的修养以后才敢安居，真正有了才能以后才敢接受官职；百姓改变了习俗，小人转变了思想，奸邪怪僻之流无不转向诚实谨慎，这就叫作政治教化的最高境界。所以天子不用察看就能发现问题，不用打听就能明白真相，不用考虑就能知道事理，不用行动就能功成业就，岿然不动地独自坐着而天下人顺从他就像长在一个身体上一样、就像四肢顺从思想的支配一样，这就是最好的治国大道的最大效验。《诗经》上说："温柔谦恭的人们，是以道德为根本。"说的就是这种人。

八

　　为人主者，莫不欲强而恶弱，欲安而恶危，欲荣而恶辱，是禹、桀之所同也。要①此三欲，辟②此三恶，果何道而便？曰：在慎取相，道莫径是矣。故③知而不仁，不可；仁而不知，不可；既知且仁，是人主之宝也，而王霸之佐也。不急得，不知；得而不用，不仁。无其人而幸有其功，愚莫大焉。

注释

　　①要：设法取得。②辟：通"避"。③故：犹"夫"，发语词。

译文

　　做君主的无不希望强盛而厌恶衰弱，希望安定而厌恶危险，希望荣耀而厌恶耻辱，这是禹和桀都相同的欲望。要实现这三种愿望，避免这三种厌恶的东西，究竟采取什么办法最便利？回答说：在于慎重地选相，没有什么办法比这个更简便的了。对于相的人选，有智慧而没有仁德，不行；有仁德而没有智慧，也不行；既有智慧又有仁德，这便是君主的宝贵财富，是成就王业霸业的助手。君主不急于求得相才，是不明智；得到了相才而不重用，是不仁慈。没有那德才兼备的相而希望取得那王霸之功，没有比这个更愚蠢的了。

九

　　今人主有六①患：使贤者为之，则与不肖者规之；使知者虑之，则与愚者论之；使修士行之，则与污邪之人疑②之。虽欲成功，得乎哉？譬之，是犹立直木而恐其景之枉也，惑莫大焉！语曰：好女之色，恶者之孽也。公正之士，众人之痤也。循乎道之人，污邪之贼也。今使污邪之人，论其怨贼，而求其无偏，得乎哉？譬之是犹立枉木而求其景之直也，乱莫大焉。

注释

　　①六：当为"大"字之误。②疑：通"拟"，揣度，估量。

译文

现在君主有个大毛病：让贤能的人去做事，却和不贤的人去纠正他；让明智的人去考虑问题，却和愚蠢的人去评判他；让品德美好的人去干事，却和肮脏邪恶的人去评估他。像这样，虽然想成功，能办得到吗？打个比方，这就好像是竖起一根笔直的木头而怕它的影子弯曲，糊涂没有比这个更厉害的了！俗话说："美女的姿色，是丑陋者的灾祸。公正的贤士，是众人的疖子。遵循道义的人，是肮脏邪恶者的祸害。"现在让肮脏邪恶的人来评判他们的冤家祸根而要求他们没有偏见，能办得到吗？打个比方，这就好像竖起一根弯曲的木头而要求它的影子笔直，没有比这个更混乱的了。

　　故古之人为之不然。其取人有道，其用人有法。取人之道，参之以礼；用人之法，禁之以等。行义①动静，度之以礼；知虑取舍，稽之以成；日月积久，校之以功。故卑不得以临尊，轻不得以县②重，愚不得以谋知，是以万举不过也。故校之以礼，而观其能安敬也；与之举措迁移，而观其能应变也；与之安燕③，而观其能无流愪④也；接之以声色、权利、

忿怒、患险，而观其能无离守也。彼诚有之者与诚无之者，若白黑然，可诎邪哉！故伯乐⑤不可欺以马，而君子不可欺以人。此明王之道也。

注释

①行义：品行，道义。②县：古"悬"字，衡量。古代的权衡类似现代的天平，所以轻的砝码无法衡量重的物体。此文的"轻""重"喻指权势而言。③燕：通"宴"，安闲。④流愐：等于说"愐淫"，放荡享乐的意思。⑥伯乐：春秋秦穆公时人，姓孙，名阳，善于相马。

译文

古代的君主做事就不是这样。他挑选人有一定的原则，他任用人有一定的法度。挑选人的原则，是用礼制去检验他们；任用人的法度，是用等级去限制他们。对他们的品行举止，用礼制来衡量；对他们的智慧以及赞成或反对的意见，用最后的成果来考查；对他们日积月累的长期工作，用取得的功绩来考核。所以地位卑下的人不准用来监督地位尊贵的人，权势轻微的人不准用来评判掌有大权的人，愚蠢的人不准用来计议明智的人，因此一切举措都不会失误。所以用礼制来考核他，看他是否能安泰恭敬；给他上下调动来回迁移，看他是否能应付各种变化；让他安逸舒适，看他是否能不放荡地享乐；让他接触音乐美色、权势财利、怨恨愤怒、祸患艰险，看他是否能不背离节操。这样，那些真正有德才的人与的确没德才的人就像白与黑一样判然分明，还能进行歪曲吗？所以伯乐不可能被马的好坏骗了，而君子不可能被人的好坏骗了。以上这些就是英明帝王的政治措施。

人主欲得善射，射远中微者，县①贵爵重赏以招致之。内不可以阿子弟，外不可以隐远人，能中是者取之，是岂不必得之之道也哉？虽圣人不能易也。欲得善驭速致远者，一日而千里，县贵爵重赏以招致之。内不可以阿子弟，外不可以隐远人，能致是者取之，是岂不必得之之道也哉？虽圣人不能易也。欲治国驭民，调壹上下，将内以固城，外以拒难，治则制人，人不能制；乱则危辱灭亡可立而待。然而求卿相辅佐则独不若②其公也，案③唯便嬖亲比己者之用也，岂不过甚矣哉？故有社稷者莫不欲强，俄则弱矣；莫不欲安，俄则危矣；莫不欲存，俄则亡矣。古有万国，今有数十焉，是无他故，莫不失之是也。故明主有私人以金石珠玉，无私人以官职事业，是何也？曰：本不利于所私也。彼不能而主使之，则是主暗也；臣不能而诬能，则是臣诈也。主暗于上，臣诈于下，灭亡无日，俱害之道也。夫文王非无贵戚也，非无子弟也，非无便嬖也，偍④然乃举太公于州人而用之，岂私之也哉？以为亲邪？则周姬姓也，而彼姜姓也。以为故邪？则未尝相识也。以为好丽邪？则夫人行年七十有二，齫⑤然而齿堕矣。然而用之者，夫文王欲立贵道，欲白贵名，以惠天下，而不可以独也。非于是子莫足以举之，故举是子而用之。于是乎贵道果立，贵名果明⑥，兼制天下，立七十一国姬姓独居五十三人。周之子孙，苟不狂惑者，莫不为天下之显诸侯，如是者能爱人也。故举天下之大道，立天下之大功，然后隐其所怜所爱，其下犹足以为天下之显诸侯。故曰：唯明主为能爱其所爱，暗主则必危其所爱。此之谓也。

注释

①县：同"悬"，悬挂，指挂出布告公开昭示。②是：指代上文"得善射""得善驭"的方法。③案：语助词。④偍（tí）然：远离的样子，此指远离世俗、与众不同的样子。州：或作"舟"，古国名，姜姓，建都淳于（今山东安丘市东北）。⑤齫：无齿。⑥明：疑为"白"（顾千里说）。

译文

君主想要求得善于射箭，射得远又能射中小目标的人，只有宣布给以高官厚赏来招引他们。对内不能偏袒自己的子弟，对外不能埋没和自己疏远的人，只要符合这个标准的人就选用，这难道不是必能求得善于射箭的人的方法吗？即使是圣人也不能改变这个方法。想要求得善于驾车的人，既跑得快又到达得远的，一天能跑千里，就拿出高贵的爵位、丰厚的奖赏来招引他们。对内不能偏袒自己的子弟，对外不能埋没和自己疏远的人，只要符合这个标准的人就选用，这难道不是必能求得善于驾车的人的方法吗？即使是圣人也不能改变这个方法。君主想要治理好国家，领导好人民，调整上下从而使之协调，对内巩固城防，对外抵御入侵，国家安定，就能够制服别人，而不会被别人所制服；国家动乱或遇到危险、耻辱、灭亡等情况，也能够马上应付。但是寻求卿相来帮助国家，就不像这样公道了，只能任用左右亲信和迎合自己的人，这难道不是大错而特错了吗？所以拥有国家的君主没有不想要强大的，但不久就衰弱了；没有不想要万世长存的，但不久就灭亡了。古时候这样的国家成千上万，现在还有十几个，这没有别的原因，无不是在用人的问题上失误了。所以英明的君主有私自给人金石珠玉的，却没有私自给人以官职和事业的，这是什么原因？回答：因为私下给人官职根本不利于那些被偏爱的人。那些人没有才能而君主任用他，那么这就是君主昏庸；臣子无能而冒充有才能，那么这就是臣子欺诈。君主昏庸于上，臣子欺诈于下，灭亡就要不了几天了，所以

这是对君主以及所宠爱的臣子都有害处的做法啊！那周文王，并不是没有皇亲国戚，并不是没有儿子兄弟，并不是没有宠臣亲信，他却离世脱俗地从渔人之中提拔了姜太公而重用他，这哪里是偏袒他呢？以为他们是亲族吧？但周族姓姬，而他姓姜。以为他们是老相识吧？但他们从来不相识。以为周文王爱漂亮吧？但那个人经历的年岁已七十二，牙齿都掉光了。但是还要任用他，那是因为文王想要树立宝贵的政治原则，想要显扬尊贵的名声，以此来造福天下，而这些是不能单靠自己一个人办到的，但除了这姜太公又没有什么人可以选用，所以提拔了这个人而任用了他。于是宝贵的政治原则果然树立起来了，尊贵的名声果然明显卓著，全面控制了天下，设置了七十一个诸侯国，其中姬姓诸侯就独占五十三个，周族的子孙，只要不是发疯糊涂的人，无不成为天下显贵的诸侯。像这样，才算是能宠爱人啊！所以实施了遵循天下的治国大道，建立了遵循天下的治国大道，然后再偏私自己所疼所爱的人，那么这些被疼爱的人最差的也还能成为天下的显贵诸侯。所以说："只有英明的君主才能爱护他所宠爱的人，昏庸的君主就必然会危害他所宠爱的人。"说的就是这个道理。

　　墙之外，目不见也；里①之前，耳不闻也；而人主之守司，远者天下，近者境内，不可不略知也。天下之变，境内之事，有弛易②齵差③者矣，而人主无由知之，则是拘胁蔽塞之端也。耳目之明，如是其狭也；人主之守司，如是其广也；其中不可以不知也，如是其危也。然则人主将何以知之？曰：便嬖左右者，人主之所以窥远收④众之门户牖向⑤也，不可不早具也。故人主必将有便嬖左右足信者，然后可。其知⑥惠足使规物，其端诚足使定物，然后可；夫是之谓国具。人主不能不有游观安燕之时，则不得不有疾病物故之变焉。如是，国者，事物之至也如泉源，一物不应，乱之端也。故曰：人主不可以独也。卿相辅佐，人主之基杖⑦也，不可不早具也。故人主必将有卿相辅佐足任者然后可。其德音足以填抚百姓，其知虑足以应待万变然后可；夫是之谓国具。四邻诸侯之相与，不可以不相接也，然而不必相亲也，故人主必将有足使喻志决疑于远方者然后可，其辩说足以解烦，其知虑足以决疑，其齐断足以距⑧难，不还秩⑨不反君，然而应薄扞患足以持社稷然后可，夫是之谓国具。故人主无便嬖左右足信者，谓之暗，无卿相辅佐足任者谓之独，所使于四邻诸侯者非其人谓之孤，孤独而晻，谓之危。国虽若存，古之人曰亡矣。《诗》曰："济济多士，文王以宁。"此之谓也。

注释

①里：居民区，周代以二十五家为一里，里有里门。里之前：指里门之前。②弛易：通"移易"，变动的意思。③龃（yú）差：参差不齐，此指不协调、出了乱子。④收：通"纠"，监督。⑤门户牖（yǒu）向：古代双扇的门叫"门"，单扇的门叫"户"，"牖"即窗，"向"即北窗。这里喻指君主的耳目。⑥知：通"智"。⑦基：通"几"，一种小桌子，古代设于座侧，用来靠身。几杖：古代老人坐着依靠几案，走路依靠手杖，所以此文用来喻指君主的依靠。⑧距：通"拒"，拒绝，指拒之于外。⑨还：归还。秩：官吏的职位俸禄。还秩：辞职，指不愿干。

译文

墙壁外面，眼睛看不到；里门前面，耳朵听不到；但君主所掌管的，远的遍及天下，近的国境之内，不可不概略地知道一些。天下的变化，境内的事情，已经有变动纷乱的了，然而君主却无从知道这种情况，那么这就是被挟制蒙蔽的开端了。耳朵眼睛的辨察力，这样狭窄；君主的掌管范围，这样广大，其中的情况不可以不知道；不知道其中的情况，就会有被挟制蒙蔽的危险。既然如此，那么君主将靠什么来了解情况呢？回答说：君主身边的亲信和侍从是君主用来观察远处监督群臣百官的耳目，不能不及早配备好。所以君主一定要有了足可信赖的亲信侍从，然后才行；他们的智慧要足可用来谋划事情，他们的正直诚实要足可用来决定事情，然后才行。这种人叫作治国的工具。君主不能没有游览安逸的时候，也不可能没有疾病死亡的变故。在这

种时候，国家的事情还像源泉一样不断地涌来，一件事情不能应付，就是祸乱的发端。所以说：君主不能单枪匹马。卿相辅佐，是君主的依靠，不能不及早配备好。所以君主一定要有了足可胜任的卿相辅佐，然后才行；他们的道德声望要足可用来安抚百姓，他们的智慧心计要足可用来应付千变万化，然后才行。这种人叫作治国的工具。四邻诸侯国互相交往，不可能不互相接触，但是不一定都互相友好，所以君主一定要有了足可出使到远方去传达君主旨意、解决疑难问题的人，然后才行；他们的辩说要足可用来消除麻烦，他们的智慧心计要足可用来解决疑难，他们的敏捷果断要足可用来排除危难，他们既不推卸职责，也不回到君主身边请示，然而应付紧急情况、抵御患难的时候却足可保住国家政权，只有这样才行。这种人叫作治国的工具。君主没有足可信赖的亲信侍从叫作不明，没有足可胜任的卿相辅佐叫作孤独，被派遣到四邻诸侯国的使者不是那称职的人叫作孤立，孤立、孤独而不明叫作危险。国家虽然似乎存在着，但古代的人却说它灭亡了。《诗经》上说："人才济济多精英，文王因此得安宁。"说的就是这个道理。

材人：愿悫拘录，计数纤啬①而无敢遗丧，是官人使吏之材也。修饬端正，尊法敬分，而无倾侧之心，守职循业②，不敢损益，可传世也，而不可使侵夺，是士大夫官师之材也。知隆礼义之为尊君也，知好士之为美名也，知爱民之为安国也，知有常法之为一俗也，知尚贤使能之为长功也，知务本禁末之为多材③也，知无与下争小利之为便于事也，知明制度权物称用之为不泥也，是卿相辅佐之材也。未及君道也。能论④官此三材者而无失其次，是谓人主之道也。若是则身佚而国治，功大而名美，上可以王，下可以霸，是人主之要守也。人主不能论此三材者，不知道此道，安值⑤将卑势出劳，并⑥耳目之乐，而亲自贯日而治详，一内⑦而曲辨⑧之，虑与臣下争小察而恣偏能，自古及今，未有如此而不乱者也。是所谓视乎不可见，听乎不可闻，为乎不可成。此之谓也。

注释

①啬：节俭、吝啬，此指精打细算。②循：当为"修"（卢文弨说）。业：书版，这里指法典图籍。③材：通"财"。④论：通"抡"。官：任用。⑤值：同"直"，只。⑥并：通"屏"。⑦内：当为"日"（王先谦说）。⑧辨（bàn）：通"辦"，治理。

译文

任用人才的原则：诚实勤劳，即使细小的事情也能精心计算，不敢遗漏，这种人是一般官吏与差役的材料。加强修养、端正身心，崇尚法制、尊重名分，而没有偏斜不正的思想；谨守职责、遵循法典，不敢有所增减，使它们世代相传，而不让它们受损被夺，这种人是士大夫和群臣百官的材料。知道崇尚礼义是为了使君主尊贵，知道喜爱士人是为了使名声美好，知道爱护民众是为了使国家安定，知道有了固定的法制是为了统一习俗，知道尊重贤士、使用能人是为了长远事业，知道致力于根本性的农业生产，而限制非根本的工商业是为了增多国家财富，知道不与下属争夺小利是为了有利于办大事，知道彰明制度、权衡事情要符合实用是为了不拘泥于成规，这种人是做卿相辅佐的材料，还没有能懂得君主之道。能够选择任用这三种人才而对他们的安排没有失误，这才可以称为君主之道。如果能这样，那么君主自己就能得到安逸，国家得到安定，功业伟大而名声美好，上可以称王天下，下可以称霸诸侯，这是君主的主要职守。君主不能择取这三种人才，不知道遵循这个原则，而只是降低自己的地位，竭尽劳力，抛弃声色娱乐，而亲自连续几天把事情治理得周详完备，一天之内就想周到地把事办好，总是想和臣下在细小的方面比精明而使尽某一方面的才能，从古到今，还没有像这样做而国家不混乱的。这就是所谓"看不可能看见的，听不可能听见的，做不可能成功的"。说的就是这个道理。

读解

本篇主张君主要"修身"，要以身作则，俗话说"上梁不正下梁歪"，若是君主喜欢运用权谋，下面的大臣也都会用阴谋诡计来欺骗他；若是君主"隆礼至法""尚贤使能"，善于用人，任用一些品德高尚的君子，就能把国家治理好。篇中所说的"君人者，爱民而安，好士而荣，两者无一焉而亡"，无疑可成为君主的座右铭了。除君道外，篇中也涉及臣道、父道、子道、兄道、弟道、夫道、妻道等，而归结到一点，就是要以礼为治。

荀子指出，在家庭中，父子之间、兄弟之间、夫妻之间都要按照礼的要求确定自己的家庭地位，按照礼的要求建立和谐的家庭关系，即要以礼齐家。那么，应该怎样做父亲？怎样做儿子？怎样做哥哥？怎样做弟弟？怎样做丈夫？怎样做妻子呢？荀子在此篇中说："请问为人父？曰：宽惠而有礼。请问为人子？曰：敬爱而致恭。请问为人兄？曰：慈爱而见友。请问为人弟？曰：敬诎而不苟。请问为人夫？曰：致和而不流，致临而有辨。请问为人妻？曰：夫有礼则柔从听侍，夫无礼则恐惧而自竦也。此道也，偏立而乱，俱立而治，其足以稽矣。请问兼能之奈何？曰：审之礼也。"荀子的上述论述，由于历史局限所致，某些内容，譬如在夫妻关系方面，现在看来，确有不当之处，但荀子以礼齐家治国的思想是很明显的。

为什么要以礼齐家治国呢？荀子认为，父子之间、兄弟之间、夫妻之间只有按照礼义的要求确立自己的家庭地位，按照礼义的要求建立相应的家庭关系，家庭才会和谐，才会形成治国平天下所需要的良好的家庭基础。他在《大略》中说："父子不得不亲，兄弟不得不顺，夫妇不得不欢。少者以长，老者以养。"

君主是臣子的榜样，只有以德治国的君主，才能拥有天下。晋文公重耳是历史上有

名的难得的以德治国的君主，城濮之战中坚持守信退避三舍，奠定了他独霸天下的基础。

晋文公以德治国

公元前 633 年，楚成王军队包围了宋国的都城。宋成公派使者去晋国告急。晋文公召集群臣商量。晋之名将先轸说："报恩、救难、立威、称霸，就看这一次了。"晋文公的舅父狐偃说："楚国刚刚得到曹国，最近又从卫国娶妻。现在如举兵进攻曹、卫，楚必分兵援救，那么齐、宋就可以解围了。"

于是晋国在被庐这个地方大规模地阅兵，按大国编制组建三军。经商量，任命大夫郤縠为元师，统帅中军。

晋文公一回国就致力于训练民众。次年，文公想使用他们。子犯说："晋国战乱多年，人民还不知道什么是义，还没有安居乐业。"于是晋文公加强外交活动，护送周襄王回国复位；回国后又积极为人民谋利益，人民开始逐渐关心生产，安于生计。不久，文公又想用兵，子犯又说："民众还不知道什么是信，而且还没有向他们宣传信的作用。"于是晋文公又征伐了原，约定三天内攻不下来撤兵。三日后晋文公真的信守诺言，退兵三十里，向国内外证明他的诚实和信用。在这一系列行动的影响下，晋国的商人做生意不求暴利，明码标价，童叟无欺，全国形成了普遍讲信誉的好风气。

于是晋文公说："现在总可以了吧？"子犯说："人民还不知贵贱尊卑之礼，没有恭敬之心。"于是文公用大规模的阅兵来表示礼仪之威严，设置执法官来管理官员。这样一来，人民开始习惯于服从命令，不再有疑虑，这时才使用他们。城濮一战，迫使楚国撤兵谷邑，解了宋国之围，一战而称霸诸侯。这都是晋文公善于用仁德教化的结果。这是五霸之主以仁德治国的一面。

事例二

君王的德行不高明，臣属虽然想竭尽忠心，又从何着手呢？观察京房对元帝的诱导，可以说他已经把道理说得十分清楚透彻了，而最终仍不能使元帝觉悟，可悲啊！《诗经》说："我不但是用手携带你，而且指示了你许多事。"又说："我教导你是那么的恳切细致，而你却漫不经心、听不进去。"所说的就是汉元帝啊！

京房论奸

中书令石显独揽大权，石显的好友五鹿充宗任尚书令，二人联合执政。有一次，元帝在闲暇时召见京房，京房问元帝："周幽王、周厉王为什么导致国家出现危机？他们任用的是些什么人？"元帝说："君王昏庸，任用的都是善于伪装的奸佞。"

京房进一步问："可是，为什么我们今天才知道他们不是贤能呢？"元帝说："根据当时局势混乱，君王身处险境便可以知道。"京房说："如果事物发展的必然规律是任用贤能的人才时国家必然治理得好，任用奸邪的小人时国家必定混乱，为什么幽王、厉王不觉悟而另外任用贤能，为什么终究要任用奸佞以致后来陷入困境？"元帝说："乱世君王，各自都认为他们所任用的官员全是贤能的。假如他们都能觉悟到自己的错误，天下

怎么还会有危亡的君王？"京房说："齐桓公、秦二世也曾经知道周幽王、周厉王的故事，并讥笑过他们。可是，齐桓公任用竖刁、秦二世任用赵高，以致政治日益混乱，盗贼满山遍野。为什么不能用周幽王、周厉王的例子来检验自己的行为，而觉悟到自己用人不当呢？"元帝说："只有治国有法的君王，才能依据往事而预测将来。"

京房于是脱下官帽，叩头说："《春秋》一书，记载二百四十二年间的天变灾难，用来警示后世君王。而今陛下登基以来，出现日食月食，星辰逆行；山崩泉涌，大地震动，天落陨石；夏季降霜，冬季响雷，春季百花凋谢；水灾、旱灾、虫灾、百姓饥馑，瘟疫流行；盗贼制伏不住，受过刑罚的人充满街市。《春秋》所记载的灾异，已经具备，陛下看现在是治世，还是乱世？"元帝说："已经乱到极点了，这还用问？"京房说："陛下现在任用的是些什么人？"元帝说："今天的灾难变异和为政之道，幸而胜过前代。而且我认为责任不在这些人身上。"京房说："前世的那些君主，也是陛下这种想法。我恐怕后代看今天，犹如今天看古代。"元帝过了很久才说："现在扰乱国家的是谁？"京房回答说："陛下自己应该知道。"元帝说："我不知道，如果知道，哪里还会用他？"京房说："陛下最信任，跟他在宫廷之中共商国家大事，掌握用人权柄的人，就是他。"京房所指的是石显。元帝也知道，便对京房说："我明白你的意思。"京房告退。后来，汉元帝还是没有让石显退位。

臣道

—

人臣之论：有态^①臣者，有篡臣者，有功臣者，有圣臣者。内不足使一民，外不足使距^②难；百姓不亲，诸侯不信；然而巧敏佞说^③，善取宠乎上，是态臣者也。上不忠乎君，下善取誉乎民；不恤公道通义，朋党比周，以环^④主图私为务，是篡臣者也。内足使以一民，外足使以距难；民亲之，士信之，上忠乎君，下爱百姓而不倦，是功臣者也。上则能尊君，下则能爱民；政令教化，刑^⑤下如影，应卒^⑥遇变，齐给如响；推类接誉^⑦，以待无方，曲^⑧成制象^⑨，是圣臣者也。故用圣臣者王，用功臣者强，用篡臣者危，用态臣者亡。态臣用则必死，篡臣用则必危，功臣用则必荣，圣臣用则必尊。故齐之苏秦、楚之州侯、秦之张仪，可谓态臣者也。韩之张去疾、赵之奉阳、齐之孟尝，可谓篡臣也。齐之管仲、晋之咎犯、楚之孙叔敖，可谓功臣矣。殷之伊尹、周之太公，可谓圣臣矣。是人臣之论也；吉凶贤不肖之极也，必谨志之，而慎自为择取焉，足以稽矣。

臣道

注释

①态：姿态，态度，引申指阿谀奉承的样子。②距：通"拒"。③说：通"锐"，指口齿伶俐。④环：环绕，引申指封闭、蒙蔽。⑤刑：通"型"，典范，榜样。这里用作动词，作榜样。⑥卒（cù）：通"猝"，突然。⑦接：会合。誉：通"与"，同类。⑧曲：曲折周到，各个方面。⑨制：制度，准则。象：法式，榜样。曲成制象：指他的行为处处成为准则楷模，这是因为他严格遵守法度的结果。

译文

大臣的区别：有阿谀奉迎的大臣，有篡夺君权的大臣，有功绩巨大的大臣，有明达圣哲的大臣。对内不能统一人民，对外不能抵御入侵；百姓不亲近，诸侯不信任；但是他灵巧敏捷能说会道，很会取得君主的宠幸，这就是阿谀奉迎的大臣。对上不忠于君主，对下用好名声来扩大自己的威望；不顾及公道和礼仪原则，结党营私，专门迷惑君主来图谋私利，这是篡夺君权的大臣。对内能够统一人民，对外能够抵御外敌的入侵；人民愿意亲近他，士大夫愿意信任他，对上忠于君主，对下体恤百姓而不知疲倦，这是功绩显赫的大臣。对上能够尊重君主，对下能爱护百姓；推行政令教化，人民效法他就像影子一样；应付突然发生的事件迅速敏捷，就像回响呼应声音一样；以法类推处理各种事务，从容对待变化无常的情况，处处都能符合规章制度，这就是明达圣哲的大臣。用明达圣哲的大臣，就可以称王天下；用功绩显赫的大臣，国家就会富强；用篡夺君权的大臣，国家就会非常危险；用阿谀逢迎的大臣，国家就会灭亡。阿谀奉迎的大臣得到重用，君主必death无疑；篡夺君权的大臣得到重用，君主就非常危险了；功绩显赫的大臣得到重用，君主就会非常光荣；明达圣哲的大臣得到重用，君主就会得到尊重。所以齐国的苏秦、楚国的州侯、秦国的张仪，就是所谓的阿谀奉迎的大臣。韩国的张去疾、赵国的奉阳君、齐国孟尝君，就是所谓的篡夺君权的大臣。齐国的管仲、晋国的舅犯、楚国的孙叔敖，就是所谓的功绩显赫的大臣。商朝的伊尹、周朝的姜太公，就是明达圣哲的大臣。这些大臣的区别，是预测国家安危和君主贤与不贤的标准，君主一定要谨慎地记住它，并慎重地亲自选用大臣，这足可用作参考的准则了。

从命而利君谓之顺，从命而不利君谓之谄；逆命而利君谓之忠，逆命而不利君谓之篡。不恤君之荣辱，不恤国之臧否①，偷合苟容以持禄养交而已耳，谓之国贼。君有过谋过事，将危国家、陨社稷之惧②也，大臣父兄，有能进言于君，用则可，不用则去，谓之谏；有能进言于君，用则可，不用则死，谓之争③；有能比④知同力，率群臣百吏而相与强⑤君矫君，君虽不安，不能不听，遂以解国之大患，除国之大害，成于尊君安国，谓之辅；有能抗君之命，窃君之重，反君之事，以安国之危，除君之辱，功伐足以成国之大利，谓之拂⑥。故谏、争、辅、拂之人，社稷之臣也，国君之宝也，明君所尊厚也，而暗主惑君以为己贼也。故明君之所赏，暗君之所罚也；暗君之所赏，明君之所杀也。伊尹、箕子可谓谏矣，比干、子胥⑦可谓争矣，平原君⑧之于赵可谓辅矣，信陵君⑨之于魏可谓拂矣。传曰："从道不从君。"此之谓也。

注释

①臧否：好坏。②惧：担心。③争：同"诤"，拼命规劝。④比：合。⑤强：勉力强求。挢：同"矫"，强行纠正。⑥拂（bì）：通"弼"，匡正，矫正式的辅助。⑦子胥：姓伍，名员，字子胥，春秋时楚国大夫伍奢的次子，受楚平王迫害而逃到吴国，为吴国大夫。他帮助吴王阖闾攻破楚国，成就霸业。吴王夫差时，他屡次不顾性命极力劝阻夫差，夫差怒，赐剑逼他自杀，结果吴国被越国所灭。⑧平原君：即赵胜，战国时赵惠文王的弟弟，封于东武城（今山东武城西北），号平原君。他曾三任赵相。赵孝成王七年（公元前259年），秦围赵都邯郸（今河北邯郸），他组织力量坚守，后又向楚、魏求救。公元前257年，楚、魏援军至，击败秦军，保存了赵国。⑨信陵君：即魏无忌，战国时魏安釐王的异母弟弟，号信陵君。秦围赵都邯郸，赵来求救，魏王派将军晋鄙救赵，后又畏秦而让晋鄙按兵不动。信陵君数谏魏王无效，便设法窃得兵符，击杀晋鄙，夺取兵权，于公元前257年至邯郸救赵胜秦。后十年，为上将军，曾联合五国击退秦军对魏国的进攻。

译文

服从君主的命令而有利于君主叫作顺从，服从君主的命令而不利于君主叫作谄媚；违抗君主的命令而有利于君主叫作忠诚，违抗君主的命令而不利于君主叫作篡夺。不顾君主的荣辱，不顾国家的得失，只是苟且迎合君主、无原则地求取容身，以此来保住自己的俸禄、去豢养结交的党羽，叫作国家的奸贼。君主有了错误的谋划、错误的行为，国家将危险、政权将灭亡，这时大臣、父兄中如果有人能向君主进呈意见，意见被采用就好，不被采用就离去，这叫作劝谏；如果有人能向君主进呈意见，意见被采用就好，不被采用就殉身，这叫作苦诤；如果有人能联合有智慧的人同心协力，率领群臣百官一起强迫君主、纠正君主，君主虽然不服，却不能不听从，于是就靠此消除了国家的大忧患，去掉了国家的大祸害，结果使君主尊贵、国家安定，这叫作辅助；如果有人能抗拒君主的命令，借用君主的权力，反对君主的错误行为，因而使国家转危为安，除去了君主蒙受的耻辱，功劳足够用来成就国家的重大利益，这叫作匡正。劝谏、苦诤、辅助、匡正的人，是维护国家政权的大臣，是国君的宝贵财富，是英明的君主所尊敬优待的，但愚昧的主子、糊涂的国君却把他们看作自己的敌人。所以英明的君主所奖赏的人，却是愚昧的君主所惩罚的对象；愚昧的君主所奖赏的人，却是英明的君主所杀戮的对象。伊尹、箕子可以称为劝谏了；比干、子胥可以称为苦诤了；平原君对于赵国来说，可以称为辅助了；信陵君对于魏国来说，可以称为匡正了。古书上说："依从正确的原则而不依从国君。"说的就是这种人。

故正义之臣设①，则朝廷不颇；谏争辅拂之人信，则君过不远；爪牙之士施，则仇雠不作；边境之臣处，则疆垂②不丧。故明主好同而暗主好独。明主尚贤使能而飨③其盛④，暗主妒贤畏能而灭其功。罚其忠，赏其贼，夫是之谓至暗，桀、纣所以灭也。

注释

①设：安排，任用。②垂：同"陲"，边疆，边境。③飨：通"享"，享受。④盛：通"成"，成果。

译文

坚持正义的臣子得到进用，那么朝廷就不会偏邪不正；劝谏、苦诤、辅助、匡正的人受到信任，那么君主的过错就不会延续很久；勇猛有力的武士被使用，那么仇敌就不敢兴风作浪；边境上的大臣安置好了，那么边境就不会丧失。所以英明的君主喜欢团结别人共事，而愚昧的君主喜欢孤家寡人。英明的君主推崇贤德的人、使用有才能的人而享有他们的成果，愚昧的君主忌妒贤德的人、害怕有才能的人而埋没他们的功绩。惩罚忠臣，奖赏奸贼，这叫作极其昏庸，这就是夏桀、商纣灭亡的原因。

事圣君者，有听从无谏争；事中君者，有谏争无谄谀；事暴君者，有补削①无挢拂。迫胁于乱时，穷居于暴国，而无所避之，则崇其美，扬其善，违②其恶，隐其败，言其所长，不称其所短，以为成俗。《诗》曰："国有大命，不可以告人，妨其躬身。"此之谓也。

注释

①削：古代竹简上写错了字用刀刮去叫"削"，此引申悄悄除去君主的过失。暴君凶残，所以只能暗中"补削"，而不能公开地强行纠正，否则会遭杀身之祸而无济于事。②违：通"讳"，避忌，避开不说。

译文

　　侍奉圣明君主的，有听从而没有劝谏苦诤；侍奉一般君主的，有劝谏苦诤而没有奉承阿谀；侍奉暴君的，有弥补缺陷除去过失而没有强行纠正。被逼迫、受挟制地生活在混乱的时代，走投无路地住在暴君统治的国家，而又没有办法避开这种处境，那就推崇他的美德，宣扬他的善行，不提他的罪恶，隐瞒他的失败，称道他的长处，不说他的短处，把这些作为既成的习俗。《诗经》上说："国家有了重大变动，不可把它告诉别人，否则就会危害自身。"说的就是这种情况。

五

　　恭敬而逊，听从而敏，不敢有①以私决择也，不敢有以私取与也，以顺上为志，是事圣君之义也。忠信而不谀，谏争而不谄，挢然刚折端志而无倾侧之心，是案曰是，非案曰非，是事中君之义也。调而不流，柔而不屈，宽容而不乱，晓然以至道而无不调和也，而能化易，时关内②之，是事暴君之义也。若驭朴马，若养赤子，若食餧③人。故因其惧也而改其过，因其忧也而辨④其故，因其喜也而入其道，因其怒也而除其怨，曲⑤得所谓⑥焉。《书》曰："从命而不拂，微谏而不倦，为上则明，为下则逊。"此之谓也。

注释

①有：通"又"，再，更。②关：入。内（nà）：同"纳"。关内：纳入。③食（sì）：通"饲"，喂。餧：同"馁"，饥饿。④辨：通"变"。⑤曲：曲折周到，各方面，指惧、忧、喜、怒等方面。⑥谓：通"为"。所谓：所要达到的目的，指改变暴君的性情，即"改其过""辨其故""入其道""除其怨"。

译文

恭敬而又谦逊，听从而又敏捷地执行命令，不敢再根据私利去决断和选择，不敢再根据私利去取舍，把顺从君主作为自己的志向，这是侍奉圣明君主的合宜原则。忠诚守信而不阿谀，劝谏苦诤而不谄媚，刚强果断，思想端正而没有偏斜不正的念头，对的就说对，错的就说错，这是侍奉一般君主的合宜原则。调和却不随波逐流，温柔却不低头屈从，宽容却不和君主一起胡乱妄为，用最正确的原则去启发君主而没有不协调和顺的，那就能感化改变君主暴虐的本性，时时把正确的原则灌输到他心中去，这是侍奉暴君的合宜原则。侍奉暴君就像驾驭未训练过的马，就像抚养初生的婴儿，就像喂饥饿的人吃东西一样。所以要趁他畏惧的时候使他改正错误，趁他忧虑的时候使他改变过去的行为，趁他高兴的时候使他走入正道，趁他发怒的时候使他除去仇恨，这样就能曲折地达到目的。《尚书》说："服从命令而不违背，小心规劝而不懈怠；做君主要明智，做臣子要谦逊。"说的就是这种情况。

事人而不顺①者，不疾者也；疾而不顺者，不敬者也；敬而不顺者，不忠者也；忠而不顺者，无功者也；有功而不顺者，无德者也。故无德之为道也，伤疾②、堕③功、灭苦④，故君子不为也。

注释

①不顺：指不顺君主的心意。②伤疾：伤害了积极，与上文的"疾而不顺"相应，指虽然积极，却毁于无德而成为徒劳。③堕（huī）：同"隳"，毁坏。④苦：辛苦，指上文的"敬""忠"。

译文

　　侍奉君主却不合君主的心意，是因为不积极；积极了却不合君主的心意，是因为不恭敬；恭敬了却不合君主的心意，是因为不忠诚；忠诚了却不合君主的心意，是因为没有功绩；有了功绩却不合君主的心意，是因为没有品德。所以没有品德如果成为一种德行，就会伤害积极、毁掉功绩、掩蔽劳苦，所以君子是不干的。

　　有大忠者，有次忠者，有下忠者，有国贼者。以德复①君而化之，大忠也；以德调君而补②之，次忠也；以是谏非而怒之，下忠也；不恤君之荣辱，不恤国之臧否，偷合苟容以之持禄养交而已耳，国贼也。若周公之于成王也，可谓大忠矣；若管仲之于桓公，可谓次忠矣；若子胥之于夫差③，可谓下忠矣；若曹触龙之于纣者，可谓国贼矣。

注释

　　①复：通"覆"，遮盖，笼罩。②补：当为"辅"（郝懿行说）。③夫差（chāi）：春秋末年吴国国君，阖闾之子，他不听伍子胥的劝谏，放了越王勾践，结果被勾践所灭。

译文

　　有头等的忠臣，有次一等的忠臣，有下等的忠臣，有国家的奸贼。用正确的原则熏陶君主而感化他，是头等的忠诚；用道德来调养君主而辅助他，是次一等的忠诚；用正确的去劝阻君主的错误却触怒了他，是下等的忠诚；不顾君主的荣辱，不顾国家的得失，只是苟且迎合君主、无原则地求取容身，以此来保住自己的俸禄、去豢养结交党羽罢了，这是国家的奸贼。像周公对于周成王，可以说是头等的忠诚了；像管仲对于齐桓公，可以说是次一等的忠诚了；像伍子胥对于夫差，可以说是下等的忠诚了；像曹触龙对于商纣王，可以说是国家的奸贼了。

　　仁者必敬人。凡人非贤，则案不肖也。人贤而不敬，则是禽兽也；

人不肖而不敬，则是狎虎也。禽兽则乱，狎虎则危，灾及其身矣。《诗》曰："不敢暴①虎，不敢冯②河。人知其一，莫知其他。战战兢兢③，如临深渊，如履薄冰。"此之谓也。故仁者必敬人。

注释

①暴：空手搏击。②冯（píng）：同"凭"，徒步涉水。③战战：通"颤颤"，恐惧发抖的样子。兢兢：小心谨慎的样子。

译文

仁德之人必定尊敬别人。一般说来，一个人不贤能，那就是没有德才的人。别人贤能却不去尊敬他，那就是禽兽了；别人没有德才而不去尊敬他，那就是在戏弄老虎。人如禽兽就会胡乱妄为，戏弄老虎就十分危险，灾难就会落到他身上了。《诗经》上说："不敢空手打老虎，不敢光脚把河渡。人们只知这一点，不知其他有害处。要害怕啊要小心，要像面临那深渊，要像脚踩那薄冰。"说的就是这个。所以讲究仁德的人必定尊敬别人。

九

敬人有道。贤者则贵而敬之，不肖者则畏而敬之；贤者则亲而敬之，不肖者则疏而敬之。其敬一也，其情二也。若夫忠信端悫而不害伤，则无接而不然，是仁人之质也。忠信以为质，端悫以为统，礼义以为文①，伦类以为理，喘而言，臑而动，而一可以为法则。《诗》曰："不僭②不贼，鲜不为则。"此之谓也。

注释

①文：法度，规范。②僭（jiàn）：过分，过失。

译文

尊敬别人有一定的原则。对贤能的人就景仰地尊敬他，对没有德才的人就畏惧地尊敬他；对贤能的人就亲切地尊敬他，对没有德才的人就疏远地尊敬他。尊敬是一样的，实际内容是两样的。至于那忠诚守信正直老实而不伤害人，那是对待所有的人都这样的，这是仁德之人的本质。以忠诚守信为本体，以正直老实为纲纪，以礼义为规范，以伦理法律为原则，稍微说一句话，稍微动一动，都可以成为别人效法的榜样。《诗经》

上说："不犯错误不害人，很少不成为人们效法的榜样。"说的就是这种人。

恭敬、礼也；调和，乐也；谨慎，利也；斗怒，害也。故君子安^①礼乐利，谨慎而无斗怒，是以百举而不过也。小人反是。

注释

①安：乐，喜爱。

译文

恭敬，是礼节的本质；协调和谐，是音乐的效果；谨慎小心，就会有利；斗气愤怒，是有害的。所以君子喜欢礼节，喜欢利益，谨慎小心，从不与人斗气愤怒，所以做事从来都没有过错。小人却与此相反。

臣道

195

通忠之^①顺，权^②险之平，祸乱之从声，三者非明主莫之能知也。争然后善，戾然后功，出死无私，致忠而公，夫是之谓通忠之顺。信陵君似之矣。夺然后义，杀然后仁，上下易位然后贞，功参天地，泽被生民，夫是之谓权险之平。汤、武是也。过而通情^③，和而无经，不恤是非，不论曲宜，偷合苟容，迷乱狂生，夫是之谓祸乱之从声，飞廉、恶来是也。传曰："斩而齐，枉而顺，不同而一。"《诗》曰："受小球大球^④，为下国缀旒^⑤。"此之谓也。

注释

①之：到。②权：变。③通情：一心。④球：通"捄"，法度。小球大球：小事之法度与大事之法度。⑤缀：表记。旒（liú）：挂在旗帜边缘上的装饰品。缀旒：表率的意思。此喻指商汤、周武王成为表率。

译文

忠诚不至壅塞而达到通畅，改变危险的局面而达到安定，祸乱必随着迎合君意的随声附和而来，这三种情况不是英明的君主是不能明白的。向君主谏诤后才能行善，违背君主后才能立功，豁出生命而没有私心，极其忠诚而公正，这叫作使忠诚畅通无阻而达到顺从。信陵君类似于这种人了。夺取君权，然后才能实行道义；杀掉君主，然后才能实现仁德；君臣交换位子，然后才能达到正道；功业与天地并列，恩泽施加到广大民众，这叫作改变危险的局面而达到安定。商汤、周武王就是这样的人。君主错了却还和他齐心，只是无原则地附和君主，不顾是非，不讲曲直，苟且地迎合君主以求得容身，迷惑昏乱而狂妄无知地追求生活享受，这叫作祸乱必伴随迎合君意随声附和而来，飞廉、恶来就是这种人。古书上说："有了参差才有整齐，有了不直才有直，有了不同才有一致。"《诗经》上说："接受小法与大法，成为各国的表率。"说的就是这种情况。

读解

本篇既论述了各类臣子的行为特征及其作用以供君主参考，也论述了臣子侍奉各类君主时应遵循的准则以供臣子参考。

"有态臣者，有篡臣者，有功臣者，有圣臣者"，有阿谀奉迎的大臣，有篡夺君权的大臣，有功绩巨大的大臣，有明达圣哲的大臣。本篇开头，荀子就把大臣分成了四种，并在下文中分别对这四种大臣作了详细的分析。即使同样是忠臣，也有"以德覆君而化之"的"大忠"，就像周公对于成王的忠诚；有"以德调君而辅之"的"次忠"，就像管

仲对于齐桓公的忠诚；有"以是谏非而怒之"的"下忠"，就像伍子胥对于夫差的忠诚。"尺有所短，寸有所长"，每一种大臣都有他的价值，君主应该根据自己的需要来安排他们的官职。

荀子并没有死板地遵从君君臣臣的道义，而是讲究权变。"通忠之顺，权险之平，祸乱之从声"，这三种情况是君主最难以明白的。荀子在文章的最后集中讲述这三种情况的表现形式以及代表人物。以便于后世的君主可以按图索骥，来判断臣子的忠奸。

事例一

晏婴是齐国的宰相，和周公一样，也是一位受到后代儒家推崇的人物。"晏子使楚"是我们最早知道的关于他的故事，晏子的聪明机智、维护国家尊严的形象受到很多人的喜爱。

晏婴

晏平仲，字婴。在齐灵公、齐庄公、齐景公时，连续三朝为相，因治国有道，为天下诸侯所敬重。

越石父是一位颇有才德的贤者，却无辜遭人陷害而身陷囹圄。晏子出巡时，恰遇越石父被捆绑，正在解送途中。于是，晏子不惜用自己拉车的马赎下了越石父，并将他带回自己府中。

越石父身处晏子府中，享受着晏子的款待，却不曾说过一句感谢晏子大义相救的话。甚至在不久之后，越石父竟然向晏子辞行，表示想到其他的地方去。

晏子对越石父的言行大为失望，不禁悲戚地对越石父说："晏婴虽然不是什么仁德之人，但终究在先生遭遇不幸时，救过先生一命，先生为何这么快便要弃我而去呢？"

越石父说："晏相国有所不知，依在下愚见，令君子感到最不幸的，乃是天下无知己之人。当时我身遭不幸，却得相国大义相救，曾暗自以为相国乃是知我之人。但事到如今，我在相府里平安度日，却得不到您的重用，倒不如重新去做囚犯，可能还好受一些。"

晏子听了越石父之言，才恍然大悟，越石父所追求的绝非衣食无虑的平淡生活，于是赶紧向越石父赔不是，并将其奉为上宾。

晏子任齐国丞相期间，有一位替他驾车的马夫，因自己随时陪伴在大名鼎鼎的相国身边而深感自豪。

有一天，马夫的发妻躲在自家门口偷窥相国出巡，却看见了一脸趾高气扬的丈夫。待丈夫归来后，妻子就对他说，自己再不愿服侍丈夫了，要舍他而去。

马夫遭此突然的打击，深感莫名其妙，便责问妻子缘由。

妻子说道："晏相国身高不足六尺，操持国家大权，让天下诸侯敬服，却处之泰然，严谨而有风度。反过来看夫君你，身长八尺有余，远甚于晏子，却位居仆役之职，你不

臣道

因此而感到羞耻，反倒自满得意，如何成得了大事呢？"

遭妻子的当头棒喝之后，马夫再出行时，便收敛了先前那股傲气。晏子乃是心思细密之人，很快便发现了马夫不同以往的表现，便询问其原因，马夫将妻子说过的话原原本本地告诉晏子。晏子认为马夫乃知道羞耻之人，是可造之材，便举荐他担任大夫之职。

晏子一生勤俭自持，身居相国之位，却在饮食、衣着上俭约朴质，让人称道。有关晏子的品行，有《晏子春秋》一书详加记载。太史公余暇便勤读其事功，常为其"进思忠，退思补过"的风范所感动。

太史公认为：倘若自己能和晏子生活在同一个时代，即使鞍前马后地追随其左右，也是莫大的荣幸了。

事例二

苏武和李陵都是被匈奴留下的，但是苏武是被迫的，他没有向匈奴投降，也没有被李陵真情的诉说打动，还是坚持汉节，成为人们传唱的最有气节的人。

苏武牧羊

苏武被匈奴放逐到北海边以后，得不到粮食供应，便挖掘野鼠，吃鼠洞中的草籽。他手持汉朝的符节牧羊，无论睡卧还是起身都带着它，以致节杖上的毛缨全部脱落了。

苏武在汉朝时，与李陵同为侍中，李陵投降匈奴后，不敢求见苏武。过了很长时间，单于派李陵来到北海边，为苏武摆下酒筵，并以乐队助兴。李陵对苏武说："单于听说我与你一向情谊深厚，所以派我来劝你，单于愿意对你虚心相待。你终究不能再回汉朝，自己白白在这荒无人烟的地方受苦，你的信义节操，又有谁看得到呢！你的两个兄弟，先前都因罪自杀；我来此之时，你母亲也不幸去世；你的夫人还年轻，听说已经改嫁别人了；只剩下两个妹妹、两个女儿、一个儿子，如今又过了十几年，他们是否还在人世，不得而知。人的一生，就像早晨的露水一般短暂，你又何必长久地如此自苦！我刚投降匈奴时，精神恍惚，像要发疯似的，每日都在恨自己辜负汉朝，还连累老母被拘禁牢狱，你不愿归降匈奴的心情，怎么会超过我？况且皇上年事已高，法令变化无常，大臣无罪而被抄杀满门的达数十家，安危不可知，你还要为谁这样做呢！"

苏武说："我父亲本无才德功绩，全靠皇上栽培，才得以身居高位，与列侯、将军并列，且使我们兄弟得以亲近皇上，所以我常常希望能够肝脑涂地，报答皇上的大恩。如今得以杀身报效皇上，即使是斧钺加身，汤锅烹煮，我也心甘情愿！为臣的侍奉君王，就如同儿子侍奉父亲一般，儿子为父亲而死，没有遗憾，希望你不要再说了。"李陵与苏武一连饮酒数日，又劝道："子卿你再听我一句话。"苏武说："很久以来，我就料想自己有死无生。如果你一定要我苏武投降，就请结束今日的欢聚，让我死在你的面前！"李陵见苏武一片至诚，长叹道："唉！你真是义士！我与卫律的罪过上通于天！"不觉泪湿衣襟，与苏武告别而去。李陵还赐给苏武牛羊数十头。

后来，李陵又来到北海边，他告诉苏武汉武帝已经去世。苏武一连数月，每天早晚面对南方号啕痛哭，甚至吐血。壶衍鞮单于即位后，其母阏氏行为不正，国内分崩离析，常常害怕汉军前来袭击，于是卫律为单于定计，要求与汉朝和亲。汉使来到匈奴，要求放苏武等人回国，匈奴假称苏武已死。后来汉使又来到匈奴，常惠暗中面见汉使，教使者对单于说："汉天子在上林苑射猎，射下一只大雁，雁脚上系着一块写字的绸缎，上面说苏武等人在某湖泽之地。"使者大喜，按常惠之言责问单于。单于环视左右侍从，大吃一惊，然后向汉使道歉说："苏武确实还活着。"这才将苏武及马宏等人放还。马宏先前是汉朝派往西域各国的使者光禄大夫王忠的副使，因受到匈奴军队的拦截，王忠战死，马宏被俘，也不肯投降匈奴。所以匈奴这次将苏武、马宏二人放回，是想向汉朝表示他们的善意。于是，李陵摆设酒筵祝贺苏武说："如今你返回祖国，名声传遍匈奴，功劳显扬于汉朝，即使是史籍所记载、丹青所描画的人物，又怎能超过你！我虽然愚笨懦弱，假如当年汉朝能宽恕我的罪过，保全我的老母，使我能够忍辱负重，春秋时曹刿劫持齐桓公于柯盟的壮举正是我当时念念不忘的志向。谁知汉朝竟将我满门抄斩，这是当世最残酷的杀戮，我还能再顾念什么呢！如今一切都已过去，现在不过是想让你知道我的心罢了！"李陵泪流满面，便与苏武告别。

单于召集当年随苏武前来的汉朝官员及随从，除先前已归降匈奴和去世的人外，共有九人与苏武一同回到汉朝。苏武一行来到长安后，汉昭帝诏令苏武用牛、羊、猪各一头，以最隆重的仪式祭拜汉武帝的陵庙，封苏武为典属国，品秩为中二千石，并赏赐苏武钱二百万、公田二顷、住宅一所。苏武被匈奴扣留了十九年，去时正当壮年，归来时头发、胡须全都白了。霍光、上官桀一向都和李陵关系很好，所以特派李陵的旧友任立政等三人一同前往匈奴劝说李陵回国。李陵对他们说："回去容易，但大丈夫不能两次受辱！"于是老死于匈奴。

致士

一

衡①听、显幽②、重明③、退奸、进良之术：朋党比周之誉，君子不听；残贼④加累⑤之潜⑥，君子不用；隐忌雍蔽⑦之人，君子不近；货财禽犊⑧之请，君子不许。凡流言、流说、流事、流谋、流誉、流愬⑨，不官⑩而衡至者，君子慎之，闻听而明誉之，定其当而当，然后士其刑赏而还与之。如是，则奸言、奸说、奸事、奸谋、奸誉、奸愬莫之试也。忠言、忠说、忠事、忠谋、忠誉、忠愬莫不明通，方起以尚尽矣。夫是之谓衡听、显幽、重明、退奸、进良之术。

注释

①衡：通"横"，遍，到处。②幽：隐晦，指隐居的贤士。③重（chóng）：再。明：显著，指已显扬的贤士。④贼：陷害好人。⑤累：祸害。⑥潜（zèn）：诬陷。⑦隐：通"意"。意忌：猜忌。雍：通"壅"，堵塞。蔽：遮盖。⑧禽：家禽。犊：小牛。禽犊：泛指送人的礼物。⑨流：指没有根据。愬（sù）：通"诉"，诉说。⑩官：官方，指正当的途径。

译文

广泛地听取意见、使隐居的贤士显扬、使显扬的贤士进一步显扬、使奸邪退却、使忠良进用的方法：宗派集团互相勾结的吹捧，君子不听从；残害贤良、横加罪名的诬陷，君子不采用；猜忌、埋没贤才的人，君子不接近；用钱财礼物进行贿赂的请求，君子不答应。凡是没有根据的流言、没有根据的学说、没有根据的事情、没有根据的计谋、没有根据的赞誉、没有根据的诉说等不是通过正当途径而是从四处传来的东西，君子对它们持慎重态度，听到了要仔细分辨，确定它们是恰当的还是不恰当的，然后对它们作出惩罚或是奖赏的决定并立即付诸实施。像这样，那么奸诈的言论、奸诈的学说、奸诈的事情、奸诈的计谋、奸诈的赞誉、奸诈的诉说就没有敢来试探的了，忠诚的言论、忠诚的学说、忠诚的事情、忠诚的计谋、忠诚的赞誉、忠诚的诉说就都公开表达、通行无阻、并起而进献于君主了。以上这些就是广泛地听取意见、使隐居的贤士显扬、使显扬的贤士进一步显扬、使奸邪退却、使忠良进用的方法。

川渊深而鱼鳖归之，山林茂而禽兽归之，刑政平而百姓归之，礼义备而君子归之。故礼及身而行修，义及国而政明，能以礼挟^①而贵名白，天下愿，令行禁止，王者之事毕矣。《诗》曰："惠此中国，以绥四方。"此之谓也。川渊者，龙鱼之居也；山林者，鸟兽之居也；国家者，士民之居也。川渊枯则龙鱼去之，山林险则鸟兽去之，国家失政则士民去之。

注释

①挟：通"浃"，周遍。

译文

江河湖泊深了，鱼鳖就归聚到它那里；山上树林茂盛了，禽兽就归聚到它那里；刑罚政令公正不阿，老百姓就归聚到他那里；礼制道义完善周备，有道德的君子就归聚到他那里。所以礼制贯彻到自身，品行就美好；道义贯彻到国家，政治就清明；能够把礼制贯彻到所有方面的，那么高贵的名声就会显著，天下的人就会仰慕，发布了命令就能实行，颁布了禁约就能制止，这样，称王天下的大业也就完成了。《诗经》上说："施恩这个国都中，以此安抚天下众。"说的就是这种道理。江河湖泊，是龙、鱼居住的地方；高山树林，是鸟、兽栖息的地方；国家，是士、民居住的地方。江河湖泊干涸了，那么龙、鱼就会离开它；高山树林环境险恶，那么鸟、兽就会离开它；国家政治混乱，那么士、民就会离开它。

无土则人不安居，无人则土不守，无道法则人不至，无君子则道不举。故土之与人也，道之与法也者，国家之本作^①也；君子也者，道法之总要也，不可少顷旷也。得之则治，失之则乱；得之则安，失之则危；得之则存，失之则亡，故有良法而乱者有之矣，有君子而乱者，自古及今，未尝闻也。传曰："治生乎君子，乱生于小人。"此之谓也。

①作：开始。本作：本源。

译文

没有土地，那么人民就不能安居；没有人民，那么土地就不能守住；没有正确的原则和法制，那么人民就不会来归附；没有君子，那么正确的原则就不能实行。所以土地和人民、正确的原则和法制这些东西，是国家的本源；君子，是正确的原则与法制的总管，不可以片刻空缺。得到了他，国家就能治理好；失去了他，国家就会混乱；得到了他，国家就会安定；失去了他，国家就危险；得到了他，国家就能保存；失去了他，国家就灭亡。所以有了良好的法制而发生混乱的国家，有过这种情况了；有了君子而政治混乱的，从古到今，还不曾听说过。古书上说："国家的安定产生于君子，国家的混乱来源于小人。"说的就是这种情况。

四

得众动天。美意延年。诚信如神。夸诞逐魂①。

注释

①逐：赶走。魂：灵魂，精神。逐魂：失神。弄虚作假的人往往提心吊胆，所以会魂不附体。

译文

得到了民众，就能撼动上天；内心愉悦，可以益寿延年。真诚老实，就能精明如神；浮夸欺诈，就会落魄丧魂。

五

人主之患，不在乎不言用贤，而在乎诚必用贤。夫言用贤者，口也；却贤者，行也；口行相反，而欲贤者之至、不肖者之退也，不亦难乎！夫耀蝉①者务在明其火，振其树而已；火不明，虽振其树，无益也。今人主有能明其德，则天下归之若蝉之归明火也。

注释

①耀：照。耀蝉：是一种捕蝉方法。即在夜晚用灯火照蝉，蝉扑向火光，便可捕捉。

译文

　　君主的毛病，不在于不谈论任用贤人，而在于不能真正地去任用贤人。谈论任用贤人，是口头上的；屏退贤人，是行动上的；口头上和行动上互相违背，却想要贤能的人前来、不贤的人退去，这不是很难的吗？那照蝉的人，他的工作在于点亮灯火、摇动树身而已；如果灯火不亮，那么即使摇动树身，也毫无用处。现在君主中如果有人能使自己的德行贤明，那么天下的人投奔他就会像蝉扑向明亮的火光一样了。

　　临事接民而以义变应，宽裕而多容，恭敬以先之，政之始也。然后中和察断以辅之，政之隆也；然后进退诛赏①之，政之终也。故一年与之始，三年与之终。用其终为始，则政令不行，而上下怨疾，乱所以自作也。《书》曰："义刑义杀，勿庸②以即，女惟曰：未有顺事。"言先教也。

注释

①进：指选拔贤良。退：指斥退奸臣。诛：指惩处罪犯。赏：指奖赏功臣。②庸：用。

译文

　　在处理政事、联系民众时，根据礼义变通地来对付，宽大而广泛地容纳民众，用恭敬的态度去引导他们，这是政治的第一步；然后用中正平和的观察决断去辅助他们，这是政治的中间阶段；然后进用、黜退，惩罚、奖赏他们，这是政治的最后一步。第一年给他们实施第一步，第三年才给他们实施最后一步。如果把最后一步用作为第一步，那么政策法令就不能实行，而官民上下也会怨恨，这就是动乱会从这里产生的原因。《尚书》说："即使是合宜的刑罚、合理的杀戮，也不要用来立即执行，你只能说：'我还没有理顺政事。'"这就是说，应该事先进行教育。

　　程者，物之准也；礼者，节①之准也。程以立数，礼以定伦，德以叙

位，能以授官。凡节奏欲陵，而生民欲宽；节奏陵而文，生民宽而安；上文下安，功名之极也，不可以加矣。

注释

① 节：即下文的"节奏"。

译文

度量衡，是测量物品的标准；礼制，是确定礼节礼仪等法度的标准。根据度量衡来确定物品的数量，根据礼制来确定人与人之间的等级关系；根据品德来依次排列级别地位，根据能力来授予官职。凡是礼节礼仪等制度要严格，而抚养人民要宽容。礼节礼仪制度严格，就文明；抚养人民宽容，就安定。上面文雅下面安定，这是立功成名的最高境界，不可能再有所增加了。

八

君者、国之隆①也；父者，家之隆也。隆一而治，二而乱。自古及今，未有二隆争重而能长久者。

注释

①隆：山中央高起的地方，引申为高贵，地位高。

译文

君主，是国家中最高贵的人；父亲，是家庭中最高贵的人。最高贵的人只有一个，就安定；如果有两个，就会混乱。从古到今，还没有两个最高贵的人互相争夺权力而能长久的。

师术有四，而博习①不与②焉。尊严而惮，可以为师；耆艾③而信，可以为师；诵说而不陵④不犯，可以为师；知微而论，可以为师。故师术有四，而博习不与焉。水深而回，树落则粪本，弟子通利则思师。《诗》曰："无言不雠，无德不报。"此之谓也。

注释

①博习：博学。②与：参与。②耆（qí）：六十岁。艾：五十岁。③陵：超越。不陵：指遵守。

译文

成为老师的办法有四种，而博学并不包括在这里面。尊严而使人害怕，可以成为老师；年老而有威信，可以成为老师；诵读解说经典而在行动上不超越、不违反它，可以成为老师；懂得精微的道理而又能加以阐述，可以成为老师。所以成为老师的办法有四种，而博学并不包括在这里面。水深了就会打旋，树叶落下就给树根施了肥，学生显达得利了就会想到老师。《诗经》上说："说话总会有应答，施恩总会有报答。"说的就是这种道理啊！

赏不欲僭①，刑不欲滥。赏僭则利及小人，刑滥则害及君子。若不幸而过，宁僭勿滥；与其害善，不若利淫。

注释

①譖：说坏话诬陷别人。

译文

奖赏不要过分，刑罚不要滥用。奖赏过分，那么好处就会施加到道德不良的小人；刑罚滥用，那么危害就会涉及道德高尚的君子。如果不幸发生失误，那就宁可过分地奖赏也不要滥用刑罚；与其伤害好人，不如让邪恶的人得利。

读解

本篇主要论述了招引贤士的方法，如"刑政平""礼义备""明其德"等，同时也强调了贤士对于国家治乱的重要作用。

什么是"士"？士，习于学，有德行道义的人，称为士。士为士农工商四民之首。士也是受到孔子赞扬的一类人。在记述孔子言论的《论语》中，几次都谈到士的作为。子贡问孔子："要做到怎样才能称为一个'士'呢？"孔子说："自身行事要有廉耻心；出使四方，可以不辱君命，就可以算是一个'士'了。"子贡又问："敢问再次一等的又是如何？"孔子说："宗族中的人都称赞他的贤孝，乡里中的人都称赞他的友爱。"子贡又问："敢问再次一等的又是如何？"孔子说："言语信实，行为果断，这样虽然像个浅薄固执的人，却也可以算是次一等的了。"子贡最后问："现在从政的人如何呢？"孔子说："唉！这些像斗筲般才短量浅的人，怎么算得上士呢！"子路也曾经问过孔子同样的问题，孔子说："与人相处要能互相切磋勉励，并且和气以对，这要就可以算是士了。朋友之间应该互相切磋勉励，兄弟之间应该和气以对。"孔子还说过："志士和仁人，不会为了保全生命而败坏仁道，只有牺牲生命而完成仁道的。"等。从这些议论中，我们可以看到，所谓的"士"应该是所有的有学识的儒生，最高等级的"士"就是君子了。

"士"对于治理国家有着深刻的见解，对于国家的兴衰有很大的影响作用。荀子专门作了《致士》来讨论士对于国家的作用。"川渊深而鱼鳖归之，山林茂而禽兽归之，刑政平而百姓归之，礼义备而君子归之"，君主只有具备了一定的道德礼义，有了向善的心，士人才能归附他，就像鱼鳖归深海、禽兽归山林一样。

事例一

春秋战国时期，很多贵族都豢养一些有才能的人，来帮助自己出谋划策。其中，最有名的就是"战国四公子"——孟尝君田文、信陵君魏无忌、平原君赵胜、春申君黄歇，司马迁最欣赏的是信陵君魏无忌，在《信陵君列传》中都以"公子"称之。

信陵君善养士

信陵君，名无忌，魏国公子，魏昭王的少子。昭王薨，安厘王继位，封无忌为信陵君。

在大梁有个替人守门的侯嬴，年龄都快七十岁了，信陵君听说此人是才不外露的隐士，便驱车亲自去拜见他。信陵君见侯嬴家中非常穷困，要送给他丰厚的财物，但侯嬴拒不接受。他说："我洁身自好数十年，甘于替人守门而过穷困的生活，怎么能在这个时候收受公子的财物呢？"

于是，信陵君回到府中，置办了盛大的酒宴。应邀参加者，都是魏都著名的能人贤士和权贵显要。就在客人都已到齐、酒宴眼看就要开始之际，信陵君却坐着马车离开了。他要亲自前往侯嬴守门的地方去邀请侯嬴。信陵君来到侯嬴的面前，下车恭敬相候。只见侯嬴稍稍整理了一下自己破旧的衣裳，便径自爬上车。侯嬴端坐车上，一点都没有要给信陵君让个位置的意思，他是想借此观察信陵君有什么反应。信陵君在车下牵着马，神态甚是恭敬。

侯嬴又对信陵君说："我有一位朋友在街上杀猪卖肉，请公子绕道过去。"信陵君牵着马车来到街上，侯嬴见到做屠夫的朋友朱亥，便故意拉朱亥说话，却斜眼偷看信陵君的行为表现。

当时，信陵君府中高朋满座，人们都在等待信陵君回来把盏言欢，而此时，他却在大街上为一个守门的老头牵马。有人开始悄悄地指责侯嬴的不知自重，唯有信陵君依旧面色坦然。

侯嬴终于上车来到信陵君府上。信陵君在众目睽睽之下，恭敬有礼地将侯嬴迎上上宾之位，又当着众人之面，对侯嬴大四赞扬了一番。酒至半酣，信陵君起身为侯嬴斟酒。

侯嬴起身说道："我不过是一个不为人齿的守门老头，公子却给予如此厚待，公子礼贤下士的美名，看来是不假了。"酒宴之后，信陵君以上宾之礼敬待侯嬴。

侯嬴对信陵君说："当天我在街上相会的那位朋友，是一个非常了不起的人才。世人不知他的才能，他才隐居起来做了屠夫。"信陵君前去请了几次，朱亥都没有答应出山相助。

信陵君的姊姊是平原君的夫人，长平之战后，秦军又大举进攻赵国，平原君派人向魏国求救。魏安厘王派晋鄙率领十万魏军赶去救援。秦王听说魏国出兵，就派人告诉魏王说："秦国灭亡赵国不过是朝夕之事，如果哪个国家敢出兵相救，秦国灭亡赵国后的第一个攻击目标，就是这个国家。"魏王知道秦王之言，绝非危言耸听，就令晋鄙暂驻于邺，静观其变。

平原君派人向信陵君求救，希望他看在自己姊姊的份上，劝魏王出兵救赵。信陵君于是向魏王请命，然魏王慑于秦国的恫吓，抵死不肯答应。信陵君无奈，却又不忍见赵国灭亡，姊姊惨遭不幸，便组织了食客数千人，前去救援赵国。

在离开魏都时，信陵君遇见了侯嬴。侯嬴说："公子此行要小心，我老头子就不奉陪了。"信陵君嘴里没说什么，但走在路上，心中很不痛快。他想："我待你侯嬴，算得上是恪尽礼数了，今天眼看着就要前去赴死，你却连一句安慰话都没有。这其中难道有什么玄机吗？"于是折返而回。

　　侯嬴在城门迎接信陵君，说："我就知道公子一定会回来的。"信陵君不解，问他是怎么知道的。侯嬴说："公子此行，犹如将肉投向饿虎。你平日待我甚厚，我却无一言相赠，你心中一定会不服气。"信陵君问："先生可有何妙计？"

　　侯嬴说："我听说晋鄙的兵符藏在魏王的行宫里面，如果进入魏王卧室偷出兵符，公子就可率晋鄙之军前往救赵了。"信陵君急问："如何才能偷得兵符呢？"侯嬴说："魏王最宠幸的妃子是如姬，当年如姬的父亲为他人所杀，是公子派人帮她报的仇，如果公子去请她帮忙，她一定会万死不辞的。"信陵君听了侯嬴的话，前去求如姬帮忙，果然顺利地拿到了兵符。

　　在信陵君即将出发时，侯嬴又对信陵君说："将在外，君令有所不受，只要他不损害国家的利益。公子手中有了兵符，但如果晋鄙仍不肯将军队交给你，事情仍然很麻烦。我那位杀猪卖肉的朋友朱亥，此时正好可与你一道前去，如果晋鄙交出军队，那是皆大欢喜的事儿，如果不行，恐怕只有把他杀掉了。"信陵君的脸上露出了极为悲戚的神色。侯嬴问："公子为何事伤心呢？"信陵君说："晋鄙性情刚烈，想来不会听从，我是不忍见到他就这样身死啊！"

侯嬴叫来朱亥。见到信陵君，朱亥说："过去公子曾几次屈尊枉顾，我都拒绝了公子，那是因为没有用得着我的地方，现在公子有如此重任，我就算拼死，也要尽微薄之力。"

侯嬴说："我本来是应该随公子一道去的，只是人老无用，不能一同前往了。但我会计算好公子的行期，待你们抵达晋鄙军中时，我将自刎以谢。"

信陵君到达邺地晋鄙军中，晋鄙接过信陵君送来的兵符，对信陵君前来取代自己一事表示怀疑，而不肯将军队交给信陵君。此时，朱亥袖内藏有一个四十斤重的铁锥，便一锥打死了晋鄙。

信陵君接掌兵权后，号令部众说："军中有父子同在的，父亲回去，有兄弟同在的，兄长回去，有家中仅一独子的，也可回去。"这样，剩下来八万人马，由信陵君带领前去救赵。都城中的侯嬴果然在预计的时间里自刎而死。

毛遂自荐

赵王派平原君赵胜到楚国去求救，赵胜准备挑选门下食客中文武双全的二十个人一起前往，但只挑出了十九个，剩下一个却怎么也挑不出来。这时有个叫毛遂的人向赵胜自我推荐。赵胜说："贤良的人才为人处世，好比锥子放在口袋中，锥尖立即就会露出来。如今先生来到我赵胜门下已经三年，我左右的人没有谁称赞过你，我也未听说过你的作为，这说明先生并没有什么长处。先生不能去，还是留下吧！"

毛遂说道："我不过是今天才请你把我放到口袋里而已！如果早把我放进去，我早就脱颖而出了，岂止只露出个锥尖呢！"

平原君赵胜于是让毛遂一同赴楚，另外十九个人都相视嘲笑他。赵胜到了楚国，向楚王阐述联合抗秦的必要性，从日出开始谈，直到中午楚王仍是犹豫不决。毛遂于是手按宝剑顺着台阶走上去，对平原君说："联合抗秦的重要性，两句话就可以说清楚，进而作出决定。现在，你们从日出开始谈起，谈到中午了还没有什么结果，这是怎么回事？"楚王怒斥毛遂道："还不赶快滚下去，我和你的主人说话，你算什么东西？"

毛遂按着剑又上前几步说："大王你之所以斥责我，是仗着楚国人多势众。现在咱们相距在十步以内，你不可能依仗楚国人多势众了！你的性命在我的手中。在我的主人面前，你为什么呵斥我？我毛遂听说商朝开国的汤王以七十里地方为开端，终于称王天下；周朝创业的周文王仅凭着一百里土地，就使诸侯臣服。他们难道是仗着兵多将广、人多势众吗？只不过是顺应历史大势、振势扬威而已。现在楚国有五千里广地，持戟战士一百万，这是称王称霸的资本呀！以楚国的强大，各国都难以抵挡。白起，不过是个小人物，带着几万兵力，兴师动众地与楚国作战，一战就夺去鄢、郢两城，再战便火烧夷陵，三战已将楚国宗庙平毁，侮辱楚王祖先。这是百世难解的仇怨，连赵国都替你羞愧，而大王却不为此而感到难堪。现在提倡联合抗秦，实在是为了楚国，不是为赵国啊！我的主人在你面前，你还呵斥我干什么？"

楚王只好说："是的是的，正像先生指教的那样，我愿意以全国的力量与你们合作。"

毛遂便说："联合之事确定了吗？"

楚王说："确定了。"

毛遂便对楚王左右随从说："取鸡、狗、马的血来！"

毛遂举起铜盘跪步上前对楚王说："请大王歃血宣誓，订立同盟，其次是我的主人，再次是我毛遂。"

于是三人在大殿上订立了抗秦同盟，这时毛遂又左手持铜盘右手对随行的十九人招呼说："你们也在堂下一起歃血宣誓吧！你们跟来跟去，还是得靠别人才办成了事！"平原君赵胜与楚国订立盟约后回到赵国，叹息说道："从今以后，我再不敢夸口能识别天下人才了！"于是奉毛遂为上等宾客。

议 兵

临武君①与孙卿子②议兵于赵孝成王前，王曰："请问兵要？"临武君对曰："上得天时，下得地利，观敌之变动，后之发，先之至，此用兵之要术也。"

注释

①临武君：楚国将领，姓名不详，当时在赵国。②孙卿子：即荀况。赵孝成王：名丹，公元前266—前245年在位。

译文

临武君和荀卿在赵孝成王面前议论用兵之道。赵孝成王说："请问用兵的要领是什么？"临武君回答说："上取得有利于攻战的自然气候条件，下取得地理上的有利形势，观察好敌人的变动情况，比敌人后行动但比敌人先到达，这就是用兵的要领。"

孙卿子曰："不然！臣所闻古之道，凡用兵攻战之本，在乎壹民。弓矢不调，则羿不能以中微；六马①不和，则造父不能以致远；士民不亲附，则汤、武不能以必胜也。故善附民者，是乃善用兵者也。故兵要在乎善附民而已。"

议
兵

211

注释

①六马：古代帝王的车用六匹马拉，"六马"指同拉一辆车的六匹马。

译文

荀卿说："不对！我所听说的古代的方法，大凡用兵打仗的根本在于使民众和自己团结一致。如果弓箭不协调，那么后羿也不能用它来射中微小的目标；如果六匹马不协调，那么造父也不能靠它们到达远方；如果民众不亲近归附君主，那么商汤、周武王也不能一定打胜仗。所以善于使民众归附的人，这才是善于用兵的人。所以用兵的要领就在善于使民众归附自己罢了。"

临武君曰："不然。兵之所贵者势利也，所行者变诈也。善用兵者，感忽①悠暗，莫知其所从出。孙吴②用之无敌于天下，岂必待附民哉？"

注释

①感忽：模糊不清，指难以捉摸。悠暗：悠远昏暗，指神秘莫测。②孙：指孙武，春秋时齐国人，著名的军事家。他曾以兵法十三篇见吴王阖闾，被任为将，率吴军西破强楚，北威齐、晋。吴：指吴起，战国初期军事家，卫国左氏（今山东曹县北）人，初任鲁将，继任魏将，屡建战功，曾被魏文侯任为西河守。吴起的著作早已亡佚，现存《吴子》六篇，是后人伪托之作。

译文

临武君说："不对。用兵所看重的，是形势有利；所施行的，是机变诡诈。善于用兵的人，神出鬼没，没有人知道他们是从什么地方出来的。孙武、吴起用了这种办法，因而无敌于天下。哪里一定要依靠使民众归附的办法呢？"

孙卿子曰："不然。臣之所道，仁人之兵，王者之志也。君之所贵，权谋势利也；所行，攻夺变诈也；诸侯之事也。仁人之兵，不可诈也；彼可诈者，怠慢者也，路亶①者也，君臣上下之间，滑然②有离德者也。故以桀诈桀，犹巧拙有幸焉。以桀诈尧，譬之若以卵投石、以指挠沸，

若赴水火，入焉焦没耳。故仁人上下，百将一心，三军同力；臣之于君也，下之于上也，若子之事父，弟之事兄，若手臂之扞头目而覆胸腹也，诈而袭之，与先惊而后击之，一也。且仁人之用十里之国，则将有百里之听；用百里之国，则将有千里之听；用千里之国，则将有四海之听，必将聪明警戒和传③而一。故仁人之兵，聚则成卒④，散则成列，延⑤则若莫邪⑥之长刃，婴⑦之者断；兑⑧则若莫邪之利锋，当之者溃，圜⑨居而方止，则若盘石然，触之者角⑩摧，案角鹿埵、陇种、东笼而退耳。且夫暴国之君，将谁与至哉？彼其所与至者，必其民也，而其民之亲我欢若父母，其好我芬若椒兰，彼反顾其上，则若灼黥，若仇雠；人之情，虽桀、跖，岂又肯为其所恶，贼其所好者哉！是犹使人之子孙自贼其父母也，彼必将来告之，夫又何可诈也！故仁人用国日明，诸侯先顺者安，后顺者危，虑敌之者削，反之者亡。《诗》曰："武王载发，有虔秉钺；如火烈烈，则莫我敢遏。'此之谓也。"

注释

①路亶：通"露癉"，羸弱疲惫。②滑然：离散的样子。滑，当为"涣"（王引之说）。③传：通"抟"（tuán），聚结。④卒：周代的军队组织，一百人为卒。⑤延：延伸，伸展。⑥莫邪（yé）：传说中的利剑。⑦婴：通"撄"，碰，触犯。⑧兑：通"锐"，尖锐，引申为冲锋。⑨圜（yuán）：通"圆"。⑩角：额角。

译文

荀卿说："不对。我所说的，是仁德之人的军队，是称王天下者的意志。您所看重的，是权变谋略、形势有利；所施行的，是攻取掠夺、机变诡诈：这些都是诸侯干的事。仁德之人的军队，是不可能被欺诈的；那可以被欺诈的，只是一些懈怠大意的军队，羸弱疲惫的军队，君臣上下之间涣散而离心离德的军队。所以用桀欺骗桀，还由于巧拙不同而有侥幸获胜的；用桀欺骗尧，拿它打个比方，就好像用鸡蛋掷石头、用手指搅开水，就好像投身水火、一进去就会被烧焦淹没的啊！仁德之人上下之间，各位将领齐心一致，三军共同努力，臣子对君主，下级对上级，就像儿子侍奉父亲、弟弟侍奉兄长一样，就像手臂捍卫脑袋眼睛、庇护胸部腹部一样；所以用欺诈的办法袭击他与先惊动他之后再攻击他，那结果是一样的。况且仁德之人治理方圆十里的国家，就会了解到方圆百里的情况；治理方圆百里的国家，就会了解到方圆千里的情况；治理方圆千里的国家，就会了解到天下的情况；他的军队一定是耳聪目明，警惕戒备，协调团结而齐心一致。所以仁德之人的军队，集合起来就成为有组织的队伍；分散开来便成为整齐的行列；伸展开来就像莫邪宝剑那长长的刃口，碰到它的就会被截断；向前冲刺就像莫邪宝剑那锐利的锋芒，阻挡它的就会被击溃；摆成圆形的阵势停留或排成方形的队列站住，就像磐石一样岿然不动，触犯它的就会头破血流，然后稀里哗啦地败退下来。再说那些强暴之国的君主，将和谁一起来攻打我们呢？从他那边来看，和他一起来的，一定是他统治下的民众；而他的民众亲爱我们就像喜欢父母一样，他们热爱我们就像酷爱芳香的椒、兰一样，而他们回头看到他们的国君，却像看到了烧烤皮肤、刺脸涂墨一样害怕，就像看到了仇人一样愤怒；他们这些人的性情即使像夏桀、盗跖那样残暴贪婪，但哪有肯为他所憎恶的君主去残害他所喜爱的君主的人呢？这就好像让别人的子孙亲自去杀害他们的父母一样，他们一定会来告诉我们，那么我们又怎么可以被欺诈呢？所以仁德之人当政，国家日益昌盛，诸侯先去归顺的就会安宁，迟去归顺的就会危险，想和他作对的就会削弱，背叛他的就会灭亡。《诗经》上说：'商汤头上旗飘舞，威严恭敬握大斧；就像熊熊的大火，没有人敢阻挡我。'说的就是这种情况啊！"

孝成王、临武君曰："善！请问王者之兵，设何道何行而可？"

孙卿子曰："凡在大王，将率①末事也。臣请遂道王者诸侯强弱存亡之效、安危之势。君贤者其国治，君不能者其国乱；隆礼、贵义者其国治，简礼、贱义者其国乱；治者强，乱者弱——是强弱之本也。上足印②，则下可用也，上不印，则下不可用也；下可用则强，下不可用则弱——是强弱之常也。隆礼、效功③，上也；重禄、贵节，次也；上功、贱节，下也——是强弱之凡也。好士者强，不好士者弱；爱民者强，不爱民者弱；政令信者强，政令不信者弱；民齐者强，民不齐者弱；赏重者强，赏轻者弱；刑威者强，刑侮者弱；械用兵革攻完④便利者强，械用兵革窳楛⑤不便利者弱；重用兵者强，轻用兵者弱；权出一者强，权出二者弱——是强弱之常也。齐人隆技击，其技也，得一首者，则赐赎锱⑥金，无本赏⑦矣。是事小敌毳⑧则偷⑨可用也，事大敌坚则焉涣离耳。若飞鸟然，倾侧反复无日，是亡国之兵也。兵莫弱是矣。是其去⑩赁市⑪佣而战之几矣。魏氏之武卒，以度取之，衣三属之甲⑫，操十二石⑬之弩⑭，负服⑮矢五十个，置戈其上，冠轴带剑，赢三日之粮，日中而趋百里，中试则复⑯其户，利其田宅，是数年而衰，而未可夺也，改造⑰则不易周⑱也，是故地虽大，其税必寡，是危国之兵也。秦人其生民也陕阨⑲，其使民也酷烈、劫之以势，隐⑳之以阨，忸之以庆赏，一之以刑罚，使天下之民所以要利于上者，非斗无由也；阨而用之，得而后功之，功赏相长也。五甲首而隶五家，是最为众强长久，多地以正，故四世有胜，非幸也，数也。故齐之技击不可以遇魏氏之武卒；魏氏之武卒不可以遇秦之锐士；秦之锐士不可以当桓、文之节制，桓、文之节制不可以敌汤、武之仁义，有遇之者，若以焦熬投石焉。兼是数国者，皆干赏蹈利之兵也，佣徒鬻卖之道也，未有贵上、安制、綦节之理也。诸侯有能微妙之以节，则作而兼殆之耳。故招近募选，隆势诈，尚功利，是渐之也；礼义教化，是齐之也。故以诈遇诈，犹有巧拙焉；以诈遇齐，辟之犹以锥刀堕太山也，非天下之愚人莫敢试。故王者之兵不试；汤、武之诛桀、纣也，拱挹指麾，而强暴之国莫不趋使，诛桀、纣若诛独夫。故《泰誓》曰：'独夫纣。'此之谓也。故兵大齐则制天下，小齐则治邻敌。若夫招近募选，隆势诈，尚功利之兵，则胜不胜无常，代翕代张，代存代亡，相为雌雄耳矣。夫是之谓盗兵，君子不由也。故齐之田单，楚之庄𫏋，秦之卫鞅，燕之缪虮，是皆世俗之所谓善用兵者也，是其巧拙强弱，则未有以相君也。若其道一也，未及和齐也；揂契司诈，权谋倾覆，未免盗兵也。齐桓、晋文、楚庄、吴阖间、越勾践是皆和齐之兵也，可谓入其域矣，然而未有本统也；故可以霸而不可以王；是强弱之效也。"

注释

①率：同"帅"，②卬（yǎng）：同"仰"，仰赖。③效：验。效功：考核战功。④攻：通"工"。完：坚固。⑤窳（yǔ）：不坚固。楛（kǔ）：通"盐"，粗劣。⑥锱（zī）：古代重量单位，各书有异说，此文指八两。⑦本赏：基本的奖赏，即根据战争的全局性胜利而制定的奖赏。⑧脆（cuì）：通"脆"。⑨偷：苟且。⑩去：同"区"，使出，指雇取。⑪赁：与"佣"同义，指佣工。市：买，指雇取。⑫三属（zhǔ）之甲：三种依次相连的铠甲。一种穿在上身如上衣，一种穿在胯骨上似围裙，一种穿在小腿上似绑腿。⑬石：古代用来计算弓弩拉力的单位，一石为120斤。但周代一斤大约为228.86克，所以"十二石"大约相当于现在的330公斤。⑭弩：一种有机械装置、力量较强的弓。⑮负：背。服：通"箙"，装箭的器具。⑯复：免除徭役。⑰改造：重新选择。⑱易：改变。周：通"赒"，周济。⑲陿（xiá）：同"狭"，狭窄。此指使人民生路狭窄，即下文所说的"使天下之民所以要利于上者，非斗无由也"。阸（è）：同"阨"，穷困。此指使人民穷困，与下文所说的"隐之以阸"相应。⑳隐：通"慇"，忧伤，痛苦。隐之以阸：用穷困使他们痛苦。

译文

赵孝成王、临武君说："说得好。请问称王天下者的军队采用什么办法、采取什么行动才行？"

荀卿说："一切都在于大王，将帅是次要的事。请让我就说说帝王诸侯强盛、衰弱、存在、灭亡的效验和安定、危险的形势。君主贤能的，他的国家就安定；君主无能的，他的国家就混乱；君主崇尚礼法、看重道义的，他的国家就安定；君主怠慢礼法、鄙视道义的，他的国家就混乱；安定的国家强盛，混乱的国家衰弱——这是强盛与衰弱的根本原因。君主值得仰赖，那么臣民就能为他所用；君主不值得仰赖，那么臣民就不能为他所用；臣民能被君主所用的就强盛，臣民不能被君主所用的就衰弱——这是强盛与衰弱的常规。推崇礼法、考核战功，是上等的办法；看重利禄、推崇气节，是次一等的办法；崇尚战功、鄙视气节，是下等的办法——这些是导致强盛与衰弱的一般情况。君主喜欢贤士的就强盛，不喜欢贤士的就衰弱；君主爱护人民的就强盛，不爱护人民的就衰弱；政策法令有信用的就强盛，政策法令没有信用的就衰弱；民众齐心合力的就强盛，民众不齐心的就衰弱；奖赏慎重给人的就强盛，奖赏轻易给人的就衰弱；刑罚威严的就强盛，刑罚轻慢的就衰弱；器械、用具、兵器、盔甲精善坚固便于使用的就强盛，器械、用具、兵器、盔甲粗劣而不便于使用的就衰弱；谨慎用兵的就强盛，轻率用兵的就

衰弱；指挥权出自一个人的就强盛，指挥权出自两个人的就衰弱——这些是强盛与衰弱的常规。齐国人注重'技击'。对待那些'技击'，取得一个敌人首级的，就赐给他八两黄金来赎买，没有战胜后所应颁发的奖赏。这种办法，如果战役小、敌人弱，那还勉强可以使用；如果战役大、敌人强，那么士兵就会涣散而逃离，像那乱飞的鸟一样，倒下覆灭也就没有多久了。这是使国家灭亡的军队，没有比这更弱的军队了，这和那雇取佣工去让他们作战也就差不多了。魏国的'武卒'，根据一定的标准来录取他们。那标准是：让他们穿上三种依次相连的铠甲，拿着拉力为十二石的弩弓，背着装有五十支箭的箭袋，把戈放在那上面，戴着头盔，佩带宝剑，带上三天的粮食，半天要奔走一百里。考试合格就免除他家的徭役，使他的田地住宅都处于便利的地方。这些待遇，即使几年以后他体力衰弱了也不可以剥夺，重新选取了武士也不取消对他们的周济。所以国土虽然广大，但它的税收必定很少，这是使国家陷于危困的军队啊！秦国的君主，他使民众谋生的道路很狭窄、生活很穷窘，他使用民众残酷严厉，用权势威逼他们作战，用穷困使他们生计艰难而只能去作战，用奖赏使他们习惯于作战，用刑罚强迫他们去作战，是国内的民众向君主求取利禄的办法，除了作战就没有别的途径；使民众穷困后再使用他们，得胜后再给他们记功，对功劳的奖赏随着功劳而增长，得到五个敌人士兵的首级就可以役使本乡的五户人家。这秦国要算是兵员最多、战斗力最强而又最为长久的了，又有很多土地可以征税。所以秦国四代都有胜利的战果，这并不是因为侥幸，而是有其必然性的。齐国的'技击'不可以用来对付魏国的'武卒'，魏国的'武卒'不可以用来对付秦国的'锐士'，秦国的'锐士'不可以用来对付齐桓公、晋文公那有纪律约束的军队，齐桓公、晋文公那

有纪律约束的军队不可以用来抵抗商汤、周武王的仁义之师；如果有抵抗他们的，就会像用枯焦烤干的东西扔在石头上一样。综合齐、魏、秦这几个国家来看，都是些追求奖赏、投身于获取利禄的士兵，这是受雇佣的人出卖气力的办法，并不讲尊重君主、遵守制度、极尽气节的道理。诸侯如果有谁能用仁义节操精细巧妙地来训导士兵，那么一举兵就能吞并危及它们了。所以招引、募求、挑选，注重权谋诡诈，崇尚功利，这是在欺骗士兵；讲求礼制道义教育感化，这才能使士兵齐心合力。用受骗的军队去对付受骗的军队，他们之间还有巧妙与拙劣之别，用受骗的军队去对付齐心合力的军队，拿它打个比方，就好像用小刀去毁坏泰山一样，如果不是天底下的傻子，是没有人敢尝试的。所以称王天下者的军队不用尝试。商汤、周武王讨伐夏桀、商纣的时候，从容地指挥，而那些强横暴虐的诸侯国也没有不奔走前来供驱使的，除掉夏桀、商纣就好像除掉孤独的一个人一样。所以《泰誓》说：'独夫纣。'说的就是这种情况啊！所以军队能大规模地齐心合力，就能制服天下；小规模地齐心合力，就能打败邻近的敌国。至于那种招引募求挑选来的、注重权谋诡诈、崇尚功利的军队，那胜负就没有个定准了，有时衰，有时盛，有时保存，有时灭亡，互为高下、互有胜负罢了，这叫作盗贼式的军队，君子是不用这种军队的。齐国的田单、楚国的庄𫏋、秦国的卫鞅、燕国的缪虮，这些都是一般人所说的善于用兵的人。这些人的巧妙、拙劣、强大、弱小没有什么相似的，至于他们遵行的原则，却是一样的，他们都还没有达到使士兵和衷共济、齐心合力的地步，而只是抓住对方弱点伺机进行欺诈，玩弄权术阴谋进行颠覆，所以仍免不了是些盗贼式的军队。齐桓公、晋文公、楚庄王、吴王阖闾、越王勾践，这些人的军队就都是和衷共济、齐心合力的军队，可说是进入礼义教化的境地了，但还没有抓住那根本的纲领，所以可以称霸诸侯而不可以称王天下。这就是或强或弱的效验。"

孝成王、临武君曰："善！请问为将。"

孙卿子曰："知①莫大乎弃疑，行莫大乎无过，事莫大乎无悔。事至无悔而止矣，成不可必也。故制号政令，欲严以威；庆赏刑罚，欲必以信；处舍收藏，欲周以固；徙举进退，欲安以重，欲疾以速；窥敌观变，欲潜以深，欲伍以参②；遇敌决战，必道③吾所明，无道吾所疑；夫是之谓六术。无欲将而恶废，无急胜而忘败，无威内而轻外，无见其利而不顾其害，凡虑事欲孰④而用财欲泰⑤，夫是之谓五权。所以不受命于主有三：可杀而不可使处不完，可杀而不可使击不胜，可杀而不可使欺百姓：夫是之谓三至。凡受命于主而行三军，三军既定，百官得序，群物皆正，

荀子选集

则主不能喜，敌不能怒，夫是之谓至臣。虑必先事而申之以敬，慎终如始，终始如一，夫是之谓大吉。凡百事之成也必在敬之，其败也必在慢之，故敬胜怠则吉，怠胜敬则灭，计胜欲则从，欲胜计则凶。战如守，行如战，有功如幸，敬谋无圹⑥，敬事无圹，敬吏无圹，敬众无圹，敬敌无圹，夫是之谓五无圹。慎行此六术、五权、三至，而处之以恭敬无圹，夫是之谓天下之将，则通于神明矣。"

注释

①知：通"智"。疑：犹豫不定。②伍、参（sān）：即"叁伍"，"三"与"五"指多而错杂，引申指将多方面的情况放在一起，加以比照检验。③道：行。④孰：同"熟"，精审。⑤泰：宽裕，不吝啬。⑥圹：通"旷"，疏忽，大意。

译文

孝成王、临武君说："说得好！请问做将领的原则。"

荀卿说："智慧没有比抛弃犹豫不决更高的了，行动没有比不犯错误更好的了，事情没有比毫无悔恨更重要的了。做事到了没有后悔的地步就到顶了，不能要求它一定成功。所以制度、号召、政策、命令，要严肃而有威势；奖赏刑罚，要坚决实行而有信用；军队驻扎的营垒和收藏物资的军库，要周密而坚固；转移、发动、进攻、撤退，既要安全而稳重，又要紧张而迅速；侦探敌情、观察其变动，既要隐蔽而深入，又要多方比较而反复检验；对付敌人进行决战，一定要根据自己已了解清楚的情况去行动，不要根据自己怀疑的情况去行动；以上这些叫作六种策略。不要热衷于当将军而怕罢免，不要急于求胜而忘记了有可能失败，不要只以为自己有威力而轻视外敌，不要看见了那有利的一面而不顾那有害的一面，凡是考虑事情要仔细周详而使用财物进行奖赏时要大方，这些叫作五种要权衡的事。不从君主那里接受命令的原因有三种：宁可被杀而不可使自己的军队驻扎在守备不完善的地方，宁可被杀而不可使自己的军队打不能取胜的仗，宁可被杀而不可使自己的军队去欺负老百姓，这叫作三条最高的原则。大凡从君主那里接受了命令就巡视三军，三军已经稳定，各级军官得到了合适的安排，各种事情都治理好了，那么君主就不能使他高兴，敌人就不能使他愤怒，这叫作最合格的将领。一定在战事之前深思熟虑，并且反复告诫自己要慎重，慎重地对待结束就像开始时一样，始终如一，这叫作最大的吉利。大凡各种事情成功一定在于慎重，失败一定在于怠慢，所以慎重胜过怠慢就吉利，怠慢胜过慎重就灭亡，冷静的谋划胜过冲动的欲望就顺利，冲动的欲望胜过冷静的谋划就凶险。攻战要像防守一样不轻率追击，行军要像作战一样毫不松懈，有了战功要像侥幸取得的一样不骄傲自满。慎重对待谋划而不要大意，慎重对待战事而不要大意，慎重对待军吏而不要大意，慎重对待士兵而不要大意，慎重对待敌人而不要大意，这叫作五种不大意。谨慎地根据这六种策略、五种权衡、三条最高原则办事，并且用恭敬而不大意的态度来处理一切，这叫作举世无双的将领，他就能与神明相通了。"

临武君曰："善！请问王者之军制。"

孙卿子曰："将死鼓，御死辔，百吏死职，士大夫死行列。闻鼓声而进，闻金[1]声而退；顺命为上，有功次之；令不进而进，犹令不退而退也，其罪惟均。不杀老弱，不猎[2]禾稼，服者不禽，格者不舍，奔命者不获。凡诛，非诛其百姓也，诛其乱百姓者也；百姓有扞其贼，则是亦贼也。以故顺刃者生，苏[3]刃者死，奔命者贡[4]。微子[5]开封于宋，曹触龙[6]断于军，殷之服民，所以养生之者也，无异周人；故近者歌讴而乐之，远者竭蹶而趋之，无幽闲辟[7]陋之国，莫不趋使而安乐之，四海之内若一家，通达之属莫不从服，夫是之谓人师。《诗》曰：'自西自东，自南自北，无思不服。'此之谓也。王者有诛而无战，城守不攻，兵格不击。上下相喜则庆之，不屠城，不潜军，不留众，师不越时。故乱者乐其政，不安其上，欲其至也。"

临武君曰："善！"

注释

①金：金属之器，指钲（zhēng）、铙（náo）之类，似铃而无舌，用槌敲击作响以作为停止进军的号令。②猎：通"躐"，踩，践踏。③苏：通"傃"（sù），向。④贡：当为"赍"字之误。赍（shì），赦免。⑤微子：名启，商纣的庶兄，归周后周公旦让他统率殷族而封于宋，是宋国的始祖。此文称"开"，可能是刘向避汉景帝（刘启）讳而改。⑥曹触龙：商纣王之将，荀子说他是奸臣。⑦辟：通"僻"。

译文

临武君说："说得好！请问称王天下者的军队制度。"

荀卿说："将军为战鼓而牺牲，驾驭战车的死在缰绳旁，各级官吏以身殉职，战士死在队伍中。听见战鼓的声音就前进，听见钲、铙的声音就后退；服从命令是最重要的，取得战功在其次；命令不准前进却前进，就像命令不准后退却后退一样，它们的罪过是相同的。不杀害年老体弱的，不践踏庄稼，对不战而退的敌人不追擒，对抵抗的敌人不放过，对前来投顺的不抓起来当俘虏。凡是讨伐杀戮，不是去讨伐杀戮那百姓，而是去讨伐杀戮那扰乱百姓的人；百姓如果有保护那乱贼的，那么他也就是乱贼了。因为这个缘故，所以顺着我们的刀锋转身逃跑的就让他活命，对着我们的刀锋进行抵抗的就把他杀死，前来投顺的就赦免其罪。微子启归顺周朝而被封在宋国，曹触龙负隅顽抗而

被斩首于军中，商王朝那些降服周朝的民众的生产生活用品，和周朝的人没有什么两样；所以近处的人歌颂周朝而且热爱周朝，远处的人竭尽全力地来投奔周朝，即使是幽隐闭塞偏僻边远的国家，也无不前来归附而听从役使，并且喜欢周朝，四海之内就像一个家庭似的，凡是交通能到达的地方，没有谁不服从，这可以称作是人民的君长了。《诗经》上说：'从那西边又从东，从那南边又从北，没有哪个不服从。'说的就是这种情况。称王天下的君主有讨伐而没有攻战，敌城坚守时不攻打，敌军抵抗时不攻击，敌人官兵上下相亲相爱就为他们庆贺，不摧毁城郭而屠杀居民，不秘密出兵搞偷袭，不留兵防守占领的地方，军队出征不超过预先约定的时限。所以政治混乱的国家中的人民都喜欢他的这些政策，而不爱自己的君主，都希望他的到来。"

临武君说："说得好！"

八

陈嚣①问孙卿子曰："先生议兵，常以仁义为本。仁者爱人，义者循理，然则又何以兵为？凡所为有②兵者，为争夺也。"

孙卿子曰："非汝所知也！彼仁者爱人，爱人故恶人之害之也；义者循理，循理故恶人之乱之也。彼兵者，所以禁暴除害也，非争夺也。故仁者之兵，所存者神③，所过者化，若时雨之降，莫不说④喜。是以尧伐驩兜⑤，舜伐有苗⑥，禹伐共工⑦，汤伐有夏⑧，文王伐崇⑨，武王伐纣，此四帝两王，皆以仁义之兵，行于天下也。故近者亲其善，远方慕其德；兵不血刃⑩，远迩来服，德盛于此，施⑪及四极。《诗》曰："淑人君子，其仪不忒，其仪不忒，正是四国。此之谓也。"

注释

①陈嚣：荀子的学生。②有：用。③神：指"尽善浃治"，即尽善尽美通体皆治。④说：通"悦"。⑤驩（huān）兜：古代部落名，此指尧时该部落的首领，传说他被尧流放于崇山。⑥有苗：也称"三苗"，尧、舜时代的一个部落，居于今湖南、江西交界地带，此当指其首领而言，相传他被流放到三危。⑦共（gòng）工：古代部落名，据古书记载，从颛顼帝开始直到周代，都有共工的事迹。此当指舜、禹时该部落的首领，相传他被流放于幽州。⑧有夏：即夏后氏，此指夏朝的末代君主桀。⑨崇：商代诸侯国，在今河南嵩县北，到崇侯虎时为周文王所灭。⑩兵不血刃：兵器不待血染刀口，指不流血战斗。⑪施：蔓延，延续。

译文

陈嚣问荀卿说："先生议论用兵，经常把仁义作为根本。仁者爱人，义者遵循道理，既然这样，那么又为什么要用兵呢？大凡用兵的原因，是为了争夺啊。"

荀卿说："这道理不是你所知道的。那仁者爱人，正因为爱人，所以就憎恶别人危害他们；义者遵循道理，正因为遵循道理，所以就憎恶别人搞乱它。用兵，是为了禁止横暴、消除危害，并不是争夺啊！所以仁人的军队，他们停留的地方会得到全面治理，他们经过的地方会受到教育感化，就像及时雨的降落，没有人不欢喜。因此尧讨伐驩兜，舜讨伐三苗，禹讨伐共工，汤讨伐夏桀，周文王讨伐崇国，周武王讨伐商纣，这两帝、四王都是使用仁义的军队驰骋于天下的。所以近处喜爱他们的美德，远方仰慕他们的道义；兵器的刀口上还没有沾上鲜血，远近的人就来归附了；德行伟大到这种地步，就会影响到四方极远的地方。《诗经》上说：'善人君子忠于仁，坚持道义不变更。他的道义不变更，四方国家他坐镇。'说的就是这种情况。"

九

李斯①问孙卿子曰："秦四世有胜，兵强海内，威行诸侯，非以仁义为之也，以便从事而已。"

孙卿子曰："非汝所知也！汝所谓便者，不便之便也。吾所谓仁义

者，大便之便也。彼仁义者，所以修政者也；政修则民亲其上，乐其君，而轻为之死。故曰：凡在于军，将率末事也。秦四世有胜，諰諰然②常恐天下之一合而轧③己也，此所谓末世之兵，未有本统也。故汤之放桀也，非其逐之鸣条④之时也；武王之诛纣也，非以甲子⑤之朝而后胜之也，皆前行素修也，此所谓仁义之兵也。今女不求之于本⑥，而索之于末⑦，此世之所以乱也。"

注释

①李斯：秦代政治家。曾从学于荀子，后辅助秦始皇统一六国，曾先后任秦朝的廷尉和丞相。②諰諰（xǐ）然：恐惧的样子。③轧：倾轧。④鸣条：古地名，又名高侯原，是成汤打败夏桀的地方。其地所在异说甚多，现已难以确指，通行的说法认为在今山西运城市。⑤甲子：甲子日，即周武王在牧野（今河南淇县西南）打败商纣王的日子。⑥本：指实行仁义的政治措施。⑦末：指机变诡诈的战略战术，即李斯所说的"以便从事"。

译文

李斯问荀卿说："秦国四代都有胜利的战果，在四海之内兵力最强，威力扩展到诸侯各国，但他们并不是依靠仁义去从事战争，而只是根据便利的原则去做罢了。"

荀卿说："这道理不是你所知道的。你所说的便利，是一种并不便利的便利。我所说的仁义，才是极其便利的便利。那仁义，是用来搞好政治的工具；政治搞好了，那么民众就会亲近他们的君主，喜爱他们的君主，而不在乎为君主去牺牲。所以说：'一切都在于君主，将帅是次要的事。'秦国四代都有胜利，却还是提心吊胆地经常怕天下各国团结一致来蹂躏自己，这就是人们所说的衰落时代的军队，还没有抓住根本的纲领。从前商汤流放夏桀，并不只是在鸣条追击的时候；武王诛杀商纣，并不是甲子日早晨之后才战胜他的；而都是靠了以前的措施与平时的治理，这就是我所说的仁义的军队。现在你不从根本上去寻找原因而只是从枝节上去探索缘由，这就是社会混乱的原因。"

礼者、治辨①之极也，强国之本也，威行之道也，功名之总也。王公由之所以得天下也，不由所以陨社稷也。故坚甲利兵不足以为胜，高城深池不足以为固，严令繁刑不足以为威。由其道则行，不由其道则废。

注释

①辨（bàn）：通"办"，治理。

译文

礼，是治理社会的最高准则，是使国家强大的根本措施，是威力得以扩展的有效办法，是功业名声得以成就的要领。天子诸侯遵行了它，所以能取得天下；不遵行它，所以会丢掉国家政权。所以坚固的铠甲、锋利的兵器不足以用来取胜，高耸的城墙、深深的护城河不足以用来固守，严格的命令、繁多的刑罚不足以用来造成威势，遵行礼义之道才能成功，不遵行礼义之道就会失败。

楚人鲛①革、犀兕②以为甲，鞈③如金石；宛钜④铁釶，惨⑤如蜂虿⑥，轻利僄遬⑦，卒⑧如飘风⑨；然而兵殆⑩于垂沙⑪，唐蔑死；庄蹻起，楚分而为三四，是岂无坚甲利兵也哉？其所以统之者非其道故也。汝、颍以为险，江、汉以为池，限之以邓林，缘之以方城，然而秦师至而鄢、郢举，若振槁然。是岂无固塞隘阻也哉？其所以统之者非其道故也。纣剖比干，囚箕子，为炮烙刑；杀戮无时，臣下懔然莫必其命，然而周师至而令不行乎下，不能用其民，是岂令不严，刑不繁也哉？其所以统之者，非其道故也。

注释

①鲛：海鲨。②兕（sì）：雌性的犀牛。③鞈（gé）：坚固的样子。④宛：楚国地名，在今河南南阳。钜：钢。⑤惨：狠毒，厉害。⑥虿（chài）：蝎子一类的有毒动物。⑦僄遬（piào sù）：轻捷。遬：同"速"。⑧卒（cù）：通"猝"，急速。⑨飘风：旋风。⑩殆：危亡，失败。⑪垂沙：地名，在今河南唐河县境。

译文

楚国人用鲨鱼皮、犀兕皮做成铠甲，坚硬得就像金属、石头一样；宛地出产的钢铁长矛，狠毒得就像蜂、蝎的毒刺一样；士兵行动轻快敏捷，迅速得就像旋风一样；但是兵败垂沙，唐蔑阵亡；庄蹻起兵造反，楚国被分裂成了三四块。这难道是因为没有坚固的铠甲、锋利的兵器吗？这是因为他们用来统治国家的办法并不是礼义之道的缘故啊！楚国以汝水、颍水作为天险，以长江、汉水作为护城河，把邓地一带的山林作为它的边界屏障，拿方城来围绕保护自己，但是秦军一到，而鄢、郢就被攻取了，像摧枯拉朽一

荀子选集

224

样。这难道是因为没有要塞险阻吗？这是因为他们用来统治国家的办法，并不是礼义之道的缘故啊！商纣王将比干剖腹挖心，囚禁了箕子，设置了炮烙的酷刑，随便杀人，臣下心惊胆战地没有谁能肯定自己会寿终正寝，但是周军一到，他的命令就不能在下面贯彻执行了，他就不能使用他的民众了。这难道是因为命令不严格、刑罚不繁多吗？这是因为他用来统治国家的办法并不是礼义之道的缘故。

　　古之兵，戈、矛、弓、矢而已矣，然而敌国不待试而诎；城郭不辨①，沟池不抇②，固塞不树，机变不张，然而国晏然不畏外而明内③者，无它故焉，明道④而分钧⑤之，时使而诚爱之，下之和⑥上也如影响，有不由令者，然后诛之以刑。故刑一人而天下服，罪人不邮⑦其上，知罪之在己也；是故刑罚省而威流，无它故焉，由其道故也。古者帝尧之治天下也，盖杀一人，刑二人而天下治。传曰："威厉⑧而不试，刑错⑨而不用。"此之谓也。

注释

　　①辨（bàn）：治理的意思。②抇：当作"扣"，掘。③明：当为衍文（王念孙说）。内：当为"固"（王念孙说）。④道：指礼义之道。这里作状语，表示"用名分"。⑤钧：通"均"，调节，平衡。⑥和（hè）：附和，响应。⑦邮：通"尤"，怨恨。⑧厉：高举。⑨错：通"措"。

译文

　　古代圣王的兵器，不过是戈、矛、弓、箭罢了，但是敌国不等他使用就屈服了；他城墙不整修，护城河不挖掘，要塞不建立，机智变诈不施展，但是他的国家却平安无事地不怕外敌而又能昌盛，这没有其他的缘故，是由于彰明了礼义之道而用名分来协调臣民，适时使用人民而真诚地爱护他们，因而臣民附和君主就像影子和回响一样。有不遵从命令的，然后再用刑罚来惩处他，所以惩罚了一个人而天下都服了，罪犯也不怨恨自己的君主，知道罪责在自己身上。所以刑罚用得少而威力却行于四方，这没有其他的缘故，是因为遵行了礼义之道的缘故。古代帝尧治理天下，只杀了一个人、惩罚了两个人而天下就治理好了。古书说："威势高举而不使用，刑罚设置而不施行。"说的就是这个道理。

　　凡人之动也，为赏庆为之，则见害伤焉^①止矣。故赏庆刑罚势诈^②不足以尽人之力，致人之死。为人主上者也，其所以接下之百姓者，无礼义忠信，焉^③虑^④率用赏庆、刑罚、势诈险阸^⑤其下，获其功用而已矣。大寇则至，使之持危城则必畔，遇敌处战则必北，劳苦烦辱^⑥则必奔，霍焉^⑦离耳，下反制其上。故赏庆刑罚势诈之为道者，佣徒鬻卖之道也，不足以合大众，美国家^⑧，故古之人羞而不道也。故厚德音以先之，明礼义以道之，致忠信以爱之，尚贤使能以次之，爵服庆赏以申之，时其事、轻其任以调齐之，长养之，如保赤子。政令以定，风俗以一。有离俗不顺其上，则百姓莫不敦^⑨恶，莫不毒孽^⑩，若祓^⑪不祥；然后刑于是起矣。是大刑之所加也，辱孰大焉？将以为利邪？则大刑加焉。身苟不狂惑戆陋，谁睹是而不改也哉？然后百姓晓然皆知修^⑫上之法，像上之志而安乐之。于是有能化善、修身、正行、积礼义、尊道德，百姓莫不贵敬，莫不亲誉；然后赏于是起矣。是高爵丰禄之所加也，荣孰大焉？将以为害邪？则高爵丰禄以持养之；生民之属，孰不愿也！雕雕焉县贵爵重赏于其前，县明刑大辱于其后，虽欲无化，能乎哉？故民归之如流水，所存者神，所为者化。矜纠收缭之属为之化而顺，暴悍勇力之属为之化而愿，旁辟曲私之属为之化而公，矜纠收缭之属为之化而调，夫是之谓大化至一。《诗》曰："王犹允塞，徐方既来。"此之谓也。

注释

　　①焉：语助词。②势：与"诈"同义连用，是权谋的意思。③焉：于是。④虑：大致，大凡。率：与"虑"同义连用。⑤险阸：使穷困而走投无路，引申指控制。⑥烦辱：两字同义，同"繁缛"。⑦霍焉：涣然，散去的样子。⑧美国家：指美化国家的风俗。⑨敦：通"憝"（duì），怨恨。⑩毒：祸害。这里用作意动词。孽：妖孽，灾害，这里用作意动词。⑪祓（fú）：古代一种除灾驱邪的仪式，此泛指驱除。⑫修：当为"循"（王念孙说）。

译文

　　大凡人们的行动，如果是为了赏赐和表扬才去做的，那么看见对自己有损害就罢手不干了。所以赏赐表扬、行刑处罚、权谋诡诈不足以竭尽人们的力量、使人们献出生命。现在做人民君主的人，他们对下面的老百姓不用礼义忠信，于是大抵只是使用赏赐表扬、行刑处罚、权谋诡诈控制臣民来获得他们的功用罢了。强大的敌寇到来，让他们去把守危险的城邑，就一定会叛变；让他们去抵抗敌人进行战斗，就一定会败北；让他

们干费力艰苦繁杂的事，就一定会逃跑；他们涣散地背离了，臣民反过来制裁了他们的
君主。所以赏赐表扬、行刑处罚、权谋诡诈作为一种办法，实是一种受雇佣的人出卖气
力的办法，它不足以团结广大民众使国家的风俗淳美，所以古代的圣王认为可耻而不遵
行它。古代的圣王提高道德声誉来引导人民，彰明礼制道义来指导他们，尽力做到忠诚
守信来爱护他们，根据尊崇贤人、任用能人的原则来安排他们职位，用爵位、服饰、表
扬、赏赐去一再激励他们，根据时节安排他们的劳动、减轻他们的负担来调剂他们，抚
养他们，就像保护初生的婴儿一样。政策法令已经确定，风气习俗已经一致，如果还有
人违背习俗而不顺从自己的君主，那么百姓就没有谁不怨恨厌恶他，就没有谁不把他
当作祸害妖孽，就像要驱除不祥一样要除掉他，这种情况发生以后，刑罚就从此产生
了。这种人便是重刑所施加的对象，耻辱还有哪一种比这个更大的呢？要把它看作有利
的事吗？但是重刑加到了他身上啊！本身如果不是发疯、糊涂、愚蠢、浅陋的人，谁能
看到了这种处罚而不改过自新呢？这样做了以后，百姓就明明白白地都知道要遵从君主
的法令、依顺君主的意志而爱戴君主。在这种情况下，如果有人能被善道所感化、修养
身心、端正品行、不断奉行礼义、崇尚道德，百姓就没有谁不器重尊敬他，就没有谁不
亲近赞誉他，这种情况发生以后，奖赏就从此产生了。这种人便是高官厚禄的授予对
象，光荣还有哪一种比这个更大的呢？要把它看作有害的事吗？可是用高官厚禄来扶养
他们的啊！凡是人，哪一个不愿意这样呢？明明白白地把高贵的官爵和优厚的奖赏摆在

他们的前面，把彰明罪行的刑罚与最大的耻辱放在他们的后面，即使要他们不变好，可能吗？所以民众归顺投奔君主就像流水奔向大海一样，君主所在的地方就得到全面的治理，君主采取措施的地方人们都受到教育感化而顺服：残暴、凶狠、胆大、强壮的一类人都会被他感化而变得忠厚老实，偏颇、邪僻、搞歪门邪道、偏私的一类人都会被他感化而变得大公无私，骄傲自大、尖刻伤人、竞抢不让、纠缠不休的一类人都会被他感化而变得和气温顺，这叫作深广的教化、极大的一致。《诗经》上说："王道真大满四海，徐国已经来朝拜。"说的就是这种情形。

　　凡兼人者有三术：有以德兼人者，有以力兼人者，有以富兼人者。彼贵我名声，美我德行，欲为我民。故辟门除涂以迎吾入；因其民，袭其处，而百姓皆安，立法施令莫不顺比；是故得地而权弥重，兼人而兵俞①强。是以德兼人者也。非贵我名声也，非美我德行也，彼畏我威，劫我势，故民虽有离心，不敢有畔虑，若是则戎甲俞众，奉养必费；是故得地而权弥轻，兼人而兵俞弱，是以力兼人者也。非贵我名声也，非美我德行也，用②贫求富，用饥求饱，虚腹张口来归我食③，若是则必发夫掌窖④之粟以食之，委之财货以富之，立良有司以接之，已期⑤三年，然后民可信也；是故得地而权弥轻，兼人而国俞贫，是以富兼人者也。故曰：以德兼人者王，以力兼人者弱，以富兼人者贫，古今一也。

注释

　　①俞：通"愈"。②用：因为。③食（sì）：通"饲"，养。④掌：当作"禀"，"禀"同"廪"，米仓。窖（jiào）：地窖。⑤期：通"綦"，极。

译文

　　大凡兼并别国的君主有三种方法：有依靠德行去兼并别国的，有依靠强力去兼并别国的，有依赖财富去兼并别国的。那个国家的人民景仰我的名声，赞赏我的德行，想做我的下民，所以打开国门清除道路来迎接我进城。我依靠这国家的民众，沿用它的住处，而百姓都安宁，对我制定的法律与颁布的命令没有人不顺从。所以得到了土地而权势更大，兼并了别国而兵力越来越强。这是依靠德行去兼并别国的君主。那个国家的人民并不是景仰我的名声，也不是赞赏我的德行，他们只是害怕我的威武，被我的势力所胁迫，所以他们虽然有离开我的心思，也不敢有背叛我的打算。像这样，那么战士就要越来越多，给养一定花费很大。所以得到了土地而权势更轻，兼并了别国而兵力越来越

弱。这是依靠强力去兼并别国的君主。那个国家的人民并不是景仰我的名声，也不是赞赏我的德行，而是因为贫穷而追求富裕，因为饥饿而想吃饱，所以空着肚子张着嘴来投奔我求食。像这样，就必须发放那米仓地窖中的粮食来供养他们，给他们财物来使他们富足，委任善良的官吏来接待他们，满三年，然后这些归附的老百姓才可以信任。所以得到了土地而权势更轻，兼并了别国而国家越来越贫穷。这是依靠财富去兼并别国的君主。所以说：依靠德行兼并别国的君主称王，依靠强力兼并别国的君主衰弱，依靠财富兼并别国的君主贫穷。这种情况古今是一样的。

十 五

兼并易能也，唯坚凝之难焉。齐能并宋①，而不能凝也，故魏夺之②。燕能并齐③，而不能凝也，故田单夺之。韩之上地④，方数百里，完全富足而趋赵⑤，赵不能凝也，故秦夺之⑥。故能并之而不能凝，则必夺；不能并之又不能凝其有，则必亡。能凝之则必能并之矣。得之则凝，兼并无强。古者汤以薄⑦，武王以镐⑨，皆百里之地也，天下为一，诸侯为臣，无他故焉，能凝之也。故凝士以礼，凝民以政；礼修而士服，政平而民安；士服民安，夫是之谓大凝。以守则固，以征则强，令行禁止，王者之事毕矣。

注释

①齐能并宋：公元前286年，齐伐宋，宋王偃（康王）出逃，死于温（今河南温县），齐兼并了宋国。②魏夺之：公元前284年，魏与秦、赵、韩、燕一起伐齐而攻破临淄，齐湣王出逃而死于淖齿之手。于是齐国被瓜分，魏国得到了原属宋国的大部分土地。③燕能并齐：公元前284年，燕昭王以乐毅为上将军攻齐，秦与三晋协同作战，乐毅破齐临淄，随后又攻占齐城七十余座，齐仅剩莒、即墨二城。④上地：指上党地区，在今山西省东南部长治市一带。⑤趋赵：公元前262年，秦将白起攻韩，取野王（今河南沁阳），完全封闭了韩与上党郡的交通。上党郡守冯亭不愿降秦，附赵。⑥秦夺之：上党归附赵国后，赵派廉颇屯长平（今山西高平西北）拒秦，赵、秦相持，不分胜负。公元前260年，秦攻上党，赵王中了秦国的反间计，命赵括替代廉颇为将，结果被白起大败于长平。公元前259年，秦将司马梗北定太原，完全占领了上党郡。⑦薄：通"亳"（bó）。⑧镐（hào）：通"鄗"。

译文

兼并别国容易做到，只是巩固凝聚它很难。齐国能够兼并宋国，但不能凝聚，所以魏国夺走了宋国。燕国能兼并齐国，但不能凝聚，所以田单夺回了它。韩国的上党地区，方圆几百里，城池完备、府库充足而投奔赵国，赵国不能凝聚，所以秦国夺取了它。所以能兼并别国的土地而不能凝聚，就一定会被夺走；不能兼并别国又不能凝聚自己本来拥有的国家，就一定会灭亡。能凝聚自己的国家，就一定能兼并别国了。得到别国的土地就能凝聚，那么再去兼并就不会有强大而不能兼并的对手了。古代商汤凭借毫，周武王凭借鄗，都不过是方圆百里的领土，而天下被他们统一了，诸侯做了他们的臣属，这没有其他的缘故，是因为他们能凝聚取得的土地啊！凝聚士人要依靠礼义，凝聚民众要依靠政策。礼义搞好了，士人就会归服；政治清明，民众就安定。士人归服、民众安定，这叫作最大的凝聚。靠这种政治局面来守卫就牢不可破，靠它来出征就强大无比，有令必行，有禁必止，称王天下者的事业就完成了。

读解

这是一篇论述军事问题的文章，反映了荀子的军事思想。

荀子的军事思想的核心则是"仁义"，他主张"禁暴除害""以德兼人"，反对"争夺"，不依仗"权谋""势诈"。他认为用兵作战的关键在于"民"，所以在本篇中多次谈到军队和人民的关系。如"用兵攻战之本在乎壹民""在乎善附民"，要"附民"就必须"隆礼""贵义""好士""爱民""政令信""赏重""刑威""权出一"。只有这样，才能"壹民"，才能使"三军同力"，从而取得战争的胜利。

在谈到做将领的原则的时候，荀子认为"知莫大乎弃疑，行莫大乎无过，事莫大乎无悔"，所以在行兵打仗的时候，要做到"制号政令，欲严以威；庆赏刑罚，欲必以信；处舍收藏，欲周以固；徙举进退，欲安以重，欲疾以速；窥敌观变，欲潜以深，欲伍以参；遇敌决战，必道吾所明，无道吾所疑"的"六术""无欲将而恶废，无急胜而忘败，无威内而轻外，无见其利而不顾其害，凡虑事欲孰而用财欲泰"的"五权""可杀而不可使处不完，可杀而不可使击不胜，可杀而不可使欺百姓"的"三至""敬谋无圹，敬事无圹，敬吏无圹，敬众无圹，敬敌无圹"的"五无圹"。将领只有做到这"六术""五权""三至"，才能达到出神入化的境界。

事例一

韩信是有名的将领，曾经对汉高祖刘邦说自己带兵"多多益善"。井陉一战正面表现了卓绝而奇特的军事才能。

背水之战

韩信和张耳率领几十万人马，想要突破井陉口，攻击赵国。赵王、成安君陈余听说汉军将要来袭击赵国，在井陉口聚集兵力，号称二十万大军。

韩信派人暗中打探消息，得知陈余不采纳广武君的计策，非常高兴，因此便率军径自前进，在距离井陉口三十里的地方停下来宿营。到半夜时分，韩信传令部队出发，挑选两千名轻骑兵，每人手拿一面红旗，从小道上山隐蔽起来，观察赵军的动向，并告诫将士："交战时赵军看到我军退逃，必会倾巢出动来追赶我们，你们即趁机迅速冲入赵

军营垒，撤去赵军的旗帜，遍插汉军的红旗。"韩信又叫副将让将士们随便吃些东西，说道："待今天打败赵军后再会餐！"将士们都不相信，只是假意应承道："好吧。"韩信说："赵军已经抢先占据了有利地形安营扎寨，而且他们没有看见我军大将的旗鼓，是不肯出兵攻打我们的先头部队的，这是因为他们认为我军遇到险阻就会撤回去。"韩信随即派遣一万人打先锋，开出营寨，背靠河水摆开阵势，赵军望见后哗然大笑。

天刚蒙蒙亮的时候，韩信军大张旗鼓，擂鼓喧天地出了井陉口。赵军洞开营门迎击，双方激战许久。这时，韩信和张耳便假装丢旗弃鼓，逃回河边的阵营。河边部队大开营门放他们进去，然后又和赵军鏖战。赵军果然倾巢而出，争抢汉军抛下的旗鼓，追逐韩信和张耳。韩信、张耳进入河边的阵地后，全军立即拼死奋战，赵军无法打败他们。韩信接着派出二千名骑兵突击队，等到赵军将士全体出动去追逐争夺战利品时，立刻奔驰进入赵军营地，拔掉所有赵军旗帜，插上两千面汉军红旗。赵军知道无法擒获韩信等人后，便想退回营地，却见自己的营垒中遍是汉军的红旗，不禁惊慌失措，以为汉军将赵王的将领全部擒获了，于是士兵大乱，纷纷逃跑，尽管赵将不停地斩杀逃兵，也无法阻止溃败之势。汉军随即又前后夹击，大败赵军，在泜水边杀了陈余，并活捉赵王歇。

将领们献上敌人的首级和俘虏，齐向韩信祝贺，并趁势问韩信："兵法上提出：'布军列阵要右边和背面靠山，前面和左边临水。'但这次您却让我们背水布阵，还说什么'待打败赵军后再会餐'，我们当时都颇不信服，但是竟然取胜了，这是什么战术呀？"

韩信说："这战术也是兵法上有的，只不过你们没有留意罢了！兵法上不是说'陷之死地而后生，置之亡地而后存'吗？况且我所率领的并不是平时训练有素的将士，此

即所谓'驱赶着街市上的平民百姓去作战'，势必将其置于死地，使人人为各自的生存奋战；倘若为他们留下活路，他们便会逃走。这样一来，难道还能够指望他们去冲锋陷阵吗！"将领们莫不心悦诚服地说："对啊！您的谋略的确非我们所能比呀！"

事例二

"将在外，君命有所不受"，孙武的第一次成功竟然是演练几个宫女！即使只是一场小小的演练，他也毫不含糊，依据军令杀了吴王心爱的两名宫女。

孙武

孙武，原本是齐国人，曾以所著兵法十三篇拜谒吴王阖庐（亦作"阖闾"）。

阖庐看过他的兵法之后，问孙武是否可以当面将他的兵法进行演示。孙武答应了阖庐的要求。吴王又问："可否由妇人来演示呢？""可以。"孙武再次爽快地答应。

阖庐也是一时兴起，才有此想，但既然孙武有此承诺，他就想成全孙武，于是便在宫中挑选了一百八十名美人，交由孙武指挥操练。

孙武将宫女分成两队，分别挑选吴王最宠爱的两位宫女担任两队的队长。在发给她们每人一把戟之后，孙武说："你们都知道前后左右和自己的心背及左右手吗？""知道。"宫女们说。孙武又指着面前的战鼓说："我待会儿击鼓，如果是向前击，你们就看自己的心脏部位；如果我往左击，你们就看自己的左手；如果我往右击，你们就看自己的右手；如果我向后击，你们就向后背看。如果有谁违背命令，立斩不饶。都听清楚了吗？""听清楚了。"宫女们齐声答道。

于是，孙武命令宫女们排好整齐的队伍，随时听候指挥。孙武击鼓向右，宫女们却没有行动，反倒在队中嬉笑。孙武脸色大变，厉声说道："纪律不严明、法令不熟悉，就当是我没有解释清楚。"接着便把行动计划和处罚办法向宫女们三令五申。交代完毕，孙武击鼓向左，宫女们仍嬉笑不止，还是没有行动。孙武说："纪律不严明、法令不熟悉，是我没有交代清楚。既然已经知道却不遵守，便是队长的过错了。"于是下令处斩两名队长。

在台上观看孙武指挥操练的吴王阖庐，见两位美人即将香消玉殒，吓得慌了神，急忙派人向孙武求情。孙武却对来人说："我既然答应吴王演示兵法，也就是所说的'将在外，君命有所不受'。"所以还是立即斩了两名队长示众。孙武从宫女中另外挑选出两人来担任队长，再进行操练时，果真是令出必行，再没有人敢违抗。

操练完毕，孙武报告吴王说："现在队五已操练整齐，吴王若想用她们去完成某项任务，就算是赴汤蹈火，她们也会欣然领命而去。"阖庐虽然痛失两位宠姬，但却知道孙武是个难得的领兵将才，心里仍感觉十分欣慰。

继之，吴王任孙武为将军，西破强楚、北击齐晋，天下诸侯都来向吴王朝拜。阖庐终成一代霸主，孙武功不可没。

正论

——— 一 ———

世俗之为说者曰："主道利周①。"是不然。主者，民之唱也；上者，下之仪②也。彼将听唱而应，视仪而动。唱默则民无应也，仪隐则下无动也；不应不动，则上下无以相胥也。若是，则与无上同也，不祥莫大焉。故上者下之本也。上宣明则下治辨③矣；上端诚则下愿悫矣，上公正则下易④直矣。治辨则易一，愿悫则易使，易直则易知；易一则强，易使则功，易知则明，是治之所由生也。上周密则下疑玄⑤矣，上幽险则下渐诈矣，上偏曲则下比周矣。疑玄则难一，渐诈则难使，比周则难知。难一则不强，难使则不功，难知则不明，是乱之所由作也。故主道利明不利幽，利宣不利周。故主道明则下安，主道幽则下危。故下安则贵上，下危则贱上。故上易知则下亲上矣，上难知则下畏上矣。下亲上则上安，下畏上则上危。故主道莫恶乎难知，莫危乎使下畏己。传曰："恶之者众则危。"《书》曰："克⑥明明德⑦。"《诗》曰："明明⑧在下。"故先王明之，岂特玄之耳哉？

注释

①周：周密，指隐蔽不露。②仪：立木以示人叫作仪，也叫表。③辨（bàn）：通"办"，治理。④易：平坦，不险恶。⑤玄：通"眩"，迷惑。⑥克：能。⑦明德：完美的德行。⑧明明：原为皎洁明亮的意思，指周文王、周武王的德行贤明完美。

译文

社会上那些庸俗的创立学说的人说："君主的统治措施以周密隐蔽为有利。"这种说法不对。君主，好比是民众的领唱；帝王，好比是臣下的标杆。那臣民们将听着领唱来应和，看着标杆来行动。领唱沉默，那么民众就无从应和；标杆隐蔽，那么臣下就无从行动。臣民不应和、不行动，那么君主和臣民就无法相亲相善了。像这样，那就和没有君主一样，不吉利的事没有比这更大的了。所以君主，是臣民的根基。君主公开明朗，那么臣民就能治理好了；君主端正诚实，那么臣民就老实忠厚了；君主公正无私，那么臣民就坦荡正直了。臣民治理得好就容易统一，老实忠厚就容易役使，坦荡正直就容易了解。臣民容易统一，国家就会强盛；臣民容易役使，君主就能建立功业；臣民容易了解，君主就会明白清楚。这是安定得以产生的缘由。君主隐蔽不露，那么臣民就疑惑迷乱了；君主阴暗险恶，那么臣民就虚伪欺诈了；君主偏私不公正，那么臣民就紧密勾结了。臣民疑惑迷乱就难以统一，虚伪欺诈就难以役使，紧密勾结就难以了解。臣民难以统一，那么国家就不会强盛；臣民难以役使，那么君主就不能建立功业；臣民难以了解，那么君主就不清楚。这是祸乱产生的根源。所以君主的统治措施以明朗为有利而以阴暗为不利，以公开为有利而以隐蔽为不利。君主的统治措施公开明朗，那么臣民就安逸；君主的统治措施阴暗不明，那么臣民就危险。臣民安逸，就会尊重君主；臣民危险，就会鄙视君主。君主的措施容易被了解，那么臣民就亲爱君主了；君主的措施难以被了解，那么臣民就害怕君主了。臣民亲爱君主，那么君主就安逸；臣民害怕君主，那么君主就危险。所以君主的统治措施没有比难以被了解更坏的了，没有比使臣民害怕自己更危险的了。古书上说："憎恨他的人众多，他就危险了。"《尚书》上说："要彰明贤明的德行。"《诗经》上说："彰明美德在天下。"古代的圣王也昭示自己的美德，难道只是使自己幽深难知就算了吗？

世俗之为说者曰："桀、纣有天下，汤、武篡而夺之。"是不然。以桀、纣为常[①]有天下之籍则然，亲有天下之籍则不然，天下谓在桀、纣则不然。古者天子千官，诸侯百官。以是千官也，令行于诸夏之国，谓之王；以是百官也，令行于境内，国虽不安，不至于废易遂[②]亡，谓之君。圣王之子也，有天下之后也，势籍之所在也，天下之宗室也，然而不材不中，内则百姓疾之，外则诸侯叛之，近者境内不一，遥者诸侯不听，令不行于境内，甚者诸侯侵削之、攻伐之；若是，则虽未亡，吾谓之无天下矣。圣王没，有势籍者罢[③]不足以县天下，天下无君；诸侯有能德明威积，海内之民莫不愿得以为君师。然而暴国独侈，安能诛之，必不伤害无罪之民，诛暴国之君若诛独夫。若是，则可谓能用天下矣。能用天下之谓王。汤、武非取天下也，修其道，行其义，兴天下之同利，除天下之同害，而天下归之也。桀、纣非去天下也，反禹、汤之德，乱礼义之分，禽兽之行，积其凶，全其恶，而天下去之也。天下归之之谓王，

天下去之之谓亡。故桀、纣无天下，而汤、武不弑君，由此效之也。汤、武者，民之父母也；桀、纣者，民之怨贼也。今世俗之为说者，以桀、纣为君，而以汤、武为弑，然则是诛民之父母，而师民之怨贼也，不祥莫大焉。以天下之合为君，则天下未尝合于桀、纣也，然则以汤、武为弑，则天下未尝有说也，直④堕之耳！故天子唯其人，天下者，至重也，非至强莫之能任；至大也，非至辨莫之能分；至众也，非至明莫之能和。此三至者，非圣人莫之能尽。故非圣人莫之能王。圣人备道全美者也，是县天下之权称⑤也。桀、纣者、其知虑至险也，其志意至暗也，其行之为至乱也；亲者疏之，贤者贱之，生民怨之；禹、汤之后也而不得一人之与；刳比干，囚箕子，身死国亡，为天下之大僇，后世之言恶者必稽焉：是不容⑥妻子之数⑦也。故至贤畴⑧四海，汤、武是也；至罢不容妻子，桀、纣是也。今世俗之为说者，以桀、纣为有天下而臣汤、武，岂不过甚矣哉！譬之，是犹伛⑨巫跛匡⑩大自以为有知也。故可以有夺人国，不可以有夺人天下；可以有窃国，不可以有窃天下也。可以夺之者可以有国，而不可以有天下；窃可以得国，而不可以得天下。是何也？曰：国者，小具也，可以小人有也，可以小道得也，可以小力持也；天下者，大具也，不可以小人有也，不可以小道得也，不可以小力持也。国者，小人可以有之，然而未必不亡也；天下者，至大也，非圣人莫之能有也。

正论

注释

①常：通"尝"，曾经。②遂：通"坠"，坠落，垮掉。③罢（pí）：通"疲"，不贤，无能。④直：只。⑤权称：秤。⑥容：包容，指庇护、保住。⑦数：道理。⑧畴：界。畴四海：以四海为疆域，即拥有天下。⑨伛：驼背。⑩跛匡：此指从事迷信活动的残疾人。

译文

社会上那些庸俗的创立学说的人说："夏桀、商纣拥有天下，商汤、周武王把它篡夺了。"这种说法不对。认为夏桀、商纣曾经有过统治天下的势位，那是对的；认为他们亲自占有过统治天下的势位，那就不对了；以为天下都掌握在夏桀、商纣手中，那也是不对的。古代天子有上千个官吏，诸侯有上百个官吏。依靠这上千个官吏，政令能推行到中原各诸侯国，就可称作为统治天下的帝王；依靠这上百个官吏，政令能推行到国境之内，国家即使不安定，还不至于被废黜撤换垮台灭亡，就可称作为诸侯国的国君。圣明帝王的子孙，是拥有天下的后代，是权势的占有者，是天下人所尊崇的帝王之家，但是如果没有才能又不公正，内则百姓怨恨他，外则诸侯背叛他，近处是境内不统一，远处是诸侯不听从，政令不能在境内实行，甚而至于诸侯侵略分割他，攻打讨伐他；像这样，那么他即使还没有灭亡，我也要说他已经失去天下了。圣明的帝王死了，那些拥有权势的后代没有德才，不能够用来掌握天下，天下等于没有了君主。诸侯中如果有人能够德行贤明威信崇高，那么天下的人民就无不愿意得到他让他做自己的君长；然而暴君统治的国家偏偏奢侈放纵，于是只有他能杀掉暴君，且一定不伤害没有罪过的民众，那么杀掉暴虐之国的君主就像杀掉一个孤独无依的人一样。像这样，就可以说是能够使用天下人民了。能够使用天下人民的就叫作帝王。商汤、周武王并不是夺取天下，而是遵行那正确的政治原则，奉行那合宜的道义，兴办天下人的共同福利，除去天下人的共同祸害，因而天下人归顺他们。夏桀、商纣并不是丢了天下，而是违背了夏禹、商汤的德行，扰乱了礼义的名分，干出了禽兽般的行为，不断行凶，无恶不作，因而天下人抛弃了他们。天下人归顺他就叫作称王，天下人抛弃他就叫作灭亡。所以夏桀、商纣王并没有拥有天下，而商汤、周武王并没有杀掉君主，从这个角度就能证明它。商汤、周武王，是人民的父母；夏桀、商纣王，是人民的仇敌。现在社会上那些庸俗的创立学说的人，把夏桀、商纣王当作君主，而认为商汤、周武王是杀君，这样的话，那就是诛杀了人民的父母，而把人民的仇敌当作君长，不吉利的事没有比这个更大的了。如果认为天下归附的才是君主，那么天下人从来没有归附过夏桀、商纣王，这样的话，那么认为商汤、周武王是杀君，就是天下人从来没有过的说法了，这只不过是在毁谤他们罢了！所以天子一定要由理想的人选来担任。治理天下，那任务是极其繁重的，不是最强劲有力的人是不能够担负它的；那范围是极其广大的，不是最明辨的人是不能够分辨它的；

那人民是极其众多的，不是最英明的人是不能够协调他们的。这三个"最"，不是圣人没有谁能具备，所以不是圣人就没有谁能称王天下。圣人，是道德完备、十全十美的人，他就像挂在天下的一杆秤。夏桀、商纣王，他们的谋虑极其险恶，他们的思想极其愚昧，他们的行为极其昏乱。亲近的人疏远他们，贤能的人鄙视他们，人民怨恨他们，他们虽然是夏禹、商汤的后代却得不到一个人的帮助。商纣王将比干剖腹挖心，囚禁箕子，结果自身被杀、国家灭亡，成为天下最可耻的人，后世说到坏人，就一定要拿他作例证。这就是他们不能保住妻子儿女的道理。所以极有德才的人能囊括天下，商汤、周武王就是；极无德才的人不能庇护妻子儿女，夏桀、商纣就是。现在社会上那些庸俗的创立学说的人，认为夏桀、商纣王拥有了天下而把商汤、周武王作为他们的臣子，难道不是错得很厉害了吗？拿它打个比方，这就好像是驼背的巫婆、瘸了腿的残疾人狂妄地自以为有见解一样。所以可以有夺取别人国家的事，却不可能有夺取别人天下的事；可以有窃取国家政权的事，却不可能有窃取天下统治权的事。夺取政权的人可能拥有一个国家，却不可能拥有整个天下；窃取政权可以得到一个国家，却不可能得到整个天下。这是为什么呢？回答说：国家是个小器具，可以让德才低劣的小人占有，可以依靠歪门邪道来取得，可以凭借较小的力量来维持；天下是个大器具，不可能让德才低劣的小人占有，不可能依靠歪门邪道来取得，不可能凭借较小的力量来维护。国家，小人可以拥有它，但是不一定就不灭亡；天下，是极其庞大的，不是圣人没有谁能占有它。

　　世俗之为说者曰："治古无肉刑，而有象刑，墨黥①；慅婴②；共③，艾毕④；菲⑤，对屦⑥；杀，赭衣而不纯⑦。治古如是。"是不然。以为治邪？则人固莫触罪，非独不用肉刑，亦不用象刑矣。以为轻刑邪？人或触罪矣，而直轻其刑，然则是杀人者不死，伤人者不刑也。罪至重而刑至轻，庸人不知恶矣，乱莫大焉。凡刑人之本，禁暴恶恶，且征⑧其末也。杀人者不死，而伤人者不刑，是谓惠暴而宽贼也，非恶恶也。故象刑殆非生于治古，并起于乱今也。治古不然，凡爵列官职赏庆刑罚皆报也，以类相从⑨者也。一物失称⑩，乱之端也。夫德不称位，能不称官，赏不当功，罚不当罪，不祥莫大焉。昔者武王伐有商、诛纣，断其首，县之赤斾。夫征暴诛悍，治之盛也。杀人者死，伤人者刑，是百王之所同也，未有知其所由来者也。刑称罪则治；不称罪则乱。故治则刑重，乱则刑轻，犯治之罪固重，犯乱之罪固轻也。《书》曰："刑罚世轻世重。"此之谓也。

注释

①黥（qíng）：古代一种刑罚，在犯人脸上刺字，再涂上墨，也叫墨刑。②慅（cǎo）：通"草"。婴：通"缨"，帽带。③共：通"宫"，破坏生殖器的刑罚，所谓男子割势，女子幽闭。④艾（yì）：通"刈"，割。芈：蔽膝，缝于长衣之前，是古代官服上的一种装饰。⑤菲：通"剕"，砍掉脚的刑罚。⑥屦：麻鞋。⑦纯：衣服的镶边，此指衣领。⑧征：通"惩"，惩戒，通过惩罚而引起警戒使以后不再干。⑨以类相从：指善有善报、恶有恶报。⑩称：相当。失称：失当，指爵位、官职、奖赏、刑罚的颁发实施没有做到以类相从。

译文

社会上那些庸俗的创立学说的人说："治理得很好的古代社会没有肉刑，而只有象征性的刑罚。用黑墨画脸来代替脸上刺字的黥刑；割鼻子的劓刑，用系上草制的帽带来代替；阉割生殖器的宫刑，用割去衣服前的蔽膝来代替；砍掉脚的剕刑，用穿麻鞋来代替；杀头的死刑，用穿上红褐色的衣服而不做衣领来代替。治理得很好的古代社会就像这样。"这种说法不对。以为当时已经治理好了吗？那么当时的人根本就没有谁再会犯罪了，那就不但用不着肉刑，而且也用不着象征性的刑罚了。以为当时的人有的还是犯罪了而只是减轻他们的刑罚吗？这样的话，那就是杀人的不会被处死，伤人的不会被惩罚。罪行极重而刑罚极轻，平常人就不知道憎恨犯罪了，祸乱没有比这更大的了。大凡惩罚人的根本目的，是禁止暴行、反对作恶，而且防范那未来。杀人的不被处死，而伤害人的不受刑罚，这叫作善待暴徒而宽恕强盗，不是反对作恶。所以象征性的刑罚恐怕并非产生于治理得很好的古代，而都是产生于混乱的现代。治理得好的古代并不是这样的。凡是爵位、官职、奖赏、刑罚都是善恶的回报，与行为的好坏相适应。一件事情赏罚失当，那就是祸乱的开端。德行和地位不相称，能力和官职不相称，奖赏和功劳不相当，刑罚和罪过不相当，不吉利的事没有比这更大的了。从前周武王讨伐商王朝，惩罚商纣王，砍下了他的头，把它挂在大红旗的飘带上。这征伐暴君惩治元凶，是政治上的丰功伟绩。杀人的被处死，伤人的被惩罚，这是历代帝王所相同的，没有人知道它是从什么时代传下来的。刑罚和罪行相当，社会才能治理好；刑罚和罪行不相当，社会就会混乱。所以社会治理得好，刑罚就重；社会混乱，刑罚才轻。因为在治理得好的时代犯的罪，本来就重；在混乱的时代犯的罪，本来就轻。《尚书》上说："刑罚有的时代轻、有的时代重。"说的就是这种情况。

四

世俗之为说者曰："汤、武不善禁令。"是何也？曰："楚、越不受制。"是不然。汤、武者，至天下之善禁令者也。汤居亳，武王居镐，皆

百里之地也，天下为一，诸侯为臣，通达之属，莫不振①动从服以化顺之，曷为楚、越独不受制也！彼王者之制也，视形势而制械用，称远迩而等贡献，岂必齐哉！故鲁人以榶，卫人用柯，齐人用一革，土地刑制②不同者，械用备饰不可不异也。故诸夏之国同服③同仪④，蛮夷戎狄⑤之国同服不同制。封内甸服⑥，封外侯⑦服，侯卫宾服⑧，蛮夷要⑨服，戎狄荒服。甸服者祭⑩，侯服者祀，宾服者享，要服者贡，荒服者终王。日祭，月祀，时享，岁贡，终王，夫是之谓视形势而制械用，称远近而等贡献，是王者之制也。彼楚、越者，且时享岁贡终王之属也，必齐之日祭月祀之属，然后曰受制邪？是规磨之说也，沟中之瘠也，则未足与及王者之制也。语曰："浅不足与测深，愚不足与谋知，坎井之蛙不可与语东海之乐。"此之谓也。

注释

①振：通"震"，恐惧。②刑：情形，环境。制：法度，此指长期形成而人们普遍遵行的习俗。③服：服事天子，指古代诸侯根据规定为天子提供服务。④仪：仪式，礼节规范。⑤蛮、夷、戎、狄：分别是我国古代对南部、东部、西部、北部各民族的统称，带有诬蔑性。⑥甸：通"田"，种田。甸服：种田而交纳农作物来服事帝王。⑦侯：通"候"，守望，守候放哨。⑧宾

服：以宾客的身份按时朝见进贡以服事天子。⑨要：约束。⑩祭：此特指祭祀死去的祖父、父亲。

译文

　　社会上那些庸俗的创立学说的人说："商汤、周武王不能实施禁令。"这种说法的根据是什么呢？他们说："因为楚国、越国不受他们的制约。"这种说法不对。商汤、周武王，是普天下最善于实施禁令的人。商汤居住在亳邑，周武王居住在鄗京，都不过是方圆百里的地方，但天下被他们统一了，诸侯做了他们的臣子，凡交通能到达的地方，人们无不惊恐颤动听从归服以至于被感化而依顺他们，为什么楚国、越国偏偏不受他们的制约呢？那些王者的制度，根据各地的情形来制造器械用具，衡量远近来规定进贡的等级差别，哪里一定要整齐划一呢？所以鲁国人用碗，卫国人用盂，齐国人用整块皮制作的器皿。土地环境风俗习惯不同的地方，器械用具设备服饰不能不有差别。所以中原各国同样服事天子而礼节规范相同。南蛮、东夷、西戎、北狄等国家同样服事天子而习俗不同。天子直接管辖的领地内以交纳农作物来服事天子，天子直接管辖的地区外围以守候放哨来服事天子，再向外负责守望保卫的地区则以宾客的身份按时进贡来服事天子，南蛮、东夷等少数民族地区以接受约束来服事天子，西戎、北狄等少数民族地区以不固定的进贡来服事天子。以交纳农作物来服事天子的地区负责供给祭祀祖父、父亲的物品，以守候放哨来服事天子的地区负责供给祭祀曾祖、高祖的物品，以宾客身份按时进贡来服事天子的地区负责供给祭祀远祖、始祖的物品，以接受约束来服事天子的地区负责供给祭祀天神的物品，以不固定的进贡来服事天子的地区要承认天子的统治地位。每天要祭祀一次祖父、父亲，每个月要祭祀一次曾祖、高祖，每个季度要祭祀一次远祖、始祖，每年要祭祀一次天神，每一代天子死了就要朝见一次即位的新天子以承认他的统治地位。这就是所谓的根据各地的情形来制造器械用具，衡量远近来规定进贡的等级差别，这就是王者的制度。那楚国、越国，不过是进贡每季祭祀、每年祭祀的祭品以及一代天子死了以后要来承认新天子一类的国家，难道一定要使他们与那些供给每天祭祀、每月祭祀的祭品一类的国家一样，然后才说他们"受制约"了吗？这是有差错的说法啊！这种人真像山沟中的僵尸，不值得和他谈及圣王的制度。俗话说："浅陋的人不值得和他测度深刻的事，愚蠢的人不值得和他商量智巧的事，废井中的青蛙不能和它谈论东海中的乐趣。"说的就是这种情况。

　　世俗之为说者曰："尧、舜擅①让。"是不然。天子者，势位至尊，无敌于天下，夫有谁与让矣？道德纯备，智惠甚明，南面而听天下，生民之

属，莫不振动从服以化顺之，天下无隐士，无遗善，同焉者是也，异焉者非也。夫有恶擅天下矣？曰："死而擅之。"是又不然。圣王在上，图德而定次，量能而授官，皆使民载其事而各得其宜；不能以义制利，不能以伪饰②性，则兼以为民。圣王已没，天下无圣，则固莫足以擅天下矣。天下有圣而在后者，则天下不离，朝不易位，国不更制，天下厌然与乡③无以异也；以尧继尧，夫又何变之有矣？圣不在后子而在三公，则天下如归，犹复而振之矣。天下厌然，与乡无以异也；以尧继尧，夫又何变之有矣？唯其徙朝改制为难。故天子生则天下一隆，致顺而治，论德而定次；死，则能任天下者，必有之矣。夫礼义之分尽矣，擅让恶用矣哉？曰："老衰而擅。"是又不然。血气筋力则有衰，若夫智虑取舍则无衰。曰："老者不堪其劳而休也。"是又畏事者之议也。天子者，势至重而形至佚，心至愉而志无所诎④，而形不为劳，尊无上矣。衣被⑤则服五采⑥，杂间色⑦，重文绣，加饰之以珠玉；食饮则重大牢⑧而备珍怪，期⑨臭味⑩，曼⑪而馈，代罢⑫而食，《雍》而彻⑬乎五祀，执荐⑭者百人侍西房；居则设张容⑮，负依⑯而坐，诸侯趋走乎堂下；出户而巫觋有事，出门而宗祀⑰有事，乘大路趋越席⑱以养安，侧载睪芷⑲以养鼻，前有错衡⑳以养目，和鸾之声，步中《武》《象》，趋中《韶》《濩》以养耳，三公奉轭持纳诸侯持轮，挟舆、先马，大侯编后，大夫次之，小侯、元士次之，庶士介而夹道，庶人隐窜莫敢视望。居如大神，动如天帝。持老养衰，犹有善于是者与不？老者，休也。休犹有安乐恬愉如是者乎？故曰：诸侯有老，天子无老；有擅国，无擅天下。古今一也。夫曰尧、舜擅让，是虚言也，是浅者之传，陋者之说也，不知逆顺之理，小、大、至、不至之变者也，未可与及天下之大理者也。

注释

①擅：通"禅"，传。②伪：人为，指后天的努力。饰：通"饬"，整治。③乡：通"曏"，从前。④诎：同"屈"，指受挫折、不能实现。⑤衣：穿。被：同"披"。⑥服：穿。五采：青、黄、赤、白、黑五种颜色，古代称之为正色。⑦杂：错杂，配合。间色：青、黄、赤、白、黑五种正色以外的杂色，如粉、绿、紫等，它们是由正色相间调配而成，所以叫间色。⑧大牢：同"太牢"。祭祀用的牺牲叫牢，太牢用牛、羊、猪三种牲畜，这里用来指代牛、羊、猪齐全的宴会。⑨期：通"綦"，极，尽。⑩臭（xiù）：鼻子闻到的气味。味：口舌尝到的滋味。⑪曼：通"缦"，由十几个人合奏的一种音乐。⑫代：当为"伐"，敲击。罢："鼛"的俗字，通"鼛"，大鼓。⑬彻：通"撤"，指撤去宴席。⑭执：拿。荐：尚未食用而准备进献的食物。⑮张：通"帐"。容：小而曲折的屏风。⑯依：通"扆"。⑰宗：大宗伯，主管祭祀的官。祀：当作"祝"，太祝，主管祈求福祥的官。⑱路：通"辂"，天子乘坐的大车。趋（cù）：通"蹴"，踩。越（kuò）：通"括"，结。越席：编结蒲草而制成的席子，这种席子既清洁又柔

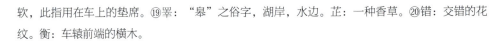

软，此指用在车上的垫席。⑲皋："皋"之俗字，湖岸，水边。芷：一种香草。⑳错：交错的花纹。衡：车辕前端的横木。

译文

　　社会上那些庸俗的创立学说的人说："尧、舜把王位禅让给别人。"这种说法不对。天子权势地位至高无上，在天下无与伦比，他又和谁推让呢？尧、舜道德美好完备，智慧非常发达，朝南坐着治理天下，所有的民众，都惊恐颤动听从归服以至于被感化而依顺他们，天下没有被埋没的人才，没有被遗忘的好人好事，和尧、舜相同的言行才是正确的，和他们不同的言行就是错误的，他们又为什么要把天下让掉呢？有人说："是等他们死了以后再把王位禅让给别人的。"这又不对。圣明的帝王处在君位上，考虑德行来确定等级，衡量才能来授予官职，使人们全部能担负起自己的职事而各人又都能得到适宜的安排；如果不能用道义来制约私利，不能通过人为的努力来改造本性，那就统统让他们当老百姓。圣明的帝王已经死了，天下如果没有圣人，那么根本就没有人能够接受禅让了。天下如果有圣人而又出在圣明帝王的后代之中，那么天下人就不会离心离德，朝廷上就不会改变各人的官位，国家也不会改变制度，天下就安安稳稳地和过去没有什么不同；这是用尧一样的圣王来继承尧，那又会有什么改变呢？如果圣人不出在圣明帝王的后代子孙之中而出在辅佐大臣之中，那么天下人随从归附他，就像恢复国家而振兴它一样了，天下也会安安稳稳地和过去没有什么不同；这是用尧一样的圣王来继承

尧，那又会有什么改变呢？只有那改朝换代、变更制度才是困难的。所以圣明的天子活着，那么天下人就专一地尊崇他，极其顺从而有秩序，评定德行来确定各自的等级位次；圣明的天子死了，那么能够担负起治理天下重任的继承人，一定会有的。礼义的名分全部落实了，哪里还用得着禅让呢？有人说："是他们年老体衰才把王位禅让给别人的。"这又不对。人的血脉气色筋骨体力倒是有衰退的，至于那智慧、思考能力、判断抉择能力却是不会衰退的。有人说："年老的人不能忍受那劳累才退下来休息的。"这又是怕做事者的议论。天子权势极大而身体极安逸，心情极愉快而志向没有不能实现的，所以身体不会因为当了天子而劳累，而他的尊贵则是至高无上的了。穿着五色的上衣，再配上杂色的下衣，加上有花纹的刺绣，再用珠玉加以装饰。吃的是牛、羊、猪齐全的宴会一个连一个，珍贵奇异的佳肴样样具备，各种香气美味应有尽有，在音乐声中送上食物，在击鼓声中进餐，奏起《雍》曲而把宴席撤回到灶上祭祀灶神，端菜的人有上百个侍候在西厢房。待在天子的位置上听政，就设置了帷帐和小屏风，背靠大屏风而坐，诸侯在堂下有礼貌地奔走前来朝见。要出宫门，巫祝就有事情了，要出王城大门，大宗伯、大祝就有事情了；坐上宽阔的大车、踩着柔软的蒲席来保持身体的安稳，旁边放置湖岸上生长的香草来调养鼻子，车前有画着交错花纹的横木来调养眼睛，车铃的声音在车子慢行时合乎《武》《象》的节奏，在车子奔驰时合乎《韶》《护》的节奏来调养耳朵，三公扶着车轭、握着缰绳，诸侯有的扶着车轮、有的护在车厢两侧、有的在马前引路，大国诸侯排列在车后，大夫跟在他们的后面，小国诸侯与天子的高级文官再跟在大夫的后面，士兵们穿着铠甲而在道路两旁警卫，百姓们隐藏躲避而没有人敢观望。天子坐着像大神一样尊严，行动像天帝一样自如，扶持老年的生活、保养衰退的身体，还有比这更好的吗？老年人要休息，那休息还有像这样安定快乐宁静愉悦的吗？所以说：诸侯有告老退休的，天子没有告老退休的；有诸侯传让国家的，没有天子禅让天下的。这是古今都一样的。所谓"尧、舜把王位禅让给别人"，这是不符合事实的假话，是知识肤浅者的传闻，是孤陋寡闻者的胡说。他们是一些不懂得是否违背世道人情的道理，不懂得国家与天下、至高无上与不至高无上之间的不同的人，是一些还不能和他们谈论天下的大道理的人啊。

六

世俗之为说者曰："尧舜不能教化。"是何也？曰："朱象①不化。"是不然也。尧、舜者，至天下之善教化者也。南面而听天下，生民之属莫不振动从服以化顺之。然而朱、象独不化，是非尧、舜之过，朱、象之罪也。尧、舜者，天下之英也；朱、象者，天下之嵬，一时之琐也。今世俗之为说者，不怪朱、象，而非尧、舜，岂不过甚矣哉？夫是之谓嵬说。羿、逢门者，天下之善射者也，不能以拨②弓曲矢中微；王梁、造父者，天下之善驭者也，不能以辟③马毁舆致远；尧、舜者，天下之善教化者也，不能使嵬琐化。何世而无嵬，何时而无琐，自太皞、燧人④莫不有也。故作者不祥，学者受其殃，非者有庆。《诗》曰："下民之孽，匪降自天；噂沓⑤背憎，职竞⑥由人。"此之谓也。

注释

①朱：尧的儿子，封于丹，故又称丹朱。传说他德才不好，所以尧不传位给他而让给舜。象：舜的异母弟弟，传说他曾多次谋杀舜。②拨：通"弊"，弓乖张不正。③辟：通"躄"，腿瘸。④太皞：古帝名，传说是远古东夷族首领，风姓，居于陈。一说即伏羲氏。燧人：古帝名，传说他发明了钻燧取火，使民熟食，于是人民推举他为王，号燧人氏。⑤噂（zǔn）：聚在一起谈论。沓：形容话多。⑥职：主要。竞：争逐，此指争抢灾祸。

译文

社会上那些庸俗的创立学说的人说："尧、舜不能教育、感化人。"这种说法的根据是什么呢？他们说："因为丹朱、象都没有被感化。"这种说法不对。尧、舜，是普天下最善于进行教育感化的人，他们朝南坐着治理天下，所有的民众无不惊恐颤动听从归服以至于被感化而依顺他们。然而唯独丹朱、象不能被感化，这不是尧、舜的过错，而是丹朱、象的罪过。尧、舜是天下的英杰，丹朱、象是天下的怪物、一代庸人。现在社会上那些庸俗的创立学说的人，不责怪丹朱、象而非议尧、舜，岂不是错得很厉害了吗？这叫作奇谈怪论。羿、逢蒙，是天下善于射箭的人，但不能用别扭的弓和弯曲的箭去射中微小的目标；王良、造父，是天下善于驾驭马车的人，但不能依靠瘸腿的马和坏车子到达远方的目的地；尧、舜，是天下善于进行教育感化的人，但不能使怪僻鄙陋的人转化。哪个社会没有怪僻的人？哪个时代没有鄙陋的人？从太皞氏、燧人氏以来没有什么时代没有过。所以那些创立学说的人不善，学习的人就受到了他们的毒害，非难他们的人才有幸福。《诗经》上说："民众的灾难与不幸，并非从天来降临；当面谈笑背后恨，主要作祟在于人。"说的就是这种情况。

七

世俗之为说者曰："太古薄葬，棺厚三寸，衣衾三领，葬田不妨田，

故不掘也。乱今厚葬，饰棺，故掘也。"是不及知治道，而不察于掘不掘者之所言也。凡人之盗也，必以有为^①，不以备不足，足则以重有余也。而圣王之生民也，皆使当厚^②优犹^③不知足，而不得以有余过度。故盗不窃^④，贼不刺^⑤，狗豕吐菽粟，而农贾皆能以货财让。风俗之美，男女自不取^⑥于涂^⑦，而百姓羞拾遗。故孔子曰："天下有道，盗其先变乎！"虽珠玉满体，文绣充棺，黄金充椁，加之以丹矸，重之以曾青，犀、象以为树，琅玕^⑧、龙兹、华觐^⑨以为实，人犹且莫之掘也。是何也？则求利之诡缓，而犯分之羞大也。

注释

①以：为。有为：有所为，有缘故。②厚：富。③优犹：叠韵联绵词，同"优游"，形容宽舒的样子。④盗、贼：搞偷窃的叫"盗"，搞劫杀的叫"贼"。⑤刺：杀人。⑥取：通"聚"，会。⑦涂：通"途"。⑧琅玕：形似珠子而质次于玉的美石，一名火齐珠。⑨龙兹、华觐：也是珠玉名。

译文

社会上那些庸俗的创立学说的人说："远古时代葬礼节俭，棺材板只有三寸厚，衣服只有三套，被子只有三条，埋在田底下而不妨碍种田，所以不会被挖掘。混乱的今天葬礼奢侈，用珍宝来装饰棺材，所以会被盗挖。"这是对治国的道理还没有达到通晓的程度而对盗墓不盗墓的原因又不清楚的人所说的话。大凡人们的盗窃，一定是有原因的，不是为了使自己不足的东西能齐备，就是为了使自己绰绰有余的东西进一步富余。而圣明的帝王养育民众，使他们都富足宽裕而懂得满足，不可以有多余的财物，不可以超过规定的标准。所以窃贼不会来偷窃，强盗不会杀人抢劫，狗猪会不吃粮食，而农夫商人都能把财物让给别人；风俗是那样的美好，男女自然不在路上相会，而百姓都以拾取别人遗失的东西为羞耻。所以孔子说："社会政治清明，盗贼大概会首先转变吧！"像这样，即使珍珠宝玉挂满了尸体，绣有彩色花纹的丝织品塞满了内棺，黄金塞满了外棺，用朱砂涂刷它，用曾青粉饰它，在墓穴中用犀牛角和象牙雕刻成树，用琅玕、龙兹、华觐做成树上的果实，人们仍将没有去盗挖它的。这是为什么呢？是因为人们求取私利的诡诈之心松懈了，而违反道义的羞耻感增强了。

夫乱今然后①反是：上以无法使，下以无度行；知者不得虑，能者不得治，贤者不得使。若是，则上失天性②，下失地利，中失人和；故百事废，财物诎③，而祸乱起。王公则病不足于上，庶人则冻馁羸瘠于下。于是焉桀、纣群居而盗贼击夺以危上矣。安禽兽行，虎狼贪，故脯巨人而炙婴儿矣。若是，则有何尤掘人之墓，抉人之口而求利矣哉？虽此倮④而埋之，犹且必掘也，安得葬埋哉？彼乃将食其肉而龁其骨也。夫曰：太古薄葬，故不掘也；乱今厚葬，故掘也。是特奸人之误于乱说，以欺愚者而淖陷⑤之，以偷⑥取利焉，夫是之谓大奸。传曰："危人而自安，害人而自利。"此之谓也。

注释

①然后：这才。②天性：指天时。③诎：同"屈"，竭，尽。④倮：同"裸"，赤身裸体。⑤淖陷：使……陷于泥淖中，坑害。⑥偷：苟且。

译文

混乱的今天与古代相反。君主不根据法度役使人民，臣民不根据法度去办事，有才智的人不能去谋划国家大事，有能力的人不能去治理国家，有德行的人不能在位役使人。像这样，那么上就会错失农时，下就会丧失土地所产生的利益，中间就会失掉人民的同心合力；所以各种事情被废弃，财物紧缺，而祸乱也就产生了。天子诸侯在上面忧虑财物不足，老百姓则在下面受冻挨饿疲弱消瘦；于是桀、纣似的暴君成群地占据在各国的君位上，而盗贼也就打家劫舍以至于危害到他们的君主了。于是像禽兽一样横行，像虎狼一样贪婪，所以也就把大人做成肉干来吃而把婴儿做成烤肉来吃了。像这样，那么又为什么要指责盗掘死人的坟墓、挖死人的嘴巴来求取利益的行为呢？像这样，即使是赤身裸体来埋葬死人，也一定会被挖掘的，又哪能得到埋葬呢？因为他们将会吃死人的肉而啃死人的骨头。所谓"远古时代葬礼节俭，所以不会被挖掘；混乱的今天葬礼奢侈，所以会被盗挖"，这只是奸邪的人被谬论所迷惑了，却又用它来欺骗愚蠢的人而坑害他们，以便从中苟且捞取好处，这叫作最大的奸邪。古书上说："使别人危险以便使自己安全，使别人受害以便使自己得利。"说的就是这种人。

九

　　子宋子曰："明①见侮之不辱，使人不斗。人皆以见侮为辱，故斗也；知见侮之为不辱，则不斗矣。"应之曰："然则亦以人之情为不恶侮乎？"曰："恶而不辱也。"曰："若是则必不得所求焉。凡人之斗也，必以其恶之为说，非以其辱之为故也。今俳优②、侏儒③、狎徒④詈⑤侮而不斗者，是岂钜⑥知见侮之为不辱哉。然而不斗者，不恶故也。今人或入其央渎⑦窃其猪彘，则援剑戟而逐之，不避死伤，是岂以丧猪为辱也哉？然而不惮斗者，恶之故也。虽以见侮为辱也，不恶则不斗；虽知见侮为不辱，恶之则必斗。然则斗与不斗邪，亡于辱之与不辱也，乃在于恶之与不恶也。夫今子宋子不能解人之恶侮，而务说人以勿辱也，岂不过甚矣哉？金舌弊口，犹将无益也。不知其无益，则不知；知其无益也，直⑧以欺人，则不仁。不仁不知，辱莫大焉。将以为有益于人，则与⑨无益于人也，则得大辱而退耳！说莫病是矣。"

注释

　　①明：阐明，宣传彰明。②俳：滑稽演员。优：优伶，演戏的人。③侏儒：发育不正常而身材矮小的人，古代常充当供人取乐的活宝。④狎：戏弄。徒：服劳役的人。⑤詈（lì）：

骂。⑥钜：通"讵"，与"岂"同义连用，难道，哪里。⑦央：中。央渎：排水沟中。⑧直：犹"特"，特地，故意。⑨与：通"举"，都。

译文

宋钘先生说："明白了被人侮辱而不以为耻辱，就能使人们不争斗。人们都把被侮辱当作为耻辱，所以会争斗；如果懂得了被侮辱算不上是一种耻辱，就不会争斗了。"回答："这样的话，那么先生也以为人之常情是不憎恶被人侮辱的吗？"他说："虽然憎恶被人侮辱，但并不把被侮辱当作是耻辱。"回答："像这样，那就一定达不到先生所追求的目标了。大凡人们的争斗，一定是把自己憎恶受侮辱当作辩解，而不是把自己感到耻辱作为理由。现在那些滑稽演员和唱戏的优伶、供人取乐的矮子、被人戏弄的奴仆，受到辱骂欺侮却不争斗，这哪里是因为他们懂得了被人侮辱算不上是一种耻辱的道理呢？然而他们不争斗，是因为他们不憎恶被人侮辱的缘故啊！现在如果有人进入人家的排水沟中，偷了人家的猪，那么失主就会拿起剑戟去追赶窃贼，甚至不避死伤，这哪里是因为他把丢失猪看作为耻辱呢？然而他不怕争斗，是因为憎恶窃贼啊！所以即使把被侮辱看作为一种耻辱，但如果不憎恶它，就不会争斗；即使懂得了被侮辱算不上是一种耻辱的道理，但如果憎恶它，就一定会争斗。这样看来，争斗不争斗，不在于感到耻辱还是不感到耻辱，而在于憎恶还是不憎恶。现在宋先生不能消除人们对被人侮辱的憎恶，而致力于劝说人们别把受侮辱看作为耻辱，岂不是错得很厉害了吗？即使是能言善辩的铁嘴巴把嘴皮都磨破了，仍将毫无裨益。不懂得这种劝说毫无裨益，那就是不明智；知道它毫无裨益，却故意要用它来骗人，那就是不仁慈。不仁慈不明智，耻辱没有比这更大的了。自以为有益于人，但全都无益于人，只落得个极大的耻辱而退场罢了！学说没有比这更糟的了。"

子宋子曰："见侮不辱。"应之曰："凡议必将立隆正，然后可也。无隆正则是非不分而辨讼不决。故所闻曰：'天下之大隆，是非之封界，分职名象①之所起，王制是也。'故凡言议期命②是非，以圣王为师。而圣王之分，荣辱是也。是有两端矣。有义荣者，有势荣者；有义辱者，有势荣者。志意修，德行厚，知虑明，是荣之由中出者也，夫是之谓义荣。爵列尊，贡禄厚，形势胜，上为天子诸侯，下为卿相士大夫，是荣之从外至者也，夫是之谓势荣。流淫污僈，犯分乱理，骄暴贪利，是辱之由中出者也，夫是之谓义辱。詈侮捽③搏，捶④笞膑脚⑤，斩断枯磔⑥，藉靡舌缪⑦，是辱之由外至者也，夫是之谓势辱。是荣辱之两端也。故君子可以有势辱，而不可以有义辱；小人可以有势荣，而不可以有义荣。有势辱

无害为尧，有势荣无害为桀。义荣势荣，唯君子然后兼有之；义辱势辱，唯小人然后兼有之。是荣辱之分也。圣王以为法，士大夫以为道，官人以为守，百姓以为成俗，万世不能易也。今子宋子案不然，独诎容为己，虑一朝而改之，说必不行矣。譬之，是犹以塼涂⑧塞江海也，以焦侥而戴⑨太山也，蹎⑩跌碎折不待顷矣。二三子之善于子宋子者，殆不若止之，将恐得伤其体也。"

注释

①分职：分掌职务。名象：名物制度。②命：命名，确定事物的名称。③捽（zuó）：揪住。④捶：通"箠"。膑：膝盖骨。⑤膑脚：剔掉膝盖骨的酷刑。⑥枯：通"辜"。辜磔（zhé）：古代一种酷刑，即车裂后弃市，俗名五马分尸，将人头和四肢分别拴在五辆车上，用马拉车以撕裂肢体，并暴尸示众。⑦藉：绳，缚，系。靡：通"縻"，绳，缚。舌绊（jǔ）：疑作"反缚"，从后面捆缚。⑧塼："抟"（tuán）之俗字，揉捏成团。涂：泥。⑨戴：用头顶。⑩蹎（diān）："颠"的本字，跌倒。

译文

宋钘先生说："被侮辱而不以为耻辱。"回答说："凡是议论，一定要树立一个最高的准则才行，没有一个最高准则，那么是非就不能区分而争辩也无法解决。我过去听到的话说：'天下最大最高的准则，判断是非的界线，分掌职务、名物制度的起源，就是古代圣王的制度。'所以凡是发言立论或约定事物的名称，它们的是非标准都要以圣王作为榜样；而圣王的道德原则，是看重光荣耻辱的。光荣、耻辱各有两个方面，有道义方面的光荣，有势位方面的光荣，有道义方面的耻辱，有势位方面的耻辱，志向美好，德行淳厚，智虑精明，这是从内心产生出来的光荣，这叫作道义方面的光荣。爵位尊贵，贡品俸禄优厚，权势地位优越，高一点的做了天子诸侯，低一点的做了卿相士大夫，这是从外部得到的光荣，这叫作势位方面的光荣。行为放荡、丑恶、违犯道义、扰乱伦理、骄横凶暴、唯利是图，这是从内心产生出来的耻辱，这叫作道义方面的耻辱。受人责骂侮辱、被揪住头发挨打，受杖刑被鞭打、受膑刑被剔去膝盖骨，被砍头断手、五马分尸并弃市，被五花大绑、被反绑吊起，这是从外部得到的耻辱，这叫作势位方面的耻辱。这些就是光荣耻辱的两个方面。所以君子可能有势位方面的耻辱而不可能有道义方面的耻辱，小人可能有势位方面的光荣却不可能有道义方面的光荣。有势位方面的耻辱不妨碍他成为尧，有势位方面的光荣不妨碍他成为桀。道义方面的光荣、势位方面的光荣，只有君子才能同时拥有它们；道义方面的耻辱、势位方面的耻辱，只有小人才会同时占有它们。这就是光荣和耻辱方面的道理。圣王把它当作法度，士大夫把它当作原则，一般官吏把它当作守则，老百姓根据它形成习俗，这是千秋万代也不会改变的。现在宋先生却不是这样，他独自用委曲容忍来整饬自己，想一个早晨改变历来的道德原则，他的学说一定行不通。拿它打个比方，这就好像是用捏成团的泥巴去填塞江海，让三尺长的矮人去驮泰山，不待片刻就会跌倒在地粉身碎骨。诸位中与宋先生相好的，恐怕还不如去制止他，否则，将来恐怕会伤害自己的身体。"

子宋子曰："人之情，欲寡，而皆以己之情，为欲多，是过也。"故率其群徒，辨①其谈说，明其譬称，将使人知情欲之寡也。应之曰："然则亦以人之情为目不欲綦色，耳不欲綦声，口不欲綦味，鼻不欲綦臭，形不欲綦佚。此五綦者，亦以人之情为不欲乎？"曰："人之情，欲是已。"曰："若是则说必不行矣。以人之情为欲此五綦者而不欲多，譬之，是犹以人之情为欲富贵而不欲货也，好美而恶西施也。"

注释

①辨：通"辩"，动听有理，此用作使动词。

译文

宋钘先生说："人的本性，要得很少，但现在的人却都认为自己的本性是想要很多，这是错误的。"所以他率领他的弟子们，把他的言论学说说得动听有理，把他的比喻称引说得明白清楚，想要使人们懂得人的本性是要求很少。回答："这样的话，那么先生也认为人的本性是眼睛不想看最美丽的颜色、耳朵不想听最悦耳的音乐、嘴巴不想吃最好的美味佳肴、鼻子不想闻最好的气味、身体不想追求最大的安逸？这五种极好的享受，先生也认为人们的本性是不想要的吗？"他说："人的本性，是想要这些享受的。"回答："如果这样，那么先生的说法就一定行不通了。认为人的本性是想要这五种极好的享受而又并不想要很多，拿它打个比方，这就好像认为人的本性是想富贵的但又不要钱财、是喜爱美色的但又讨厌西施一样。"

古之人为之不然。以人之情为欲多而不欲寡，故赏以富厚①，而罚以

杀^②损也，是百王之所同也。故上贤禄天下，次贤禄一国，下贤禄田邑，愿悫之民完衣食。今子宋子以是之情为欲寡而不欲多也，然则先王以人之所不欲者赏，而以人之所欲者罚邪？乱莫大焉。今子宋子严然^③而好说，聚人徒，立师学，成文典^④，然而说不免于以至治为至乱也，岂不过甚矣哉？

注释

①厚：财富。②杀（shài）：减少。③严然：同"俨然"，庄重的样子。④典：乐章，指韵文。文典：泛指文章。

译文

古代的人做事就不是这样。他们认为人的本性是想要多而不希望少，所以用财富来奖赏，用减少财富来处罚，这是各代帝王所相同的。所以上等的贤才以天下的税收作为俸禄，次一等的贤才以一国的税收作为俸禄，下等的贤才以封地内的税收作为俸禄，忠厚老实的百姓能保全穿的吃的。如果宋先生认为古代这些人的本性也是想要少而不想要多，那么古代的圣王是用人们所不想要的东西来奖赏而用人们想要的东西来处罚吗？混乱没有比这更大的了。现在宋先生一本正经地珍爱自己的学说，聚集门徒，建立了师生教学关系，著书立说，但是他的学说不免把治理得最好的情况看成是最混乱的情况，岂不是错得很厉害了吗？

读解

荀子认为社会上流行着一些谬论，所以在本篇中把它们逐条列出，然后以公正的议论来批驳它们。这种驳论式的文章体现了当时百家争鸣的学术气氛，对韩非写作《难》篇显然具有直接的影响。子曰："吾尝终日不食，终夜不寝，以思，无益，不如学也。"荀子也结合自己的经验说："吾尝终日而思矣，不如须臾之所学也。"他们都厌恶那些不学无术、靠玩弄辞藻来自夸的人。所以荀子专门写下了《正论》来一一驳斥他们的学说。

在战国百家争鸣的氛围中，各个学派的士人纷纷著书立说、游走于七国之间，推行自己的治国理论。荀子主要列举了其中的几家加以批判，包括"主道利周""桀、纣有天下，汤、武篡而夺之""治古无肉刑，而有象刑""汤、武不善禁令""尧、舜擅让""尧舜不能教化""太古薄葬"，特别是对宋钘先生的"见侮不辱""人之情，欲寡"等论点，荀子对此进行逐条反驳，清晰地阐明了自己的观点。

从我们的观点来看，其实宋钘先生的观点也有它合理的成分，不能一概地斥为胡说八道，但是相对于荀子这个以儒家为正统思想的人来说，宋钘的学说确实有离经叛道的嫌疑。无怪乎荀子在自己短短的几篇论著中，多次把他作为批判的对象了。

庄子和老子是道家学派的代表人物，主要思想主要集中在《庄子》一书中，特别是《秋水》《逍遥游》等篇体现了他的观点。他的文章善于行文措辞，描摹事物的情状，用来攻击和驳斥儒家和墨家，即使是当世博学之士，也难免受到他的攻击。他的语言汪洋浩漫，纵横恣肆，以适合自己的性情，所以从王公大人起，都无法利用他。

鼓盆而歌

庄子名周，蒙人。他年轻时曾做过漆园小吏，但很快便放弃仕途，隐居而专心于学问著作。楚威王听说庄周颇有贤德之名，便派遣使者去重金礼聘庄子，并答应给予庄子楚国相国之位。

面对楚威王厚礼丰爵的对待，庄子并没有欣喜若狂，反倒心境平和地以戏谑的口气向使者说道："对世人而言，千金之金，确实是贵重无比的利益，卿相之位，更是尊崇至极的高位。但是，人们难道就不曾见过用以祭祀的牺畜吗？一头牛被精心饲养了几年时间，最后还被精心装饰起来送入太庙之中。真要到了那个时候，哪怕是为了自保，也力不能逮了。你还是赶紧离去吧，免得破坏了我的清静。"

使者害怕无功而返，难以向楚王交代，又不厌其烦地劝进庄子，致使庄子深感不快，不得不再次坦言相告："我宁可在僻陋的市井乡村中怡然自得，也绝不会为虚无污

浊的世俗之事所羁绊。你再白费口舌，只会增加彼此的不快。终身不仕是我矢志不渝的人生目标，你还是赶快离开吧。"使者无奈，只好识趣地离去了。

庄子的妻子不幸死了，庄子蹲在地上，一面敲着瓦盆，一面唱歌。有个邻居觉得庄子太无情了，于是把他告到惠子那里。惠子批评庄周说："结发妻子与你形影相伴这么多年，你对她的死非但不悲伤反而鼓盆而歌，这是很不对的。"

庄子回答："宇宙间本来就没有生，也无所谓形和气，以后从芒芴之间变而有气，气变而有形，形变而有生，生又变而到死，这就好像春夏秋冬四季的交替一样。现在我的妻子正安然地回到宇宙这个大自然中去，我为啥要为她伤心痛苦？"惠子哑口无言。

庄子一生著述颇丰，尤其善于为文，从而流芳后世。在当时，庄子崇尚自适自乐的人生态度，不肯与王公大人同流合污，自是合于情理。

事例二

子产是孔子比较欣赏的郑国的宰相，他不相信鬼神，把郑国治理得非常好，是历史上难得的洁身自好的大臣。

子产治家

子产任郑国的宰相，掌握了国家的政权。三年之后，好人服从他的教化，坏人害怕他的禁令，郑国得到了治理，各国诸侯都害怕郑国。

他有个哥哥叫公孙朝，有个弟弟叫公孙穆。公孙朝嗜好饮酒，公孙穆嗜好女色。公孙朝的家里，收藏的酒达一千坛，积蓄的酒曲堆成山，离他家大门还有一百步远，酒糟的气味便扑鼻而来。在他被酒菜荒废的日子里，不知道时局的安危，人理的悔恨，家业的有无，亲族的远近，生死的哀乐，即使是水火兵刃一齐到他面前，他也不知道。公孙穆的后院并列着几十个房间，里面都放着挑选来的年轻美貌的女子。在他沉湎于女色的日子里，排除一切亲戚，断绝所有的朋友，躲到了后院里，日以继夜，三个月才出来一次，还觉得不惬意。发现乡间有美貌的处女，一定要用钱财把她弄来，托人做媒并引诱她，必须到了手才罢休。

子产日夜为他俩忧愁，悄悄地到邓析那里讨论办法，说："我听说修养好自身然后推及家庭，治理好家庭然后推及国家，这是说从近处开始，然后推广到远处。我治理郑国已经成功了，而家庭却混乱了。是我的方法错了吗？有什么办法挽救我这两个兄弟呢？请你告诉我。"邓析说："我已经奇怪很久了，没敢先说出来，你为何不在他们清醒的时候，用性命的重要去晓喻他们，用礼义的尊贵去诱导他们呢？"子产采用了邓析的话，找了个机会去见他的两位兄弟，告诉他们说："人比禽兽尊贵的地方，在于人有智慧思虑。智慧思虑所依据的是礼义。成就了礼义，那么名誉和地位也就来了。你们放纵情欲去做事，沉溺于嗜欲，那么性命就危险了。你们听我的话，早上悔改，晚上就会得到俸禄了。"

公孙朝和公孙穆说:"我懂得这些已经很久了,做这样的选择也已经很久了,难道要等你讲了以后我们才懂得吗? 生存难得碰上,死亡却容易到来。以难得的生存去等待容易到来的死亡,还有什么可考虑的呢? 你想尊重礼义以便向人夸耀,抑制本性以招来名誉,我以为这还不如死了好。为了要享尽一生的欢娱,受尽人生的乐趣,只怕肚子破了不能放肆地去喝酒,精力疲惫了不能放肆地去淫乐,没有工夫去担忧名声的丑恶和性命的危险。而且你以治理国家的才能向我们夸耀,想用漂亮的词句来扰乱我们的心念,用荣华富贵来引诱我们改变意志,不也鄙陋而可怜吗? 我们又要和你辨别一下。善于治理身外之物的,外物未必能治好,而自身却有许多辛苦;善于治理身内心性的,外物未必混乱,而本性却十分安逸。以你对身外之物的治理,那些方法可以暂时在一个国家实行,但并不符合人的本心;以我们对身内心性的治理,这些方法可以推广到天下,君臣之道也就用不着了。我们经常想用这种办法去开导你,你却反而要用你那办法来教育我们吗?"子产茫然无话可说。

过了些天,他把这事告诉了邓析。邓析说:"你同真人住在一起却不知道他们,谁说你是聪明人啊? 郑国的治理不过是偶然的,并不是你的功劳。"

礼论

一

礼起于何也？曰：人生而有欲，欲而不得，则不能无求。求而无度量分①界，则不能不争；争则乱，乱则穷。先王恶其乱也，故制礼义以分之，以养人之欲，给人之求。使欲必不穷于物，物必不屈②于欲。两者相持而长，是礼之所起也。

注释

①分：名分，这里作动词，表示确定名分，即划定各人的等级地位职分等。②屈（jué）：竭尽。

译文

礼是在什么情况下产生的呢？回答说：人生来就有欲望；如果想要什么而不能得到，就不能没有追求；如果一味追求而没有个标准限度，就不能不发生争夺；一发生争夺就会有祸乱，一有祸乱就会陷入困境。古代的圣王厌恶那祸乱，所以制定了礼义来确定人们的名分，以此来调养人们的欲望、满足人们的要求，使人们的欲望决不会由于物资的原因而不得满足，物资决不会因为人们的欲望而枯竭，使物资和欲望两者在互相制约中增长。这就是礼的起源。

故礼者，养也。刍豢稻粱五味调香①，所以养口也；椒兰②芬苾③，所以养鼻也；雕琢、刻镂、黼黻、文章，所以养目也；钟鼓、管磬、琴瑟、竽笙，所以养耳也；疏④房、檖⑤貌、越席、床笫、几筵⑥，所以养体也。故礼者，养也。

注释

①调：调和。香：指香喷喷的佳肴。②椒：香木名，其叶芳香，古人做茶茗时常煮其叶以为香。兰：香草名。③芯（bì）：芳香。④疏：窗。⑤樾（suì）：通"邃"，深远。⑥几筵：古人席地而坐，放在座位边上供倚靠的小桌子叫几，竹制的垫席叫筵。

译文

所以礼这种东西，是调养人们欲望的。牛羊猪狗等肉食和稻米谷子等细粮，五味调和的佳肴，是用来调养嘴巴的；椒树兰草香气芬芳，是用来调养鼻子的；在器具上雕图案，在礼服上绘彩色花纹，是用来调养眼睛的；钟、鼓、管、磬、琴、瑟、竽、笙等乐器，是用来调养耳朵的；窗户通明的房间、深邃的朝堂、柔软的蒲席、床上的竹铺、矮桌与垫席，是用来调养躯体的。所以礼这种东西，是调养人们欲望的。

三

君子既得其养，又好其别。曷谓别？曰：贵贱有等，长幼有差，贫富轻重皆有称者也。故天子大路越席，所以养体也；侧载睪芷，所以养鼻也；前有错衡，所以养目也；和鸾之声，步中《武》《象》，趋中《韶》《濩》，所以养耳也；龙旗九斿①，所以养信②也；寝兕、持虎③、蛟韅④、丝末⑤、弥⑥龙，所以养威也；故大路之马，必信⑦至教顺，然后乘之，所以养安也。孰知夫出死要节⑧之所以养生也！孰知夫出费用之所以养财也！孰知夫恭敬辞让之所以养安⑨也！孰知夫礼义文理之所以养情也！故人苟生之为见，若者必死；苟利之为见，若者必害；苟怠惰偷懦之为安，若者必危；苟情说之为乐，若者必灭。故人一之于礼义，则两得之矣；一之于情性，则两丧之矣。故儒者将使人两得之者也，墨者将使人两丧之者也，是儒、墨之分也。

注释

①斿：通"旒"，古代旌旗下边悬垂的饰物。②信：符信，凭据。③寝兕、持虎：是画在天子车子上的图案。兕（sì）：雌性的犀牛。持：通"跱"，蹲。④蛟：通"鲛"，鲨鱼。韅（xiǎn）：马腹革带，在两腋旁，横经其下，而上系于鞍。⑤末：车前遮挡风尘的帷帘。⑥弥：车耳，车厢两旁之上的横木前端的曲钩，形似人耳。⑦信：的确。⑧要：约束。要节：用节操道义来约束自己，即坚守节操。如果不尽忠守节，就会受到制裁。⑨安：乐，喜欢。

译文

　　君子已经得到了礼的调养，又喜爱礼的区别。什么叫作区别？回答说：就是高贵的和卑贱的有不同的等级，年长的和年幼的有一定的差别，贫穷的和富裕的、权轻势微的和权重势大的都各有相宜的规定。天子乘坐那宽阔的大车、铺垫那柔软的蒲席，是用来保养身体的；旁边放置湖岸上生长的香草，是用来调养鼻子的；车前有画着交错花纹的横木，是用来调养眼睛的；车铃的声音，在车子慢行时合乎《武》《象》的节奏，在车子奔驰时合乎《韶》《濩》的节奏，这是用来调养耳朵的；画着龙的旗帜下边有九条飘带，是用来保养神气的；车子上画着横卧的犀牛和蹲着的老虎、马系着用鲨鱼皮制成的腹带、车前挂着丝织的车帘、车耳刻成龙形，这是用来保养威严的；天子的大车上所用的马，一定要真正训练得十分顺服，然后才用它拉车，这是用来保持安全的。谁懂得那献出生命坚守节操是用来保养生命的呢？谁懂得那花费钱财是用来保养钱财的呢？谁懂得那恭敬谦让是用来保住安逸的呢？谁懂得那礼义仪式是用来调养情操的呢？所以人如果只看见生，这样的人就一定会死；如果只看见利，这样的人就一定会受到损害；如果只是喜欢懈怠懒惰苟且偷安，这样的人就一定会遇到危难；如果只是喜欢纵情作乐，这样的人就一定会灭亡。所以人如果专门把心思放在讲究礼义上，那么礼义情性两方面就都能保全了；如果专门把心思放在满足情性上，那么礼义性情两方面就都保不住了。儒家要使人们双双保全它们，墨家要使人们双双丧失它们，这就是儒家和墨家的区别。

礼有三本^①：天地者，生之本也；先祖者，类之本也；君师者，治之本也。无天地，恶生？无先祖，恶出？无君师，恶治？三者偏亡，焉^②无安人。故礼，上事天，下事地，尊先祖，而隆君师。是礼之三本也。

注释

①本：根本，本源，基础。②焉：则。

译文

礼有三个根本：天地是生存的根本，祖先是种族的根本，君长是政治的根本。没有天地，怎么生存？没有祖先，种族从哪里产生？没有君长，怎么能使天下太平？这三样即使部分地缺失了，也不会有安宁的人民。所以礼，上事奉天，下事奉地，尊重祖先而推崇君长。这是礼的三个根本。

故王者天^①太祖^②，诸侯不敢坏^③，大夫士^④有常宗^⑤，所以别贵始。贵始，得^⑥之本也。郊^⑦止乎天子，而社止于诸侯，道^⑧及士大夫，所以别尊者事尊，卑者事卑，宜大者巨，宜小者小也。故有天下者事十世，有一国者事五世，有五乘之地^⑨者事三世，有三乘之地者事二世，持手而食者不得立宗庙，所以别积厚，积厚者流泽广，积薄者流泽狭也。

注释

①天：意动用法，把……当作天。②太祖：创建国家的始祖。③坏：即"怀"，思念，企望。④士：官名，地位次于大夫。⑤常宗：合法的祖宗，即合乎宗法制度而经常为大宗（嫡长子相继的一系）所祭祀的祖宗。⑥得：通"德"。⑦郊：古代天子每年冬至在南郊祭天的活动。⑧道：祭路神。⑨五乘（shèng）之地：古代兵赋之法规定，六里见方的土地出兵车一乘（包括一辆车、四匹马、二十八个甲士、二十个盾手、三十个民夫），所以以六里见方的土地为一乘之地。

译文

　　所以称王天下的天子可以把创建国家的始祖当作天来祭祀，诸侯则不敢有这个想法，大夫和士有百世不迁的大宗，这种宗法祭祀制度是用来区别各自所尊奉的始祖的。尊重始祖，是道德的根本。到郊外祭天神仅限于天子，而祭土地神则从天子开始到诸侯为止，祭路神则向下延及到士和大夫，这是用来区别尊贵的人才能事奉尊贵的、卑贱的人只能事奉卑贱的、适宜做大事的就做大事、适宜做小事的就做小事。所以拥有天下的天子祭祀七代祖先，拥有一个国家的诸侯祭祀五代祖先，拥有五十里封地的大夫祭祀三代祖先，有三十里封地的士可以祭祀两代祖先，依靠双手来糊口的百姓不准建立祖庙，这是用来区别功绩大小的，功绩大的人传布的恩德应该广远，功绩小的人传布的恩德应该狭窄。

　　大飨①尚②玄尊③，俎④生鱼，先大羹⑤，贵食饮之本也。飨，尚玄尊而用酒醴，先黍稷⑥而饭稻粱⑦；祭，齐⑧大羹而饱庶羞⑨，贵本而亲用也。贵本之谓文，亲用之谓理，两者合而成文，以归大一，夫是之谓大隆。故尊之尚玄酒也，俎之尚生鱼也，俎⑩之先大羹也，一也。利爵之不醮也，成事之不俎不尝也，三臭之不食也，一也。大昏之未发齐也，大庙之未入尸也，始卒之未小敛也，一也。大路之素未集也，郊之麻絻也，丧服之先散麻也，一也。三年之丧，哭之不反也，《清庙》之歌，一唱而三叹也，县一钟，尚拊之膈，朱弦而通越也，一也。

注释

　　①大飨：即大祫，古代天子或诸侯把远近祖先的神主牌位集合在太祖庙而举行的大合祭，一般三年举行一次。②尚：通"上"，以……为上等。③玄：指玄酒，祭祀时用来替代酒的清水。尊：同"樽""罇"，酒器。④俎：一种四脚长方形器皿，是祭祀时陈置鱼肉的礼器。⑤大（tài）羹：祭祀时所用的不加调味品的肉汁。⑥黍：黍子，性粘，去皮后俗称黄米子。稷：古人最早种植的一种谷物，如黍而没有黏性。⑦稻：古指糯稻，宋以后才兼指粳稻。粱：粟，谷子，去壳后称小米。⑧齐：读作"跻"，进献。⑨庶：众。羞：美味的食物。⑩俎：当为"豆"（王先谦说）。

译文

　　在太庙合祭历代祖先时，以盛着清水的酒器以及俎里盛着的生鱼为上等祭品，首先献上不加调味品的肉汁，这是为了尊重饮食的本源。四季祭祀远祖时，以盛着清水的酒器为上等祭品，酌献甜酒，首先献上黍、稷，再陈供稻粱；每月祭祀近祖时，先进献未加调味品的肉汁，再盛陈各种美味的食物；这些都是为了尊重饮食的本源而又接近实际的食用。尊重饮食的本源叫作形式上的修饰，接近实际的食用叫作内容上的合理，这两者结合起来就形成了礼仪制度，然而又使它趋向于远古的质朴状态，这才叫作对礼的最大尊崇。所以酒杯中以替代酒的清水为上等祭品，俎中以生的鱼为上等祭品，豆中先盛不加调味品的肉汁，这三种做法与远古的质朴是一致的。代替死者受祭的人不把佐食的人所献的酒喝光，祭礼完毕时俎中的祭品留下不吃，劝受祭者饮食的三次劝食而不食，这三种做法与远古的质朴是一致的。婚礼中还没有进行醮礼的时候，祭祀太庙而尚未使代表死者受祭的人进庙的时候，人刚死还没有换上寿衣的时候，这三种情况与远古的质朴是一致的。天子祭天的大车用未染色的丝绸做车帘，在郊外祭天时头戴麻布制的礼帽，居丧时先散乱地系上麻带，这三种车服与远古的质朴是一致的。三年期的服丧，痛哭时放声直号而没有曲折的声调；《清庙》的颂歌，一人领唱而三个人随声咏叹；乐器只挂一口钟，而崇尚使用柎和膈奏乐；把琴弦染成红色而打通瑟底的孔；这三种做法和太古时代是一致的。

　　凡礼，始乎棁①，成乎文②，终乎悦校③。故至备，情④文俱尽；其次，情文代⑤胜；其下，复情以归大一也。天地以合，日月以明，四时以序，星辰以行，江河以流，万物以昌；好恶以节，喜怒以当，以为下则顺，以为上则明，万物变而不乱，贰⑥之则丧也。礼岂不至矣哉！立隆以为极，而天下莫之能损益也。本末相顺，终始相应，至文以有别，至察以有说，天下从之者治，不从者乱；从之者安，不从者危；从之者存，不从者亡，小人不能测也。

注释

　　①棁（tuō）：通"脱"，疏略。②文：文饰，指礼节仪式。③校：通"恔"，快意，满意。④情：感情，指礼仪所要表达的感情，如丧礼所要表达的哀，祭礼所要表达的敬等。⑤代：交替，轮流。⑥贰：不专一，背叛。

译文

　　大凡礼，总是从疏略开始，到有了礼节仪式就形成了，最后又达到使人称心如意的程度。所以最完备的礼，所要表达的感情和礼节仪式都发挥得淋漓尽致；比它次一等的，是所要表达的感情和礼节仪式互有参差；那最下等的，就是使所要表达的感情回到原始状态，从而趋向于远古的质朴。但无论如何，天地因为礼的作用而风调雨顺，日月因为礼的作用而光辉明亮；四季因为礼的作用而秩然有序，星辰因为礼的作用而正常运行；江河因为礼的作用而奔流入海，万物因为礼的作用而繁荣昌盛；爱憎因为礼的作用而有所节制，喜怒因为礼的作用而恰如其分；用它来治理臣民就可使臣民服从依顺，用它来整饬君主就可使君主通达英明；万事万物千变万化而不混乱，但如果背离了礼就会丧失一切。礼难道不是登峰造极了吗？圣人确立了发展到高度成熟的礼制而把它作为最高的准则，因而天下没有谁再能增减改变它。这种礼制的根本原则和具体细节之间互不抵触，人生终结的仪式与人生开始的仪式互相应合；极其完美而有明确的等级区别，极其明察而有详尽的理论说明。天下遵循礼的国家治理得好，不遵循礼的国家混乱；遵循礼的国家安定，不遵循礼的国家危险；遵循礼的国家存在，不遵循礼的国家灭亡。礼的这些作用小人是不能估量到的。

八

礼之理诚深矣，"坚白""同异"之察入焉而溺；其理诚大矣，擅作典制辟陋①之说入焉而丧；其理诚高矣，暴慢、恣睢、轻俗以为高之属入焉而队②。故绳墨诚陈③矣，则不可欺以曲直；衡诚县矣，则不可欺以轻重；规矩诚设矣，则不可欺以方圆；君子审于礼，则不可欺以诈伪。故绳者，直之至；衡者，平之至；规矩者，方圆之至；礼者，人道之极也。然而不法礼，不足④礼，谓之无方⑤之民；法礼，足礼，谓之有方之士。礼之中焉能思索，谓之能虑；礼之中焉能勿易，谓之能固。能虑，能固，加好者焉，斯圣人矣。故天者，高之极也；地者，下之极也；无穷者，广之极也；圣人者，道之极也。故学者，固学为圣人也，非特学为无方之民也。

注释

①辟：通"僻"，邪僻。陋：见识少。②队：同"坠"，坠落。③陈：陈列，指拉出来弹画。④足：指充分地掌握。⑤方：道。无方：无道，没有原则，没有固定的法度。

译文

礼的道理真深啊，那些"坚白""同异"等所谓明察的辨析一进入礼的道理之中就被淹没了；礼的道理真大啊，那些擅自编造典章制度、邪僻浅陋的学说一进入礼的道理之中就没命了；礼的道理真高啊，那些把粗暴傲慢恣肆放荡轻视习俗作为高尚的人一进入礼的道理之中就垮台了。所以木工的墨线真正拉出来了，就不可能再用曲直来搞欺骗；秤真正挂起来了，就不可能再用轻重来搞欺骗；圆规角尺真正设置了，就不可能再用方圆来搞欺骗；君子对礼了解得明白清楚，就不可能再用诡诈来欺骗他。墨线这种东西，是直的极点；秤这种东西，是平的极点，圆规角尺这种东西，是方与圆的极点；礼这种东西，是社会道德规范的极点。既然这样，那么不遵循礼，不充分地掌握礼，就叫作没有原则的人；遵循礼，充分地掌握礼，就叫作有原则的贤士。在遵循礼掌握礼的过程中能够思考探索，叫作善于谋虑；在遵循礼掌握礼的过程中能不变，叫作能够坚定。善于谋虑，能够坚定，再加上爱好礼，就是圣人了。所以说天，是高的极点；地，是低的极点；没有尽头，是广阔的极点；圣人，是道德的极点。所以学习的人，本来就该学做个圣人，不是只学做个没有原则的人。

九

　　礼者，以财物为用①，以贵贱为文，以多少为异，以隆杀②为要。文理繁，情用省，是礼之隆也。文理省，情用繁，是礼之杀也。文理情用相为内外表里，并③行而杂④，是礼之中流也。故君子上致⑤其隆，下尽其杀，而中处其中。步骤、驰骋、厉骛不外是矣。是君子之坛宇、宫廷也。人有⑥是，士君子也；外是，民也；于是其中焉，方皇周挟⑦，曲得其次序，是圣人也。故厚者，礼之积也；大者，礼之广也；高者，礼之隆也；明者，礼之尽也。《诗》曰："礼仪卒度，笑语卒获。"此之谓也。

注释

①用：用具，工具。②隆：隆重，丰厚。杀（shài）：减少，简省。③并：并列。④杂：交错，相互配合。⑤致：极，尽，尽量做到。⑥有：通"域"，用作动词，限定在……范围中。⑦挟：通"浃"。

译文

礼，把钱财物品作为工具，把尊贵与卑贱的区别作为礼仪制度，把享受的多少作为尊卑贵贱的差别，把隆重和简省作为要领。礼节仪式繁多，但所要表达的感情、所要起到的作用却简约，这是隆重的礼。礼节仪式简约，但所要表达的感情、所要起到的作用却繁多，这是简省的礼。礼节仪式和它所要表达的感情、所要起到的作用之间相互构成内外表里的关系，两者并驾齐驱而交错配合，这是适中的礼。所以知礼的君子对隆重的礼仪就极尽它的隆重，对简省的礼仪就极尽它的简省，而对适中的礼仪也就作适中的处置。慢走快跑、驱马驰骋、剧烈奔跑都不越出这个规矩，这就是君子的活动范围。人如果把活动限定在这个范围之中，就是士君子，如果越出了这个规矩，就是普通的人；如果在这个规矩中间，来回周旋，处处符合它的次序，这就是圣人了。所以圣人的厚道，是靠了礼的积蓄；圣人的大度，是靠了礼的深广；圣人的崇高，是靠了礼的隆盛；圣人的明察，是靠了礼的透彻。《诗经》上说："礼仪全都合法度，说笑就都合时务。"说的就是这种情况啊。

礼者，谨于治生死者也。生，人之始也；死，人之终也。终始俱善，人道毕矣。故君子敬始而慎终，终始如一，是君子之道，礼义之文也。夫厚其生而薄其死，是敬其有知，而慢其无知也，是奸人之道而倍①叛之心也。君子以倍叛之心接臧谷，犹且羞之，而况以事其所隆亲乎！故死之为道也，一而不可得再复也，臣之所以致重其君，子之所以致重其亲，于是尽矣。故事生不忠厚，不敬文，谓之野；送死不忠厚，不敬文，谓之瘠。君子贱野而羞瘠，故天子棺椁②七重，诸侯五重，大夫三重，士再重，然后皆有衣衾多少厚薄之数，皆有翣菨③文章之等，以敬饰之，使生死终始若一，一足以为人愿，是先王之道，忠臣孝子之极也。天子之丧动四海，属④诸侯。诸侯之丧动通国，属大夫。大夫之丧动一国，属修士。修士之丧动一乡，属朋友。庶人之丧合族党，动州里⑤。刑余罪人之丧，不得合族党，独属妻子，棺椁三寸，衣衾三领，不得饰棺，不得昼行，以昏殣⑥，凡缘⑦而往埋之，反无哭泣之节，无衰⑧麻之服，无亲疏月数之等，各反其平，各复其始，已葬埋，若无丧者而止，夫是之谓至辱。

注释

①倍：通"背"。②棺椁（guǒ）：古代的棺材有多层，最里面的一口叫"棺"，套在"棺"外的大棺材都叫"椁"。③翣，形似团扇，用木条制成框，蒙上画着图案的布，宽三尺，高二尺四寸，柄长五尺。灵车驶行时让人拿着遮蔽灵柩，埋葬时便插在墓穴中遮蔽棺材。蒌（liǔ）：通"柳"，古代遮蔽衬垫棺材的饰物统称"柳"，它包括在旁的"帷"，在上的"荒"，以及衬垫棺材的木材。④属：聚集，会合。⑤州里：周代的行政单位，一万二千五百户为一乡，二千五百户为一州，二十五户为一里，⑥殣：通"墐"，用土掩埋。⑦缘：衣服的边饰。凡缘：指平常的服装。⑧衰（cuī）：通"缞"，古代的丧服之一，是一种披在胸前的麻布条，宽四寸，长六寸。

译文

礼，是严谨地处理生与死的。生，是人生的开始；死，是人生的终结。这终结和开始都处理得好，那么为人之道也就完备了。所以君子严肃地对待人生的开始而慎重地对待人生的终结。对待这终结与开始就像对待同一件事一样，这是君子的原则，是礼义的具体规定。看重人活着的时候而看轻人的死亡，这是敬重活人的有知觉而怠慢死人的没有知觉，这是邪恶之人的原则，是一种背叛别人的心肠。君子拿背叛别人的心肠去对待奴仆、儿童、尚且感到羞耻，更何况是用这种心肠来事奉自己所尊重的君主和亲爱的父母呢！再说死亡有一条规律，就是每人只死一次而不可能再重复一次，所以臣子要表达对君主的敬重，子女要表达对父母的敬重，在这个时候也就到头了。所以侍奉生者不忠诚笃厚、不恭敬有礼，就称之为粗野；葬送死者不忠诚笃厚、不恭敬有礼，就称之为薄待。君子鄙视粗野而把薄待看作着羞耻。所以天子的棺材有七层，诸侯五层，大夫三层，士两层；其次，他们又都有衣服被子方面或多或少、或厚或薄的数目规定，都有棺材遮蔽物及其花纹图案的等级差别；用这些来恭敬地装饰死者，使他们在生前与死后、结束一生时与开始一生时都像一个样子，使这始终如一的完全满足成为人们的愿望，这是古代圣王的原则，也是忠臣孝子的最高准则。天子的丧事牵动整个天下，聚集诸侯来送葬。诸侯的丧事牵动与之友好交往的国家，聚集大夫来送葬。大夫的丧事牵动一国，聚集上士来送葬。上士的丧事牵动一乡，聚集朋友来送葬。百姓的丧事，集合同族亲属来送葬，牵动州里。受过刑罚的罪犯的丧事，不准聚集同族亲属来送葬，只能会合妻子儿女来送葬，棺材三寸厚，衣服被子三套，不准文饰棺材，不准白日送葬，只能在黄昏埋葬，而且妻子儿女只能穿着平常的服装去埋掉他，回来后，没有哭泣的礼节，没有披麻戴孝的丧服，没有因为亲戚的亲疏关系而形成的服丧日期的等级差别，各人都回到自己平常的情况，各人都恢复到自己当初的样子，已经把他埋葬之后，就像没有死过人一样而什么也不做，这叫作最大的耻辱。

十一

礼者，谨于吉凶不相厌①者也，紸纩②听息之时，则夫忠臣孝子亦知其闵③已，然而殡④敛之具，未有求也；垂涕恐惧，然而幸生之心未已，持生之事未辍也；卒矣，然后作具之。故虽备家必逾日然后能殡，三日而成服。然后告远者出矣，备物者作矣。故殡久不过七十日，速不损五十日。是何也？曰：远者可以至矣，百求可以得矣，百事可以成矣；其忠至矣，其节大至，其文备矣。然后月朝卜日，月夕卜宅，然后葬也。当是时也，其义止，谁得行之？其义行，谁得止之？故三月之葬，其貌以生设饰死者也，殆非直留死者以安生也，是致隆思慕之义也。

注释

①厌（yā）：同"压"，掩，侵袭。②紸（zhù）：安放。纩（kuàng）：新棉絮。③闵：忧患，这里指垂危。④殡：停放灵柩，也就是入棺后到埋葬前的仪式。

译文

礼，是小心地使吉利的事与凶险的事互不侵犯的。把新棉絮放在临终者鼻前而倾听其气息的时候，就是那些忠臣孝子也知道他垂危了，但是停枢入殓的用具却还不

去考虑；虽然这时他们挂着眼泪惊恐害怕，但是希望他能侥幸活下去的心思还没有止息，维持他生命的事情也没有中止；直到他死了，才开始准备治丧的物品。所以，即使是治丧物品齐备的人家，也必须过了一天才能入棺停柩，到第三天才穿上丧服守丧。然后去远方报丧的人才出发了，准备治丧物品的人才开始操办了。所以停放灵柩的时间，长不超过七十天，快也不少于五十天。这是为什么呢？是因为：远方来奔丧的亲友可以赶到了，各种需求可以获得了，各种事情可以办成了。人们的忠诚尽到了，对长辈的礼节盛大了，仪式也齐备了，然后才在月底占卜确定埋葬的地点，在月初占卜确定埋葬的日期，然后才去埋葬。在这个时候，那道义上禁止的事，谁能去做它？那道义上推行的事，谁能禁止它？所以停柩三个月的葬礼，它表面上是用生者的设施来装饰死者，但实际上恐怕不是只保留一下死者来安慰生者，这是在表达尊重怀念的意思啊。

丧礼之凡^①：变而饰^②，动^③而远，久而平。故死之为^④道也，不饰则恶，恶则不哀；迩则玩^⑤，玩则厌，厌则忘，忘则不敬。一朝而丧其严亲，而所以送葬之者不哀不敬，则嫌^⑥于禽兽矣。君子耻之。故变而饰，所以灭恶也；动而远，所以遂敬也；久而平，所以优^⑦生也。

注释

①凡：平常，指通常的原则。②变：指死。饰：装饰，指饭唅（把珠、玉、米等塞在死人口中）、小敛（给死人穿寿衣）、大敛（入棺）等。③动：指举行丧礼中的各种仪式。④为：犹"有"。⑤玩：轻忽，习惯而不经心。⑥嫌：近。⑦优：调节，协调。

译文

丧礼的一般原则是：人死后要装饰，举行丧礼仪式要使死者逐步远去，时间长了便恢复到平常的状态。那死亡有一种规律，即：如果对死者不装饰，就丑恶难看；丑恶难看，人们就不会哀痛了；如果离死者近了，人们就会漫不经心；漫不经心，就会厌弃；厌弃了，就会怠慢；怠慢了，就会不恭敬。有朝一日死了自己尊敬的父母亲，但用来为他们送葬的却是不哀痛、不恭敬，那就近于禽兽了。君子以此为耻辱。人死后进行装饰，是用来消除丑恶难看的；举行丧礼仪式时使死者远去，是用来成全恭敬的；时间长了就恢复到平常状态，是用来协调生者的。

荀子选集

266

十三

　　礼者，断长续短，损有余，益不足，达爱敬之文，而滋成行义之美者也。故文饰、粗恶，声乐、哭泣，恬愉、忧戚，是反也；然而礼兼而用之，时举而代御。故文饰、声乐、恬愉，所以持平奉吉也；粗恶、哭泣、忧戚，所以持险奉凶也。故其立文饰也，不至于窕①冶；其立粗衰也，不至于瘠弃；其立声乐恬愉也，不至于流淫惰慢；其立哭泣哀戚也，不至于隘慑②伤生，是礼之中流也。故情貌之变，足以别吉凶、明贵贱亲疏之节，期③止矣；外是，奸也；虽难，君子贱之。故量食而食之，量要④而带之。相高以毁瘠，是奸人之道也，非礼义之文也，非孝子之情也，将以有为者也。故说豫⑤娩泽⑥，忧戚萃恶⑦，是吉凶忧愉之情发于颜色者也。歌谣謸笑⑧，哭泣谛号⑨，是吉凶忧愉之情发于声音者也。刍豢、稻粱、酒醴、餰⑩鬻、鱼肉、菽藿、酒浆，是吉凶忧愉之情发于食饮者也。卑絻、黼黻、文织，资粗、衰绖、菲繐、菅屦，是吉凶忧愉之情发于衣服者也。疏房、檖貌、越席、床第、几筵，属茨、倚庐、席薪、枕块，是吉凶忧愉之情发于居处者也。两情者，人生固有端焉。若夫断之继之，博之浅之，益之损之，类之尽之，盛之美之，使本末终始，莫不顺比，足以为万世则，则是礼也。非顺孰修为之君子，莫之能知也。

礼论

注释

　　①窕：通"姚"，妖艳。②隘：穷。慑：悲戚。③期：当作"斯"，就。④要：同"腰"。⑤说：通"悦"。豫：通"娱"，欢乐。⑥娩：温和，美好，形容脸色的喜悦。泽：光泽，形容高兴时容光焕发。⑦萃：通"悴"，面色黄瘦。恶：丑恶难看，形容愁眉苦脸的样子。⑧歌谣：有音乐伴奏的歌唱叫"歌"，无音乐伴奏的歌唱叫"谣"。謸：同"傲"，开玩笑。⑨谛：通"啼"，出声地哭。号：大声哭。⑩餰（zhān）：厚粥。鬻：同"粥"，稀粥。

译文

　　礼，是截长补短，减损有余、增加不足，使爱怜恭敬的仪式能完全实施、从而养成美好的德行道义的。所以仪文修饰和粗略简陋，音乐和哭泣，安适愉快和忧愁悲伤，这些都是相反的；但是礼对它们一并加以应用，按时拿出来交替使用。所以仪文修饰、音乐、安适愉快，是用来奉持平安和吉祥的；粗略简陋、哭泣、忧愁悲伤，是用来奉持凶恶和不幸的。所以礼在确立仪文修饰的规范时，不会弄到妖艳的地步；它在确立粗略简陋的规范时，不会弄到毁伤形体的地步；它在确立音乐、安适愉快的规范时，不会弄到放荡懈怠的地步；它在确立哭泣、哀痛的规范时，不会弄到过度悲戚、伤害身体的地步。这就是礼的中庸之道。所以神情容貌的变化，能够用来区别吉利与不幸、表明贵贱亲疏之间的礼节等级就可以了；超出了这个程度，就是奸邪的行为；即使是难以做到的，君子也鄙视它。所以要根据食量吃东西，根据腰身扎带子。拿哀伤得毁坏自己的身体而消瘦不堪来向别人标榜自己的高尚，这是奸邪之人的行径，不是礼义的规定，也不是孝子的真情，而是要用它来有所作为的。高兴欢乐时和颜悦色容光焕发，忧愁悲伤时面色憔悴愁眉苦脸，这是碰到吉利与不幸时忧愁愉快的心情在脸色上的表现。歌唱嬉笑，哭泣啼号，这是碰到吉利与不幸时忧愁愉快的心情在声音上的表现。牛羊猪狗等肉食、稻米谷子等细粮、甜酒、鱼肉，稀饭、豆叶、汤水，这是碰到吉利与不幸时忧愁愉快的心情在饮食上的表现。礼服礼帽、礼服上的花纹、有彩色花纹的丝织品，丧服粗布衣、麻条麻带、薄麻衣、用茅草编成的鞋，这是碰到吉利与不幸时忧愁愉快的心情在衣服上的表现。窗户通明的房间、深邃的朝堂、柔软的蒲席、床上的竹铺、短桌与竹席、编结茅草而成的屋顶、靠在墙边上的简陋房屋、把柴草当作垫席、把土块当作枕头，这是碰到吉利与不幸时忧愁愉快的心情在居住上的表现。忧愁愉快这两种心情，在人的生性中本来就存在着根源，至于使这两种心情断绝或持续，使它们较多地被人了解或较少地被人了解，使它们增强或减损，使它们既合乎法度又能充分地表达出来，使它们既旺盛又美好，使根本原则和具体细节、人生终结的仪式和人生开始的仪式没有不和顺的，完全可以用来作为千秋万代的法则，这就是礼啦。如果不是顺从礼、精通礼、学习礼、实行礼的君子，是不能够懂得这些道理的。

故曰：性者，本始材朴①也；伪者，文理隆盛也。无性则伪之无所加，无伪则性不能自美。性伪合，然后圣人之名一，天下之功于是就也。故曰：天地合而万物生，阴阳接而变化起，性伪合而天下治。天能生物，不能辨物也；地能载人，不能治人也；宇中万物、生人之属，待圣人然后分②也。《诗》曰："怀柔百神，及河乔岳。"此之谓也。

注释

①朴：未加工过的木材。②分：次，安排。

译文

所以说：先天的本性，就像是原始的未加工过的木材；后天的人为加工，则表现在礼节仪式的隆重盛大。没有本性，那么人为加工就没有地方施加；没有人为加工，那么本性也不能自行完美。本性和人为的加工相结合，然后才能成就圣人的名声，统一天下

筍子选集

的功业也因此而能完成了。所以说：上天和大地相配合，万物就产生了；阴气和阳气相接触，变化就出现了；本性和人为的加工改造相结合，天下就治理好了。上天能产生万物，但不能治理万物；大地能负载人民，但不能治理人民；宇宙间的各种东西和各类人，得依靠圣人才能安排好。《诗经》上说："招徕安抚众神仙，祭祀黄河高山。"说的就是这种情况啊！

十五

　　丧礼者，以生者饰死者也，大象其生以送其死也。故如死如生，如亡如存，终始一也。始卒，沐浴、鬠体、饭晗①，象生执也。不沐则濡栉三律而止，不浴则濡巾三式②而止。充耳而设瑱，饭以生稻，晗以槁骨，反生术矣。设亵衣③，袭④三称⑤，缙绅⑥而无钩带矣。设掩面儇目⑦，鬠而不冠笄⑧矣。书其名，置于其重⑨，则名不见而柩独明矣。荐器⑩则冠有鍪而毋縰，瓮庑虚而不实，有簟席而无床笫，木器不成斫，陶器不成物，薄器不成内，笙竽具而不和，琴瑟张而不均，舆藏而马反，告不用也。具生器以适墓，象徙道也，略而不尽，貌而不功，趋舆而藏之，金革辔靷而不入，明不用也。象徙道，又明不用也。是皆所以重哀也。故生器文而不功，明器貌而不用。凡礼，事生，饰欢也；送死，饰哀也；祭祀，饰敬也；师旅，饰威也。是百王之所同，古今之所一也，未有知其所由来者也。故圹垄，其貌象室屋也；棺椁，其貌象版盖斯象拂也；无帾丝歶⑪缕翣，其貌以象菲帷帱尉也；抗折，其貌以象槾茨番阏也。故丧礼者，无它焉，明死生之义，送以哀敬，而终周藏也。故葬埋，敬藏其形也；祭祀，敬事其神也；其铭、诔、系世，敬传其名也。事生，饰始也；送死，饰终也；终始具而孝子之事毕，圣人之道备矣。

　　刻死而附生谓之墨，刻生而附死谓之惑，杀生而送死谓之贼。大象其生以送其死，使死生终始莫不称宜而好善，是礼义之法式也，儒者是矣。

注释

　　①鬠（kuò）：同"髻"，把头发束起来。体：肢体，此指整理四肢、剪指甲等。晗：古代给贵族办丧事时，塞在死人口中的珠、玉、贝、米等物统称"晗"，死者所含之物视其贵贱等级而定。饭晗：把晗放在死者口中。②式：通"拭"。③设：铺陈，此指穿上。亵（xiè）衣：贴身上衣。④袭：加穿（衣服）。⑤称：计算衣服的量词，套。⑥缙：同"搢"，插。绅：古代贵

族束在腰间的大带。缙绅：即搢笏，指把笏（官吏上朝时拿的手板）插在腰带上。⑦掩面：又称"掩"，死者的裹头巾。按古代礼仪，死人用整幅宽、五尺长的白色熟绢裹头。幎目：又称"幎目"，是用丝带扎在死者眼上的黑色方巾，一尺二寸见方。⑧笄：古代固定发髻或别住帽子用的簪子。⑨重（chóng）：死者刚死未葬时暂时代替神主牌的木牌。⑩荐：献。器：指明器，古代用竹、木、陶土等制作的随葬器物。⑪鱼（yú）：铜鱼，丧车的装饰。

译文

　　丧葬的礼仪，就是按照活人的情形来装饰死人，大致地模拟他的生前来送他的终。所以侍奉逝世如同侍奉出生，侍奉死人如同侍奉活人，对待人生的终结与对待人生的开始一个样。刚死的时候，给他洗头洗澡、束头发剪指甲、把含物放入口中，这是模拟他生前的操作。如果不洗头，就用沾湿的梳蓖梳理三下就可以了；如果不洗澡，就用沾湿的毛巾擦三遍就可以了。填塞耳朵而设置了充耳，把生米喂入口中，把贝塞在嘴里，这就和出生时的办法相反了。给死者穿好内衣，再穿上三套外衣，把朝板插在腰带上但没有钩紧腰带的钩子了。裹上遮脸的白绢和遮眼的黑色丝巾，束起头发而不戴帽子、不插簪子了。把死者的名字写在狭长的明旌上，然后把它覆在死者的临时神主牌上，那么他的名字就看不见而只有灵柩十分明显了。送给死者的随葬器物，戴在头上的有头盔似的帽子而没有包发的丝巾，瓮、庑空着不放东西，有竹席而没有床上的竹铺，木器不做加工，陶器不制成成品，竹子芦苇做成的器物不中用，笙、竽具备

而不调和，琴、瑟绷上弦而不加调节，装运棺材的车子随同埋葬而马却牵回去，这些都表示随葬的东西是不用的。准备好了生前的用具而送到墓中，这是模拟搬家的办法。随葬的器物简略而不完备，只具外貌而不精制，赶着丧车去把它埋葬掉，但拉车的马及其设备却不埋进去，这些都是为了表明随葬的东西是不用的；模拟搬家的办法，也是表明那些随葬的东西不用了。这些都是为了加重哀悼之情的。所以生前的用具只起礼仪的作用而不再用它，随葬的器物只具外貌而不精制。凡是礼仪，侍奉出生，是为了润饰欢乐之情；葬送死者，是为了更好地表现哀悼之情；祭祀，是为了修饰恭敬之情；军队，是为了装饰威武之势。这是各代帝王都相同、古今都一致的，但是没有人知道它是从什么时代传下来的。所以墓穴和坟冢，它们的形状像房屋；内棺外棺，它们的形状像车旁板、车顶盖、车前皮盖、车后革帘构成的车厢，尸体与棺材上的被子、丝织麻织的遮蔽品、棺材的遮蔽物，它们的形状是模仿门帘和各种帷帐的；承负坟冢、覆盖墓穴的葬具抗折，它们的形状是模仿墙壁、屋顶、篱笆和门户的。所以丧葬的礼仪，并没有其他的含义，而是为了彰明生死的意义，以悲哀恭敬的心情去葬送死者而最终把他周到地掩藏好。所以埋葬，是为了恭敬地掩藏死者的躯体；祭祀，是为了恭敬地侍奉死者的灵魂；那些铭文、诔辞、传记家谱，是为了恭敬地传颂死者的名声。侍奉出生的礼仪，是装饰人生的开始；葬送死者的礼仪，是装饰人生的终结。这终结与开始的礼仪全部做到了，那么孝子的事情也就完成了，圣人的道德也就具备了。

削减死者的用度来增加生者的用度叫作刻薄，削减生者的用度来增加死者的用度叫作迷惑，杀掉生者来殉葬叫作残害。大致地模拟他的生前来送他的终，使逝世和在世、人生终结和人生开始时的仪式无不得当合宜而尽善尽美，这就是礼义的法度标准了，儒者就是这样的啊！

三年之丧，何也？曰：称情而立文，因以饰①群②，别亲疏贵贱之节，而不可益损也。故曰：无适不易之术也。创巨者其日久，痛甚者其愈迟，三年之丧，称情而立文，所以为至痛极③也。齐衰，苴杖④，居庐，食粥，席薪，枕块，所以为至痛饰也。三年之丧，二十五月而毕，哀痛未尽，思慕未忘，然而礼以是断之者，岂不以送死有已，复生有节也哉？凡生乎天地之间者，有血气之属必有知，有知之属莫不爱其类。今夫大鸟兽则失亡其群匹，越月逾时，则必反⑤铅⑥；过故乡，则必徘徊焉，鸣号焉，蹢躅焉，踟蹰焉，然后能去之也。小者是燕爵⑦，犹有啁噍⑧之顷焉，然后能去之。故有血气之属莫知于人，故人之于其亲也，至死无穷。将由夫愚陋淫邪之人与，则彼朝死而夕忘之；然而纵之，则是曾鸟兽之不若也，彼安能相与群居而无乱乎？将由夫修饰之君子与，则三年之丧，二十五月而毕，若驷之过隙，然而遂之，则是无穷也。故先王圣人安为之立中制节，一使足以成文理，则舍之矣。

注释

①饰：通"饬"，整治。②群：指有亲属关系的群体。③极：极限，最高限度。④苴（jū）：通"粗"。苴杖：用粗劣的竹子做成的手杖，供哭丧时用。⑤反：通"返"。⑥铅（yán）：通"沿"。顺流而下叫"沿"，此指随大流、合群。⑦爵：同"雀"。⑧啁噍（zhōu jiū）：同"啁啾"，象声词，形容细碎杂乱的鸟鸣声。

译文

三年的服丧，是为了什么呢？回答说：这是根据人的感情来确立礼仪制度，借以整治亲族，区别亲近的人与疏远的人之间、高贵者与卑贱者之间的不同礼节，而不能再增减的了。所以说：这是无论到什么地方也不可改变的措施。创伤大的，它的愈合时间就长；疼痛厉害的，它的痊愈就慢。三年的服丧，是根据人的感情来确立的礼仪制度，是用来给极其悲痛的感情所确立的最高期限。穿着丧服、撑着孝棍、住在简陋的房屋中、吃薄粥、把柴草当作垫席、把土块当作枕头，是用来给极其悲痛的心情所作的外表装饰。三年的服丧，二十五个月就完毕了，但哀痛之情并没有了结，思念之心并没有忘怀，然而礼制却规定在这个时候终止服丧，这难道不是因为送别死者要有个终结、恢复正常的生活要有所节制吗？凡是生长在天地之间的、有血气的种属一定有智能，而有智能的种属没有不爱自己同类的。现在那些大的飞禽走兽如果失去了它的群体或配偶，那么过了一个月或超过了一定的时间，就一定会返回群体；经过原来住过的地方，就一定会在那里徘徊周旋，在那里啼鸣吼叫，在那里驻足踏步，在那里来回走动，然后才能离开。小的燕子麻雀之类也还要在那里叽叽喳喳个一会儿，然后才能离开。有血气的种属没有比人更聪明的了，所以人对于自己父母的感情，到死也没有穷尽。要依从那些愚蠢浅陋放荡邪恶的人吗？那么他们的父母亲早晨死了，到晚上就忘了；像这种情况如果还放任他们，那么他们就连鸟兽也不如了，他们又怎么能互相在一起合群居住而没有动乱呢？要依从那些注重道德修养的君子么？那么三年的服丧，二十五个月就完毕了，他们会觉得那时间快得就像驾车的四匹马经过一个墙缝一样；像这种情况如果还是成全他们，那么他们就会无限期地服丧。所以先王圣人就给人们确立了适中的标准，制定了这服丧三年的礼节，一律使人们能够完成礼仪，然后就除去丧服。

十七

　　然则何以分①之？曰：至亲以期②断。是何也？曰：天地则已易矣，四时则已遍矣，其在宇中者莫不更始矣，故先王案以此象之也。然则三年何也？曰：加隆焉，案使倍之，故再期也。由九月以下，何也？曰：案使不及也。故三年以为隆，缌③、小功④以为杀，期、九月以为间。上取象于天，下取象于地，中取则于人，人所以群居和一之理尽矣。故三年之丧，人道之至文者也，夫是之谓至隆，是百王之所同也，古今之所一也。

注释

　　①分：半。②期（jī）：周年。③缌（sī）：细麻布，此指细麻布制成的丧服，服期三个月，是古代五种丧服（斩衰、齐衰、大功、小功、缌麻）中最轻的一种。④小功：丧服名，用较细的熟麻布制成，服期五个月。

译文

　　既然这样，那么为什么还要把它打个对折呢？回答说：对于最亲近的父母本来就是在一周年时终止服丧的。这是为什么呢？回答说：因为经过一周年，天地都已经变换了，四季也已经循环了一遍，那些在宇宙中的动植物没有不重新开始其生长的了，所以古代的圣王就用这一周年的丧礼来象征它。既然这样，那么三年的丧期又是为了什么呢？回答说：那是为了使丧礼更加隆重，于是就使它在一年的基础上加倍，所以就过了两周年了。从九个月以下的丧期，又是为什么呢？回答说：那是为了使它不到一周年的丧礼。把服丧三年作为隆重的礼，把服丧三个月、五个月的缌麻、小功作为简省的礼，把服丧一周年、九个月作为它们中间的礼。这礼的制定，上取法于天，下取法于地，中取法于人，人们所以能合群居住而和谐一致的道理也就被全盘体现出来了。所以三年的服丧，是为人之道最高的礼仪，这叫作最隆重的礼仪，这是各代帝王都相同，古今都一致的。

十八

　　君子丧所以取三年，何也？曰：君者，治辨①之主也，文理之原也，情貌②之尽也，相率而致隆之，不亦可乎?《诗》曰："恺悌君子，民之父母。"彼君子者，固有为民父母之说焉。父能生之，不能养之；母能食③之，不能教诲之；君者，已能食之矣，又善教诲之者也，三年毕矣哉?乳母，饮食之者也，而三月；慈母，衣被之者也，而九月；君，曲备之者也，三年毕乎哉!得之则治，失之则乱，文之至也。得之则安，失之则危，情之至也。两至者俱积焉，以三年事之，犹未足也，直无由进之耳。故社，祭社也；稷，祭稷也；郊者，并百王于上天而祭祀之也。

注释

①辨（bàn）：通"办"，治理。②情：指臣民忠诚之情。貌：指臣民恭敬之貌。③食（sì）：通"饲"，供养。

译文

君主的丧礼期限之所以要选取三年，为什么呢？回答说：君主，是治理社会的主宰，是礼仪制度的本源，是忠诚的内情和恭敬的外貌所要侍奉的尽头，人们互相遵循而极其尊崇他，不也是可以的吗？《诗经》上说："和乐平易的君子，就是人民的父母。"那些君子本来就有是民众父母的说法。父亲能生下自己，但不能喂养自己；母亲能喂养自己，又不能教诲自己；君主是既能养育自己，又善于教诲自己的人，为君主服丧三年就完毕了吗？奶妈是喂养自己的人，因而为她服丧三个月；抚育自己的庶母，是为自己料理衣着被服的人，因而为她服丧九个月；君主，是各方面都照顾自己的人，为他服丧三年就完毕了吗？做到了这一点，国家就能治理好；做不到这一点，国家就会混乱；它是礼仪制度中最重要的礼节啊！做到了这一点，国家就安定；做不到这一点，国家就危险；它是忠诚之情的最高体现啊！这最重要的礼节与最高的情感体现都积聚在君主的丧礼上了，所以要用三年时间来侍奉君主的神灵仍然是不够的，只是无法再将这丧期增加罢了。所以社祭，只祭土地神；稷祭，只祭谷神；郊祭，就把各代帝王和上天合并在一起而祭祀他们。

三月之殡，何也？曰：大之也，重之也，所致隆也，所致亲也，将举措之，迁徙之，离宫室而归丘陵①也，先王恐其不文也，是以籧②其期，足之日也。故天子七月，诸侯五月，大夫三月，皆使其须③足以容④事，事足以容成，成足以容文，文足以容备，曲容备物之谓道矣。

注释

①丘陵：小土山叫丘，大土山叫陵。此指坟墓。古代帝王诸侯之墓，或称丘，如今苏州的虎丘（吴王阖闾之墓）；或称陵，如今绍兴的禹陵。②繇：通"遥"。③须：等待，停留。④容：容纳，容许，确保。

译文

三个月的停枢，为什么呢？回答说：这是要扩大丧礼的规模，加重丧礼的分量。对自己极尊重的人，极亲近的人，将要安排他，迁移他，使他离开宫室而埋葬到陵墓中去，古代的圣王怕这些事情不合乎礼仪，因此延长停枢的日期，使办丧事的人有足够的时间。所以天子停枢七个月，诸侯五个月，大夫三个月，这都是为了使逗留时间足够用来操办各种事情，这些事情足够用来保证丧事的成功，这成功足够用来保证礼仪的实施，这实施足够用来保证丧葬物品的完备，各个方面都能确保丧葬物品的完备就可以叫作正确的原则了。

　　祭者，志意思慕之情也。悁诡①嗢傻②而不能无时至焉。故人之欢欣和合之时，则夫忠臣孝子亦悁诡而有所至矣。彼其所至者，甚大动也；

案屈然③已，则其于志意之情者惆然④不嗛⑤，其于礼节者阙然不具。故先王案为之立文，尊尊亲亲之义至矣。故曰：祭者，志意思慕之情也。忠信爱敬之至矣，礼节文貌之盛矣，苟非圣人，莫之能知也。圣人明知之，士君子安行之，官人以为守，百姓以成俗。其在君子，以为人道也；其在百姓，以为鬼事也。故钟鼓、管磬、琴瑟、竽笙，《韶》《夏》⑥《护》《武》《汋》⑦《桓》⑧《简》⑨《象》，是君子之所以为愅诡其所喜乐之文也。齐衰，苴杖，居庐，食粥，席薪，枕块，是君子之所以为愅诡其所哀痛之文也。师旅有制，刑法有等，莫不称罪，是君子之所以为愅诡其所敦⑩恶之文也。卜筮视日，斋戒修涂，几筵、馈荐、告祝，如或飨之。物取而皆祭之，如或尝之。毋利举爵，主人有尊，如或觞之。宾出，主人拜送，反易服，即位而哭，如或去之。哀夫！敬夫！事死如事生，事亡如事存，状乎无形影，然而成文。

注释

①愅（gé）诡：双声联绵词，变异感动的意思。②唈偯（yì ǎi）：双声联绵词，心里郁悒而呼吸不畅的意思。③屈（jué）：竭。屈然：空缺的样子。④惆然：惆怅，伤感。⑤嗛（qiè）：满足。⑥《夏》：又称《大夏》，相传是夏禹时的舞乐名。⑦《汋》（zhuó）：是歌颂周武王能酌取先祖之道以养天下之民的乐章，见《诗经·周颂》。⑧《桓》：祭祀周武王的乐章，见《诗经·周颂》。⑨《简（shuò）》：周初制作的歌颂周文王的舞曲名。⑩敦：通"憝"（duì），憎恶，怨恨。

译文

祭祀，是为了表达心意和思慕之情的。人们感动郁闷了就不能没有时机来表达。人们欢欣鼓舞和睦相处的时候，那些忠臣孝子也会感动，而思念君主、双亲不得同享欢乐的心情也要有所表达了。他们所要表达的这种心情，是一种非常大的激动；如果空空地没有祭祀的礼仪，那么他们在心意的感情方面就会感到惆怅而不满足，他们在礼节方面就会感到欠缺而不完备。所以古代的圣王为他们制定了礼仪制度，这样，尊崇君主、亲爱父母的道义就能表达了。所以说：祭祀，是为了表达心意和思慕之情的。它是忠信敬爱的最高表现了，是礼节仪式的极点了，如果不是圣人，是不能懂得这一点的。圣人明白地理解祭祀的意义，有道德的士君子安心地进行祭祀，官吏把它作为自己的职守，百姓使它成为自己的习俗。它在君子那里，被当作治理社会的一种道德规范；它在百姓那里，被当作侍奉鬼神的事。钟、鼓、管、磬、琴、瑟、竽、笙等乐器被使用，《韶》《夏》《护》《武》《汋》《桓》《简》《象》等乐曲被演奏，这些是君子被他所喜悦的事情感动了，从而用来表达这种感动的礼仪形式。穿丧服、撑孝棍、住陋屋、吃薄粥、以柴草为垫席、把土块当枕头，这些是君子用来表达这种感动的礼仪制度。军队有一定的制度，

刑法有轻重的等级，没有什么刑罚不与罪行相当，这些是君子用来表达他所憎恶的事情的礼法制度。占卜算卦、观察日期时辰是否吉利，整洁身心、修饰清理祠庙，摆好祭祀的席位、献上牺牲黍稷等祭品，受祭者吩咐男巫，好像真的有神来享用过祭品。事先积聚的祭品都献给代表死者受祭的人，受祭者一一尝用，好像真的有神尝过它们。不让助食的人举杯向受祭者敬酒，主人亲自劝受祭者饮酒，受祭者便饮用，好像真的有神拿酒杯喝了酒。祭祀结束后宾客退出，主人拜揖送行，然后返回，换掉祭服而穿上丧服，来到座位上痛哭，好像真的有神离开了他。悲哀啊！恭敬啊！侍奉死者如同侍奉生者一样，侍奉已不存在的人如同侍奉还活着的人一样，所祭祀者虽无形无影，但是却成为人类社会中的一种礼仪制度。

读解

本篇论述了礼制的起源、内容、作用等各个方面。荀子认为，"人生而有欲"，为了满足欲望，就会发生争夺混乱，统治者为了避免这种局面，于是就制定了礼来加以约束。制定礼不但是为了用来调节与满足人们的物质欲望，更是为了用来确立社会等级制度。它规定的各种道德规范和礼节仪式等都有利于等级制度的确立与巩固，所以它是治国的根本，是"人道之极"，关系到国家的安危存亡，因此统治者必须重视实行礼。此篇中关于具体礼制的论述十分丰富，对我们了解古代的礼制具有重要的认识价值。

在儒家学派的理论中，礼就是维系世间万物等级、秩序的规定或制度。心底端正，从不产生邪念恶念，时刻想到自己的使命，富有献身精神，仪表举止端正，从不会衣冠不整邋里邋遢，举手投足表情动作都有规范，言必行，行必果，从不搞阴谋诡计。《镜花缘》中的"君子国"便是一个礼仪之邦，其中个个是正人君子，都风度翩翩，礼让谦和，从不争吵。

荀子指出，礼产生于治国问题，根源于人性恶。荀子在《礼论》中说："礼起于何也？曰：人生而有欲，欲而不得，则不能无求，求而无度量分界，则不能不争。争则乱，乱则穷。先王恶其乱也，故制礼义以分之，以养人之欲，给人之求。使欲必不穷乎物，物必不屈于欲，两者相持而长，是礼之所起也。"荀子既主张法后王，又主张法先王。荀子认为，礼是先王成功的治国之道的集中体现，因而要以礼治国。他在《儒效》中说："先王之道，仁之隆也，比中而行之。曷谓中？曰：礼义是也。"

事例一

我国的封建制度和礼仪基本上都是在汉朝产生的，特别是汉高祖刘邦夺得天下之后，制定了一系列的规章制度，在后来的各个朝代几乎都得到了延续。

庄严的朝仪

汉高祖刘邦登基后，完全废除了秦朝的种种烦琐苛刻的礼仪法令。然而，他没有想到，他的文武大臣多半来自平民，无视礼节，不懂规矩，饮酒争功，酒足饭饱后，还往

往拔剑乱舞，在大殿的柱子上留下了一道道印痕，弄得刘邦心烦意乱。

博士叔孙通便劝刘邦说："儒生无法建立战功，但可以治理天下。臣愿意去鲁地征召儒生，与臣的弟子共同制定朝规礼仪。"刘邦没有信心，他迟疑地说："很难做吗？"叔孙通说："礼仪是根据世事人情的变化制定的，所以夏商周的礼仪各有不同，都是依据前朝的礼仪有所增减。臣打算结合古礼和秦礼制定一套新的礼仪。""那就试试看吧，要简单易学。"

叔孙通马上前往鲁地征召儒生，不久他就召集了三十多位，只有两位儒生拒绝了，他们挖苦说："叔孙公侍奉的君主不下十位，赢得荣华富贵靠的是曲意奉承。如今天下初定，死者尚未安葬，伤者还没有痊愈，又要制定什么朝仪。要知道，礼乐需要积百年德行才能兴盛，叔孙公的行为不合古道，我们是不会干的。叔孙公走吧，不要玷污我们。"

叔孙通并不生气，他笑了笑说："真是些鄙儒，一点儿不懂世时变迁。"

他领着儒生返回长安后，加上刘邦身边的学者和他自己的一百多位弟子，找到一块野外空地，拉起长绳，扎结茅草表示尊卑位次，起劲地排练。

叔孙通当年追随刘邦时，脱掉长衫改穿短衣，他的一百多位弟子也追随他投奔汉军。可是令他们不解的是，叔孙通从来不向刘邦引荐弟子，却专替那些壮士甚至干过盗贼的人说好话。弟子们满腹牢骚地说："跟随先生数年，却不引荐，专门引荐那些狡猾之人，不知这是什么意思？"

叔孙通好言解释："汉王正箭石齐飞地争天下，诸生能出力动武吗？所以先推荐有能力斩将夺旗的壮士，诸生暂且耐心等待，我不会忘了你们的。"

现在，弟子们总算有了用武之地，他们跟随叔孙通卖力地演练礼仪。一个月后，叔孙通拜见刘邦说："请主上亲往观看。"刘邦目睹整个礼仪后，很满意地说："我能做到。"同时，他命令群臣也马上学习演练。

西汉高帝七年，长乐宫建成，各地诸侯云集。天刚蒙蒙亮，兵器排列整齐，旌旗迎风飘扬，诸侯大臣们在谒者的引导下鱼贯进殿。威武庄重的卫兵围绕宫殿内外，排列在宫中的台阶两侧，功臣、诸侯和将领们面东而伫，文官丞相面西恭候，刘邦乘辇由寝宫上殿，百官持旗传呼清道，文武官员惶恐肃静，依次趋前恭贺。行礼完毕，宫中酒宴开场，御史巡视执法，发现谁不依礼节行事，立即请出宫门。陪侍的群臣一改往日的喧闹，敬畏地低着头，按照尊卑次序，挨个向刘邦敬酒祝寿。酒过九巡，谒者高声宣布："酒宴结束。"

朝拜仪式圆满结束，刘邦高兴地感叹道："我今天才体会到身为皇帝是多么尊贵啊！"他当即任命叔孙通为太常，赏赐五百金。叔孙通乘机说："诸弟子儒生跟臣许久，与臣一起制定朝仪，希望陛下也能封赏他们。"

刘邦十分痛快地把他们都任命为郎。叔孙通把五百金全部给儒生们。儒生们都得到了管制，高兴地说："叔孙通先生真是圣人，明白什么才是当今要务啊！"

事例二

董狐是孔子比较赞赏的太史，而在这件事情中，赵盾却没有亲手杀掉晋灵君，所以，孔子只能说：要是赵盾能够跑出国界就好了。

赵盾弑君

赵盾到首阳山打猎，住在翳桑。他看见有个叫灵辄的人饿倒了，便去问他的病情。灵辄说："我已经三天没吃东西了。"赵盾给他东西吃，他留下了一半。赵盾问为什么，灵辄说："我给别人当奴仆三年了，不知道家中老母是否活着。现在离家近了，请让我把留下的食物送给她。"赵盾让他把食物吃完，另外给他准备了一篮饭和肉，放在口袋里给他。后来灵辄做了晋灵公的武士，他在搏杀中把武器倒过来抵挡晋灵公手下的人，使赵盾得以脱险。赵盾问他为什么这样做，他回答说："我就是在翳桑的饿汉。"赵盾再问他的姓名和住处，他没有回答就退走了。赵盾自己也逃亡了。

后来，赵穿在桃园杀掉了晋灵公。赵盾还没有走出国境的山界，听到灵公被杀便回来了。晋国太史董狐记载道："赵盾杀了他的国君。"他还把这个说法拿到朝廷上公布。赵盾说："不是这样。"董狐说："您身为正卿，逃亡而不出国境，回来后又不讨伐叛贼，不是您杀了国君又是谁呢？"赵盾说："啊！《诗》中说：'我心里怀念祖国，反而给自己留下忧伤。'这话大概说的是我吧。"

孔子说："董狐是古代的好史官，记事的原则是直书而不隐讳。赵盾是古代的好大夫，因为史官的记事原则而蒙受了弑君的恶名。可惜啊，如果他出了国境，就会避免弑君之名了。"

乐论

一

夫乐者，乐也，人情之所必不免也。故人不能无乐，乐则必发于声音，形于动静，而人之道①，声音动静，性术之变尽是矣。故人不能不乐，乐则不能无形，形而不为道②，则不能无乱。先王恶其乱也，故制《雅》《颂》③之声以道之，使其声足以乐而不流，使其文足以辨④而不諰⑤，使其曲直、繁省、廉肉、节奏，足以感动人之善心，使夫邪污之气无由得接焉。是先王立乐之方也，而墨子非之，奈何！

注释

①人之道：指人之所为。②道：同"导"，引导。③雅、颂：《诗经》中的两类乐曲。④辨：通"辩"。⑤諰（xǐ）：边思边说的意思，引申为暗藏心机的花言巧语。

译文

音乐，就是欢乐，它是人的情感绝对不能缺少的东西。人不可能没有欢乐；欢乐了就一定会在歌唱吟咏的声音中表现出来，在手舞足蹈的举止中体现出来；可见人的所作所为，以及声音、举止、性情及其表现方式的变化，就全都体现在这音乐之中了。所以，人不可能不快乐，快乐了就不可能不表现出来，但这种表现如果不进行引导，就不可能没有祸乱。古代的圣王憎恶那祸乱，所以创作了《雅》《颂》的音乐来引导他们，使那歌声足够用来表达快乐而不淫荡，使那歌词足够用来阐明正确的道理而不流于花巧，使那音律的宛转或舒扬、繁复或简单、清脆利落或圆润丰满、节制停顿或推进加快，都足够用来感动人的行善之心，使那些邪恶肮脏的风气没有途径能和民众接触。这就是古代圣王设置音乐的原则，但是墨子却反对音乐，又有什么办法呢？

　　乐在宗庙之中，君臣上下同听之，则莫不和敬；闺门之内，父子兄弟同听之，则莫不和亲；乡里族长①之中，长少同听之，则莫不和顺。故乐者，审一以定和②者也，比③物以饰④节者也，合奏以成文者也；足以率一道，足以治万变。是先王立乐之术也，而墨子非之，奈何！

注释

　　①乡里族长：都是古代的行政区域单位。②和：指五音中除主音以外用来应和主音的其他音。审一以定和：古代的宫、商、角、徵、羽虽然没有绝对音高，但有相对音高，只要其中一个音的音高确定了，其他各级的音高也就确定了。③比：并列，配合。④饰：通"饬"，整治。

译文

　　所以音乐在祖庙之中，君臣上下一起听了它，就再也没有人不和谐恭敬的了；在家门之内，父子兄弟一起听了它，就再也没有人不和睦相亲的了；在乡村里弄之中，年长的和年少的一起听了它，就再也没有人不和谐顺从的了。音乐，是审定一个主音来确定其他和音的，是配上各种乐器来调整节奏的，是一起演奏来组成众音和谐的乐曲的；它足能用来率领统一的原则，足能用来整治各种变化。这就是古代圣王设置音乐的方法啊！可是墨子却反对音乐，又有什么办法呢？

　　故听其《雅》《颂》之声，而志意得广焉；执其干戚，习其俯仰屈伸，而容貌得庄焉；行其缀兆①，要②其节奏，而行列得正焉，进退得齐焉。故乐者，出所以征诛也，入所以揖让也；征诛揖让，其义③一也。出所以征诛，则莫不听从；入所以揖让，则莫不从服。故乐者，天下之大齐也，中和之纪也，人情之所必不免也。是先王立乐之术也，而墨子非之，奈何！

注释

　　①缀：表记，指舞蹈时行列的标识。兆：界域，指舞蹈者活动的界域。缀兆：指舞蹈时的行列位置。②要：迎合。③义：意义，指作用。

译文

所以人们听那《雅》《颂》的音乐，志向心胸就宽广了；拿起那盾牌斧头等舞具，练习那低头抬头弯曲伸展等舞蹈动作，容貌就庄重了；行动在那舞蹈的行列位置上，迎合那舞曲的节奏，队列就不偏不斜了，进退就整齐一致了。所以音乐，对外可用来征伐，对内可用来行礼让。对于征伐与礼让，音乐的作用是一样的。对外用音乐作为征伐的工具，那就没有人不听从；对内用音乐作为礼让的手段，那就没有人不服从。所以音乐是齐一天下的工具，是中正和平的要领，是人的情感绝对不能脱离的东西。这就是古代圣王设置音乐的策略。可是墨子却反对音乐，又有什么办法呢？

　　且乐者，先王之所以饰喜也；军旅鈇钺①者，先王之所以饰怒也。先王喜怒皆得其齐②焉。是故喜而天下和之，怒而暴乱畏之。先王之道，礼乐正其盛者也。而墨子非之。故曰：墨子之于道也，犹瞽之于白黑也，犹聋之于清浊也，犹欲之楚而北求之也。

注释

　　①鈇（fū）：斧。钺（yuè）：大斧。鈇钺：都是古代斩杀的刑具，此泛指刑具。②齐：中，适当。

译文

　　况且音乐，是古代的圣王用来表现喜悦的；军队和刑具，是古代的圣王用来表现愤怒的。古代圣王的喜悦和愤怒都能通过音乐与军队刑具而表达得恰如其分。所以圣王喜悦了，天下人就附和他；圣人愤怒了，凶暴作乱的人就害怕他。古代圣王的政治原则中，礼制和音乐正是其中的大事，但墨子却反对它们。所以说：墨子对于正确的政治原则，就好像是瞎子对于白色和黑色不能分辨一样，就好像是聋子对于音质的清浊不能区别一样，就好像是想到南方的楚国却到北方去寻找它一样。

　　夫声乐之入人也深，其化人也速，故先王谨为之文。乐中平则民和

荀子选集

而不流，乐肃庄则民齐而不乱。民和齐则兵劲城固，敌国不敢婴①也。如是，则百姓莫不安其处，乐其乡，以至足其上矣。然后名声于是白，光辉于是大，四海之民莫不愿得以为师，是王者之始也。乐姚冶以险，则民流僈鄙贱矣。流僈则乱，鄙贱则争。乱争则兵弱城犯，敌国危之。如是，则百姓不安其处，不乐其乡，不足其上矣。故礼乐废而邪音起者，危削侮辱之本也。故先王贵礼乐而贱邪音。其在序官也，曰："修宪命，审诛赏②，禁淫声，以时顺修，使夷俗邪音不敢乱雅，太师之事也。"

注释

①婴：通"撄"，碰，触犯。②诛赏：当为"诗商"（王先谦说）。

译文

那音乐渗入人心是很深的，它感化人心是很快的，所以古代的圣王谨慎地给它文饰。音乐中正平和，那么民众就和睦协调而不淫荡；音乐严肃庄重，那么民众就同心同德而不混乱。民众和睦协调、同心同德，那么兵力就强劲，城防就牢固，敌国就不敢来侵犯了。像这样，那么老百姓就无不满足于自己的住处，喜欢自己的家乡，以使自己的君主获得满足。然后，君主的名声就会因此而显著，光辉因此而增强，天下的民众，就没有谁不希望得到他让他做自己的君长，这是称王天下的开端啊。音乐妖冶轻浮而邪恶，那么民众就淫荡轻慢卑鄙下贱了。民众淫荡轻慢，就会混乱；卑鄙下贱，就会争夺。混乱又争夺，那就会兵力衰弱、城池被侵犯，敌国就会来危害了。像这样，那么老百姓就不会安居在自己的住处，就不会喜欢自己的家乡，也不会使自己的君主满足了。

所以礼制雅乐被废弃而靡靡之音兴起来，这是国家危险削弱、遭受侮辱的根源。所以古代的圣王看重礼制雅乐而鄙视靡靡之音。他在论列官职时说："遵循法令，审查诗歌乐章，禁止淫荡的音乐，根据时势去整治，使蛮夷的落后风俗和邪恶的音乐不敢扰乱正声雅乐，这是太师的职事。"

六

墨子曰："乐者，圣人之所非也，而儒者为之过也。"君子以为不然。乐者，圣王之所乐也，而可以善民心，其感人深，其移风易俗。故先王导之以礼乐，而民和睦。夫民有好恶之情而无喜怒之应则乱；先王恶其乱也，故修其行，正其乐，而天下顺焉。故齐衰之服，哭泣之声，使人之心悲。带甲婴軸①，歌于行伍②，使人之心伤；姚冶之容，郑卫之音，使人之心淫；绅③、端④、章甫⑤，舞韶歌武，使人之心庄。故君子耳不听淫声，目不视女色，口不出恶言，此三者，君子慎之。

注释

①婴：系，指把帽带系在颈上。軸：同"胄"，头盔。②行（háng）伍：古代军队的编制，五人为伍，二十五人为行，所以用"行伍"指称军队。③绅：古代士大夫束在腰间、一头垂下的大带子。④端：古代诸侯、大夫、士在祭祀时穿的式样端正的礼服，举行冠礼、婚礼时也穿此。⑤章甫：商代的一种礼帽，即缁布冠，它是行冠礼以后才戴的，用来表明（"章"）成人男子（"甫"）的身份，故称章甫。

译文

墨子说："音乐，是圣明的帝王所反对的，而儒者却倡导它，那是错误的。"君子认为并不是这样。音乐是圣人所喜欢的，而且可以用来改善民众的思想，它感人至深，它改变风俗也容易，所以古代的圣王用礼制音乐来引导人民而人民就和睦了。民众有了爱憎的感情而没有表达喜悦愤怒的方式来和它相应，就会混乱。古代的圣王憎恶这种混乱，所以修养自己的德行，端正国内的音乐，因而天下人就顺从他了。那披麻戴孝的丧服，哭泣的声音，会使人的内心悲痛；穿上铠甲，系上头盔，在部队中歌唱，会使人的内心忧伤；妖艳的容貌，郑国、卫国的靡靡之音，会使人的内心淫荡；系着宽大的腰带、穿着礼服、戴着礼帽，随着《韶》《武》的乐曲载歌载舞，会使人的内心严肃。所以君子耳朵不聆听淫荡的音乐，眼睛不注视女子的美貌，嘴巴不说出邪恶的语言。这三件事，君子是慎重地对待的。

荀子选集

七

凡奸声感人而逆气应之，逆气成象而乱生焉。正声感人而顺气应之，顺气成象而治生焉。唱和有应，善恶相象，故君子慎其所去就①也。

注释

①就：接近，趋近，接受。

译文

大凡淫邪的音乐感动人以后就有歪风邪气来应和它，歪风邪气形成了气候，那么混乱的局面就产生了。正派的音乐感动人以后就有和顺的风气来应和它，和顺的风气成了社会现象，那么秩序井然的局面就产生了。有唱必有和，善良的或邪恶的风气也随之而形成，所以君子对自己抛弃什么音乐、接受什么音乐是很慎重的。

八

君子以钟鼓道志，以琴瑟乐心；动以干戚，饰以羽旄，从以磬管。故其清明象天，其广大象地，其俯仰周旋有似于四时。故乐行而志清，礼修而行成，耳目聪明，血气和平，移风易俗，天下皆宁，美善相乐。故曰：乐者，乐也。君子乐得其道，小人乐得其欲；以道制欲，则乐而不乱；以欲忘道，则惑而不乐。故乐者，所以道乐也，金石丝竹，所以道德也。乐行而民乡方①矣。故乐也者，治人之盛者也，而墨子非之。

注释

①方：道。

译文

君子用钟、鼓来引导人们的志向，用琴、瑟来使人们心情快乐。拿着盾牌斧头等舞具来跳舞，用野鸡毛和牦牛尾等舞具做装饰，用石磬、箫管来伴奏。所以那乐声的清朗像天空，广大像大地，那舞姿的俯仰旋转又和四季的变化相似。所以音乐推行后人们的志向就会高洁，礼制遵循后人们的德行就能养成，要使人们耳聪目明，感情温和平静，改变风俗，天下都安宁，没有什么比音乐更好的了。所以说：音乐，就是欢乐的意思。君子把从音乐中获得道义作为欢乐，小人把从音乐中满足欲望当作欢乐。用道义来控制欲望，那就能欢乐而不淫乱；为满足欲望而忘记了道义，那就会迷惑而不快乐。所以音乐是用来引导人们娱乐的，金钟石磬琴瑟管箫等乐器，是用来引导人们修养道德的。音乐推行后民众就向往道义了，所以音乐是治理人民的重大工具，但墨子却反对它。

九

且乐也者，和之不可变者也；礼也者，理之不可易者也。乐合同，礼别异，礼乐之统，管乎人心矣。穷①本极变②，乐之情也；著诚去伪，礼之经也。墨子非之，几遇刑也。明王已没，莫之正③也。愚者学之，危其身也。君子明乐，乃其德也。乱世恶善，不此听也。於乎哀哉！不得成也。弟子勉学，无所营④也。

注释

①穷：穷究，深入到极点。②极：达到最高限度。变：化，指感化人心改变风俗。③正：纠正。④营：通"荧"，惑乱。

译文

况且音乐，是协调人情时不可变更的手段；礼制，是治理社会时不可更换的原则。音乐使人们同心同德，礼制使人们区别出等级的差异。所以礼制音乐的纲领，可以总管人们的思想了。深入地触动、极大地改变人的心性，是音乐的实际情形；彰明真诚、去掉虚伪，是礼制的永恒原则。墨子反对它们，近乎犯罪。圣明的帝王已经死去，没有人来加以纠正。愚蠢的人学习他，会危害自己的生命。君子彰明音乐，这才是仁德。混乱的社会厌恶善行，不听这提倡音乐的话。可悲啊！音乐因此而不能流行。学生们努力学习吧，不要因为墨子的反对而有所迷惑啊！

十

声乐之象：鼓大丽①，钟统实②，磬廉制③，竽、笙、箫、和、筦、籥④

发猛，埙篪⑤翁博⑥，瑟易良⑦，琴妇好⑧，歌清尽，舞意天道兼。鼓其乐之君邪！故鼓似天，钟似地，磬似水，竽、笙、箫、和、筦、籥似星辰日月，鼗、柷⑨、拊、鞷、椌、楬⑩似万物。曷以知舞之意？曰：目不自见，耳不自闻也，然而治俯仰、诎信、进退、迟速，莫不廉制，尽筋骨之力以要钟鼓俯会之节，而靡有悖逆者，众积意諰諰⑪乎！

注释

①丽：通"厉"，激越高亢。②统：通"充"，指声音洪亮。实：充满，指声音浑厚。③廉：清白俭约，此指声音清脆不浑厚。制：通"晢"，明白。④和：小笙。筦：同"管"，一种管乐器。籥（yuè）：古管乐器，似排箫。⑤埙（xūn）：一种陶土烧制的吹奏乐器，大如鹅蛋，形如秤锤，上尖下平中空。篪（chí）：一种单管横吹乐器。⑥翁（wēng）博：通"滃渤"，形容气势如大水涌流一样浩瀚磅礴。⑦易：平和。良：温良。⑧妇好：即"女好"，柔婉。⑨鼗（táo）：同"鞉"，有柄的小鼓，很像现在的拨浪鼓。柷（zhù）：是一种漆筒似的打击乐器。⑩椌（qiāng）：是一种打击乐器。楬（qià）：又名"敔"（yǔ），一种虎状木制打击乐器，在雅乐结束时击奏。⑪諰諰（chí）：谆谆，诚恳，认真。

译文

音乐的象征：鼓声洪亮高亢，钟声洪亮浑厚，磬声清越明朗，竽、笙、箫、和、管、籥等管乐器的声音昂扬激越，埙、篪的声音浩瀚磅礴，瑟的声音平易温良，琴的声音柔婉优美，歌声清朗而曲尽其情，舞蹈的意象则包容了自然界的一切现象。鼓，大概是音乐的主宰吧？所以鼓声

像天，钟声像地，磬声像水，竽、笙、箫、和、管、籥等管乐器的声音像日月星辰，鞀、枕、拊、鞷、椌、楬的声音像万物。凭什么来了解舞蹈的意象呢？回答说：跳舞的人眼睛不能看见自己的形体，耳朵不能听到自己的声音，但是处理低头、抬头、弯曲、伸直、前进、后退、缓慢、快速的动作时无不干净利落明白清楚，尽身体的力量去迎合钟、鼓的节奏，而无所违背，众人集中注意力真认真啊！

十一

吾观于乡，而知王道之易易也。主人①亲速②宾及介③，而众宾皆从之。至于门外，主人拜宾及介，而众宾皆入；贵贱之义别矣。三揖至于阶，三让以宾升。拜至，献酬④，辞让之节繁。及介省矣。至于众宾，升受，坐祭，立饮，不酢而降。隆杀之义辨矣。工入，升歌三终⑤，主人献之；笙入三终⑥，主人献之；间⑦歌三终，合乐三终⑧，工告乐备，遂出。二人扬觯⑨，乃立司正⑩。焉知其能和乐而不流也。宾酬主人，主人酬介，介酬众宾，少长以齿，终于沃洗者，焉知其能弟长而无遗也。降、说屦升坐，修爵无数。饮酒之节，朝不废朝，莫不废夕。宾出，主人拜送，节文终遂。焉知其能安燕而不乱也。贵贱明，隆杀辨，和乐而不流，弟长而无遗，安燕而不乱，此五行者，是足以正身安国矣。彼国安而天下安。故曰：吾观于乡而知王道之易易也。

注释

①主人：指乡大夫，即主管乡中政教禁令的官。②速：召请的意思。③宾、介：都是宾客。④献酬：古代主客互相敬酒，主人先向客人敬酒叫"献"，客人用酒回敬主人叫"酢"，主人再次向客人敬酒以表答谢叫"酬"。客人向主人致答谢酒也叫"酬"。⑤终：将一首歌曲或乐曲从头到尾歌唱或演奏一遍叫一终。⑥笙入三终：指吹笙的人把《诗·小雅》中的乐曲《南陔》《白华》《华黍》各奏一遍。⑦间：间隔，轮流。间歌三终：指乐工先唱《诗·小雅》中的《鱼丽》，接着吹笙的吹奏《小雅》中的《由庚》；乐工再唱《南有嘉鱼》，吹笙的再吹《崇丘》；乐工再唱《南山有台》，吹笙的再吹《由仪》。⑧合乐三终：指乐工在唱《诗·周南》中的《关雎》《葛覃》《卷耳》时，吹笙的同时吹奏《诗·召南》中的《鹊巢》《采蘩》《采蘋》。⑨觯（zhì）：古代饮酒的圆形器皿。⑩司正：专门监督正确地行使礼仪的人。

译文

我看到了乡中请人喝酒的礼仪就知道先王的政治原则实施起来是容易又容易的了。主人亲自去邀请贤德的贵宾和德行稍次的陪客，而一般客人就都跟着他们来了；来到门

外，主人向贵宾和陪客拱手鞠躬，而一般客人就都进门了；对高贵者和卑贱者的不同礼仪就这样分别开来了。主人拱手作揖三次才与贵宾来到厅堂的台阶下，再谦让三次而使贵宾登上厅堂，再拜谢贵宾的到来，主人献酒酬宾，推辞谦让的礼节十分繁多；至于陪客，那礼节就减少了；至于一般客人，登堂受酒，坐着酹酒祭神，站着饮酒，不用酒回敬主人就退下堂去了；隆重与简省的礼仪就这样分别开来了。乐工进来，登上厅堂，把《鹿鸣》《四牡》《皇皇者华》三首歌各唱一遍，主人敬酒；吹笙的人进来，把《南陔》《白华》《华黍》三支乐曲各吹奏一遍，主人敬酒；乐工与吹笙的间隔着轮流歌唱演奏各三曲，再合着歌唱演奏各三曲，乐工报告乐曲已经完备，就出去了。主人的两个侍从举起酒杯帮助敬酒，于是又设置了监督行礼的专职人员。从这些礼仪之中可以知道他们能够和睦安乐而不淫荡。贵宾向主人敬酒表示答谢，主人向陪客敬酒表示答谢，陪客向一般客人敬酒表示答谢，宾主对年轻的年长的都根据年龄依次酬谢，最后轮到向主人手下盥洗酒杯的人酬谢。从这些礼仪之中可以知道他们能够尊重年轻的尊敬年长的而不遗漏一个人。退下堂去，脱去鞋子，再登堂就座，依次不断地敬酒。请人喝酒的限度是，在早晨饮酒不耽误早上的工作，在傍晚喝酒不耽误晚上的事情。贵宾出门，主人拱手鞠躬送行，礼节仪式就完成了。从这些礼仪中可以知道他们能够逸乐而不混乱。高贵者和卑贱者被区别清楚，隆重的礼仪和简省的礼仪被分别开来，和睦安乐而不淫荡，尊敬年长的而不遗漏一个人，逸乐而不混乱，这五种行为，足够用来端正身心安定国家了。那国家安定了，那么整个天下也就安定了。所以说：我看到了乡中请人喝酒的礼仪就知道先王的政治原则实施起来是极其容易的。

乱世之征，其服组^①，其容妇，其俗淫，其志利，其行杂，其声乐险，其文章匿^②而采，其养生无度，其送死瘠^③墨，贱礼义而贵勇力，贫则为盗，富则为贼，治世反是也。

注释

①组：五彩缤纷，华丽。②匿（tè）：通"慝"，邪恶。③瘠：薄，少，指葬送死者不笃厚恭敬。

译文

混乱的社会的迹象：那里的服装华丽，男人的容貌打扮得像妇女一样妖媚，那里的风俗淫荡，人们的志向是唯利是图，人们的行为驳杂不纯，那里的音乐邪恶怪僻，那里的文章内容邪恶而辞藻华美，那里的人生活花费没有限度，葬送死人俭省刻薄，轻视礼制与道义而崇尚勇敢与武力，贫穷的就盗窃，富裕的就戕害他人，治理得好的社会则与此相反。

读解

本篇论述了音乐的起源及其社会作用，批判了墨子反对音乐的主张。

什么是乐？《礼记·乐记》中认为"夫乐者乐也，人情之所不能免也"，乐的意思是欢乐，是人的性情之中不可缺少的。我国一直都非常重视音乐的教育作用，从夔作六乐到《诗经》，中间经历了如此长的时间，却都没有放弃音乐的创作。儒家更是十分推崇音乐的教育作用，孔子在齐国听到《韶》乐，沉湎其中，以致三个月吃肉都食不知味。孔子说："没想到音乐之美居然到了这样的地步！"

荀子发挥了孔子关于音乐的观点，他认为音乐是人情的一种必然需要，它是必不可少的。它不但可以表现人的感情，从而得到娱乐，而且具有"入人也深""化人也速"的强大感染力，因而可以移风易俗。如果对音乐放任自流，那么邪音就会搞乱社会。所以统治者必须制定正声雅乐来加以引导，使它能"感动人之善心"，从而使它为巩固统治服务。

墨子的思想中含有"非乐"的成分，他认为凡事应该利国利民，而百姓、国家都在为生存奔波，制造乐器需要聚敛百姓的钱财，荒废百姓的生产，而且音乐还能使人耽于荒淫。因此，必须要禁止音乐。这是墨子从实用的角度，建议统治者放弃音乐，而去关心一下百姓的疾苦，这是有合理成分的，但是在那个"劳心者治人，劳力者治于人"的社会中，是不可能会实现的。所以荀子站在贵族的立场上，对墨子的这个观点进行了批判。

事例一

我国古代认为，音乐是神圣的，与天地相通，是圣人创作出来教化百姓的。所以演奏的音乐一定会含有天地灵气，与人事有莫大的联系。

晋平公听琴

卫灵公在位的时候，有一次他将要去晋国，走到濮水流域，住在一个上等馆舍中。半夜里突然听到抚琴的声音，问左右跟随的人，都回答说："没有听到。"于是召见乐师名叫涓的人，对他说道："我听到了抚琴的声音，问身边的从人，都说没有听到。这样子好像有了鬼神，你为我仔细听一听，把琴曲记下来。"师涓说："好吧。"于是端坐下来，取出琴，一边听卫灵公叙述一边拨弄，随手记录下来。第二天，说道："臣已每句都记下了，但还没有串习，难以成曲，请允许再住一宿，熟习几遍。"灵公说："可以。"于是又住一宿。第二天说："练习好了。"这才动身到晋国，见了晋平公。平公在施惠之台摆酒筵招待他们。饮酒饮到酣畅痛快的时候，卫灵公道："我们这次来时，得了一首新曲子，请为您演奏以助酒兴。"平公道："好极了。"即命师涓在晋国乐师旷的身边坐

下来，取琴弹奏。一曲没完，师旷甩袖制止说："这是亡国之音，不要再奏了。"平公
说："为什么说出这种话来？"师旷道："这是师延作的曲子，他为纣王作了这种靡靡之
音，武王伐纣后，师延向东逃走，投濮水自杀，所以这首曲子必是得之于濮水之上，先
听到此曲的国家就要削弱了。"平公说："寡人所喜好的，就是听曲子这件事，但愿能够
听完它。"这样师涓才把它演奏完毕。

平公道："这是我听到过的最动人的曲子了，还有比这更动人的吗？"师旷说：
"有。"平公说："能让我们听一听吗？"师旷说："必须修德行义深厚的才能听此曲，您
还不能听。"平公说："寡人所喜好的，只有听曲子一件事，但愿能听到它。"师旷不得
已，取琴弹奏起来，奏第一遍，有千载玄鹤十数只飞集堂下廊门之前；第二遍，这些玄
鹤伸长脖子，呦呦鸣叫起来，还舒展翅膀，随琴声跳起舞来。

平公大喜，起身为师旷祝酒。回身落座，问道："再没有比这更动人的曲子了
吗？"师旷道："有。过去黄帝合祭鬼神时奏的曲子比这更动人，只是您德义太薄，
不配听罢了，听了将有败亡之祸。"平公说："寡人这一大把年纪了，还在乎败亡
吗？我喜好的只有听曲，但愿能够听到它。"师旷没有办法，取琴弹奏起来。奏了

一遍，有白云从西北天际出现；又奏一遍，大风夹着暴雨而至，直刮得廊瓦横飞，左右人都惊慌奔走。平公害怕起来，伏身躲在廊屋之间。晋国于是大旱三年，寸草不生。

一种音乐表达一种心情，从音乐中往往可以感觉到作曲人的喜怒哀乐。吴国公子季札对《诗经》的这段配乐和舞蹈的评价真是恰如其分，所以流传至今。

季礼观乐

吴国公子季札去鲁国访问，请求观赏周朝的音乐和舞蹈。

鲁国人让乐工为他歌唱《周南》和《召南》，季礼说："美好啊！教化开始奠基了，但还没有完成，然而百姓辛劳而不怨恨了。"乐工为他歌唱《邶风》《庸风》和《卫风》，季礼说："美好啊，多深厚啊！虽然有忧思，却不至于困窘。我听说卫国的康叔、武公的德行就像这个样子，这大概是《卫风》吧！"乐工为他歌唱《王风》，季礼说："美好啊！有忧思却没有恐惧，这大概是周室东迁之后的乐歌吧！"乐工为他歌唱《郑风》。季礼说："美好啊！但它烦琐得太过分了，百姓忍受不了，这大概会最先亡国吧。"乐工为他歌唱《风》，季礼说："美好啊，宏大而深远，这是大国的乐歌啊！可以成为东海诸国表率的，大概就是太公的国家吧！国运真是不可限量啊！"乐工为他歌唱《南风》，季礼说："美好啊，博大坦荡！欢乐却不放纵，大概是周公东征时的乐歌吧！"乐工为他歌唱《秦风》，季礼说："这乐歌就叫作正声。能作正声自然宏大，宏大到了极点，大概是周室故地的乐歌吧！"乐工为他歌唱《魏风》，季礼说："美好啊，轻飘浮动！粗犷而又婉转，变化曲折却又易于流转，加上德行的辅助，就可以成为贤明的君主了"。乐工为他歌唱《唐风》，季礼说："思虑深远啊！大概有陶唐氏的通民在吧！如果不是这样，忧思为什么会这样深远呢？如果不是有美德者的后代，谁能像这样呢？"，乐工为他歌唱《陈风》，季礼说："国家没有主人，难道能够长久吗？"再歌唱《邻风》以下的乐歌，季礼就不做评论了。

解 蔽

一

　　凡人之患，蔽于一曲，而暗于大理。治则复经，两疑则惑矣。天下无二道，圣人无两心。今诸侯异政，百家异说，则必或是或非，或治或乱。乱国之君，乱家之人，此其诚心，莫不求正而以自为也。妒缪^①于道而人诱其所迮^②也。私其所积，惟恐闻其恶也。倚其所私，以观异术，惟恐闻其美也。是以与治虽走而是己不辍也。岂不蔽于一曲而失正求也哉？心不使焉，则白黑在前而目不见，雷鼓在侧而耳不闻，况于使者乎？德^③道之人，乱国之君非之上，乱家之人非之下，岂不哀哉？

注释

　　①缪：通"谬"。②迮：通"怡"，喜爱。③德：通"得"。

译文

　　人们的毛病，是被片面的事情所蒙蔽，就在大道理上有所亏损。专心于一方面就能使认识恢复到正道上来，对正道采取模棱两可的态度就会使自己迷惑。天下没有两条并行的道理，圣人也没有对道三心二意。诸侯采取各种方式，百家之言更是五花八门，那么其中必定有对的也有错的，有可以拿来治理国家的，也有拿来是祸害国家的。使国家陷入混乱的国君，使家庭陷入混乱的人，他们的真心没有不想走上正道的，而也自认为自己做法正确的。但是他们由于偏离了正道，其他人就会投其所好地引诱他。偏好于自己的经验，唯恐听到不利于自己做法的言论。依靠自己的偏见，来观察他人的学说，唯恐听到有关对方的好话。这样一来，就背离正道越来越远而还在不停地走下去。这难道不是由于被片面的事物所蒙蔽而造成的吗？自己的心思不在这里，即使黑色和白色放在眼前也是看不出它们的差别的，响雷近在耳畔也是听不见的，更何况是被片面事物所蒙蔽的人呢？得道的人，使国家混乱的君主在他的上面非难他，使家庭混乱的小人在下面反对他，这难道不够困难吗？

故①为蔽：欲为蔽，恶为蔽，始为蔽，终为蔽，远为蔽，近为蔽，博为蔽，浅为蔽，古为蔽，今为蔽。凡万物异则莫不相为蔽，此心术之公患也。

注释

①故：发语词。

译文

什么造成了蒙蔽？有的人是被自己的欲望所蒙蔽，有的人是被憎恶所蒙蔽，有的人是只看到事情的开头而被蒙蔽，有的人只看到事情的结局而被蒙蔽，有的是只看到远方的事物而被蒙蔽，有的是只看到近在眼前的事物而被蒙蔽，有的是由于知识繁杂而被蒙蔽，有的是见识浅陋而被蒙蔽，有的是只看到古代的情况而被蒙蔽，有的是只看到现在的情况而被蒙蔽。凡是万事万物没有不是相互蒙蔽的，这就是心智的通病。

昔人君之蔽者，夏桀、殷纣是也。桀蔽于末喜、斯观而不知关龙逄，以惑其心而乱其行；纣蔽于妲己、飞廉而不知微子启，以惑其心而乱其行。故群臣去忠而事私，百姓怨非①而不用，贤良退处而隐逃，此其所以丧九牧②之地，而虚③宗庙之国也。桀死于亭山④，纣县于赤旆，身不先知，人又莫之谏，此蔽塞之祸也。成汤监⑤于夏桀，故主其心而慎治之，是以能长用伊尹，而身不失道，此其所以代夏王而受九有⑥也。文王监于殷纣，故主其心而慎治之，是以能长用吕望，而身不失道，此其所以代殷王而受九牧也。远方莫不致其珍，故目视备色，耳听备声，口食备味，形居备宫，名受备号，生则天下歌，死则四海哭，夫是之谓至盛。《诗》曰："凤凰秋秋，其翼若干，其声若箫。有凤有凰，乐帝之心。"此不蔽之福也。

注释

①非：同"诽"，毁谤，说别人的坏话。②九牧：即九州，古代传说全国共有九州。③虚：通"墟"，废墟，这里用作动词。④亭山：应为"鬲山"（王念孙说）。⑤监：通"鉴"，借鉴。⑥九有：九州。

译文

从前，国君被蒙蔽的，夏桀、殷纣就是代表。夏桀被妺喜、斯观所蒙蔽竟然不知道任用关龙逢，结果导致思想迷茫和行为混乱；殷纣被妲己、飞廉蒙蔽竟然不任用微子启，结果导致思想迷茫和行为混乱。因此群臣都放弃了忠心而谋私利，百姓埋怨咒骂不愿意为其卖力，贤良的人退居山泉来逃避祸患，正因为这样才丧失了九牧的大好河山，使自己的宗庙断了香火。夏桀死于鬲山，殷纣被杀后头颅悬挂在赤旗上示众。自己并不能有什么预见性，而又不采纳他人的谏言，这就是被蒙蔽的祸患啊！成汤借鉴夏桀的教训，所以自己保持清醒的头脑，于是能够长久地任用伊尹，而自己又不迷失，这就是他取而代之夏王赢得天下的原因。文王借鉴殷纣的教训，所以自己保持清醒的头脑，于是能够长久地任用吕望，而自己又不迷失，这是他能够取而代之殷王赢得天下的原因。远方各国驻后没有不献出自己的珍宝，所以以眼睛能够看到美色，耳朵能够听到音乐，嘴里能够吃到珍馐美食，身体居住在宫殿里，名字受到人们的称赞，活着的时候天下所有的人都为其大唱颂歌，死后四海之内都为其痛哭，这就是所说的达到了极盛。《诗经》上说："凤凰翩翩飞翔，翅膀像盾牌一样，它的声音像箫声悠扬。有凤又有凰，使帝王心情舒畅。"这就是没有被蒙蔽的福气啊。

四

昔人臣之蔽者，唐鞅①、奚齐②是也。唐鞅蔽于欲权而逐载子③，奚齐蔽于欲国而罪申生④，唐鞅戮于宋，奚齐戮于晋。逐贤相而罪孝兄，身为刑戮，然而不知，此蔽塞之祸也。故以贪鄙、背叛、争权而不危辱灭亡者，自古及今，未尝有之也。鲍叔⑤、宁戚、隰朋仁知⑥且不蔽，故能持管仲而名利福禄与管仲齐。召公⑦、吕望仁知且不蔽，故能持周公而名利福禄与周公齐。传曰："知贤之谓明，辅贤之谓能，勉之强之，其福必长。"此之谓也。此不蔽之福也。

注释

①唐鞅：战国时宋康王的臣子，后被宋康王所杀。②奚齐：晋献公的宠妃骊姬的儿子。③载

子：当作"戴子"，指戴驩，他曾任宋国太宰，后来被唐鞅驱逐而逃往齐国。④申生：晋献公的太子，奚齐的异母兄。⑤鲍叔：名牙，曾奉公子小白出奔莒。后来小白即为齐桓公，任命他为宰相，他辞谢而推荐管仲，所以以知人著称。⑥知：通"智"。⑦召（shào）公：又作"邵公"，姓姬，名奭，因其采邑在召（今陕西岐山西南），所以称召公。

译文

　　从前大臣被蒙蔽的，唐鞅、奚齐就是代表。唐鞅被自己对权力的欲望所蒙蔽，驱逐了载子，奚齐被自己图谋篡国的欲望所蒙蔽，从而获罪于申生。唐鞅被杀死在宋国，奚齐被杀于晋国。唐鞅驱逐了贤相，奚齐加罪于有孝名的哥哥申生。他们自己被杀了，还不知道自己哪里做错了，这就是被蒙蔽所造成的祸患啊。由于贪婪、背叛、争权而不遭受危险、受辱和灭亡的人，从古至今，还没有这样的。鲍叔、宁戚、隰朋，三个人仁德、智慧而且没有被自己的私欲所蒙蔽，所以能支持管仲治理齐国，从而得到与管仲相同的名利福禄。召公、吕望，两个人仁德、智慧而且没有被自己的私欲所蒙蔽，所以能支持周公治理国家，从而得到与周公相等的名利福禄。古书上说："了解贤能的人叫作明，辅助贤能的人叫作能，勤勉自强，一定福气长久。"说的就是这个道理。这就是没有被蒙蔽的福气啊。

五

昔宾孟^①之蔽者，乱家^②是也。墨子蔽于用而不知文^③，宋子蔽于欲^④而不知得^⑤，慎子蔽于法而不知贤，申子^⑥蔽于势而不知知，惠子蔽于辞^⑦而不知实，庄子^⑧蔽于天而不知人。故由用谓之道，尽利矣；由欲谓之道，尽嗛^⑨矣；由法谓之道，尽数矣；由势谓之道，尽便矣；由辞谓之道，尽论矣；由天谓之道，尽因矣。此数具者，皆道之一隅也。夫道者体常而尽变，一隅不足以举之。曲知之人，观于道之一隅而未之能识也。故以为足而饰^⑩之，内以自乱，外以惑人，上以蔽下，下以蔽上；此蔽塞之祸也。

孔子仁知且不蔽，故学乱术足以为先王者也。一家得周道，举而用之，不蔽于成积也。故德与周公齐，名与三王并，此不蔽之福也。

注释

①宾：客。孟：通"萌""氓"，民。宾孟：外来之民，指往来于各诸侯国之间的游士。②家：即"百家争鸣"之"家"，指学派。③文：文饰，指文辞的修饰。④欲：指少欲。⑤得：贪得。⑥申子：即申不害，战国中期郑国京邑（今河南荥阳市东南）人，法家代表人物之一，曾任韩昭侯的宰相。⑦辞：说辞，指不切实用的事理分析与逻辑推理。⑧庄子：即庄周，战国中期宋国人，道家的主要代表之一。⑨嗛（qiè）：通"慊"，满足，指欲望少而知足。⑩饰：通"饬"，整治，指研究。

译文

从前游说之人被蒙蔽的，思想混乱的各派学者就是代表。墨子过分强调实用性而轻视礼乐的重要性，宋子过分强调人类的情欲而不懂得如何正确地得到欲，慎子过分强调法的作用而不懂得贤能的人的作用，申子过分强调权势的重要而忽视了智慧的重要性，惠子过分强调言辞而不知道事物的实际情况，庄子过分强调天理而忘记了人的作用。所以，若是只从功用的角度来谈论道，全都是利益了；若是只从欲望的角度来谈论道，全都成满足了；若是只从法的角度来谈论道，全都是权术了；若是只从权势的角度来谈论道，众人都去追求方便行事了；若是只从言辞的角度谈论道，只剩下争论了；若是只从天的角度来谈论道，人们都要消极地听天由命了。这几种游说之人的学说相同的地方，在于都是道德一个方面。道，它的本身是不会变化的，然而能把天下的事物的变化都汇集在一起，仅从某一方面是不能说明道的。被蒙蔽的人，看见到的一个方面而不能全面把握。所以自认为得到全部加以夸耀，对内自己都混乱了，对外也迷惑了别人，在上面君主蒙蔽了臣下，在下臣民蒙蔽了君主，这就是蒙蔽造成的祸患啊。

解
蔽

孔子仁德而又有智慧，而且没有受到蒙蔽，所以，他的学说成为治国之道足以能够像先王那样。孔子成为一家之言，能够得到全面的道，这就是由于没有受到蒙蔽的缘故。所以孔子的品德和周公相齐，名字与三王并列这就是没有受到蒙蔽的福气啊。

圣人知心术之患，见蔽塞之祸，故无欲、无恶①、无始、无终、无近、无远、无博、无浅、无古、无今，兼陈万物而中县②衡焉，是故众异不得相蔽以乱其伦也。

注释

①恶（wù）：讨厌，不喜欢。②县（xuán）："悬"的古字，挂。

译文

圣人了解人们思想上的毛病，能看到被蒙蔽的祸患，所以没有什么欲望，没有什么憎恶的事物，不是只看事物的开始，不是只看事物的结局，不只是从近处着眼，不只是从远处着眼，不只看到博大的一面，不只看到浅近的一面，不只看到古代的情况，不只是看到现代的情况，而是把各种不同的事物全面地进行考察，然后衡量找出中间之道。这样，各个不同方面就不会相互蒙蔽而扰乱了本来的关系。

何谓衡①？曰：道。故心不可以不知道；心不知道，则不可道而可非道。人孰欲得恣而守其所不可，以禁其所可？以其不可道之心取人，则必合于不道人而不知合于道人。以其不可道之心与不道人论道人，乱之本也。夫何以知？曰：心知道，然后可道；可道，然后能守道以禁非道，以其可道之心取人，则合于道人，而不合于不道之人矣。以其可道之心与道人论非道，治之要也。何患不知？故治之要在于知道。

注释

①衡：秤杆，称。

译文

什么是"衡"？回答：就是道。所以，思想上不可以没有道，若是思想上没有道，就不会肯定正道而去肯定邪道了。人谁会在放纵不羁的时候，守着自己不愿意做的事情，而禁止自己做自己愿意做的事情呢？用自己否定正道的思想方法来选择人，就一定会和那些邪道上的人合得来，而和那些正道上的人合不来。用自己否定正道的思想方法与那些邪道上的人谈论正道上的人，这就是混乱的根本原因。怎么知道的呢？回答：思想上了解正道，这样之后才能肯定正道；肯定正道，这样才能守护着正道而防止邪道，用自己正道的思想方法来选择人，就会与正道上的人合得来，从而和邪道上的人合不来。用自己正道的思想方法来与正道上的人谈论邪道，这才是治理国家的关键。怎么会担心不能了解道呢？所以说治国的关键在于了解道。

人何以知道？曰：心。心何以知？曰：虚壹而静。心未尝不藏也，然而有所谓虚；心未尝不两也，然而有所谓壹；心未尝不动也，然而有所谓静。人生而有知，知而有志，志也者，藏也；然而有所谓虚，不以所已藏害所将受谓之虚。心生而有知，知而有异，异也者，同时兼知之；同时兼知之，两也，然而有所谓一，不以夫一害此一谓之壹。心卧则梦，偷①则自行，使之则谋。故心未尝不动也，然而有所谓静，不以梦剧乱知谓之静。未得道而求道者，谓之虚壹而静，作之则。将须道者之，虚则入；将事道者之，壹则尽；尽将思道者，静则察。知道察，知道行，体道者也。虚壹而静，谓之大清明。万物莫形而不见，莫见而不论，莫论而失位。坐于室而见四海，处于今而论久远。疏观万物而知其情，参稽②治乱而通其度，经纬天地而材官万物，制割大理，而宇宙里矣。恢恢广广，孰知其极！睪睪广广，孰知其德！涫涫纷纷，孰知其形！明参日月，大满八极③，夫是之谓大人。夫恶有蔽矣哉！

注释

①偷：苟且，得过且过。②稽：考证，考核。③八极：即东、西、南、北、东南、东北、西南、西北八个方向，形容极其广大。

译文

人怎么才能了解道呢？回答：靠心。心怎么会了解道呢？回答：虚心、专一而且宁静。心里不是没有东西，但是只有虚心，才能接受新事物；心不是没有三心二意的时候，但是只有专一，才能一件件事情地去做。心不是没有活动，但是只有宁静，才能有所节制。人生来是有认识能力的，有认识能力才能有记忆，记忆，就是把事物的印象储藏起来。但是这里所说的虚心，是不由于自己的记忆而妨害自己将要接受的新事物。人生来是有认识能力的，有了认识能力，就能同时接受许多事物，同时接受许多事物，就是同时接受许多知识。同时接受许多知识，就叫作两。但是这里所说的专一，就是不因为对那一事物的认识妨碍对这一事物的认识，这就叫作专一。心，在睡觉的时候就会做梦，思想不集中的时候就会胡思乱想，运用的时候才会有所谋划。所以心不是不活动的，但是这里所说的宁静，是不因为梦的混乱而打扰到知识。没有了解道而正在追求道的人，就要告诉他要虚心、专一而宁静，作为认识道的准则。想要了解道的人，虚心就能得道；将要学习道的人，专心就能够了；想要研究道的人，宁静了就能明察道的真义。明察道的真义，认识道而又能够身体力行，这就是体会了道的人。虚心、宁静而且专一，就叫作认识上的透彻明白。这样就能全面了解各种事物的形态，一切对事物的了解都能分门别类，一切的分类都不会有所差错。坐在一间屋子里就能看到四海的万物，处在现在而能分析古代的情况。粗略地了解万物就能知道它们的本质，考察社会的治乱就能通晓它们的界限，治理天地又能从整体上把握万物的规律，利用万物，宇宙间的整个规律就全在手上。广大无垠啊，有谁能知道圣人的胸怀的博大！滚滚滔滔啊，有谁知道圣人的道德的高深！纷纷繁繁啊，有谁知道圣人的伟大形象！他的光明和日月相媲美，他的胸怀和八极一样大小，这就是所谓的大人。这样的人怎么会有什么蒙蔽得了他！

九

　　心者，形之君也，而神明之主也；出令而无所受令。自禁也，自使也，自夺也，自取也，自行也，自止也。故口可劫而使墨①云，形可劫而使诎申，心不可劫而使易意，是之则受，非之则辞。故曰：心容，其择也无禁，必自见②，其物也杂博，其情之至也不贰。《诗》云："采采卷耳，不盈倾筐。嗟我怀人，置彼周行。"倾筐易满也，卷耳易得也，然而不可以贰周行。故曰：心枝则无知，倾则不精，贰则疑惑。以赞稽之，万物可兼知也。身尽其故则美。类不可两也，故知者择一而壹焉。

注释

　　①墨：同"默"。②见（xiàn）：同"现"。

荀子选集

译文

　　心，是身体和智慧的君主，只发出命令而不受别的命令。自己限制，自己役使，自己争取，自己获得，自己行动，自己停止。所以嘴巴可以被迫讲话或沉默，身体可以被迫舒张或弯曲，心就不能被迫改变自己的意思，对的就实行，不对的拒绝。所以说，心里有容量，它的选择是没有界限的，必定要自主地表现，它认识的事物虽然广博繁杂，它的本质是一致的，不会改变的。《诗经》上说："采呀采呀卷耳菜，还不满一小筐，怀念我那心爱的人儿，索性把那竹筐放在大路上。"竹筐虽说容易装满，卷耳菜也是容易得到的，但是不能三心二意地站在大路旁。所以说，心思分散了就不能得到知识了，思想动摇了就不能精深，三心二意了就会产生疑惑。一个人竭尽全力地做到一心一意，万物都是可以被认识的，身体力行了就能达到完美。任何一个事物都不能三心二意，所以应该一心一意地去研究它。

　　农精于田而不可以为田师，贾精于市而不可以为贾师，工精于器而不可以为器师。有人也，不能此三技而可使治三官，曰：精于道者也，

精于物者也。精于物者以物物，精于道者兼物物，故君子壹于道而以赞^①稽^②物。壹于道则正，以赞稽物则察；以正志行察论，则万物官矣。

注释

①赞：辅助，辅佐。②稽：考证，考核。

译文

农民善于种田，但是不能做管理农业的官员；商人善于做买卖，但是不能做管理商业的官员；工匠善于制作器件，但是不能做管理工业的官员。有这样的人，他不精通这三种技术，但是可以做管理这三种行业的官员，这是由于他善于用道来管理，那三种人是善于运用物的。善于使用物的人能利用物，善于运用道的人能运用各种物，所以君子只把握道就能考察万物。专一于道就能思想正确。用道来考察万物就能明察，用正确的思想来推行明察万物的道理，那么万物都会得到治理。

　　昔者舜之治天下也，不以事诏而万物成。处一危之，其荣满侧；养一之微，荣矣而未知。故《道经》曰："人心之危，道心之微。"危微之几，惟明君子而后能知之。故人心譬如槃水，正错^①而勿动，则湛^②浊在下而清明在上，则足以见须眉而察理矣。微风过之，湛浊动乎下，清明乱于上，则不可以得大形之正也。心亦如是矣。故导之以理，养之以清，物莫之倾，则足以定是非决嫌疑矣。小物引之，则其正外易，其心内倾，则不足以决庶理矣。故好书者众矣，而仓颉^③独传者，壹也；好稼者众矣，而后稷^④独传者，壹也；好乐者众矣，而夔^⑤独传者，壹也；好义者众矣，而舜独传者，壹也；倕^⑥作弓，浮游^⑦作矢，而羿精于射；奚仲^⑧作车，乘杜^⑨作乘马，而造父精于御：自古及今，未尝有两而能精者也。曾子曰："是其庭^⑩可以搏鼠，恶能与我歌矣！"

注释

　　①错：同"措"。②湛：同"沉"。③仓颉（jié）：相传是黄帝时的史官，据说他创造了汉字。④后稷：尧时的农官，周族的始祖，名弃，"后稷"是他受封后的号，"后"是君长的意思，"稷"是一种谷物，他被任命为农师，所以称"后稷"。⑤夔（kuí）：尧、舜时的乐官。

相传他奏乐能使鸟兽起舞。⑥倕（chuí）：古代传说中心灵手巧的工匠的名字。⑦浮游：或作"夷牟""牟夷"，黄帝时人，传说他创造了箭。⑧奚仲：夏禹时的车正（掌管车服的官），相传他善于造车。⑨乘杜：即相士，是商朝祖先契的孙子，因为他发明了"乘马"，所以称为"乘杜"。⑩庭：同"莛"，草茎。

译文

从前舜治理天下的时候，不依靠事事都给予指示而所有的事情都办成了。专一于道而又居安思危，荣耀就会来到他的身边；培养专一于道的能力而又关注细节，荣耀就会在不知不觉中到来。所以《道经》上说："人的思想在于居安思危，道的精要在于养心知微。"思危和知微之间的关系，只有君子才能够知道。所以人的心好比盘子中的水，端正地放着不动摇，就会浑浊的在下面而清澈的在上面，就足够从中观察到胡须眉毛的纹理了。一阵微风过来，浑浊的就在下面活动，清澈的就在上面活动，就是大概的形状也看不出来了。心也是这样的。所以用理性来引导它，使它保持清醒的状态，外务不能使它倾倒，这样就可以判断是非解决疑难了。如果外界的小事物引诱它，那么外面不能保持端正，内心又倾倒，就连粗浅的道理都不懂了。所以喜欢写字的人很多，但是只有仓颉的流传下来了，这就是由于他专一；喜欢种庄稼的人很多，但是只有后稷流传下来了，是由于他专一；喜欢音乐的人很多，但是只有夔的流传下来了，这是由于他专一；喜欢道义的人很多，但是只有舜的流传了下来，这是由于他专一；倕制造了弓，浮游创造了箭，而只有后羿精于射箭；奚仲创造了车，乘杜首先用四匹马驾车，而只有造父精于驾车。从古至今，没有过一心两用而能专精的人。曾子说："看着打拍子的小棍，心里想可以用它来打老鼠，不能和我一起唱歌啊！"

空石之中有人焉，其名曰觙。其为人也，善射以好思。耳目之欲接，则败其思；蚊虻之声闻，则挫其精。是以辟①耳目之欲，而远蚊虻之声，闲居静思则通。思仁若是，可谓微乎？孟子恶败而出②妻，可谓能自强矣，未及思也。有子恶卧而焠掌，可谓能自忍矣，未及好也。辟耳目之欲，可谓能自强矣，未及思也。蚊虻之声闻则挫其精，可谓危矣，未可谓微也。夫微者至人也。至人也，何强，何忍，何危！故浊明外景，清明内景。圣人纵其欲，兼其情，而制焉者理矣。夫何强，何忍！何危！故仁者之行道也，无为也；圣人之行道也，无强也。仁者之思也，恭；圣人之思也，乐，此治心之道也。

注释

①辟：同"避"。②出：遗弃，使出。

译文

石洞之中有一个人，叫作觙。他为人喜欢猜谜语而又喜欢思考。如果耳朵和眼睛受到外物的影响，就会破坏他的思考；听到蚊虫的声音，就会妨碍到他聚精会神。所以避开影响耳朵眼睛的外物，远离蚊虫的骚扰，独居一处静坐思考才会想明白。如果思考"仁"也像这样，是否就可以说达到精微的地步了呢？孟子怕败坏了自己的名声而休了妻子，可以算得上自强了，但是不能说思考得够多了。有若在看书的时候害怕睡着，用火来烤手掌，可以说达到自我控制了，但还不能算很好。避开影响眼睛和耳朵的影响，算得上自强了，但是还没有思考得够多。听到蚊虫的声音就不能聚精会神，可以说达到自我警惕的程度了，但是还不够精微。能够达到精微的地步的人就是至人了。至人，还要勉励吗？还要克制吗？还要戒惧吗？所以驳杂的人了解外物，清明的人了解大道。圣人能够随心所欲，尽到自己的性情，而能治理好万物，还要勉励吗？还要克制吗？还要戒惧吗？所以仁德的人从事仁道，就达到无为的境界；圣人从事圣道，根本不需要自强。仁德的人的思索，小心谨慎；圣人的思考，快快乐乐。这是修养身心的方法。

凡观物有疑，中心不定，则外物不清；吾虑不清，则未可定然否也。冥冥而行者，见寝石以为伏虎也，见植林以为立人也，冥冥蔽其明也。醉者越百步之沟，以为跬步之浍①也；俯而出城门，以为小之闺②也：酒乱其神也。厌③目而视者，视一以为两；掩耳而听者，听漠漠而以为哅哅，势乱其官也。故从山上望牛者若羊，而求羊者不下牵也，远蔽其大也。从山下望木者，十仞之木若箸，而求箸者不上折也，高蔽其长也。水动而景④摇，人不以定美恶，水势玄⑤也。瞽者仰视而不见星，人不以定有无，用精惑也。有人焉，以此时定物，则世之愚者也。彼愚者之定物，以疑决疑，决必不当。夫苟不当，安能无过乎？

注释

①浍（kuài）：田间大沟渠。②闺：上圆下方的小门。③厌：通"压"。④景：通"影"。⑤玄：通"眩"。

译文

　　大凡在观察事物的时候有疑惑，心中捉摸不定，就不可能看清楚外物；自己考虑不清楚，就不可能判断是非。在昏暗的地方行走的人，看见横卧的石头，认为是卧着的老虎，看见直立的树木，认为是站着的人，这是由于昏暗蒙蔽了他的眼睛。喝醉的人横跨百步的沟，认为是小半步的小沟，低下头过城门，认为是一个小圆门洞，这是由于酒精迷惑了他的神志。掩住眼睛看东西的人，把一个东西看作两个；掩上耳朵听声音的人，听到很小的声音其实是很大的声音，这是由于外力扰乱了他的感官。从山上看牛就像羊，但是牧人不会下山去牵它，这是距离远蒙蔽了牛的大小。从山上远望山下的树木，几丈高的树木就像筷子那样，但是找筷子的人不会下山去折它，这是由于山势高遮挡了树木的高度。河水摇动，水中的倒影就跟着摇动，人们不根据这来判定事物的好丑，这是由于水晃动使人眼花缭乱。眼睛瞎的人抬头看不见星星，但他不会因此而确定天上没有星星，这是由于瞎子的眼睛看不清东西。有这样的人，凭这时的情况来断定外界事物，这就是世界上愚蠢的人。这种愚蠢的人判定事物，是用疑惑的眼光来判定疑惑，必定不会正确。既然不会正确，怎么可能不出错呢？

　　夏首之南有人焉，曰涓蜀梁，其为人也，愚而善畏。明月而宵行，俯见其影，以为伏鬼也；卬[1]视其发，以为立魅也，背而走，比至其家，失气而死，岂不哀哉？凡人之有鬼也，必以其感忽之间疑玄之时正[2]之。此人之所以无有而有无之时也，而己以正事，故伤于湿而击鼓鼓痹，则必有敝鼓丧豚之费矣，而未有俞[3]疾之福也。故虽不在夏首之南，则无以异矣。

注释

　　①卬：同"仰"，抬头。②正：当为"定"字。③俞：通"愈"。

译文

　　夏首的南边有一个人，叫作涓蜀梁，他为人比较愚蠢而且害怕鬼神。有月亮的晚上走路，低头看见自己的影子，认为是卧着的鬼；抬头看见自己的头发，认为是魅，转身就跑，等到回到家里，断气而亡，这难道不悲哀吗？大凡有发现鬼的时候，一定是在恍惚之间、疑惑不定的时候。这正是人们把无当作有、把有当作无的时候，自己却在这个时候判定事物，所以人们得了风湿病，就打鼓驱鬼，杀猪祭神，结果必定有打破鼓、白白送掉猪的花费，却没有治好病的福气。所以即使不在夏首的南边居住，但与那个涓蜀梁没有什么区别。

解蔽

十五

　　凡以知，人之性也，可以知，物之理也。以可以知人之性，求可以知物之理，而无所疑①止之，则没世穷年不能遍也。其所以贯理焉虽亿万，已不足以浃万物之变，与愚者若一。学，老身长子，而与愚者若一，犹不知错②，夫是之谓妄人。故学也者，固学止之也。恶乎止之？曰：止诸至足。曷谓至足？曰：圣也。圣也者，尽伦者也；王也者，尽制者也；两尽者，足以为天下极矣。故学者以圣王为师，案以圣王之制为法，法其法以求其统类③，以务象效其人。向是而务，士也；类是而几，君子也；知之，圣人也。故有知非以虑是，则谓之攫；有勇非以持是，则谓之贼；察孰④非以分是，则谓之篡；多能非以修荡是，则谓之知；辩利非以言是，则谓之詍⑤。传曰："天下有二：非察是，是察非。"谓合王制与不合王制也。天下有不以是为隆正也，然而犹有能分是非治曲直者邪？若夫非分是非，非治曲直，非辨治乱，非治人道，虽能之无益于人，不能无损于人；案直

将治怪说，玩奇辞，以相挠滑⑥也；案强钳而利口，厚颜而忍诟，无正而恣睢，妄辨而几⑦利；不好辞让，不敬礼节，而好相推挤，此乱世奸人之说也，则天下之治说者，方多然矣。《传》曰："析辞而为察，言物而为辨，君子贱之。博闻强志，不合王制，君子贱之。"此之谓也。

注释

①疑：通"凝"，固定。②错：通"措"，搁置，放弃。③类：以……为法式，效法。几：接近。④孰：同"熟"，仔细，周详。⑤呭（yì）：多言。⑥挠：扰。滑（gǔ）：乱。⑦几：通"冀""觊"，希望得到。

译文

大凡对事物的认识能力，人生来就具备，可以被人认识，这是事物本身具备的规律。用可以感知的认识能力，来感知可以被认识的事物的规律，就没有什么可以怀疑的，即使一辈子都不能全部感知。事物内部蕴含的道理虽然很多，但还是不能应付万事万物的变化，这也和愚蠢的人的想法一致。学习，一直等到自己也老了，儿子都长大了，还是和愚蠢的人的想法相同，还是不知道自己错了，这就叫作妄人。所以学习本来就有一定的止境。什么是止境？回答：最圆满的地方就是止境。什么是最圆满的？回答：是圣王。圣人，就是完全精通自然和社会关系的人。王者，就是掌握了社会法制的人。把这两个方面都掌握的人，就算是最高标准了。所以学习的人都把圣王作为榜样，把圣王制定的社会法制当作自己的法度，效法圣王的法制从而寻求他的大纲，以便努力地效仿他的为人。照这样做的人，就是士；与这个标准接近的人，就是君子；完全掌握这个标准的人，就是圣人。所以有智慧却不去理解圣王之道，就叫作瞎抓；有力气却不用来维护圣王之道，叫作贼；能够明察却不用来分辨圣王的法制，就叫作混淆；有很多技能却不用来发扬圣王的法制，就叫作巧诈；能言善辩却不用来宣传圣王的法制，这就叫作废话。古书上说："天下的事都有两个方面：通过'是'可以明察'非'，通过'非'可以明察'是'。"这就说的是符合王制和不符合王制两种情况的。天下有人把王制作为判断是非的标准，这样一来怎么来分清是非曲直呢？假如不能分出是非，不能断定曲直，不能辨别治乱，不能研究做人的道理，即使能掌握它却对人没有什么好处，没有掌握它也对人没有什么坏处；这只不过是研究一些奇言怪语，玩弄辞藻，来相互饶舌罢了。强迫压制别人而又能言善辩，厚颜无耻而又忍受辱骂，不走正路而又胡作非为，狂妄诡辩而又图谋私利，不会谦虚礼让，不顾礼节礼仪，却好相互倾轧，这就是扰乱社会的奸邪学说，那么现在这个社会上这种学说，多半都是这样的。古书上说："玩弄辞藻而自认为明察秋毫，谈论事物而自认为能言善辩，君子看不起这种行为。见识广博，记忆力强，但是不按照圣王的法制去做，君子鄙视这种人。"说的就是这种人。

为之无益于成也，求之无益于得也，忧戚之无益于几①也，则广焉能弃之矣，不以自妨也，不少顷干之胸中。不慕往，不闵来，无邑②怜之心，当时则动，物至而应，事起而辨③，治乱可否，昭然明矣！

注释

①几：通"冀""觊"，希望，指实现愿望。②邑：通"悒"，愁闷不安。③辨（bàn）：通"办"，治理。

译文

做一件事对成功没有什么好处，追求一件事物对利益没有什么好处，忧戚对危机的解除没有什么好处，就应该把它远远地抛弃掉，不应该妨碍自己，不把它留在心里片刻。不羡慕过去，不担心未来，不要有忧虑、怜惜的心思，在适当的时机迅速行动，事情来了及时应付，事情一旦发生马上着手解决，这样，是治还是乱，恰当还是不恰当就昭然若揭了啊！

周而成，泄而败，明君无之有也。宣而成，隐而败，暗君无之有也。故君人者周则谗言至矣，直言反①矣，小人迩而君子远矣。《诗》云："墨以为明，狐狸而苍。"此言上幽而下险也。君人者宣，则直言至矣，而谗言反矣，君子迩，而小人远矣。《诗》云："明明在下，赫赫在上。"此言上明而下化也。

注释

①反：通"返"，回去。

译文

隐蔽真情就会成功，公开真情就会失败，明君不会做这样的事。公开真情就会成功，隐蔽真情就会失败，昏君都不会这么做的。所以统治者若是隐蔽真情，谗言就会随之而来，直言就会离开，小人围了上来，君子疏远了。《诗经》上说："把黑色说成白色，把狐狸的颜色说成是深蓝色的。"这是说君主昏庸而且臣民险恶啊。君主如果能开诚布公，那么正直的话就来了，而谗言就没有了，君子们就来了，而小人们就远去了。《诗经》上说："明月在下面，显耀在上面。"说的就是上面开明了，下面就会开化了。

读解

本篇论述了有关认识论方面的问题。荀子认为："凡以知，人之性也；可以知，物之理也。"人有认识客观事物的能力，而客观事物本身又是可以被认识的。但是，人们又往往容易犯片面性的错误，"蔽于一曲而暗于大理"。所以人们必须以"虚壹而静"的方法去正确地认识自然规律和治国之道，以达到"大清明"的境界。这样，就能"明参日月"而不会再被蒙蔽了。

荀子是个很懂得思维的智慧的人。他说一个人要懂得辨别。因为这个世界是充满了差别的。但是他的结论归结到了"礼"上，辨别的结果就是要懂得"礼"，懂得次序。他通过对世界的思考一直延伸到社会伦理教化上，先秦儒家似乎都是这样。但是我是想说荀子是一个很懂得思考的人。因为他提到了"差别"，并且说有差别所以会有蔽，"凡万物异则莫不相为蔽"，所以《荀子·解蔽》篇讲的是如何看待差别，如何"解蔽"。荀子说，各个方面的差别都会形成蔽，蔽塞是人明理之患。因为有差别，就会有重要不重要之分，这种"分别"则是蔽塞的根源。解蔽就是要在心中平等对待各个具有差别的事物，如此"众异不得相蔽"，才会圆通地去理解差别着的事物，以及差别着的世界。

封建帝王都会犯错误，这是毋庸置疑的事实，但犯了错误能诚心听取各方面的意见，知错、认错、改错却只有明君、圣王才能做到。所以汉代政治家王符在《潜夫论·明暗》篇中说："君之所以明者，兼听也；其所以暗者，偏信也。"因此，"兼听则明，偏听则暗"，就成为一句箴言流传了下来。这句箴言大可以治国安邦，小可修身养性。

事例一

申生自杀

骊姬生下奚齐，献公打算废掉太子，就说："曲沃是我们先祖宗庙所在之地，而蒲靠近秦，屈靠近翟，如果不让公子们在那些地方镇守，我将忧心忡忡。"于是，献公让太子申生去驻守曲沃，公子重耳去驻守蒲，公子夷吾去驻守屈。献公与骊姬儿子奚齐就驻守在绛。晋国人因此知道太子将不能继位了。

献公私下对骊姬说："我想废掉太子，让奚齐代替他。"骊姬听后哭着说："太子已经立好，诸侯们都已经知道了，而且太子多次统帅军队，百姓都归附他，为什么因为废掉嫡长子而立庶子，你一定这样做，我就自杀。"骊姬假装赞扬太子，但暗中却让人中伤太子，想立自己的儿子为太子。

骊姬对太子说："君王曾梦见齐姜，太子应立即去曲沃祭祀母亲，回来后把胙肉献给君王。"于是太子赶到曲沃去祭祀母亲，回晋都后，把胙肉奉送给献公。献公当时出去打猎了，太子便把胙肉放在宫中。骊姬派人在胙肉上放了毒药。过了两天，献公打猎回宫，厨师把胙肉献给献公，献公正想享用，骊姬从旁阻止说："胙肉来自远方，应尝尝它。"厨师把胙肉倒在地上，地面突起；厨师把胙肉扔给狗，狗吃后立即死了；厨师把胙肉给宦臣吃，宦臣也死了。

　　骊姬哭着说："太子怎么这么残忍呢！连自己的父亲都想杀死去接替其位，何况其他人呢？况且您已经年老了，还能在世几天呢，太子竟迫不及待地想杀死您！"骊姬接着又对献公说："太子之所以这样做，不过是因为我和奚齐的缘故。我们母子宁愿躲到别国，或早早自杀，不要白白让我母子俩被太子残害。当初您想废掉他，我还反对您；到了今天，我才知道我大错特错了。"

　　太子听到这事后，逃到新城，献公非常生气，就杀死了太子的老师杜原款。有人对太子说："把毒药放到胙肉里的就是骊姬，太子为什么不自己去说清楚呢？"太子说："我父亲年老了，没有骊姬将睡不稳、食无味。假使我说明白，父亲将对骊姬很生气。这不行。"有人又对太子说："那你赶快逃到别的国家去吧。"太子说："带着这个罪名逃跑，谁能接纳我呢？我自杀算了。"申生便在新城自杀身亡。

　　晋文公重耳经过十九年的流亡，终于在一群忠心耿耿的大臣的帮助下夺得了江山。但是在论功行赏的时候，偏偏介子推被放到了遗忘的角落，竟然演变成了一出悲剧。

介子推

　　晋文公经过十九年的流亡之后，回国修明政务，对百姓布施恩惠，赏赐随从逃亡的人员和各位有功之臣，功大的封给城邑，功小的授予爵位。文公还未来得及赏赐完毕，周襄王因弟弟王子带发难逃到郑国居住，于是来向晋国告急。晋国刚刚安定，想派军队去，又担心国内发生动乱，因此，文公赏赐随从的逃亡者还未轮到隐藏起来的介子推。介子推也不要求俸禄，俸禄也没轮到他。

　　介子推说："献公有九个儿子，只有国君还健在。惠公、怀公没有亲信，国内外都唾弃他们；上天还没让晋国灭亡，必定要有君主，主持晋国祭祀的，除了国君还有谁呢？上天确实在助您兴起，可是有两三个人以为是自己的功劳，不也很荒谬吗？偷了别人的财物，还说可以是盗贼，何况贪天之功以为己功的人呢？臣下遮盖罪过，主上赏赐奸佞，上下互相欺骗，我难以与他们相处了！"介子推的母亲说："你为什么不也去请求赏赐呢，死了怨谁？"介子推说："我怨恨那些人，再去仿效他们的行为，罪过就更大了。况且我已经说出了怨言，绝不吃他的俸禄。"母亲说："也让文公知道一下你的情况，怎么样？"介子推回答说："话是每人身上的花饰，身体都想隐藏起来了，何必再使用花饰呢？装上花饰是为了显露自己。"介子推的母亲说："能像你说的这样做吗？那我和你一起隐藏起来吧。"母子俩至死没有再露面。

　　介子推的随从们很怜悯他，就在宫门口挂上一张牌子，上面写道："龙想上天，需五条蛇辅佐。龙已深入云霄，四条蛇各自进了自己的殿堂，只有一条蛇独自悲怨，最终没有找到自己的去处。"文公出宫时，看见了这几句话，说："这是介子推。我正为王室之事担忧，还没能考虑他的功劳。"于是，文公派人去叫介子推，但介子推已逃走。

　　文公就打听介子推的住所，听说他进了绵上山。于是，文公把整座绵上山封给介子推，作为他的封地，称之为介推田，又起名叫介山，"以此来记载我的罪过，而且表彰能人。"

正名

一

　　后王之成名：刑名从商，爵名从周，文名从《礼》。散名①之加于万物者，则从诸夏之成俗曲期②，远方异俗之乡，则因之而为通。散名之在人者：生之所以然者谓之性。性之和所生，精合③感应④，不事⑤而自然谓之性。性之好、恶、喜、怒、哀、乐谓之情。情然⑥而心为之择谓之虑。心虑而能为之动谓之伪；虑积焉，能习焉，而后成谓之伪。正利而为谓之事，正义而为谓之行。所以知之在人者谓之知，知有所合谓之智。智所以能之在人者谓之能，能有所合谓之能。性伤谓之病。节遇谓之命。是散名之在人者也，是后王之成名也。

注释

　　①散：分散，零碎。散名：指各种零碎的具体事物的名称。②曲：即"曲当""曲成"之"曲"，委曲周遍的意思。期：会合，约定。曲期：多方约定。③合：会合，接触。④感应：被感动而产生的反应。⑤不事：无为，不做主观的人为努力。⑥然：成。

译文

　　近代的君主给事物确定名称：刑法的名称仿照商朝，爵位的名称仿照周朝，礼节的名称仿照《仪礼》。一般事物的名称就给了其他万物，这是仿照中原地区的约定俗成，远方偏僻地方有不相同的，也按照这样的约定来沟通。一般事物名称之中，关于人的有：生来就有的叫作性。由本性的阴阳二气相互作用而产生，精神和外界事物接触产生的反应，不必经过后天的学习就有的，叫作性。性的好、坏、喜、怒、哀、乐就叫作情。情由心生加以选择就叫作虑。内心考虑后再照着做，叫作人为。思虑的反复积累和人的无数次行动，然后形成了人的行为，符合功利的就去做叫作事业，符合道义的就去做叫作德行。因此人生来就有的认识能力就叫作知，人的认识能力与客观世界相接触所产生的认识就叫作智慧。人本来有的掌握事物的能力叫作能。这种本能和客观世界相符合而形成的就叫作才能。人的天性受到损伤就叫作病。偶然的遭遇叫作命运。这些都是一般事物名称中关于人的，是近代君主所确定的名称。

故王者之制名，名定而实辨，道行而志通，则慎率民而一焉。故析辞擅作名以乱正名，使民疑惑，人多辨讼①，则谓之大奸；其罪犹为符节、度量②之罪也。故其民莫敢托为奇辞以乱正名，故其民悫，悫则易使，易使则公③。其民莫敢托为奇辞以乱正名，故壹于道④法而谨于循令矣。如是则其迹长矣。迹长功成，治之极也，是谨于守名约之功也。

注释

①辨：通"辩"。讼：争辩。②度：量长短的标准器具。量：量多少的标准器具。度量：泛指度、量、衡等标准器械。③公：通"功"。④道：由，遵行。

译文

所以圣王制定事物的名称，名称制定了，各种事物就有了分别，基本的原则实行了，思想意志就互相沟通了，就率领人民来推行这些名称。所以玩弄辞藻、擅自制造名称，用来扰乱正确的名称，使人民疑惑，增加争论是非的事情，就是大奸大恶的人。他们的罪过等于伪造契约凭信和尺、称的罪恶一样。所以人民不敢凭借伪造的奇谈怪论用来扰乱正确的名称，所以他们端正，端正就容易役使，容易役使就公平。人民不敢凭借伪造的奇谈怪论用来扰乱正确的名称，他们都专心道法而遵循法令。这样才能业绩长远，业绩长远才能成功，这就是治理天下的极致，这就是遵守同一名称的功效。

今圣王没，名守慢，奇辞起，名实乱，是非之形不明，则虽守法之吏、诵数①之儒，亦皆乱也。若有王者起，必将有循于旧名，有作于新名。然则所为有名，与所缘②以同异，与制名之枢要，不可不察也。

注释

①数：指礼制。②缘：依照，根据。

译文

圣王已逝，遵守统一的名称的事情懈怠了，奇谈怪论产生了，名和实的关系混乱了。是非之间的界限不明显，即使是那些守护法度的官员和学习典章制度的大儒，也开始混乱了。如果有新的王者出现，必定会沿用一些旧有的名称，制定一些新的名称。既然这样，所以必须搞清楚名与实的关系，以及制定名称的关键，这都是不能不掌握的。

四

异形①离②心交喻，异物名实玄纽③，贵贱不明，同异不别。如是则志必有不喻之患，而事必有困废之祸。故知者为之分别制名以指实，上以明贵贱，下以辨同异。贵贱明，同异别，如是，则志无不喻之患，事无困废之祸，此所为有名也。

注释

①形：形体，指人。②离：背离。③玄：通"眩"，迷乱。纽：结。

译文

不同的事物有不同的思想方式，相互交流才会明白；不同的事物的名和实又混杂在一起，贵贱不分，相同的和不同的也没有分别。这样一来，思想上一定会有不明白的地方，事情也必定有废弃的祸患。所以明智的人对这些加以分别，用名来指代实物，在上可以分出贵贱，在下可以分出相同和不同。贵贱分清了，同异分开了，这样一来，就不会在思想上有什么不明白的地方，事情也就不会有什么遗漏，这就是事物为什么要有一定的名称。

五

然则何缘而以同异？曰：缘天官①。凡同类同情者，其天官之意物也同；故比方②之疑③似而通。是所以共其约名④以相期⑤也。形体、色理以目异；声音⑥清浊、调竽⑦、奇声以耳异；甘、苦、咸、淡、辛、酸、奇味，以口异；香、臭、芬、郁⑧、腥、臊、洒、酸、奇臭，以鼻异；疾、养、沧、热、滑、铍、轻、重，以形体异；说、故、喜、怒、哀、乐、爱、恶、欲以心异。心有征知。征知，则缘耳而知声可也，缘目而知形可也。然而征知必将待天官之当簿其类然后可也。五官簿之而不知，心征之而无说，则人莫不然谓之不知。此所缘而以同异也。

注释

①天官：天生的感官，指耳、目、鼻、口、身。②比方：比拟，指对事物进行描摹。③疑（nǐ）：通"拟"，模拟。④约名：概括的名称。⑤期：会合，交际。⑥声音：古代乐音分为宫、商、角、徵、羽五音，单发的某一音叫"声"，相配合而发出的几个音叫"音"。⑦竽：古代的一种吹奏乐器，由排列的竹管制成，有些像后代的笙。竽是各种乐器中最主要的用来协调其他乐器的乐器，所以这里只说"竽"。⑧郁：鸟身上一种腐臭的气味。腥：猪身上的臊臭气味。臊：狗身上的腥臭气味。洒：通"蝼"，马身上类似蝼蛄一样的臊臭气味。酸：牛身上类似烂木头一样的臊臭气味。

译文

既然这样，那么根据什么来区别名称的同异呢？回答：根据人的感觉。只要是相同类别相同性情的事物，它们给人的感觉都是一样的，因此通过比方、模仿大体形似，人们就能相互沟通，这就是人们为什么要有相同的名称。事物的形状、颜色、文理，用眼睛来区别；声音的清晰或混浊、和谐的乐曲与杂乱的声音，用耳朵来区别；甜、苦、咸、淡、辣、酸、怪味，用嘴巴来分别；香、臭、芬芳、腐臭、腥、臊、马膻气、牛膻气、奇怪的气味，用鼻子来区别；痛、痒、寒、热、滑、涩、轻、重，用身体来区别；舒畅、烦闷、喜、怒、哀、乐、爱、厌恶、私欲，用心来区别。心对事物有感知的能力。感知，在耳朵方面就可以听到声音，在眼睛方面就可以看见形状。但是这种感知必须等到感觉器官对事物进行接触以后才能发挥作用。五官能够靠近事物却不能对事物进行分析，心能够感知事物却不能说明，但是人们就没有不认为他是无知的了。这就是区分名称同异的依据了。

六

　　然后随而命之：同则异之，异则异之；单①足以喻则单，单不足以喻则兼；单与兼无所相避则共②；虽共，不为害矣。知异实者之异名也，故使异实者莫不异名也，不可乱也，犹使异实者莫不同名也。故万物虽众，有时而欲遍③举之，故谓之物。物也者，大共名也。推而共之，共则有共，至于无共然后止；有时而欲遍举之，故谓之鸟兽，鸟兽也者，大别名也。推而别之，别则有别，至于无别然后止。名无固宜，约之以命，约定俗成谓之宜，异于约则谓之不宜。名无固实，约之以命实，约定俗成谓之实名。名有固善，径易而不拂，谓之善名。物有同状而异所④者，有异状而同所者，可别也。状同而为异所者，虽可合，谓之二实。状变而实无别而为异者，谓之化。有化而无别，谓之一实。此事之所以稽实定数也，此制名之枢要也。后王之成名，不可不察也。

注释

　　①单：单名，指单音词。②共：指共用。③遍：当作"偏"。④所：处所，这里用来指形状寄寓的实体。

译文

　　然后随心给事物命名：相同的事物取相同的名称，不同的事物取不同的名称；单名就能使人明白的就取单名，单名不能使人明白的就取复名；单名与复名没有什么相违背的就用共名；即使用了共名，也不会有什么妨害。知道不同的事物具有不同的名称，所

荀子选集

以就给不同的事物取不同的名称，这是不能混乱的，这就像同样的事物没有不同的名称一样。所以万物虽然千变万化，有时候要把它们全部概括起来，就统称为"物"。"物"这个名称，是高一级的共名。以此类推，直到无法再共名为止。有时候要把它们概括起来，就叫鸟兽，鸟兽这个名称，也是一个高一级的别名。以此类推，直到不能再有别名为止。名称没有什么合适不合适，致使人们约定俗成而已，对一种事物约定用一种名称，习惯了也就适宜了，不符合习惯的就叫不适宜。名称没有一定的实际意义，人们约定它来代表一种事物，习惯了也就是这种事物的名称了。名称本来就是好的，简单而不自相矛盾，就叫作好名称。事物有相同形状而实体不同的，有形状不同而实体相同的，那名称就可以来分别了。形状相同而实体不同的，即使可以合用一个名称，仍然叫作两个实体。形状变化而实体没有变化的，这叫作"化"。有了变化而实体没有变的，仍然叫作一个实体。这就是为什么要考察事物的实质，来确定数目的缘故，这也是给事物取名的关键。近代君主在取名的时候，不能不明察。

七

"见侮不辱①"，"圣人不爱己②"，"杀盗非杀人也③"，此惑于用名以乱名者也。验之所以为有名而观其孰行，则能禁之矣。"山渊平④"，"情欲寡⑤"，"刍豢不加甘"，"大钟不加乐"，此惑于用实以乱名者也。验之所缘无以同异而观其孰调，则能禁之矣。"非⑥而谒楹"，"有牛马非马也⑦"，此惑于用名以乱实者也。验之名约，以其所受悖⑧其所辞，则能禁之矣。凡邪说辟⑨言之离正道而擅作者，无不类于三惑者矣。故明君知其分而不与辨也。

注释

①见侮不辱：这是宋钘的说法。②圣人不爱己：这可能是指《墨子》中的说法。③杀盗非杀人也：这是墨子的说法。④山渊平：这是惠施的说法。⑤情欲寡：这是宋钘的说法。⑥非：通"飞"。非矢过楹：飞箭经过柱子。指飞箭射过柱子后时间长了会停止。这是墨子的说法。⑦有牛马非马也：这是墨子的说法。⑧悖：违反，反驳。⑨辟：通"僻"，邪僻。

译文

"受到了污辱并不是耻辱""圣人不爱惜自己""杀死盗贼不是杀人"，这些错误的说法，是用名称来混淆名称。只要考察一下为什么要有名称的原因，再看看他们的行为，就能制止这种错误的说法了。"高山和深渊是相平的""人的情欲少"，"肉食不比普通的事物美味""大钟的声音并不使人快乐"，这些错误的说法是用实体来混淆名称的。只要考察一下为什么有同有异的原因，再看看他们这些说法哪种更适合实际情况，就能够禁止了。"互相排斥也就是互相包含""牛马不是马"，这些错误的说法是用名称来混淆实体的。只要考察一下为什么约定俗成名称，用它相互矛盾的地方来攻击它的言辞，就可以禁止了。大凡邪说乱言都是离开了正道而胡说八道的，都逃不出这三种情况。所以英明的君主应该知道它们的区别而加以禁止，不用去争辩。

八

夫民易一以道，而不可与共故^①。故明君临之以势，道之以道，申之以命，章^②之以论，禁之以刑。故其民之化道也如神，辨势恶用矣哉！今圣王没，天下乱，奸言起，君子无势以临之，无刑以禁之，故辨说也。实不喻然后命，命不喻然后期，期不喻然后说，说不喻然后辨。故期、命、辨、说也者，用之大文也，而王业之始也。名闻而实喻，名之用也。累而成文，名之丽也。用丽俱得，谓之知名。名也者，所以期累实也。辞也者，兼异实之名以论一意也。辩说也者，不异实名以喻动静之道也。期命也者，辨说之用也。辨说也者，心之象道也。心也者，道之工宰也。道也者，治之经理也。心合于道，说合于心，辞合于说，正名而期，质请而喻。辨异而不过，推类而不悖，听则合文，辨则尽故。以正道而辨奸，犹引绳以持曲直；是故邪说不能乱，百家无所窜。有兼听之明，而无奋矜之容；有兼覆之厚，而无伐德之色。说行则天下正，说不行则白道而冥穷，是圣人之辨说也。《诗》曰："颙颙卬卬^③，如珪如璋^④，令闻令望。岂弟^⑤君子，四方为纲。"此之谓也。

注释

①故：原因，所以然。②章：同"彰"，使……明白清楚。③颙颙：恭敬温和的样子。卬卬（áng）：士气高昂的样子。④珪：一种玉器，上圆下方。璋：一种玉器，形状像半个珪。珪与璋都是帝王、诸侯在朝会时所拿的玉器，所以用来喻指美德。⑤岂弟：同"恺悌"，温和快乐而平易近人。

译文

民众容易用正道来引导，但不能同他们讲明道理。所以英明的君主用权势来引导他们，用道义来领导他们，用命令来告诫他们，用正确的言论来晓谕他们，用严刑来禁止他们。所以人民遵从正道也就像有神帮助一样，哪里还用什么辩论！圣王已逝，天下大乱，奸邪的言论兴起，君子没有权势来引导他们，没有刑法来制止他们，所以只好采用

荀子选集

同他们辩论的方式。事实不明显就只好命名，命名不明白就用约定，约定的不明白就说服，说服不明白的就辩论。所以约定、命名、辩论、说服，这都是实际运用中的方式，也是王业的起点。听到名称就知道它的实体，这就是名称的作用。积累了许多名称就成了文字，这就是文字的词采。实用和词采都具备了，就叫作懂得名称。名称，是用来积累实体的。文辞，用不同的实体名称来表达一个意义的。辩论和说服，是用不同的实体名称来显示动静的道理。约定和命名，这是辩论和说服的运用。辩论和说服，这是心对道的表达。心，这是道的主宰。道，这是治理天下的根本原则。心符合道义，辩说符合心，文辞符合辩说，运用正确的名称又符合约定，实际情况就明白了。辨别各种不同的事物的名称而没有过错，推论各种事物的类别没有违背正道，听起来又非常符合文采，辩说就可以把事物的原因弄清楚。用正道来辨别奸言，就像木匠拿着绳子来辨别曲直一样。这样一来，邪说就不会再混淆人们的视听了，百家的言论都没有藏身之处了。有了全面地听取各家学说的明智，却没有骄傲的表情；有兼容并包的胸怀，却没有自夸的神色。这种学说风行天下，就能使天下纳入正道；这种学说如果不能被人接受，就隐居，这就是圣人的辩说。《诗经》上说："体态谦恭，像圭又像璋，名望美好。胸怀宽广的君主，四海之内的人都愿意以他做榜样。"说的就是这种人。

九

辞让之节得矣，长少之理顺矣，忌讳不称，袄辞不出。以仁心说，以学心听，以公心辨；不动乎众人之非誉，不治①观者之耳目，不赂贵者之权势，不利传辟②者之辞；故能处道而不贰，吐而不夺，利而不流，贵公正而贱鄙争，是士君子之辨说也。《诗》曰："长夜漫兮，永思骞兮。大③古之不慢兮，礼义之不愆兮，何恤人之言兮！"此之谓也。

注释

①治：治理，修饰。②辟：通"僻"，邪僻不正。⑤大（tài）：同"太"。大古：远古。

译文

谦让推辞的礼节就有了，长少之间的伦理就理顺了，忌讳的话没有说出来的，奇谈怪论也没有出口。用仁爱之心讲道理，用学习的心理去听，用公正的心理去辨别，不为众人的非难或夸奖去动摇，不用动听的言辞去蛊惑别人的耳目，不被权贵的势力而被贿赂，不为亲信的人的言辞而喜欢。所以才能坚持正道而不倾斜，不受他人的胁迫而改变，口才流利而不流俗，重视公正的言论而鄙视争吵，这是君子的辩说。《诗经》上说："在那漫漫长夜里，常常思考自己的过错。对太古流传下来的道理不怠慢，对礼节毫不含糊，何必顾及他人的言论！"说的就是这种人啊。

十

君子之言，涉然而精，俛①然而类，差差②然而齐。彼正其名，当其辞，以务白其志义者也。彼名辞也者，志义之使也，足以相通则舍之矣。苟之，奸也。故名足以指实，辞足以见极，则舍之矣。外是者谓之讱，是君子之所弃，而愚者拾以为己宝。故愚者之言，芴然③而粗，啧然而不类，誻誻然④而沸。彼诱其名，眩其辞，而无深于其志义者也。故穷藉而无极，甚劳而无功，贪而无名。故知者之言也，虑之易知也，行之易安也，持之易立也；成则必得其所好而不遇其所恶焉。而愚者反是。《诗》曰："为鬼为蜮，则不可得，有腼面目，视人罔极。作此好歌，以极反侧。"此之谓也。

注释

①俛：同"俯"，俯就，贴近。②差差（cī）：参差不齐。③芴（hū）然：同"忽然"，恍惚，模糊不清的样子，形容不可捉摸。④诺诺（tà）然：嘈杂的样子。

译文

君子的话，深奥而又精辟，中肯而又有条理，纷繁而又一致。他用的名称正确，词语恰当，务必达到表明思想的目的。这种名称、词语，是为了表明思想的所在，能够沟通就可以了。那些投机取巧的，就是奸言。所以名称能够说明事实，词语能够表达思想，就可以了。不以这个为目的的就叫作故意讲一些难以理解的话，是君子要抛弃的行为，而愚蠢的人才会把这当作自己的宝贝。所以愚蠢的人的话，轻浮粗俗，杂乱没有条理，七嘴八舌吵吵闹闹。他用名称来引诱别人，用词语来使人缭乱，却对于表明思想没有丝毫用处。所以翻遍了书籍却没有边际，非常辛苦却没有功劳，贪图名望却得不到。所以聪明人的言语，思考之后很容易就明白了，实行起来又非常容易做到，坚持它又能站住脚；有所成就必定得到自己所喜欢的，而不会遇到自己所厌恶的。愚蠢的人正好与此相反。《诗经》上说："是鬼还是蜮，还不能知道，有脸也有眼睛，看你的作为却不像人。做了这首歌曲来戳穿你，这个反复无常的小人。"说的就是这种小人。

凡语治而待去欲①者，无以道欲而困于有欲者也。凡语治而待寡欲②者，无以节欲而困于多欲者也。有欲无欲，异类也，生死也，非治乱也。欲之多寡，异类也，情之数也，非治乱也。欲不待可得，而求者从③所可。欲不待可得，所受乎天也；求者从所可，所受乎心也。所受乎天之一欲，制于所受乎心之多，固难类所受乎天也。人之所欲生甚矣；人之所恶死甚矣。然而人有从生成死者，非不欲生而欲死也，不可以生而可以死也。故欲过之而动不及，心止之也。心之所可中理，则欲虽多，奚伤于治！欲不及而动过之，心使之也。心之所可失理，则欲虽寡，奚止于乱！故治乱在于心之所可，亡于情之所欲。不求之其所在而求之其所亡，虽曰我得之，失之矣。

注释

①去欲：这是道家的观点。②寡欲：这是孟子、宋钘的观点。③从（zòng）：通"纵"，放纵，此指放弃。

321

译文

大凡谈论治理国家而建议去掉欲望的，却没有办法引导人们的欲望，反倒被欲望所困。大凡谈论治理国家而建议减少欲望的，却没有办法节制欲望，反倒被欲望多所困。有欲望和没有欲望，这是不一样的，这是生和死的问题，不是治乱的问题。欲望的多少，这是不一样的，是性情的变化，不是治乱的问题。欲望不是在有所追求的时候才有，而是追求欲望的人从自认为合适的情况去追求的。欲望不是在有所追求的时候才有，而是生来就有的；追求欲望的人从实际情况出发追求，这是受了内心的支配。天生就有的欲望单纯，而受到内心支配的欲望比较多，所以难以同天生的单纯的欲望相比。人都是非常希望自己活着，人都是非常不希望自己死去。既然这样，还是有人放弃了生而去死，不是他不愿意生而愿意死，而是在某种情况下不能够苟且偷生而应该杀身成仁。所以欲望非常强烈而行动却达不到，是由于心的支配。心认为符合道理，即使欲望非常多，又对治理国家有什么伤害呢？欲望没有那么强烈而行为却过度了，这也是心支配的。心中不认为符合道理，即使欲望非常少，对于祸乱的制止又有什么好处呢？所以治乱在于心的支配，与情欲的多少是没有任何关系的。不在关键的方面去寻求国家治乱的原因，却从无关的方面去寻求，即使说我找到了，其实还是丢失了。

性者，天之就也；情者，性之质也；欲者，情之应也。以所欲为可得而求之，情之所必不免也。以为可而道之，知①所必出也。故虽为守门，欲不可去，性之具也。虽为天子，欲不可尽。欲虽不可尽，可以近尽也；欲虽不可去，求可节也。所欲虽不可尽，求者犹近尽；欲虽不可去，所求不得，虑者欲节求也。道者，进则近尽，退则节求，天下莫之若也。

注释

①知：通"智"。

译文

本性，是上天成就的；感情，是本性的实质；欲望，是感情对外界事物的反应。认为自己的欲望可以达到就去追求，这是感情不可避免的。认为欲望可以达到就去实行，这是人的智慧必然做出的。所以即使一个守门的小卒，欲望也是不可能去掉的，这是本性所具有的。即使是天子，欲望也是没有尽头的。欲望虽然没有尽头，但是可以接近满

足；欲望虽然不能去掉，但是可以节制它。欲望虽然不能穷尽，但是对欲望的追求还是可以达到满足的；欲望虽然不可以去掉，追求的虽然达不到，但是追求欲望的人可以抑制自己的追求，按照正确的原则行事，在条件允许的情况下尽量满足，在条件不允许的时候节制自己的欲望，天下没有比这更好的了。

凡人莫不从其所可而去其所不可。知道之莫之若也，而不从道者，无之有也。假之有人而欲南，无多；而恶北，无寡，岂为夫南者之不可尽也，离南行而北走①也哉？今人所欲，无多②；所恶，无寡③。岂为夫所欲之不可尽也，离得欲之道而取所恶也哉？故可道而从之，奚以损之而乱！不可道而离之，奚以益之而治！故知者论道而已矣，小家珍说之所愿者皆衰矣。

注释

①走：跑。②无多：无所谓多，指再多也不嫌多。③无寡：无所谓少，指再少也不要。

译文

　　大凡人都是顺从自认为正确的原则来做事，而抛弃自认为不正确的原则。了解了为人处世原则的，都会这样做，没有按照为人处事原则来做事的人，是没有的。假如有个人想去南方，不管路程有多远都会去；如果不想去北方，不管多近都不会去的，难道说由于南方的路程比较远，就离开南方去向北方吗？现在人的欲望，非常多而不嫌多；厌恶的东西，非常少而不嫌少。难道说由于欲望多，就背离欲望而取自己所厌恶的吗？所以符合道义的欲望就顺从它，哪里就会因为欲望多而混乱呢？不符合道义的就要抛弃它，哪里就会因为欲望减少而安定呢？所以聪明的人只是根据道义来行事，其他各种学说都衰亡了。

　　凡人之取也，所欲未尝粹①而来也；其去也，所恶未尝粹而往也。故人无动而不可以不与权②俱。衡③不正，则重县④于仰，而人以为轻；轻县于俯，而人以为重，此人所以惑于轻重也。权不正，则祸托于欲，而人以为福；福托于恶，而人以为祸，此亦人所以惑于祸福也。道者，古今之正权也；离道而内自择，则不知祸福之所托。

注释

　　①粹：纯粹，引申为完全彻底。②权：秤锤，这里引申指衡量行为的准则，即"道"。③衡：秤杆，秤。④县：同"悬"，挂。

译文

　　大凡人想得到的东西，他的欲望不一定能够得到；想去掉的东西，他所厌恶的不一定都能去掉。所以人的行动不会没有一定的标准加以衡量的。衡器不准确，虽然挂上了重物，却会反过来，人就会认为是轻的；虽然挂上的是轻物，反而会低下去，人会认为是重物，这是人被轻重迷惑的缘故。衡量的标准不正确，祸患就会包含在欲望之中，人认为它是福气；福气包含在厌恶的事情中，人认为那是祸患，这是人被祸福所迷惑的缘故。道义，这是古今的正确的衡量标准。背离了道义却由自己内心选择，就不会知道祸福在什么地方了。

十五

　　易者，以一易一，人曰无得亦无丧也。以一易两，人曰无丧而有得也。以两易一，人曰无得而有丧也。计者取所多，谋者从所可。以两易一，人莫之为，明其数也。从道而出，犹以一易两也，奚丧！离道而内自择，是犹以两易一也，奚得！其累百年之欲，易一时之嫌①，然且为之，不明其数也。

注释

①嫌：通"慊"（qiè），满足。

译文

　　交换，拿一个东西来换取另一件东西，人们说这没有什么得到也没有损失。拿一个东西换取两件东西，人们说这没有什么损失而是得到了。拿两个东西换取一件东西，人们说这没有什么得到而是损失。善于计算的人希望换取很多，谋划的人遵从自己认为合适的办法。拿两个东西换取两个东西，人没有会这么做的，因为数量关系。从道义的角度来看，就好像拿一个东西来换取两个东西，这又有什么损失？背离道义而根据自己内心来选择，就好像拿两个东西换取一件东西，这又有什么得到？积累了百年的欲望，换取一时的满足，就是这样还去做，这是不知道数量关系。

十六

　　有尝试深观其隐而难其察者，志轻理而不重物者，无之有也；外重物而不内忧者，无之有也。行离理而不外危者，无之有也。外危而不内恐者，无之有也。心忧恐，则口衔刍豢而不知其味，耳听钟鼓而不知其声，目视黼黻而不知其状，轻暖平簟①而体不知其安。故向万物之美而不能嗛也。假而得间而嗛②之则不能离也。故向万物之美而盛忧，兼万物之利而盛害。如此者，其求物也，养生也？粥寿也？故欲养其欲而纵其情，欲养其性而危其形，欲养其乐而攻其心，欲养其名而乱其行。如此者，虽封侯称君，其与夫盗无以异；乘轩③戴絻，其与无足无以异。夫是之谓以己为物役矣。

注释

①平：通"枰"，独坐的板床。簟：竹席。②嗛（qiàn）：与"慊""歉"等同源，不足。③轩：一种有篷遮蔽的车，为卿大夫及诸侯夫人等达官贵人所乘。絻（miǎn）：同"冕"，大夫以上的贵族所戴的礼帽。

译文

我又试着深入观察那些隐蔽而又难以看清的事物，凡是内心轻视道义道理而又不重视物质的，根本没有；重视外物而又内心不忧虑的人，根本没有；行为背离道义道理而又不遭受危险的人，根本没有；遭受外来危险而内心不忧虑的人，根本没有。内心恐惧，就是嘴里吃着美味佳肴也不知道味道，耳朵里听着美妙的音乐也不会知道旋律，眼睛里看着华丽的衣服也不知道形状，躺在轻暖的褥子上，底下铺着平整的竹席，身体也不会安逸。所以享受着世间的美妙却不能得到满足。假如得到一会儿满足，忧虑的心情还是不能离他而去。所以享受着世间万物的美妙而怀有忧虑的心情，得到万物的利益却危害着自身。像这样的人，他追求物质，是为了养生？为了长寿？所以想要放纵自己的欲望就会放纵自己的感情，想要放纵自己的本性却危害自己的身体，想要得到享乐却伤害自己的心志，想要得到好名声却败坏了自己的行为。这样的人，即使封侯了或者成为君主了，也与盗贼没有什么区别；乘着高车、戴着头冠，也与衣食不足的人没有什么区别。这就是自己被物质役使的人。

心平愉，则色不及佣①而可以养目，声不及佣而可以养耳，蔬食②菜羹而可以养口，粗布之衣、粗紃之履而可以养体，局室、芦帘、葭藁蓐③、尚机筵④而可以养形。故虽无万物之美而可以养乐，无势列之位而可以养名。如是而加天下焉，其为天下多，其和乐少矣，夫是之谓重己役物。

无稽之言，不见之行，不闻之谋，君子慎之。

注释

①佣：通"庸"，一般，平常。②蔬食：同"疏食"，粗食。③藁（gǎo）：谷类植物的茎秆。蓐：草垫子。④机：通"几"，几案，小桌子。筵：竹制的垫席。

译文

心情平静愉快，即使颜色不漂亮也可养眼，音乐不悦耳也可满足耳朵，粗食菜羹也可满足口欲，粗布衣服、粗麻鞋子也可满足身体，小屋子、芦苇做的窗帘、草褥子、低

矮的桌子也可满足身体要求。所以即使没有世间万物的美好东西也可享受，没有高官厚禄也可得到好名声。像这样的人若是得到天下，就会为天下想得多，为自己享受想得少，这就是看重自己而役使物质的人。没有根据的话语，没有人看见的行为，没有听说过的谋略，君子要小心地对待。

读解

子路曰："卫君待子而为政，子将奚先？"子曰："必也正名乎！"子路曰："有是哉，子之迂也！奚其正？"子曰："野哉，由也！君子于其所不知，盖阙如也。名不正，则言不顺；言不顺，则事不成；事不成，则礼乐不兴；礼乐不兴，则刑罚不中；刑罚不中，则民无所措手足，故君子名之必可言也，言之必可行也，君子于其言，无所苟而已矣。"

上段话出自《论语·颜渊》，孔子讲的是正名的重要性。名分关系着礼乐、刑罚，是国家兴衰的关键，所以荀子也写了《正名》来进一步发挥孔子的正名思想。

本篇主要论述了名称与它所反映的实际内容之间的关系以及如何制定名称的问题。它是中国古代逻辑学中的重要篇章之一。

荀子认为，事物的名称是"约定俗成"的，但是这种"约定俗成"又是以客观事物的实际内容为基础的，所以确定名称时要"稽实"。在这里，荀子发扬了他尊重客观事实的现实主义精神，与其他一些只是空谈的学说有很大的不同，值得我们赞赏、学习。

另一方面，名称虽然受制于实际内容，但它一经确定，又能对实际内容发生影响，即"名定而实辨"。名称是随着时间和客观事物的变化而变化的，而不是一成不变的。

在社会政治领域内，"正名"能"明贵贱""辨同异""率民而一"，这也就是荀子强调"正名"的政治内涵。从正名出发，篇中还论述了辩说的问题，并批判了有关欲望方面的异端邪说。

事例一

刘邦平定天下之后，第一件要做的事情，就是按功劳的大小来分封手下。这也是我国实行分封制的首创，直到后来，汉景帝听从晁错的建议实施"推恩令"，分封制才基本消亡。

封侯风波

西汉高帝六年正月，刘邦大封功臣。凡是在战斗中冲锋陷阵的将领，都按照功劳大小接受封赏。一些还未受封的人焦急不安，惦记着自己的功劳大小，互不服气，日夜争吵不休，封赏难以顺利进行。

这天，刘邦坐在洛阳南宫，放眼望去，远处不少将领三五成群地聚集在沙地上，神情激动地低声交谈。他很纳闷，不解地问陪在身边的留侯张良："他们这么神神秘秘地说些什么？"

张良说："陛下不知道吗？他们在谋反。"

　　刘邦大吃一惊："什么？天下刚刚太平安定，他们为什么还要造反？"

　　张良解释："陛下由布衣起兵，依靠他们才夺得天下。如今陛下作了天子，封赏的功臣都是同陛下关系密切、受陛下喜爱的人，杀掉的都是陛下平时切齿痛恨的仇人。现在军吏正在统计战功，但天下再大也分封不了所有的有功之士。他们害怕不可能全部封赏，又害怕陛下记恨他们平日的过失而杀了他们，所以聚在这儿准备造反呢！"

　　刘邦忧心忡忡地问："怎么办才好？"

　　"群臣知道主上平生最憎恨的人是谁？"

　　"该是雍齿了，我还和他有旧账没算呢！好几次他逼我陷入困境，让我蒙受奇耻大辱。我恨不得杀了他，只是念他功劳显著，不忍心下手。"

　　"那就先封雍齿，让群臣放心。群臣见陛下最痛恨的人都能得到封赏，人心也就自然安定了。"

　　刘邦很欣赏张良的妙计，马上大开宴席，召集群臣开怀痛饮。酒席间宣布雍齿为什方侯，并命令丞相和御史们加快定功封赏的步伐。

　　酒宴结束后，群臣们都高兴地说："连雍齿都能封侯，我们还担心什么呢？"

事例二

田横是齐国的君主，后来逃到海岛上。刘邦统一天下后，赦免他的罪过，让他回来。但是一个原来与自己平起平坐的人当上了皇帝，自己还要去做他的大臣，这对于心高气傲的田横来说，是一种侮辱，所以他自杀了，追随他的五百个人也都自杀了。

田横自杀

汉高帝刘邦平定天下之后，田横怕遭杀害，便与五百名部下迁住在海岛上。高帝刘邦认为田横兄弟几人曾平定齐地，齐地贤能的人大都归附了他，今流亡在海岛中，如不加以招抚，以后恐怕会作乱。于是就派使者去赦免田横的罪过，召他前来。田横推辞说："我曾煮杀了陛下的使臣郦食其，现在听说他的弟弟郦商是汉的将领，我很害怕，不敢奉诏前往，只请求做个平民百姓，留守在海岛中。"使者回报，高帝便诏令卫尉郦商说："齐王田横即将到来，有谁敢打他人马的主意，即诛灭家族！"随即再派使者拿着符节把高帝诏令郦商的情况对田横——讲明，并说道："田横若能前来，高可以封王，至低也是个侯。如果不来，便要发兵加以诛除了。"

田横便和他的两个宾客乘坐驿站的传车来到洛阳。在离洛阳还有三十里的尸乡驿站时，田横向使者道歉说："为人臣子的人觐见天子时，应当沐浴。"

于是住了下来，对他的宾客说："我起初与汉王一道面南称王，而今汉王做了天子，我却是败亡的臣虏，在北称臣服事他，这耻辱本来已非常大了。何况我还煮死了人家的兄长，又同被煮人的弟弟并肩侍奉他们的君主。即便这位弟弟畏惧天子的诏令不敢动我，难道我内心就不感到惭愧吗?！况且陛下想要见我的原因不过是想看一看我的容貌罢了。现在斩去我的头颅奔驰三十里给高帝送去，神态容貌还不会变坏，仍然还是可以看的。"于是就用刀割断自己的脖子，让宾客捧着他的头颅，随同使者疾驰洛阳奏报。

刘邦说："从平民百姓起家，兄弟三人相继为王，这难道不是很贤能的吗！"于是为田横流下了眼泪。接着授予田横的两个宾客都尉的官职，调拨士兵二千人，按葬侯王的礼仪安葬了田横。下葬以后，那两位宾客在田横的坟墓旁挖了个坑，相继自刎而死，倒进坑里陪葬田横。高帝听说了这件事，大为震惊，认为田横的宾客都很贤能，便派使者前去招抚还在海岛上的五百人。当使者抵达海岛，这五百人听说田横已死，也都自杀了。

赋

　　爰①有大物，非丝非帛，文理②成章③。非日非月，为天下明。生者以寿，死者以葬。城郭以固，三军以强。粹而王，驳而伯，无一焉而亡。臣愚不识，敢请之王。王曰：此夫文而不采者与；简然易知而致有理者与；君子所敬而小人所不者与；性不得则若禽兽，性得之则甚雅似④者与；匹夫隆之则为圣人，诸侯隆之则一四海者与；致明而约，甚顺而体。请归之礼。礼

注释

　　①爰（yuán）：于，在这里。②文理：这里语带双关，字面上承丝帛而言，指丝织品的花纹；实指礼节仪式。③章：也语带双关，表面指有花纹的纺织品，实指规章制度。④似：语气助词。

译文

　　这里有一个庞然大物，不是丝绸，不是木帛，条理清晰。不是太阳，不是月亮，却能使天下都光明。活着的人得以长寿，死了的人得以安葬。城郭得以稳固，三军得以强大。完全运用就能称王，不完全按照它来做，也能称霸诸侯，完全不按照它来做就会灭亡。我很愚昧不认得此物，向大王请教。大王说：这个物体有条理，但是还不够华丽；简单明了而又有条理；是君子所敬重的，也是小人所没有的；若是本性中没有就如同禽兽，本性中若是有了就多么端正；普通人若是敬重它就会成为圣人，诸侯若是敬重它就会统一天下；最简单也最明了，非常顺畅得体。就把它归结为礼。——礼

二

皇天隆①物，以示下民，或厚或薄，帝不齐均。桀、纣以乱，汤、武以贤。潜潜淑淑②，皇皇穆穆③，周流四海，曾不崇日。君子以修，跖以穿室。大参乎天，精微而无形。行义以正，事业以成。可以禁暴足穷，百姓待之而后宁泰。臣愚不识，愿问其名。曰：此夫安宽平而危险隘者邪；修洁之为亲而杂污之为狄者邪；甚深藏而外胜敌者邪；法禹、舜而能弇④迹者邪；行为动静待之而后适者邪；血气之精也，志意之荣也；百姓待之而后宁也，天下待之而后平也；明达纯粹而无疵也。夫是之谓君子之知⑤。知

注释

①隆：通"降"。②潜潜：水混浊的样子，喻指神志不清。淑淑：水清澈的样子，喻指头脑清醒。③皇皇：盛大的样子，形容智慧的浩瀚。穆穆：静穆的样子，形容智慧的无声无息。④弇（yǎn）：覆盖，承袭。⑤知：通"智"。

译文

上天降下一件东西，赐给了人民，有的多有的少，经常不均匀。桀、纣因此而祸乱，汤、武因此而贤能。清清浊浊，大而又大，小而又小，流行于四海，走遍天下，还不到一天的时间。君子用它来修身养性，盗跖用它来穿堂越室。大的可以直达天上，精细微小的根本没有形状。举止容貌因为它而端正，事业因为它而成功。可以用来禁止暴力，使穷人变得富有，百姓有了它之后，才生活富足安康。我因为愚蠢不认得，愿意知道它的名字。回答：这种东西能使人安静、平和而远离危险；修身养性的人亲近它而对污浊的人疏远；藏得非常深而又能在外战胜敌人；效法大禹、舜的就能跟随它；行为举止依靠它才会恰当；这是血气凝聚的精华，意志和心意的荣耀；百姓依靠它才得到安宁，天下依靠它才得到和平；明白纯粹而且没有任何瑕疵。这就是君子的智慧。——智

三

有物于此，居则周静致下，动则綦高以钜①。圆者中规，方者中矩。大参天地，德厚尧、禹。精②微乎毫毛，而大盈乎大寓。忽兮其极之远也，攭③兮其相逐而反也，卬卬④兮天下之咸蹇也。德厚而不捐，五采备

而成文。往来惛惫，通于大神，出入甚极，莫知其门。天下失之则灭，得之则存。弟子不敏，此之愿陈，君子设辞，请测意之。曰：此夫大而不塞者与；充盈大宇而不窕⑤，入郄⑥穴而不偪者与；行远疾速而不可托讯者与；往来惛惫而不可为固塞者与；暴至杀伤而不亿忌者与；功被天下而不私置者与；托地而游宇，友风而子雨；冬日作寒，夏日作暑；广大精神。请归之云。云

注释

①钜：大。②精：小。③撽（lì）：旋转的样子。④卬卬（áng）：同"昂昂"，高高的样子。⑤窕（tiǎo）：有间隙。⑥郄（xì）：通"隙"，空隙。

译文

这里有一件东西，静止的时候就会安安静静，活动的时候就会非常高大和庞大。圆形的可以符合圆规，方形的可以符合矩尺。广大的可以和天地相比，品德和尧舜一样。精细微小的比毫毛还小，然而能充满整个天下。忽然之间达到非常遥远的地方，回旋时互相追逐往返，聚集化成雨之后，天下万物都能得到它的滋润。德行敦厚而又不骄傲，有了许多颜色就能成为美丽的花纹。来去昏暗隐蔽，变幻莫测，出入很快，没有人知道

从什么地方来的。天下若是没有它就会灭亡，得到它才能生存。弟子不聪明，只能将这种现象加以描述，君子比较能言会道，请猜测它是什么。回答：这东西庞大而又不会堵塞；充满整个宇宙而又不留空隙；进入狭小的穴洞里而不会感到狭窄；能飞快地行走很远却不能托付口信；来来往往非常隐蔽而不会停留在一地；突然猛烈地到来，甚至杀伤万物；功德可以与天相比，却不偏私；生于地上而悠游于天空之中；和风做朋友，雨是它的儿子；冬天非常寒冷，夏天非常炎热；非常广大，而又多变。这就可以归结为云。——云

四

　　有物于此，鱶鱶①兮其状，屡化如神。功被天下，为万世文。礼乐以成，贵贱以分。养老长幼，待之而后存。名号不美，与暴为邻。功立而身废，事成而家败。弃其耆②老，收其后世。人属所利，飞鸟所害。臣愚而不识，请占之五泰。五泰占之曰：此夫身女好而头马首者与；屡化而不寿者与；善壮而拙老者与；有父母而无牝牡者与；冬俯③而夏游，食桑而吐丝，前乱而后治，夏生而恶暑，喜湿而恶雨；蛹以为母，蛾以为父；三俯三起，事乃大已。夫是之谓蚕理。蚕

注释

　　①鱶（luǒ）：同"倮""裸"，没有毛、羽的样子。②耆（qí）老：老年人，指蚕蛾。③俯：蛰伏，指蚕眠。即蚕每次蜕皮前不食不动的现象。蚕在生长过程中要蜕皮四次。

译文

　　这里有一个东西，它的形状赤身裸体，多次变化。功德覆盖天下，成为万世的文采。礼仪和音乐依靠它才成功，贵贱依靠它才得以分明。养活老人，扶持幼小，这都要依靠它才能办到。它的名字并不美好，是和"残"暴相近。功业建立之后就全身而退，事情办完了家庭就败落了。人们丢弃它的老人，而收养它的后代。被人类利用，也被飞鸟伤害。我由于愚蠢不认得，请五泰占卜。五泰占卜后说：这物体柔软美好，然而头部像马；它经常变化却不长寿；它健壮的时候非常受到优待，老的时候就被抛弃了；它有父母却没有雄雌之分；它冬天蛰伏而夏天游动，吃的是桑叶而吐出来的是丝绸，开始非常乱，后来就非常有条理了，夏天出生而厌恶酷暑，喜欢潮湿的地方而讨厌雨水；蛹是母亲，蛾是父亲；三次睡眠而又三次苏醒，作茧的事情才算成功。这就是蚕理。——蚕

五

　　有物于此，生于山阜，处于室堂。无知无巧，善治衣裳。不盗不窃，穿窬①而行。日夜合离，以成文章。以能合从②，又善连衡③。下覆百姓，上饰帝王。功业甚博，不见贤良。时用则存，不用则亡。臣愚不识，敢请之王。王曰：此夫始生钜，其成功小者邪；长其尾而锐其剽④者邪；头铦达⑤而尾赵缭者邪；一往一来，结尾以为事；无羽无翼，反复甚极；尾生而事起，尾邅⑥而事去；簪以为父，管以为母；既以缝表，又以连里。夫是之谓箴⑦理。箴

注释

　　①窬（yú）：洞。穿窬：打通洞。这里语意双关，表面指打通墙洞而入室偷窃的行为，实指针钻洞缝纫的动作。②从（zòng）：通"纵"，竖向，南北方向。合从：战国时，苏秦游说山东六国诸侯联合抗秦，六国的位置呈南北向，故称合纵。此文字面上借用这"合从"一词，实际上喻指针能将竖向的东西缝合在一起。③衡：通"横"，横向，东西方向。连衡：战国时，秦国为了对付合纵，采纳张仪的主张，与六国分别结成联盟，以便各个击破。秦在六国之西，东西联合，故称连横。此文字面上借用这"连衡"一词，实际上喻指针缝合横向的东西。④剽：末稍，指针尖。⑤铦（xiān）：锐利。达：畅通无阻、来去自由的样子。⑥邅（zhān）：转，回旋，指打结。⑦箴（zhēn）：同"针"。

译文

　　这里有一件事物，生于山丘，居住在屋子。没有知觉也不灵巧，善于缝制衣服。不偷盗也不行窃，却穿洞而行。不分日夜地把分离的东西合并在一起，从而变成各种花纹。既能合纵，又能连横。下自百姓，上至帝王。功劳非常大，却不显示自己的才能。用的时候就存在，不用的时候就消失。为臣我愚钝不认得此物，敢请教大王。大王说：这生来的时候非常巨大，成功的时候却非常细小；尾巴长长的头部尖尖的；它一来一往，结线打结才开始做事；没有羽毛没有翅膀，反反复复非常多；把线穿在尾巴上面就开始干活，把线回旋打结后就大功告成了；簪子被看作是它的父亲，管子被看作它的母亲；既能够缝衣服的表面，又能缝衣服的里面。这就是针的道理。——针

六

　　天下不治，请陈佹①诗：天地易位，四时易乡②。列星殒坠，旦暮晦
盲。幽暗登昭，日月下藏。公正无私，反见纵横；志爱公利，重楼③疏
堂；无私罪人，憼革④贰兵。道德纯备，谗口将将。仁人绌约⑤，敖暴擅
强，天下幽险，恐失世英。螭龙为蝘蜓，鸱枭为凤凰。比干见刳，孔
子拘匡。昭昭乎其知之明也，郁郁乎其遇时之不祥也。拂乎其欲礼义
之大行也，暗乎天下之晦盲也。皓天不复，忧无疆也。千岁必反，古之
常也。弟子勉学，天不忘也。圣人共⑥手，时几将矣。与⑦愚以疑，愿闻
反辞。

注释

　　①佹（guǐ）：同"诡"，奇异反常。因为诗中揭露了天下各种奇异反常的现象，所以称
"佹诗"。②乡：通"向"。③重（chóng）楼：重叠之楼，即楼房。④憼（jǐng）：同"儆"，
戒备，防备。革：铠甲，指代战争。⑤绌（chù）：通"黜"，废，贬退。约：穷困。⑥共：同
"拱"，拱手，两手在胸前相合，表示恭敬。⑦与：通"予""余"，我。

译文

　　天下不安定，请听我陈述几首怪异的小诗：天地换了位置，四时转移了方向。各种
星星都坠了下来，从早到晚都是灰蒙蒙的。幽暗的事物登上了明显的地位，日月却藏起
来了。公正无私被诬蔑为反复无常的小人；立志为了公众的利益，却被说成了个人的私
利；不愿意因为私怨得罪人，却被说成要兴兵戒备。道德高尚却被谗言攻击，仁德的人
被罢免，傲慢骄横的人却得到重用，天下幽暗危险，恐怕一时的英杰早已失去了。蛟龙
被看成壁虎，猫头鹰却被看成凤凰。比干被挖心，孔子被拘留在匡地。他们的智慧是多
么明晰，他们的遭遇却是那么不吉祥！他们想要实行的礼仪是多么美好，世上的人又是
多么地昏暗不明啊！浩瀚的上天一去不复还，他们的忧虑没有完毕的时候。经过千年之
后必定会达到安定，这是古代的常理。弟子们勤勉地学习，上天是不会忘记的。圣人拱
手而立，等待上天赐予时机。我愚昧而又疑惑，愿意听到反复的陈说。

其小歌曰：念彼远方①，何其塞②矣！仁人绌约，暴人衍矣。忠臣危殆，谗人服矣。

璇③、玉、瑶④、珠，不知佩也。杂布与锦，不知异也。闾娵⑤、子奢，莫之媒也。嫫母、力父，是之喜也。以盲为明，以聋为聪，以危为安，以吉为凶。呜呼上天，曷维其同！

注释

①远方：这是一种委婉之辞，实指荀子所在的楚国。②塞：阻塞，指仕途不畅，贤能不被任用。③璇（xuán）：同"璇"，美玉。④瑶：像玉一样的美石、美玉。⑤闾娵（jū）：战国时魏惠王的美女。此文指代美女。

译文

小歌唱道：想起那遥远的地方，是何等的闭塞啊！仁德的人被罢免，残暴的人到处横行。忠臣快要危险了，奸人得到重用。美石、美玉、珠宝，却不知道佩戴。把粗布和锦帛放在一起，不知道它们的区别。美女闾娵和美男子子奢都没有人为他们说媒。嫫母、力父这样的丑陋的人却受到欢迎。把盲人作为明亮，把聋子当作耳聪，把危险当作安全，把吉祥看作凶险。呜呼，苍天啊，我怎么能同这样的人同道呢！

读解

"赋"的意思是铺叙朗诵，引申为一种着意铺陈事物、不配乐歌唱而朗诵（又叫"不歌而诵"）的文体名称。它像诗一样全篇押韵，自古以来就被认为是古诗的一个流别。但是赋的句式更像散文，没有固定的格式，所以它实是一种用韵的散文，介乎诗歌与散文之间。把赋作为一种文体的名称，即肇始于荀子这《赋篇》，所以本篇在中国文学史上具有特别重要的地位。

当然，赋作为一种文体，有其发展过程。荀子的《赋篇》，与后来的古赋、骈赋、律赋、文赋等相比，具有不同的特点。本篇中的五篇赋，每首描写一件事物。其中前一半是一种句式较为整练而接近于诗的谜语，后一半则是一种句式较为散文化而接近于《楚辞·卜居》的猜测之辞，末尾则点出谜底。至于本篇篇末的一首诗和一首歌，则与前五篇赋略为不同。它不取猜谜的形式，而以较为明晰的词语来铺叙揭露社会上的反常现象，更具有政治诗的意味。

值得指出的是，前五篇赋具有假物寓意的特色。文中对"礼""知"的铺叙固然在宣扬荀子的政治主张而毋庸赘述。即使对"云""蚕""针"的描画，也别具深意，如云

"德厚而不捐""功被天下而不私置"，蚕"养老长幼""功立而身废"，针"下覆百姓，上饰帝王"等，无不寄寓着作者的主张。这种托物讽谕的特点对后代"劝百讽一"的赋颂传统的形成无疑具有极大的影响。

　　司马相如是西汉时期的词赋大家，他的代表作有《子虚赋》《上林赋》等名篇大赋。但是民间流传最久还是他和卓文君的故事。

司马相如

　　司马相如是蜀郡成都人，字长卿。他少年时喜欢读书，也学习剑术，所以他父母给他取名犬子。司马相如完成学业后，很仰慕蔺相如的为人，就改名相如。最初，他凭借家中富有的资财而被授予郎官之职，侍卫孝景帝，做了武骑常侍，但这并非他的爱好。正赶上汉景帝不喜欢辞赋，这时梁孝王前来京城朝见景帝，跟他来的善于游说的人，有齐郡人邹阳、淮阴人枚乘、吴县人庄忌先生等。他见到这些人就喜欢上了，因此就借生病为由辞掉官职，旅居梁国。梁孝王让司马相如这些读书人一同居住，司马相如才有机会与读书人和游说之士相处了好几年，于是写了《子虚赋》。

　　后梁孝王去世，司马相如只好返回成都。然而家境贫寒，又没有可以维持自己生活的职业。司马相如一向同临邛县令王吉相处得很好，王吉说："长卿，你长期离乡在外，

求官任职，不太顺心，可以来我这里看看。"于是，司马相如前往临邛，暂住在城内的一座小亭中。

临邛县令佯装恭敬，天天都来拜访司马相如。最初，司马相如还是以礼相见。后来，他就谎称有病，让随从去拒绝王吉的拜访。然而，王吉却更加谨慎恭敬。临邛县里富人多，像卓王孙家就有家奴八百人，程郑家也有数百人。二人相互商量说："县令有贵客，我们备办酒席，请请他。"一并把县令也请来。当县令到了卓家后，卓家的客人已经上百了。到了中午，去请司马长卿，长卿却推托有病，不肯前来。临邛令见司马相如没来，不敢进食，还亲自前去迎接司马相如。司马相如不得已，勉强来到卓家，满座的客人无不惊羡他的风采。

酒兴正浓时，临邛县令走上前去，把琴放到司马相如面前，说："我听说长卿特别喜欢弹琴，希望聆听一曲，以助欢乐。"司马相如辞谢一番，便弹奏了一两支曲子。

这时，卓王孙有个女儿叫文君，刚守寡不久，很喜欢音乐，所以司马相如佯装与县令相互敬重，实是想用琴声暗自诱发她的爱慕之情。司马相如来临邛时，车马跟随其后，仪表堂堂，文静典雅，甚为大方。待到卓王孙家喝酒、弹奏琴曲时，卓文君从门缝里偷偷看他，心中高兴，特别喜欢他，又怕他不了解自己的心情。宴会完毕，司马相如托人以重金赏赐文君的侍者，以此向她转达倾慕之情。于是，卓文君乘夜逃出家门，私奔司马相如，司马相如便同文君急忙赶回成都。

进家所见，空无一物，只有四面墙壁立在那里。卓王孙得知女儿私奔之事，大怒道："女儿极不成材，我不忍心伤害她，但也不分给她一个钱。"有的人劝说卓王孙，但他始终不肯听。

过了好长一段时间，文君感到不快乐，说："长卿，只要你同我一起去临邛，向兄弟们借贷也完全可以维持生活，何至于让自己困苦到这个样子！"司马相如就同文君来到临邛，把自己的车马全部卖掉，买下一家酒店，做卖酒生意。并且让文君亲自主持垆前的酤酒应对顾客之事，而自己穿起犊鼻裤，与雇工们一起操作忙活，在闹市中洗涤酒器。卓王孙听到这件事后，感到很耻辱，因此闭门不出。

有些兄弟和长辈交相劝说卓王孙，说："你有一个儿子两个女儿，家中所缺少的不是钱财。如今，文君已经成了司马长卿的妻子，长卿本来也已厌倦了离家奔波的生涯，虽然贫穷，但他确实是个人才，完全可以依靠。况且他又是县令的贵客，为什么偏偏这样轻视他呢！"卓王孙不得已，只好分给文君家奴一百人，钱一百万，以及她出嫁时的衣服被褥和各种财物。文君就同司马相如回到成都，买了田地房屋，成为富有的人家。

事例二

"可怜夜半虚前席，不问苍生问鬼神"，说的是贾谊和汉孝文帝之间的故事。贾谊是一位才华横溢的人，却不能施展抱负，最后三十九岁就逝世了，的确是文坛的一大损失。

荀子选集

贾谊

贾谊，祖籍洛阳，汉朝初期人。

贾谊幼时聪敏勤学，能诗会文，才学斐然。十八岁以前，贾谊在家乡便闻名遐迩。当年，吴廷尉被朝廷任命为河南太守，此人也是一位颇有才学之士，又以惜才爱才而备受人们称誉。吴太守上任之后，很快就听说了贾谊的诸多事迹，于是将其召至门下，甚是爱惜。

孝文皇帝继承帝位之后，听说吴太守施政有方、官声颇佳，便召其入朝重用。

吴太守升迁之时，携贾谊同往京城，并将贾谊郑重推荐给了孝文皇帝。孝文皇帝见贾谊的确博学多才，是天下少有的才子，便封给贾谊博士的职位。

当时，贾谊刚刚二十出头，是同僚之中最年少的一位，但朝廷每次交由他们讨论实施的诏令送来时，其他人大都不能发表什么独到新颖的见解，唯有贾谊一人能够语出惊人，不由得令众长者甘拜下风。

孝文帝见贾谊小小年纪，便有如此不凡的才学和胸襟，一年之内，便破格将其擢升为太中大夫。

孝文帝继位不久，汉室江山已日渐巩固，国家经济得以稳定发展，社会秩序日渐良好，开始呈现太平盛世的景象。于是，贾谊上书孝文帝，劝谏孝文帝趁天下太平之机，在全国境内修行历法、统一礼制、大兴礼乐，以显天子之威。孝文帝准允了贾谊的建议，并让他负责起草实施办法。贾谊奉命之后，更是勤奋努力，恪尽职守，颇得孝文帝的赞赏。

但贾谊的年少得志和青云直上，更让许多朝中老臣心怀不满，有人趁机向孝文帝进谗言，认为贾谊年少初学，便有专欲擅权的倾向。孝文帝听这类话的次数多了，不由得动摇了对贾谊的看法。最后，贾谊被调离京城，出任长沙王太傅。

贾谊虽然年少，但经此宦海沉浮，对世事的认知也多了几分凝重，此次他被贬出京，心情非常抑郁，以致渡湘水时，瞻仰先贤遗迹，不由得感伤入怀，作了《吊屈原赋》。

在此赋之中，足见其悲世怜人的自伤情怀。

贾谊被贬居长沙，虽为长沙王太傅，但对一个年轻气盛、空有满腔抱负的青年来说，形同闲居。而文人学士，又多以情感细腻而著称，所以贾谊某日见一只鸟飞入自己房内，便不禁浮想联翩。又因长沙称此鸟为"服鸟"，于是他又作了《鵩鸟赋》。

一年之后，贾谊入朝叙职，孝文帝见到他之后，有恍如隔世之感。两人谈论治国之道，孝文皇帝又生垂爱之意，直至夜半方才允许贾谊返回。

随后，孝文帝拜贾谊为梁怀王太傅。梁怀王乃孝文帝最钟爱的儿子，让贾谊来教导他，足见孝文帝对贾谊才学的认同和敬重。

其间，孝文帝加封淮南厉王等四人为诸侯，贾谊认为诸侯势力过于庞大，既不合礼制，又失控于朝廷，故而力谏孝文帝。但孝文帝不听。

又过了几年，梁怀王坠马而死。贾谊自责过甚，从此郁郁寡欢，也于次年离世，年仅三十三岁。

赋

宥坐①

一

　　孔子观于鲁桓公②之庙，有欹器焉。孔子问于守庙者曰："此为何器？"守庙者曰："此盖为宥坐之器。"孔子曰："吾闻宥坐之器者，虚则欹，中则正，满则覆。"孔子顾谓弟子曰："注水焉！"弟子挹水而注之，中而正，满而覆，虚而欹。孔子喟然而叹曰："吁！恶有满而不覆者哉！"子路曰："敢问持满有道乎？"孔子曰："聪明圣知，守之以愚；功被天下，守之以让；勇力抚世，守之以怯；富有四海，守之以谦。此所谓挹而损之之道也。"

注释

　　①宥坐：宥通"右"，宥坐，放在座位右边。②鲁桓公：名轨（一作允），鲁惠公之子，鲁隐公之弟，公元前711年—前694年在位。

译文

　　孔子参观鲁桓公的庙，有一种欹器。孔子问守庙的人说："这是什么器物？"守庙的人说："这是君主放在右边的一种器具。"孔子说："我听说放在右边的一种器具，空着的时候是倾斜的，装了一半水的时候是立正的，装满了水就会翻倒。"孔子回头对弟子说："把它注水。"弟子舀水灌进去，一半的时候是立正的，装满了就倾倒了，没有水的时候是倾斜的。孔子叹息说："唉！哪里有满了还不倾倒的？"子路说："请问有保持满的状态的方法吗？"孔子说："聪明有智慧，却保持愚蠢的样子；功盖天下，要知道谦让；勇敢而又气力盖世，要保持怯弱的样子；富有四海，要保持谦虚。这就是抑制了还要更加抑制的方法。"

　　孔子为鲁摄①相，朝七日而诛少正卯②。门人进问曰："夫少正卯，鲁之闻人也，夫子为政而始诛之，得无失乎？"孔子曰："居！吾语女其故。人有恶者五，而盗窃不与焉：一曰心达而险；二曰行辟③而坚；三曰言伪而辩；四曰记丑而博；五曰顺非而泽。此五者，有一于人，则不得免于君子之诛，而少正卯兼有之。故居处足以聚徒成群，言谈足以饰邪营众，强足以反是独立，此小人之桀雄④也，不可不诛也。是以汤诛尹谐，文王诛潘止，周公诛管叔，太公诛华仕，管仲诛付里乙，子产诛邓析、史付，此七子者，皆异世同心，不可不诛也。《诗》曰：'忧心悄悄，愠于群小。'小人成群，斯足忧也。"

注释

　　①摄：扶助，帮助，代理。②少正卯：相传为春秋时期的鲁国人。与孔子同时在鲁国讲学时，针锋相对，孔子门下学生都去听讲。③辟（pì）：偏僻，邪僻。④桀雄：犹言"枭雄"。

译文

　　孔子做鲁国的代理宰相，执政七天就诛杀了少正卯。门人上前问道："那少正卯，乃是鲁国的名人，您刚刚执政就诛杀了他，没有什么过失吗？"孔子说："坐下！我来告诉你原因。人有五种恶行，而偷盗不算在内：一是内心通达却行为邪恶；二是行为怪僻而且坚定不移；三是说话虚伪而又能言善辩；四是记诵丑恶的事情而又非常博学；五是赞成错误的举动而且加以润色。这五种情况，人有其中的一种，就不免被君子诛杀，而那少征卯全部都有。所以他居住的地方足够聚众成群，他的言论足够粉饰邪恶，迷惑众人，力量强大足够独树一帜，这是小人中的雄才，不能不诛杀他。商汤之所以诛杀尹谐，文王之所以诛杀潘止，周公之所以诛杀管叔，姜太公诛杀华仕，管仲之所以诛杀付里乙，子产之所以诛杀邓析、史付，这七个人，都是处在不同的时代而有相同的思想，不能不诛杀。《诗经》上说：'忧心忡忡啊，被群小所怨恨。'小人成群，就足以令人担忧。"

孔子为鲁司寇，有父子讼者，孔子拘之，三月不别，其父请止，孔子舍之。季孙闻之，不说，曰："是老也欺予，语予曰：为国家必以孝。今杀一人以戮不孝，又舍之。"冉子以告。孔子慨然叹曰："呜呼！上失之，下杀之，其可乎？不教其民，而听其狱，杀不辜也。三军大败，不可斩也；狱犴①不治，不可刑也，罪不在民故也。嫚②令谨诛，贼也；今生也有时，敛也无时，暴也；不教而责成功，虐也。已此三者，然后刑可即也。《书》曰：'义刑义杀，勿庸以即，予维曰未有顺事。'言先教也。

注释

①犴（àn）：牢狱。②嫚：同"慢"，怠慢，懈怠。

译文

孔子做鲁国的司寇，主管司法，有父亲和儿子打官司的，孔子拘留了儿子，三个月还没有判决，父亲请求停止官司，孔子释放了儿子。季孙听说了，不高兴，说："这个老头子欺骗我，他告诉回答：治理国家一定要遵从孝道。现在杀一个不孝的人，可以警告天下所有不孝的人，又把他给放了。"冉子把他的话告诉了孔子。孔子感慨地叹息说："呜呼！君主丧失了孝道，却要杀掉下面不孝的百姓，这可以吗？不教育自己的百姓，却判决他们，杀掉无辜的人。三军打了败仗，不能全部斩杀；监狱没有管理好，不能用刑罚，这是因为罪责不在人民的身上。法令松弛，刑罚却非常严格，这是残暴；现在人的生命有限度，而征收税赋却没有限度，这是残暴；不进行教育却要求成功，这是虐待。停止这种行为，之后刑罚才能可行。《尚书》上说：'根据道义来行刑，根据道义来诛杀，不要立即执行，我是说没有顺当地处理事情。'说的就是要先教育。

四

"故先王既陈之以道，上先服之，若不可，尚贤以綦①之；若不可，废不能以单②之，綦三年而百姓从往矣。邪民不从，然后俟之以刑，则民知罪矣。《诗》曰：'尹氏大师，维周之氐，秉国之均，四方是维，天子是庳③，卑民不迷。'是以威厉而不试，刑错而不用，此之谓也。

注释

①綦：教导。②单：畏惧，害怕。③庳：辅佐。

译文

"所以，古代的圣王先讲述了道理，君主首先服从，若是不行，推崇贤能的人来劝导君主；若还是不行，就罢免没有才能的人来警戒君主，三年之后百姓就会顺从了。奸邪的人若是不顺从，就用刑罚对待他们。《诗经》上说：'尹氏大师，是周朝的根基，掌握了国家的政权，四方靠他来维系，天子依靠他，人民不迷失方向。'因此，威力虽然严厉但是可以弃而不用，刑罚非常好也可以闲置，说的就是这个道理。

五

"今之世则不然：乱其教，繁其刑，其民迷惑而堕焉，则从而制之，是以刑弥繁而邪不胜。三尺之岸①而虚车不能登也，百仞之山任负车登焉，何则？陵迟故也。数仞之墙而民不逾也，百仞之山而竖子冯②而游焉，陵迟故也。今夫世之陵迟亦已久矣，而能使民勿逾乎！《诗》曰：'周道如砥，其直如矢。君子所履，小人所视。眷焉顾之，潸焉③出涕。'岂不哀哉！

注释

①岸：崖。②冯：登。③潸焉：流泪的样子。

译文

"现在的社会却不是这样：教化混乱，刑罚繁多，人民迷惑而堕落，就用刑法来制裁，这样一来刑罚越来越繁重而奸邪的事情越多。三尺高的陡坡，空空的车子却不能上去，百丈高的山峰重载的车子却可以上去，这是为什么？这是因为高山是一个从高到低的缓坡。几丈高的墙头，百姓不能越过，百丈高的山峰，小孩子也可以爬上去游玩，这是因为坡度缓斜的缘故。现在世上的政令教化松弛，就像缓坡逐渐下滑一样，人民能够不犯法吗？《诗经》上说：'大道像磨刀石一样平坦，直直得像飞去的箭头。君子在上面走，百姓注视着它。流连回顾啊，泪珠潸潸。'难道不悲哀吗？"

《诗》曰："瞻彼日月，悠悠我思。道之云远，曷云能来。"子曰："伊①稽首②不其有来乎？"

注释

　　①伊：句首语气词。②稽：同。首：当作"道"。

译文

　　《诗经》上说："看看那太阳和月亮，我的思念之情油然而生。道路是那样的遥远，他怎么能来。"孔子说："和他志同道合，他难道不会来吗？"

　　孔子观于东流之水，子贡问于孔子曰："君子之所以见大水必观焉者，是何？"孔子曰："夫水，大遍与诸生而无为也，似德。其流也埤下，裾拘①必循其理，似义。其洸洸②乎不淈尽③，似道。若有决行之，其应佚若声响，其赴百仞之谷不惧，似勇。主量必平，似法。盈不求概，似正。淖约微达，似察。以出以入，以就鲜絜④，似善化。其万折也必东，似志。是故君子见大水必观焉。"

注释

　　①裾拘（gōu）：裾，同"据"，依据。拘，曲折。②洸洸（guāng）：汹涌的样子。③淈（gǔ）：尽：竭尽。④絜：通"洁"。

译文

孔子看向东流去的江水，子贡问孔子说："君子看见大水就要观看，这是为什么？"孔子说："水，普遍孕育万物却没有什么目的，好像德。它向下流去，迂回曲折而遵循地势的规律，好像义。水流汹涌没有尽头，好像道。若是掘开堤岸，它奔腾像回响应声，奔赴万丈深渊而无所畏惧，好像勇。用水注入仪器一定是平平的，好像法。水盛满了，不必刮平，好像正。水纤弱细小而无所不至，好像察。万物经过水的洗礼，就会新鲜洁净，好像善化。水即使经过了几万个弯曲还是朝向东方，好像志。所以，君子看见大水一定要观看。"

八

孔子曰："吾有耻也，吾有鄙①也，吾有殆②也。幼不能强学，老无以教之，吾耻之；去其故乡，事君而达，卒③遇故人，曾④无旧言，吾鄙之；与小人处者，吾殆之也。"

宾坐

注释

①鄙：看不起，轻视。②殆：危险。③卒（cù）：同"猝"，突然，仓促。④曾（zēng）：

副词，用来加强语气，常与否定词连用，翻译为"连……都"。

译文

孔子说："我有自认为耻辱的事情，我有鄙视的事情，我有自认为危险的事情。幼年的时候不能勤奋地学习，老的时候没有什么可以教育别人，我认为这是一件耻辱的事情；离开故乡，侍奉君主从而显达，一旦遇到故人，没有一点念旧的话，我鄙视这样的人；和小人交朋友，我认为这是危险的事情。"

孔子曰："如垤①而进，吾与之；如丘而止，吾已矣。"今学曾未如肬赘②，则具然欲为人师。

注释

①垤（dié）：蚂蚁做窝时堆在穴口的小土堆，也叫蚁封、蚁冢。这里泛指小土堆。②肬赘（yóu zhuì）：指人身上的瘤子，比喻无用的东西。

译文

孔子说："学习就像堆土堆一样，我赞赏这样的人；如果像成形的丘陵一样，我就不赞同这样的人。"现在学习的人并没有成就，所学的还是无用的东西，就像人身上长的肉瘤一样，就自满地作为别人的老师。

孔子南适①楚，厄②于陈、蔡之间，七日不火食，藜羹不糁③，弟子皆有饥色。子路进而问之曰："由闻之：为善者天报之以福，为不善者天报之以祸。今夫子累德、积义、怀美，行之日久矣，奚④居之隐也？"孔子曰："由不识，吾语女。女以知者为必用邪？王子比干不见剖心乎！女以忠者为必用邪？关龙逢不见刑乎！女以谏者为必用邪？伍子胥不磔姑苏东门外乎！夫遇不遇者，时也；贤不肖者，材也。君子博学深谋不遇时者多矣。由是观之，不遇世者众矣，何独丘也哉！且夫芷兰生于深

林，非以无人而不芳。君子之学，非为通也，为穷而不困，忧而意不衰也，知祸福终始而心不惑也。夫贤不肖者，材也；为不为者，人也；遇不遇者，时也；死生者，命也。今有其人不遇其时，虽贤，其能行乎？苟遇其时，何难之有？故君子博学深谋，修身端行，以俟其时。"孔子曰："由！居！吾语女。昔晋公子重耳⑤霸心生于曹，越王勾践⑥霸心生于会稽，齐桓公小白⑦霸心生于莒。故居不隐者思不远，身不佚者志不广。女庸⑧安知吾不得之桑落之下？"

注释

①适：到，去。②厄：同"厄"，穷困，困难。③糁（sǎn）：以米和羹。④奚：疑问代词，为什么。⑤重耳：即晋文公，春秋五霸之一，以前流亡在外，路过曹国时，曹国国君对他很不礼貌，因此激怒了他。从此发奋图强，终于成就霸业。⑥勾践：越王勾践被吴王夫差打败后，被困在会稽山。后来卧薪尝胆，灭掉吴国，终成霸业。⑦小白：即齐桓公，继位前，曾逃亡到莒国，受到无礼待遇。⑧庸：副词，难道。

译文

孔子往南方去楚国，被困在陈、蔡之间，已经七天没有吃熟食，野菜粥里连米粒都没有了，弟子们的脸上都有饥饿的脸色。子路走来问孔子说："我听说：行善的人上天赐福给他，作恶的人上天降祸给他。现在老师您具有美好的品德、高尚的道义、博学多识，而且这样做已经很久了，为什么还是这样穷困呢？"孔子说："你不知道，我来告诉你。你认为有智慧的人必定受到重用吗？没有看见王子比干被挖心吗？你认为忠心的人必定受到重用吗？没有看到关龙逄受到虐杀？你认为净谏的人必定受到重用吗？没有看见伍子胥被肢解在苏门外？能不能被重用，这是时机的问题；贤能和不贤能，这是才能的问题。君子博学多识、深谋远虑的人没有受到重用的多啦！由此可见，没有受到重用的人世上多的是，不单单是我孔丘啊！况且，芷兰这样的香草即使生长在深山老林里，也不会因为人迹罕至就不芳香了。君子的学习，不是为了显赫、受到重用，为的是即使不受到重用也不会困顿，即使忧愁也不会意志不坚定，知道祸福是有始有终的而不会心里迷惑。贤能和不贤能，这是才能的问题；做还是不做，这是个人的问题；受到重用和没有受到重用，这是时机的问题；生和死，这是命运的问题。现在有人生不逢时，即使贤能，他能施展抱负吗？假若遇到了好的时机，又有什么困难呢？所以君子博学、深谋远虑，修养身心，端正自己的行为，来等待时机。"孔子说："子路！坐下！我来告诉你。从前晋公子重耳称霸的野心产生在被困住的曹国，越王勾践称霸的野心产生在战败的会稽之地，齐桓公小白称霸的野心产生在受到无礼的莒国。所以处境不困难的人就不会有高远的志向，没有流放过的人志向不广大。你怎么知道我今日的穷困，不包含着将来得志的可能性？"

子贡观于鲁庙之北堂，出而问于孔子曰："乡①者，赐观于太庙之北堂，吾亦未辍，还复瞻被九盖②皆继，被有说邪？匠过绝邪？"孔子曰："太庙之堂亦尝有说。官致良工，因丽节文，非无良材也，盖曰贵文也。"

注释

①乡：以前。②盖：通"阖"，门。

译文

子贡参观鲁国宗庙的北屋，出来问孔子说："刚才，我参观宗庙的北屋，我没有停止脚步，回头看到那九扇大门，都是由一块块木头拼起来的，是否有什么说法？还是被工匠弄断的？"孔子说："宗庙的屋子也曾经有过传说。监造的官员把技术高超的工匠都请来，根据木材来施加文采，不是没有好的木材，恐怕是由于看重文采的缘故吧。"

读解

本篇摘取"宥坐之器"中的前两字作篇名，实指"宥坐之器"，即放在座位右边的一种器皿。这种器皿注满水就会翻倒，空着就会倾斜，水注得不多不少才端正。它放在座位右边，提醒人不要过分或不及。全篇的内容主要是记载了孔子的一些言行事迹，表现了作者对孔子思想的向往与继承。

孔子在鲁桓公的宗庙中看到一个"虚则欹，中则正，满则覆"的欹器，发出了"恶有满而不覆者哉"的感慨。随从孔子的子路于是问道："敢问持满有道乎？"孔子持满的方法是"聪明圣知，守之以愚；功被天下，守之以让；勇力抚世，守之以怯；富有四海，守之以谦"，这个和老子的"持而盈之，不若其已"的"不争"的思想非常相近。

孔子的处世态度是非常积极的，这种"不争"的态度对于他来说，只是一种偶尔发出的感慨。孔子曾经遇到长沮、桀溺两个隐士，他们劝说孔子"滔滔者天下皆是也，而谁以易之"，孔子听过之后，只是怅然若失地说："鸟兽不可与同群，吾非斯人之徒与而谁与？天下有道，丘不与易也。"坚定地表明了自己的态度。所以从本文看来，应该是荀子接受了老子的一部分观点，结合当时的实际情况而写的。

春秋战国时期，礼乐崩坏，君臣易位，父子相残，整个世界处于一片混乱的状态。孔子以天下为重，一直不肯放弃对各国君主的游说，到处奔波宣扬自己的仁政思想，和长沮、桀溺等隐士的冲突就由此而生。荀子虽说继承了孔子的儒家思想，但是在社会处于大动乱前期的他，凭借自己的敏感，嗅到了危机，所以还是以明哲保身的态度来处世。

荀子选集

事例一

孔子是儒家的创始人，他的弟子多达几十人，后来比较有贤名的有子路、颜渊等。其中，子路的形象比较突出。

子路

仲由，字子路，卞地人。比孔子小九岁。

子路性情粗朴，喜欢逞勇斗力，志气刚强，性格直爽，头戴雄鸡式的帽子，佩戴着公猪皮装饰的宝剑，曾经欺凌孔子。孔子用礼乐慢慢地诱导他，后来，子路穿着儒服，带着拜师的礼物，通过孔子学生的引荐，请求作孔子的学生。

子路问如何处理政事，孔子说："自己先给百姓作出榜样，然后才能使百姓辛勤地劳作。"子路请求进一步讲讲。孔子说："持久不懈。"

子路问："君子崇尚勇敢吗？"孔子说："君子最崇尚的是义。君子只好勇而不崇尚义，就会叛逆作乱。小人只好勇而不崇尚义，就会做强盗。"

子路要听到什么道理，没有马上行动，只怕又听到别的道理。

孔子说："只听单方面言辞就可以决断案子的，恐怕只有仲由吧！""仲由崇尚勇敢超过我之所用，就不适用了。""像仲由这种性情，不会得到善终。""穿着用乱麻絮做的破旧袍子和穿着裘皮大衣的人站在一起而不认为羞愧的，恐怕只有仲由吧！""仲由的学问好像登上了正厅，可是还没能进入内室呢。"

季康子问道："仲由有仁德吗？"孔子答说："拥有一千辆兵车的国家，可以让他管理军政事务，至于他有没有仁德，我就不知道了。"

子路喜欢跟随孔子出游，曾遇到过长沮、桀溺、扛着农具的老人等隐士。

子路出任季氏的家臣，季孙问孔子说："子路可以说是人臣了吗？"孔子回答说："可以说是备位充数的臣子了。"

子路出任蒲邑的大夫，向孔子辞行。孔子说："蒲邑勇武之士很多，又难治理。可是，我告诉你：恭谨谦敬，就可以驾驭勇武的人；宽厚清正，就可以使大家亲近；恭谨清正而社会安静，就可以用来报效上司了。"

当初，卫灵公有位宠姬叫作南子。灵公的太子蒉聩曾得罪过她，害怕被谋杀就逃往国外。等到灵公去世，夫人南子想让公子郢继承王位。公子郢不肯接受，说："太子虽然逃亡了，太子的儿子辄还在。"于是卫国立了辄为国君，这就是卫出公。出公继位十二年，他的父亲蒉聩一直留在国外，不能够回来。这时子路担任卫国大夫孔悝采邑的长官。蒉聩就和孔悝一同作乱，想办法带人潜入孔悝家，并和他的党徒去袭击卫出公。出公逃往鲁国，蒉聩进宫即位，这就卫庄公。当孔悝作乱时，子路还有事在外，听到这个消息就立刻赶回来。子羔从卫国城门出来，正好相遇，对子路说："卫出公逃走了，城门已经关闭，您可以回去了，不要为他遭受祸殃。"子路说："吃着人家的粮食就不能回避人家的灾难。"子羔终于离去了。正赶上有使者要进城，城门开了，子路就跟

了进去。找到蒉聩，蒉聩和孔悝都在台上。子路说："大王为什么要任用孔悝呢？请让我捉住他杀了。"蒉聩不听从他的劝说。于是子路要放火烧台，蒉聩害怕了，于是叫石乞、壶黡到台下去攻打子路，斩断了子路的帽带。子路说："君子可以死，帽子不能掉下来。"说完系好帽子就死了。

孔子听到卫国发生暴乱的消息，说："哎呀，仲由死了！"不久，果真传来了他的死讯。所以孔子说："自从我有仲由，恶言恶语的话再也听不到了。"

"孔融让梨"的故事流传了近千年了，在孔融的形象已经定格的那一刻，谦恭、知书达理、尊敬长辈的美好品质在小时候就显现出来了。

儒生孔融

北海郡太守孔融，以才气出众而自负，立志平定祸乱。但他志大才疏，平定祸乱一直没有成效。他高谈阔论，盈溢官府，谈吐优雅，可使人玩味传诵，但把他的议论具体实施，却很难行得通。他只会口出狂言，而且漏洞诸多。他一时可得人心，但久而久

之，人们便不愿再依附他。他所任用的官员好标新立异，多数是耍小聪明的轻浮之人。孔融尊奉大儒郑玄，以子孙之礼对待郑玄，把郑玄所居住的乡改名为郑公乡，对其他有名望的清俊之士左承祖、刘义逊等，全都只当作宾客奉陪在座而已，不与他们讨论国家政事，他说："这是人民尊敬的人物，不能失去他们。"

黄巾军来进攻北海郡，孔融战败，退守都昌。当时袁绍、曹操、公孙瓒等的势力范围相互连接，孔融兵力薄弱，粮草不足，孤立在一个角落，与他们不相来往。左承祖劝孔融，应自己选择一个较大的势力作为依靠。孔融没有听从，反而将他杀了。刘义逊因此背弃孔融，离开北海郡。

青州刺史袁谭进攻孔融，从春到夏，孔融部下只剩数百名战士，敌箭四飞，孔融却还靠在案几上读书，谈笑自若。都昌城在夜里被攻破，孔融这才逃去东山，他的妻子儿女都被袁谭俘虏。

宾坐

哀公

鲁哀公问于孔子曰："吾欲论吾国之士与之治国，敢问何如取之邪？"孔子对曰："生今之世，志古之道；居今之俗，服古之服。舍此而为非者，不亦鲜乎？"哀公曰："然则夫章甫^①、絇屦^②、绅而搢笏者此贤乎？"孔子对曰："不必然。夫端衣、玄裳、絻^③而乘路^④者，志不在于食荤；斩衰、菅屦、杖而啜粥者，志不在于酒肉。生今之世，志古之道，居今之俗，服古之服，舍此而为非者，虽有，不亦鲜乎？"哀公曰："善！"

注释

①章甫：商代的一种礼帽，即缁布冠，它是行冠礼以后才戴的，用来表明（"章"）成人男子（"甫"）的身份，故称章甫。②絇（qú）：鞋头上的装饰。屦（jù）：用麻、革等制成的鞋子。③絻：同"冕"，大夫以上的贵族所戴的帽子。④路：同"辂"，车子。斩衰：古代最重的一种丧服，用粗麻布制成，左右和下边不缝边，裁割而成，所以叫斩衰。儿子和未嫁的女儿为父母、妻妾为丈夫，都服斩衰。

译文

鲁哀公问孔子说："我想选择我国有志之士来和他治理国家，应该怎么选择呢？"孔子回答："生在现在的社会，有志于遵从古代的道理；居住在现在的习俗之中，穿着古代的衣服。在这种情况下，做坏事的不是也很少吗？"哀公说："既然这样，戴着殷代的帽子，穿着古代的鞋子，系着腰带，把笏插在腰间，这就是贤能的人了？"孔子说："不一定。穿着端衣、玄裳，带着古代的帽子，坐着君主的车子的人，就会不想吃肉；穿着麻衣丧服和草鞋，拄着孝杖吃粥的人，他们所想的不是喝酒吃肉。生活在现代社会，记得古代的治国大道，生活在现在的习俗之中，穿着古代的衣服，还要为非作歹的人，即使有，不也是很少吗？"哀公说："是啊！"

孔子曰："人有五仪：有庸人，有士，有君子，有贤人，有大圣。"哀公曰："敢问何如斯可谓庸人矣？"孔子对曰："所谓庸人者，口不能道善言，心不知邑邑①；不知选贤人善士托其身焉以为己忧，动行不知所务，止立不知所定，日选择于物，不知所贵，从物如流，不知所归，五凿为正，心从而坏。如此则可谓庸人矣。"哀公曰："善！敢问何如斯可谓士矣？"孔子对曰："所谓士者，虽不能尽道术，必有率也；虽不能遍美善，必有处也。是故知不务多，务审其所知；言不务多，务审其所谓；行不务多，务审其所由。故知既已知之矣，言既已谓之矣，行既已由之矣，则若性命肌肤之不可易也。故富贵不足以益也，卑贱不足以损也，如此，则可谓士矣。"哀公曰："善！敢问何如斯可谓之君子矣？"孔子对曰："所谓君子者，言忠信而心不德，仁义在身而色不伐，思虑明通而辞不争，故犹然如将可及者，君子也。"哀公曰："善！敢问何如斯可谓贤人矣？"孔子对曰："所谓贤人者，行中规绳而不伤于本，言足法于天下而不伤于身，富有天下而无怨财，布施天下而不病贫，如此，则可谓贤人矣。"哀公曰："善！敢问何如斯可谓大圣矣？"孔子对曰："所谓大圣者，知通乎大道，应变而不穷，辨乎万物之情性者也。大道者，所以变化遂成万物也；情性者，所以理然不取舍也。是故其事大辨②乎天地，明察乎日月，总要万物于风雨，缪缪肫肫③，其事不可循，若天之嗣，其事不可识，百姓浅然不识其邻，若此，则可谓大圣矣。"哀公曰："善！"

注释

①邑邑：犹豫的样子。②辨：通"遍"。③缪缪肫肫：同"穆穆纯纯"，和美精纯的样子。

译文

孔子说："人有五种：庸俗的人，士人，君子，贤能的人，大圣人。"哀公说："请问什么样的人可以叫作庸俗的人？"孔子说："我所说的庸俗的人，嘴里不说好听的话，心里不知道什么叫作忧愁；不知道选择贤能的人作为依靠，来替自己分忧，行动的时候不知道目的，停止站立的时候不知道规则，天天选择事物，不知道该重视什么，完全跟随外物随波逐流，不知道归宿在哪里，被五官的欲望主宰，心术变坏。这样的人就是庸俗的人。"哀公说："对！请问什么样的人可以称得上士人？"孔子说："所谓的士人，即使不能够完全符合道义，也一定有所坚持；即使不能尽善尽美，必定有一定的方法。所

哀公

以知识不在乎多少，却一定要明白自己所知道的；话语不一定很多，一定要知道说的是什么意思；做的事情不一定多，一定要知道做事情的原因。所以知识该知道的都已经知道了，该说的话已经说过了，该做的事情已经做过了，那么就像自己的姓名皮肤一样，不可以再改变了。所以荣华富贵不能使他有所增加，卑贱贫穷也不能使他有所减少，这样的人，就可以称作士人。"哀公说："对！请问什么样的人可以称得上君子呢？"孔子说："所谓的君子，说话忠实诚信但是不认为这是美德，具有仁义的品质却不自夸，思想通达却不与人争辩，所以好像自己没有什么超过别人的地方，这就是君子了。"哀公说："对！请问什么样的人可以称得上贤能的人？"孔子说："所谓贤能的人，行为正值像工匠的绳墨，却不伤害自己的本性，说话足够值得天下人效法，却不伤害自己，富裕得拥有整个天下，却不积蓄钱财，施舍给天下人，却不担心自己贫困，这样的人，可以称作贤能的人。"哀公说："对！请问什么样的人可以称得上大圣人呢？"孔子说："所谓大圣人，智慧通晓大道理，应变能力很强没有穷尽的时候，分辨出万物的性情。所谓大道，就是一切事物的变化、形成的原因；所谓情性，就是判断是非、取舍的根本依据。所以他做的事情像天地那样广大，对事物的了解像日月那样清晰，总括万物的规律就像统率风雨滋润大地一样，美好而静谧，他的事情不能被别人模仿，就像继承上天主宰万物一样，他的事情不能被人看到，百姓浅薄连自己的邻居都不认识。这样的人，就可以叫作大圣人。"哀公说："好！"

鲁哀公问舜冠于孔子，孔子不对。三问，不对。哀公曰："寡人问舜冠于子，何以不言也？"孔子对曰："古之王者有务①而拘领者矣，其政好生而恶杀焉。是以凤在列树，麟在郊野，乌鹊之巢可俯而窥也。君不此问而问舜冠，所以不对也。"

注释

①务：通"冒"，便帽。

译文

鲁哀公向孔子问舜戴的帽子，孔子不回答。问了三次，都没有回答。哀公说："我问你舜戴帽子的事情，你为什么不回答？"孔子说："古代的君主头上只有头盔，脖子上系着围巾，但是他们实行的政策厌恶杀人。所以凤凰栖息在树林，麒麟生活在郊野，乌鹊的巢穴低头可以看见。您不问这个，却问舜的帽子，所以我不回答。"

四

鲁哀公问于孔子曰："寡人生于深宫之中，长于妇人之手，寡人未尝知哀也，未尝知忧也，未尝知劳也，未尝知惧也，未尝知危也。"孔子曰："君之所问，圣君之问也。丘，小人也，何足以知之？"曰："非吾子无所闻之也。"孔子曰："君入庙门而右，登自阼阶①，仰视榱②栋，俯③见几筵，其器存，其人亡，君以此思哀，则哀将焉而不至矣？君昧爽④而栉冠，平明而听朝，一物不应，乱之端也，君以此思忧，则忧将焉而不至矣？君平明而听朝，日昃而退，诸侯之子孙必有在君之末庭者，君以思劳，则劳将焉而不至矣？君出鲁之四门以望鲁四郊，亡国之虚则必有数盖焉，君以此思惧，则惧将焉而不至矣？且丘闻之，君者，舟也；庶人者，水也。水则载舟，水则覆舟，君以此思危，则危将焉而不至矣？"

注释

①阼阶：大堂前东面的台阶。古代宾客相见时，客人走西面的台阶，主人走东面的台阶。古代的封建帝王常常登上阼阶来主持祭祀。②榱（cuī）：古代指椽子。③俯：同"俯"。④昧爽：黎明。

译文

鲁哀公问孔子说："我生长在深宫之中，在妇女的手中长大，我不知道什么是悲哀，不知道什么是忧愁，不知道什么是劳累，不知道什么是惧怕，不知道什么是危险。"孔子说："君主您所问的，是圣君提出来的。我孔丘，只是一个小人，怎么会知道呢？"哀公说："除了你，别人更不知道了。"孔子说："君主您进入太庙之门的右边，登上大堂前东边的台阶，抬头看见屋顶，低头看见摆供的小桌子，这些物品仍然存在，使用它的人却去世了，君主您从这里想悲哀，悲哀怎么会没有呢？君主您黎明起床梳洗戴帽，天亮的时候就上朝处理政事，只要一件事处理不当，就会成为祸乱的开端，君主您如果从这里想到忧愁，那么忧愁怎么会不产生呢？君主您天亮上朝听政，傍晚退朝，别国诸侯的子孙一定有逃亡到您这里来的，在朝廷的末座供职侍奉您的，君主您从这里想劳苦，那么劳苦怎么会不产生呢？君主您走出鲁国的国门，瞭望鲁国的四郊，在亡国的废墟上一定有很多草屋散落其间，君主您从这里想惧怕，惧怕怎么会不产生呢？况且孔丘听说，君主，好比是船；平民，好比是水。水能载船，水也能使船倾覆，君主您从这里想危险，危险怎么会不产生呢？"

五

鲁哀公问于孔子曰："绅、委、章甫①，有益于仁乎？"孔子蹴然曰："君号②然也？资衰③、苴杖者不听乐，非耳不能闻也，服使然也。黼衣黻裳者不茹④荤，非口不能味也，服使然也。且丘闻之，好肆不守折，长者不为市，窃其有益与其无益，君其知之矣。"

注释

①章甫：商代的一种礼帽，即缁布冠，它是行冠礼以后才戴的，用来表明（"章"）成人男子（"甫"）的身份，故称章甫。②号：宣称。③衰（cuī）：古代丧服的一种。④茹：吃。

译文

鲁哀公问孔子说："腰上系着大带子，穿着古代的衣服，头上戴着礼帽，这对于仁有什么好处吗？"孔子严肃地说："您怎么能这么问呢？身穿麻布衣服，手拿竹杖的人不听音乐，不是由于耳朵听不见，是自己的衣服的缘故。穿着祭祀衣服的人不吃荤，不是由于嘴巴不知道什么好吃，而是自己衣服的缘故。况且我孔丘听说，会做生意的人不会使自己亏本，有德行的人不会去做生意，那么，这两者哪个有利哪个不利，您应该知道了。"

鲁哀公问于孔子曰："请问取人？"孔子对曰："无取健，无取詌，无取口啍①。健，贪也；詌，乱也；口啍，诞也。故弓调而后求劲焉，马服而后求良焉，士信悫而后求知能焉。士不信悫而有多知能，譬之其豺狼也，不可以身尔②也。语曰：桓公用其贼，文公用其盗。故明主任计不信怒，暗主信怒不任计。计胜怒则强，怒胜计则亡。"

注释

①啍：当作"锐"。②尔：近。

译文

鲁哀公问孔子说："请问怎么选择人才？"孔子回答："不要选择争强好胜的人，不要选择好用武力的人，不要选择能说会道的人。争强好胜的人，比较贪婪；好用武力的人，会犯上作乱；能说会道的人，夸夸其谈。所以弓先调整得心应手，才会有强劲的后力；马必须经过驯服，才能日行千里；士诚信端正，才能有智慧和才能。士不诚信端正却有才能，就好像豺狼一样，不可以与他接近。谚语说：'齐桓公任用贼人，晋文公任用盗寇。'所以英明的君主注重策略，不注重私人感情，昏暗的君主注重私人感情，而不注重策略。策略战胜了感情就会使国家富强，私人感情胜过了策略就会使国家灭亡。"

定公问于颜渊曰："东野子之善驭乎？"颜渊对曰："善则善矣。虽然，其马将失。"定公不悦，入谓左右曰："君子固①谗人乎！"三日而校来谒，曰："东野毕之马失。两骖②列，两服入厩。"定公越席而起曰："趋驾召颜渊！"颜渊至，定公曰："前日寡人问吾子，吾子曰：'东野毕之驭，善则善矣。虽然，其马将失。'不识吾子何以知之？"颜渊对曰："臣以政知之。昔舜巧于使民，而造父巧于使马；舜不穷其民，造父不穷其马；是舜无失民，造父无失马也。今东野毕之驭，上车执辔衔，体正矣；步骤驰骋，朝礼毕矣；历险致远，马力尽矣。然犹求马不已，是以

357

知之也。”定公曰：“善！可得少进乎？”颜渊对曰：“臣闻之，鸟穷则啄，兽穷则攫，人穷则诈。自古及今，未有穷其下而能无危者也。”

注释

①固：本来，原来。②骖（cān）：古代用四马拉的车。

译文

鲁定公问颜渊说：“东野毕会驾车吗？”颜渊回答：“会是会。可是他的马快要丢了。”定公不高兴，回到宫中对左右的人说：“君子也说别人的坏话啊！”三天后，养马的官员跑来说：“东野毕的马丢了。车两旁的套马挣断缰绳跑了，中间驾辕的两匹马回到了马棚。”定公从席子上一跃而起说：“赶快召见颜渊！”颜渊来了，定公说：“前天我问您，您说：‘东野毕的驾驭技术，好是好。即使这样，他的马将要丢了。’不知道您是怎么知道的？”颜渊说：“我是从做事的一般规律知道的。从前舜善于使唤人民，而造父善于驾驭马；舜不会使他的人民窘迫，造父不会使他的马疲于奔命；所以舜没有失去他的人民，造父没有失去他的马。现在东野毕驾车，一上车就手抓缰绳，马嚼子和马收拾得干干净净；马的步子也训练得非常熟练，驯马的各项要求都达到了；经历了各种危险，也走了很远，马的力气使尽了。但是还要求马不停地奔跑，所以我知道马一定会丢失的。”定公说：“对！你能不能进一步地说说？”颜渊说：“我听说，鸟儿急了，就会乱啄；走兽急了，就会乱抓；人急了，就会欺诈。从古至今，从来没有使百姓穷困而君主能不遭受危险的。”

读解

本篇取第一句中的两个字作为篇名，并没有什么特别的含义。篇中主要记载了孔子与鲁哀公的对话，最后也收录了颜渊与鲁定公的对话，从中可了解到儒家的思想学说。

本篇中，通过鲁哀公的几个问题，孔子的对答，形象而又明晰地阐明了儒家学派的治国思想。鲁哀公问的第一个问题是“吾欲论吾国之士与之治国，敢问何如取之邪？”就是关于用人的问题，孔子赞赏那些“生今之世，志古之道，居今之俗，服古之服”的贤人，认为这种人不会有什么为非作歹的行为。

孔子对人的分类是：庸人、士人、君子、贤人、大圣人。然后又通过鲁哀公的提问，对这五种人进行了描述和分析。

鲁哀公确实不是孔子心目中的明君，竟然非常愚蠢地问孔子大舜戴的是什么帽子。孔子也毫不客气，三次都不回答他，在孔子那么推崇礼节的人身上，很难会看到如此傲气的一面，虽然比不上孟子的“望之不似人君”，但是也足够令鲁哀公开始反思自己了。鲁哀公形容自己“生于深宫之中，长于妇人之手”，是一个典型的不知稼穑艰难的贵族，

所以不知道什么是悲哀，什么是忧愁，什么是劳累，什么是害怕，什么是危险。孔子就根据他平常的生活，让他从中体会悲哀、忧愁、害怕、危险。

孔子

鲁定公十年（公元前 500）的春天，鲁国与齐国和解。到了夏天，齐国大夫对景公说："鲁国起用了孔丘，势必危及齐国。"于是齐景公就派使者告诉鲁国，说要与鲁定公行友好会晤，约定会晤的地点在夹谷。

鲁定公准备好车辆随从，毫无戒备地前去赴约。孔子以大司寇的身份，兼办会晤典礼事宜，他对定公说："我听说办理外交必须要有武装准备，办理武事也必须有外交配合。从前侯出了自己的疆界，一定要带齐必要的官员随从。请求您安排左、右司马一起去。"定公说："好的。"就带了左、右司马一道去。

定公在夹谷与齐侯相会。在那里修筑了盟坛，坛上备好席位，设置了三级登坛的台阶，用国君相遇的简略节相见，拱手揖让登坛。彼此馈赠应酬的仪式行过之后，齐国管事的官员快步上前请示说："请开始演奏四方各族的舞乐"。齐景公说："好的。"于是齐

国的乐队以旌旗为先导，有的头戴羽冠，身披皮衣，有的手执矛、戟、剑、楯等武器也跟着上台了，喧闹着一拥而上。

孔子见状赶忙跑过来，一步一阶快步登台，还差一级台阶时，便扬起衣袖一挥，说道："我们两国国君为和好而来相会，为什么在这里演奏夷狄的舞乐，请命令管事官员叫他们下去！"主管官员叫乐队退下，他们却不肯动，左右看看婴与齐景公的眼色。齐景公心里很惭愧，挥手叫乐队退下去。

过了一会儿，齐国的管事官员又跑来说道："请演奏宫中的乐曲。"景公说："好的。"于是一些歌舞杂技艺人和身材矮小的侏儒都前来表演了。孔子看了又急跑过来。一步一阶往台上走，最后一阶还没有迈上就说："普通人敢来胡闹迷惑诸侯，论罪当杀！请命令主事官员去执行！"于是主事官员依法将他们处以腰斩，叫他们来个手足异处。齐景公大为恐惧，深深触动，知道自己道理上不如他，回国之后很是慌恐，告诉他的大臣们说："鲁国是用君子的道理来辅佐他们的国君，而你们却仅拿夷狄的办法教我，使我得罪了鲁国国君，这该怎么办呢？"主管官员上前回答说："君子有了过错，就用实际行动来向人家道歉认错；小人有了过错，就用花言巧语来谢罪。您如果痛心，就用具体行动来表示道歉吧。"于是齐景公就退还了从前所侵夺的鲁国郓、汶阳、龟阴的土地，以此来向鲁国道歉并悔过。

事例二

颜回就是颜渊，是孔子最得意的弟子，却偏偏天妒英才，英年早逝。孔子在后来的很多年内对其还是念念不忘。

颜回

颜回，是鲁国人，字子渊。比孔子小三十岁。颜渊问什么是仁，孔子说："约束自己，使你的言行符合于礼，天下的人就会称许你是有仁德的人了。"

孔子说："颜回！多么难得的人啊！吃的是一小竹筐饭，喝的是一瓢水，住在简陋的胡同里，一般人忍受不了这种困苦，颜回却也不改变自己的乐趣。听我授业时，颜回像个蠢笨的人，下课后考察他私下的言谈，也能够刻意发挥，颜回实在不笨。"

"任用你的时候，就匡时救世，不被任用的时候，就藏道在身，只有我和你才有这样的处世态度吧！"

颜回才二十九岁，头发就全白了，过早地死去。孔子哭得特别伤心，说："自从我有了颜回，学生们越来越和我亲近。"鲁哀公问："学生中谁是最好学习的？"孔子回答说："有个叫颜回的人最好学习，从不把怒火转移到别人身上，不再犯同样的过失。不幸的是寿命很短，死了，现在就没有这样的人了。"

荀子选集